BREAK

to be new and different

打開一本書
打破思考的框架，
打破想像的極限

高寶書版

消失的餐盤

走訪五大洲的傳統飲食文化巡禮，探查稀有食物從盛產、瀕危到復育的變革之路

Eating to Extinction:
The World's Rarest Foods and
Why We Need to Save Them

丹・薩拉迪諾（Dan Saladino） 著
馮郁庭 譯

獻給安娜貝爾（Annabel）、哈利（Harry）和查理（Charlie）——我在品味方舟上的旅伴

編注：

本書中提及之地名、物種、食物皆會附上外文原名，中文名稱則可能因翻譯而有所不同。

大自然創造出種類繁多的景物，人類卻熱衷於將之簡化。

——瑞秋・卡森（Rachel Carson）《寂靜的春天》

傳統是延續薪火，而非崇拜灰燼。

——古斯塔夫・馬勒（Gustav Mahler）

Part 1 野生

目錄
Contents

Part 4 肉類

Part 5 海鮮

目錄 Contents

Part 8 酒類

Part 9 提神飲料

目錄
Contents

Part 10　甜食

18. 伊姆拉根烏魚子　Imraguen Butarikh（茅利塔尼亞，阿爾金岩石礁）
19. 潮鰹　Shio-Katsuo（日本南部，西伊豆）
20. 扁牡蠣　Flat Oyster（丹麥，利姆海峽）
21. 新疆野蘋果　Sievers Apple（哈薩克，天山）
22. 卡因賈香蕉　Kayinja Banana（烏干達）
23. 香草橙　Vanilla Orange（西西里島，里貝拉）
24. 薩勒乳酪　Salers（法國中部，奧弗涅）
25. 史第奇頓乳酪　Stichelton（英國，諾丁漢郡）
26. 米沙維納乳酪　Mishavinë（阿爾巴尼亞，被詛咒的山脈）
27. 喬治亞傳統陶甕葡萄酒　Qvevri Wine（喬治亞）
28. 蘭比克啤酒　Lambic Beer（比利時，帕傑坦倫地區）
29. 梨酒　Perry（英國的三個郡）
30. 古林普洱茶　Ancient Forest Pu-Erh Tea（中國，西雙版納）
31. 原野咖啡 Wild Forest Coffee（衣索比亞，哈倫納）
32. 甜乳酪捲　Halawet el Jibn（敘利亞，霍姆斯）
33. 依扎餅　Qizha Cake（巴勒斯坦約旦河西岸，納布盧斯）
34. 克里奧羅可可　Criollo Cacao（委內瑞拉，庫馬納科阿）

1. 哈扎蜂蜜　Hadza Honey（坦尚尼亞，埃亞西湖）
2. 山藥雛菊　Murnong（澳洲南部）
3. 奧沙根　Bear Root（美國，科羅拉多州）
4. 梅蒙那朗柑橘　Memang Narang（印度，加羅山）
5. 卡沃加小麥　Kavilca Wheat（土耳其，安納托利亞）
6. 畢爾大麥　Bere Barley（蘇格蘭，奧克尼）
7. 紅嘴糯米　Red Mouth Glutinous Rice（中國，四川）
8. 奧洛頓玉米　Olotón Maize（墨西哥，瓦哈卡）
9. 吉奇紅豇豆　Geechee Red Pea（美國喬治亞州，薩佩羅島）
10. 施瓦本小扁豆　Alb Lentil（德國，施瓦本）
11. 酢漿薯　Oca（玻利維亞，安地斯山脈）
12. 沖繩原生種大豆　O-Higu Soybean（日本，沖繩）
13. 法羅風乾羊肉　Skerpikjøt（法羅群島）
14. 連山烏雞　Black Ogye Chicken（韓國，連山）
15. 中白豬　Middle White Pig（英國，懷伊谷）
16. 野牛　Bison（美國大平原）
17. 野生大西洋鮭魚　Wild Atlantic Salmon（愛爾蘭與蘇格蘭）

前言

土耳其東部有一片金黃燦爛的原野隨著山勢綿延，我正在此地探究一樣瀕危物種。該物種的祖先遷徙至此的時間已不可考，但在歷經數百萬年的演化後，它們已成為當地住民生活中的一部分。遺憾的是，這個物種即將從地球上消失。當地農夫無奈嘆道：「只剩幾片田地在栽種，這些作物將來隨時都有可能會絕種。」沒錯，這瀕臨滅絕的物種不是珍稀鳥類或其他野生動物，而是一種小麥。地球物種滅絕的事實無論何時何地都在上演，而這裡的小麥物種似乎也難逃這樣的結局，雖然它並未受到人們太多的關注，但我認為有必要深入探討它的故事。

這片麥田長得高大茂盛，當微風吹過，麥穗如海浪般隨風擺動，看來是收割時間到了。對多數人來說，大部分麥田看起來都差不多，但卡沃加（Kavilca）的小麥顯然並不一樣。這種雙粒小麥品種為東安納托利亞高原（Anatolian）染上一層金黃的蜂蜜色，它們在地球上存續的時間長達四百個世代（約一萬年），屬於最早被人類栽種的糧食作物之一，如今卻變得極為罕見。

令人疑惑的是，地球上除了南極洲外，各地均廣泛種植小麥，明明隨處可見，怎麼會說它們瀕臨滅絕呢？答案與品種有關，如今多數小麥品種正面臨著滅絕的危機，而這些品種具備的正是我們防治農作物病蟲害、應對氣候變遷所需要的特性。卡沃加小麥正瀕臨絕種，見微知著，意味著許多可食用作物正走向大規模滅絕。世界糧食作物的多樣性逐漸減少，而多樣性正是人類幾千年來遵循的自然法則。根據歷史記載，小麥品種數量曾高達數千種，且各品種的外型、生長環境及烹調的方式都不盡相同，直到二十一世紀，地球上的小麥品種已寥寥無幾。無論是印度旁遮普（Punjab）、美國愛荷華（Iowa），還是南非西開普省（Western Cape）、英國東英吉利（East Anglia），現今世界各地麥田栽種的品種日趨單一，同樣的劇本也在發生在其他糧食作物上，並且消亡的速度是與日俱增。

我們生活的各種面向正趨向同質化，無論身在何處，我們都能在同類型的商店看到相同的品牌，買到相同的產品。飲食也不例外，我們已經可以在任何地方吃到同樣的東西。你可能會說：「不對吧，我吃的食物種類比我父母或祖父母還多。」就某種層面來說，確實如此，無論你在倫敦、洛杉磯還是利馬，一天之內就能吃到壽司、咖哩和麥當勞，嘗一口酪梨、香蕉或芒果，還能喝一口可口可樂、百威啤酒或是知名品牌的瓶裝水。我們能選擇的食物乍看似乎千變萬化，但細看會發現其實同質性極高，世界各地所能購買和吃到的食物大同小異。

我們面對的現狀是：全球大部分農作物種子是由四大企業掌控；全球過半數乳酪是用同一家公司生產的細菌和酵素製造；全球四分之一的啤酒來自同一間釀酒廠；無論是美國還是中國，大部分豬肉都產自單一基因品種；還有最為人熟知的——即使有多達一千五百種不同的香蕉，但香芽蕉（Cavendish）卻壟斷全球香蕉市場。香芽蕉為單一基因複製的作物，其種植面積極為廣大，往往要從飛機上眺望或是透過衛星空拍，才能一覽產地全貌。

世界三大糧食作物小麥、稻米及玉米的基因一致性前所未見。人類的飲食習慣在過去一百五十年（約歷經六代人）來所發生的變化，比過去一百萬年（約歷經四萬代人）還多。半個世紀以來，由於貿易、科技和企業力量的驅動，這些飲食變化擴展到了世界各地。我們的生活方式和飲食習慣正經歷一場空前的實驗性變革。

人類物種的演化從採集狩獵維生，到後來轉變成農耕社會，我們的飲食發生了巨大的變化。食物就是人們所在地種植的產物，農作物需要適應特定的環境，不僅取決於當地的氣候、土壤、水源甚至是海拔高度，也取決於當地居民的農業知識和飲食偏好。農民留下的種子、人們種植的蔬果、飼養的動物、烘烤的麵包、生產的乳酪以及製作的飲料，都保存並傳承了這種多樣性。

在物種多樣性正逐漸趨於同質性的狀況下，卡沃加小麥幸運地存活下來，但也正面臨滅絕危機。和本書所介紹的其他瀕危作物一樣，其發展歷史十分獨特，存在於世界上某個特定地區，與當地人民的生活息息相關。我在土耳其北部的村莊布尤克恰特馬（Büyük Çatma）偶然接觸到這種小麥，早在一萬兩千年前的史前部落，就有農民開始在這片土地上種植，而後經歷了羅馬帝國、鄂圖曼帝國、蘇聯和土耳其等不同政權的統治，卡沃加小麥一直是當地人賴以為生的食物來源。如今，這種已完全適應當地環境且風味獨特的穀物正瀕臨滅絕，還有成千上萬的作物也是如此。我們都應該去了解它們的故事和消亡的原因，不僅僅是為了探尋食物背後的歷史脈絡，或是出於對烹飪食材的好奇，而是因為這攸關我們人類的存亡。

在土耳其安納托力亞（Anatolia）東部，我看著農夫在田裡收割最後一批卡沃加小麥，此時已是日落時分。這位農夫說：「明年我還想繼續種卡沃加，但鄰居會不會繼續種就很難說了。」我親眼目睹了長達數千年的故事將要畫下句點，我雖深感榮幸，卻又無比悲傷。

我曾擔任近十年的《英國廣播公司》（BBC）美食記者，報導過許多食物背後的故事。雖然是偶然進入這個領域，但我很快地發現，透過食物來了解這個世界的運作是最美好的事情。飲食讓我們知道驅動人類變化的力量來自何處，解釋了歷史上諸多衝突和戰爭，也展現出人類創造發明的能力，影響著帝國的興衰，並揭示災難的誘因和後果，這些都彰顯出食物故事的重要性。

我進入飲食新聞領域時，正值二零零八年金融危機，全世界都在關注著席捲銀行體系的金融海嘯。與此同時也爆發了一場重大的糧食危機，小麥、稻米及玉米的價格飆升至歷史新高，國際市場價格幾乎翻了三倍，這波漲勢導致全球數千萬人承受飢餓煎熬，且局勢越發緊張，並引爆了後來的「阿拉伯之春」（Arab Spring），人民的抗爭讓突尼西亞和埃及政府被推翻，敘利亞也因此受到影響而爆發劇烈衝突。幾十年來，人們第一次正視未來的糧食問題。目前全球約有七十五億人口，預計到了二零五零年數量將達到一百億。農業科學家指出，到二零五零年以前，全球的糧食生產量也需提升百分之七十，才能應付人口的快速增長，而在這種情況下，奢求糧食作物的多樣性似乎成了一種妄想。如今，我們正逐漸意識到物種多樣性對人類的未來是何等重要。

聯合國在二零一九年九月於紐約總部召開的聯合國氣候行動峰會上，可以看出人們的想法已出現轉變。時任乳製品生產巨擘的達能集團（Danone）執行長范易謀（Emmanuel Faber）告訴與會的商界領袖及政界人士，上個世紀以來所建立的全球食物體系已至窮途末路。他說：「我們以為透過科學就能改變生命循環的周期和規律。」這樣就能靠著栽種單一作物來養活更多的人，也能將世界上大部分的食物供應建立在少數幾種作物上，但這樣的做法已徹底失敗。他進一步說道：「過去我們一直在殘害各種作物的生命，現在我們必須想辦法恢復他們的多樣性。」

范易謀的承諾得到了全球二十家食品大廠的支持，包括聯合利華（Unilever）、雀巢（Nestlé）、瑪氏（Mars）和家樂氏（Kellogg）等幾家企業，他們的食品在全球的銷售額達五千億美元。他進一步表示，世界正迫切需要恢復農業作物多樣性，我們需要拯救瀕危的傳統農作物。在這次峰會上，范易謀還表達了自己的擔憂，部分乳製品產業所採用的乳牛百分之九十九都是單一品種的荷蘭牛（Holstein）。他說道：「現在的全球食物體系過於單一，已完全喪失了物種多樣性。」

這些企業皆曾是飲食同質化的推手，連他們都開始擔憂多樣性消失，那我們就更要注意了。事已至此，我們才意識到問題的嚴重性，但只要我們有所行動，就仍有挽回的餘地。

物種多樣性喪失已是全球一大危機，本書所介紹的瀕危食物僅僅是冰山一角。不只熱帶雨林的物種多樣性逐漸減少，各地田野及農場的作物也面臨同樣問題。不過，食物的「物種多樣性」究竟意味著什麼？部分答案顯現於北極圈內的挪威斯瓦爾巴群島（Svalbard）上一條深達一百三十五公尺的隧道盡頭。科學家在此建造了一座全球最大的「種子儲藏庫」，存放著數以百萬計的種子，記錄了數千年來的農業歷史。這些種子大多是各國政府機構寄存在斯瓦爾巴群島，也有些是各地原住民為保存其瀕臨滅絕的珍貴傳統食物而送來此地，保存了物種多樣性的其中一個面向：遺傳多樣性，也就是自人類發展農業以來，世界各地農民創造的物種變異。種子庫收藏超過一千種不同的農作物，包括十七萬個獨特品種的水稻、三萬九千種玉米、兩萬一千種馬鈴薯和三萬五千種小米的種子樣本（還有這些作物的野生近緣種），全都以攝氏零下十八度的低溫保存。倉庫內存放了二十一萬三千種不同的小麥，卡沃加小麥只是其中之一。雖然將種子保存在儲藏庫的做法與直接種植在土壤中的方式仍有差異，但這代表我們已經意識到多樣性的重要，同時也是為人類的未來留下後路。

除了斯瓦爾巴群島的種子儲藏庫，全球許多大學和機構也都致力於保存物種多樣性。舉例來說，英國肯特郡布羅格代爾（Brogdale）的「國立水果收藏中心」（National Fruit Collection）有兩千多種蘋果，而加州大學河濱分校（University of California Riverside）則收藏了一千多種不同的柑橘品種。在國際各研究機構的努力下，面臨滅絕風險的八千多種牛、羊、豬等地方牲畜品種得以保存下來。全球有如此多樣化的動植物，而我們的食物供應種類卻大幅減少，甚至只依賴單一或少數幾個品種。

大自然賜予我們資源，再經由人類之手篩選培育，變化出豐富多樣的物種，造就出蓬勃發展的飲食文化。在土耳其東部的村莊布尤克恰特馬，冬季極為寒冷潮濕，農夫在此種植卡沃加小麥已有數千年的歷史，因為相較其他作物，它可以在這樣艱困的氣候下維持較高的糧食產量，更有無數廚師不斷嘗試用各種料理方式，讓這種穀物發揮其獨特的口感和風味，創造出所謂的在地飲食文化。縱觀人類歷史，所有群體都曾發展出屬於自己的卡沃加食譜，因為食物是我們維持生命所需，不僅能塑造身分認同，更進而啟發不同的宗教儀式，例如中美洲有玉米之神的祭拜儀式，以及南亞地區人民相信橘子能驅除惡靈。無論是植物抑或動物，都是大自然獨特的遺傳資源，在經過長時間的演化後，他們已經能適應世界上某個角落的環境條件。卡沃加小麥並不是特例，類似的故事正在世界各地不斷上演，斯瓦爾巴群島上收藏的每一粒種子、尚未消失的古生物品種，以及遵循古法製作的乳酪和麵包，皆是人類歷史的一部分，卻也面臨著消失的危機。

食物多樣性喪失、許多食物瀕臨滅絕的情形，都並非偶然發生，而是人為因素。農作物多樣性在第二次世界大戰後的數十年裡損失最為慘重，當時數百萬人遭受飢餓之苦，為了拯救他們免於挨餓，農業科學家找到了大規模生產水稻和小麥等穀物的方法。為了種植更多的糧食作物，彌補全球糧食短缺，少數幾個超高產的新品種取代了成千上萬的傳統品種。人們也透過增加農業化學品的用量、加強灌溉、研究新的基因技術來確保糧食生產，這一系列措施後來稱為「綠色革命」（Green Revolution），起初確實有相當好的成效。

因為「綠色革命」，糧食產量增加了兩倍，地球人口數也在一九七零年至二零二零年間成長一倍之多。然而，「綠色革命」所留下的環境汙染、破壞既有飲食文化的影響則幾乎被略而不談（雖然我們總有一天仍要面對）。就如同投資時，組合如果不夠多元化，越容易受到風險衝擊一樣，當科學家培育出更多同質品種時，也會損害農作物的抗害能力。當全球食物體系僅依賴少數幾種作物，甚至是幾樣極少數品種時，一旦發生蟲害或極端氣候，將面臨極大的風險。

卡沃加這種古老小麥長得比常見的現代小麥品種都還要高，雖然小麥田會隨風搖晃，看似非常脆弱，但其實是自然演化下的成果。隨著小麥生長，較長的莖稈能讓麥穗與土壤之間保持一定距離，避免接觸大多棲息於土壤的植物病菌，其中有一種極具毀滅性的病菌「禾谷鐮刀菌」（Fusarium graminearum）正在歐洲、亞洲和美洲蔓延。穀物一旦感染，便會產生對人跟動物有害的真菌毒素，直接導致數百萬噸的小麥收穫報銷，令人遺憾的是，當這種病菌侵入麥田後，幾乎無法根除。

這種真菌所引起的小麥赤黴病（Fusarium head blight）每年造成高達數十億美元的農業損失，並且對糧食安全構成嚴重威脅。現代小麥的基因比古代小麥更容易遭受這種真菌的危害，與其他蔓延全球的多數作物病害一樣，這個問題越發嚴重，再加上近年氣候極端變化，高溫高濕的天氣更加速了真菌的傳播。雖然「綠色革命」是以科學為基礎，卻將自然生態系統過度簡化，甚至適得其反。我們種下了一片又一片同品種的小麥，卻拋棄了成千上萬個適應性強、恢復力高的品種。我們一再地遺忘它們的寶貴特性，當它們將永遠消失時，我們才漸漸地認知到自己的錯誤，也才領悟前人的智慧。

卡沃加小麥只是其中一例，但與本書所介紹的其他食物一樣，闡明了農業、食物、環境、飲食和健康之間相互依賴、密不可分的關係。物理學家巴拉巴西（Albert-László Barabási）是人造和自然複雜網路的研究權威，他認為二十世紀的科學研究採用了「化約論[1]」（Reductionism）立場，我們自以為聰明，相信人類能夠破解大自然奧祕無窮，然後凌駕於自然之上。我們確實善於理解自然界的各個組成部分，但常常未能將其視為一個整體。巴拉巴西說，就像是孩子拆解了心愛的玩具，卻不知道該如何把玩具再組裝回去，因此採用化約論方法時，「大自然的複雜性就像一堵高牆，讓我們一再碰壁」。

本書提到的瀕危作物在科學化約論盛行之前便已存在許久，這些食物不只提供人體所需熱量，更促進了我們與大自然和諧共生。舉例來說，德國南部阿爾卑斯山一帶曾廣泛種植一種不起眼的豆類「施瓦本小扁豆」（Alb-Leisa），風味獨特而深受喜愛，也因為這種扁豆能滋養山坡地較為貧瘠的土壤，成為適合當地居民種植的糧食作物。再舉個例子，墨西哥瓦哈卡州（Oaxaca）山區村莊有一種稀有的玉米品種，會分泌一種富含醣類的黏液，所以不需要施肥就

1　指認為複雜的觀念、事件、現象都能加以簡化和拆解，以基本的物理結構來解釋。

能長得很好。科學家認為這種黏液有助於降低以化石燃料作為原料的化肥用量，減少農業對化肥的依賴。世界上許多農作物的構成都精細且複雜，對於其中奧祕的探索，現代科學家也才剛起步而已。

長久以來，人類食用的植物約有六千種，但現在世界上大多數人吃的只有九種，其中光是稻米、小麥和玉米這三種就占了人類所有卡路里攝取量的一半。再加上馬鈴薯、大麥、棕櫚油、大豆和糖（甜菜和甘蔗），就供給了人類百分之七十五的熱量。自綠色革命以來，我們吃了更多精製穀物、植物油、糖和肉類，我們餐桌上的食物與產地越來越遙遠。成千上萬種作物瀕臨滅絕或已經滅絕，而少數幾種作物占據了主導地位。比方說，中國人早在數千年前就開始栽種大豆，而一九七零年代以前，大豆在亞洲以外還鮮為人知，如今卻成了全球貿易量數一數二的農產品。大豆被用於餵養豬、雞、牛和養殖魚，這些動物又反過來被端上人類的餐桌，也就是說，大豆在幾十億人日益同質化的飲食中扮演著至關重要的角色。人在過去兩百萬年的演化中，從來沒有像現在這樣，世界各地的飲食都發生了轉變，而且是變得一致。當這種現象浮現時，我們才了解到，維持多樣性同時也是在保護我們自身的健康，因為人體內腸道菌群（數以萬億計的細菌、真菌和微生物）越豐富越好，而飲食多樣化則有助於讓腸道菌群更加豐富多元。

雖然我們很難從考古研究勾勒出幾千年、甚至幾萬年前人類飲食的完整樣貌，但古代人的飲食確實遠比我們多數人的飲食來得豐富多樣。一九五零年，丹麥西部日德蘭半島（Jutland

Peninsula）的工人在挖掘泥炭作業時發現了一具外觀完整的屍體，儘管在潮濕的沼澤環境，仍保存相當完好，最初還被誤認為是最近一起謀殺案的受害者，然而死者其實是一名兩千五百年前遭處決（或獻祭）的男性，其胃裡還殘留著來不及消化的大麥、亞麻等四十種植物種子熬煮成的粥，這些植物種子有一些是從野外採集而來。生活在今日非洲東部的哈扎人（Hadza）是世界僅存幾個以狩獵採集維生的原始部落。野外八百多種動植物都是他們潛在的食物來源，包括許多種塊莖、漿果、葉子、小型哺乳動物、大型獵物、鳥類和各種蜂蜜，仍保有早期人類飲食方式的影子。雖然我們無法在工業化的世界裡複製他們的飲食方式，但仍可以向他們借鑑。

除了營養和基因方面的損失，食物滅絕也間接導致許多文化消失。幾千年來，人們發掘了無數種食材搭配和料理手法，諸如烹煮、烘烤、發酵、煙燻、乾燥及蒸餾。無論是乳酪的製作方法還是肉品的保存技術，世界上很多傳統美食的手藝和古老知識都逐漸失傳，每一道美食都承載著文化中很重要的一部分，連帶著這些文化也跟著消失。我們視繪畫、雕塑、教堂和寺廟為人類創造力和想像力的展現，但我們也應該關注本書提到的這些瀕危作物，無論是中國西南地區的紅嘴糯米、阿爾巴尼亞被詛咒的山脈（Accursed Mountains）的稀有乳酪，還是敘利亞西部的傳統糕點，這些食物全都是歷代廚師和農民發揮想像力，共同創造出的智慧結晶。

本書並不是要向大家倡導回歸過去的飲食方式，但我認為確實有必要好好思考一下，人類可以從過去學到些什麼，好讓我們能在這個地球上持續生存下去。我們目前的糧食系統正在加速地球的毀滅，一百萬種動植物現在面臨著滅絕的威脅。我們大規模砍伐森林並改種大量單一作物，然後每天燒掉幾百萬桶石油來製造肥料，施用於作物。而海洋方面，我們已經顯著地改變了百分之九十的海洋生態，不受人類活動影響的海洋荒野（marine wilderness）就快消失殆盡。我們超支取用河水和地下水，供應綠色革命耕作系統所需的大量灌溉用水，我們的食物既是破壞多樣性的元凶，同時也是受害者，地球約有四分之一的地表生產力受到嚴重影響，阻礙糧食增產，現代人的做法無疑是竭澤而漁。

我不敢說拯救瀕危食物一定能解決所有問題，但我相信這會是一種辦法。舉例來說，六稜大麥（Bere Barley）完全適應了蘇格蘭奧克尼群島（Orkney）的惡劣環境，無需肥料或其他農藥就能生長；法羅群島（Faroe Islands）的發酵風乾羊肉（Skerpikjøt）讓我們看到人與動物的關係有了多大的轉變，並且有必要再次改變；鮮嫩多汁又富含營養的根莖類植物山藥雛菊（murnong）曾盛產於澳洲南部，這種植物的存在證明了我們可以向原住民學習如何在飲食方面與大自然和諧共處。

許多人認為，解決食物問題的唯一解答不在於回歸更加多樣化的糧食系統，而是發起第二次綠色革命，主要是利用生物技術進行基因改造和基因編輯，但這種方式還是會需要仰賴這些瀕危物種的基因，因為很多瀕臨滅絕的動植物具備了抗乾旱、抵禦病害、因應氣候變遷和改善人類飲食品質所需的遺傳基因，所以許多植物育種學家與食品科學家也紛紛投入拯救多樣性的行列。無論選擇哪條路，我們都不能讓這些作物滅絕。

「瀕危」和「瀕臨滅絕」的概念通常用於野生動植物。國際自然保育聯盟（International

Union for Conservation of Nature，IUCN）於一九六零年代開始編製瀕危物種紅色名錄（在我撰寫本文時約有十萬五千種），按嚴重程度對其中的動植物進行分級，並著重強調了面臨滅絕風險的物種（近三萬種）。

一九九零年代中期在義大利北部皮埃蒙特（Piedmontese）的小鎮普拉（Bra），有一群人意識到當地的農作物、動物品種和傳統菜餚正逐漸消失，於是在記者卡羅・佩屈尼（Carlo Petrini）的帶領下成立國際慢食組織（Slow Food），開始了「品味方舟」（The Ark of Taste）計畫，這就像專門針對食物的紅色名錄，每個人都可以上網提名瀕臨滅絕的食物，經過審查就有機會列入方舟的保存項目。該組織提倡「抵制現代社會瘋狂的『快節奏』生活，擺脫單調乏味的『速食』，並且重新發掘在地美食的豐富和風味」。一旦某種食物、某地產物或作物瀕臨滅絕，那麼與其對應的當地生活方式、知識技能、地方經濟和生態系統也會受到威脅。當慢食組織登高一呼，隨即獲得世界各地的農民、廚師和社會運動人士的熱烈迴響，紛紛開始把自己知道的瀕危食物登錄方舟名單。

品味方舟是本書的靈感來源，在我寫書時已收錄了一百三十個國家的總共五千三百一十二種食物，另外還有七百六十二種食品正在審查當中。書中會介紹很多致力於保護瀕危作物的人，包括開篇那位向我展示稀有卡沃加麥田的農民，你所在的地區可能也有不少為拯救瀕危作物而努力的人。這些作物對人們來說，不僅是維生而已，它們還承載著歷史、身分認同、樂趣、文化、地理、遺傳學、科學、創造力和工藝，還有我們的未來。

人類食物發展簡史

「生物多樣性」是地球數十億年來演化的結果，這期間，地球上的生命曾歷經風暴，劫後餘生的生物將其融入基因，創造出適合人類出現的地球環境。多樣的生命型式維持著這個世界的穩定。

——愛德華．威爾森（E.O. Wilson），《繽紛的生命》（The Diversity of Life）

為掌握世界糧食多樣性下降的速度，我們需要了解物種多樣性是經過多漫長的時間演化而成。由於演化史的時間尺度相當龐大，我會再以卡沃加小麥為例，標示出一些重要的時間點。

距離栽種卡沃加小麥的四十五億年前，地球形成之初，火山噴發，熔岩四處流動，地表不斷受到隕石襲擊。地質學家以希臘神話的冥王之名，將這個地獄般的時期命名為冥古代（Hadean）。十億年後，首次有微生物出現，再過十億年後，出現了一種能夠利用陽光和水的能量來產生營養的細菌，也因為它們行光合作用產生氧氣，後續方能演化出其他更複雜的生命形式。後來又過了十五億年，地球上出現多細胞生物，而在那之後一億年的時間，慢慢演化出構造簡單的海綿動物和扁形動物，很可能是現今所有動物家譜中的共同祖先。不過，這時候地球上還沒有現今你我所熟知的食物。

事情在距今五億三千萬年前開始變得比較有趣（至少從我們人類的角度來看是如此）。當時發生了「寒武紀大爆發」（Cambrian Explosion），大陸地殼分裂，突然之間眾多稀奇古怪的生物在海洋中繁衍，這就是我們所知的物種多樣性的開端。海洋中出現了類似蛤蜊和蝸牛的有殼生物，還有近似牡蠣的雙殼貝類、與鰻魚相近的牙形石和內克蝦（Nectocaris pteryx，一種風箏狀、有桿狀眼的肉食性動物，很可能是魷魚、章魚和烏賊最原始的共同祖先）。當地球進入下一個地質時代，即距今不到五億年前的奧陶紀（Ordovician）時期，當今世界上所有主要物種的祖先大多都已經形成。植物從海洋遷徙到陸地，展開了與另一種生命形式「昆蟲」共同演化的漫長旅程。

最早定居陸地上的植物是苔蘚和蕨類，其孢子成熟後會由孢子囊散出，隨風力傳播進行繁殖。這些植物也有助於分解岩石表面，使岩石變成鬆軟物質，逐漸形成土壤。四億年前，地球的氣候從溫暖濕潤變得乾燥，對於大多數植物而言環境相當惡劣，植物因而進化形成種子，藉由種子保護胚珠並儲藏養分。約兩億五千萬年前，一些植物演化出了額外優勢，透過色彩誘人的花朵和香甜可口的果實來吸引昆蟲和哺乳動物食用，幫助它們散播花粉和種子。距今約六千萬年前，禾本科植物（也稱為禾草）出現在地球上，對人類食物歷史影響深遠。恐龍滅絕發生在六千五百萬年前，所以牠們那時還沒有草可以吃，但包括人類在內，哺乳類動物的興盛都有賴於這種植物，稻米、玉米、大麥和小麥都是禾本科作物（卡沃加小麥終於快要出現了！）。

六百萬年前出現了類人猿，其中包括查德沙赫人（Sahelanthropus tchadensis），該物種大部分時間都攀爬在森林樹冠上，以樹葉、堅果、種子、根莖、水果和昆蟲為食。在四千萬年前的衣索比亞，名為「南方古猿人」（Australopithecus afarensis，暱稱為「雅蒂（Ardi）」）的人類遠祖也保有爬樹的技能，但更多時候是用兩腿直立行走來尋找食物。然後到了距今兩百萬年前，由於地球氣候的變化，人類不得不從樹上下來，轉移到地面生活。東非原有的濕地雨林變成了稀樹草原，為了生存，我們的祖先開始狩獵以獲取肉類。在非洲坦尚尼亞的奧杜瓦伊峽谷（Olduvai Gorge）有發現早期人類留下了石器，當時人類會拿這種工具切割肉塊，並用於敲碎骨頭以取得富含營養的骨髓。這一時期人類的身體再次發生變化，腳趾和前臂變得更短，腿更長，我們成了動物界的長跑高手，能夠追蹤和獵殺更大型的生物。由於飲食中的大量肉類，人類的牙齒變小、頭腦變大（是猿類的三倍），腸道的體積也縮小了，但其中演化出由數萬億微生物組成的複雜生態系統，幫助我們適應更多樣化的飲食。

八十萬至三十萬年前，人類開始用火烹飪，大幅拓展了我們的飲食範疇，很多無法生吃的植物一旦煮熟就變得既營養又美味，肉類也變得易於消化。人類發明出更複雜精密且更具殺傷力的武器，五十萬年前，獵人開始拿長矛獵殺陸地上的動物。後來，我們的祖先用骨頭製成帶倒刺的魚叉，將巨型鯰魚拖出湖泊。距今七萬年前，現代智人（Homo sapiens）從東非往外遷徙，確立了智人在地球上的統治地位。六萬五千年前，人類到達澳洲大陸，設計出沿著河流的捕魚裝置，並利用湖泊進行水產養殖。

約三萬年前，人類開始用動物皮製成容器來運送食物，後來也會用植物纖維編織成籃子。兩萬年前，中國早在農業誕生之前，就發明了新的烹飪技術，製造器皿來蒸煮野生稻米。到後來，人類從東北亞長途跋涉進入美洲，也將這些技術都帶了過去。

然後農業誕生，這是人類發展過程中相當重要的事件。距今一萬三千年前，居住在現今約旦黑沙漠地區（Black Desert）以狩獵採集維生的納圖夫（Natufian）人將野生穀類磨成粗麵粉，並與磨碎的植物根莖混合製成麵團，然後用火烤熟。二十一世紀的科學家重新製作了這種早期形式的麵餅，嘗過後描述其味道為「帶點微苦的堅果味」，這種混合了不同食材所製作出來的麵餅被認為是最古老的麵包。數百萬年來，人類仰賴狩獵採集，納圖夫人則開始慢慢過渡向農業，結束四處遷徙的生活型態，定居在新月沃土（Fertile Crescent）。這個橫貫現今伊拉克、土耳其東南部、敘利亞、黎巴嫩、以色列和約旦等國家的弧形地帶，有可被馴養的野生動物、合適的氣候條件，讓人類對於在此生活充滿想像。在接下來的幾千年裡，透過各種無意識的決定、偶然的發現和運氣，人類持續改造周遭發現的植物，挑選能結出最大果實的種子和最容易收穫的穀物，將這些植物馴化成作物。在此期間，人類體內又再度發生變化，我們的唾液和腸道微生物群進化到可以分解農業生產的大量澱粉。二粒小麥（emmer）在這個從覓食轉向農耕的過渡時期出現了，這種小麥後來在古埃及很受人珍視，而卡沃加小麥就是二粒小麥少數留存至今的一種品種。

當然不是只有馴化小麥，新石器時代的人們在新月沃土栽種的農作物還包括鷹嘴豆、小扁豆、無花果和椰棗。世界其他地區的狩獵採集者也馴化了生長在其生態系統中的野生植物，例如中國長江和黃河流域的水稻和小米；墨西哥東南部的玉米、南瓜和豆類；安第斯山脈的喀喀湖（Lake Titicaca）周圍的馬鈴薯和藜麥；印度的綠豆和小米；撒哈拉以南非洲的高粱和豇豆；巴布亞紐幾內亞的香蕉和甘蔗。經過數千年的時間、歷經一百五十多代農民，我們慢慢將各種野生植物轉變為栽培作物。除了植物，早期農民也開始將動物馴化成家養的牲畜，包括牛、綿羊、豬、山羊、駱駝、駱馬和犛牛等物種。人體因而出現了另一種變化，演化適應可能讓世界上部分地區的人群成人後依然能消化牛奶。

到了約三千五百年前，人類從依賴野生食物轉變為以種植食物為主的過程已接近尾聲，此後就沒有任何對人類飲食具有重要意義的新植物或動物被馴化。為什麼呢？部分原因是那時已經找到了最適合耕種的植物。馴化也是一項緩慢而艱鉅的任務，當貿易和移民開闢了新的途徑，讓我們能獲得其他文明改造過的植物，為何還要自己耗時費力？古代世界的全球化進一步推進了馴化工作。

隨著農民四處搬遷，馴化後的植物和動物遍布世界各地，且不斷地在新的環境中適應和演化。據生物學家艾德華．威爾森所說，它們「吞食了風暴」，適應了土壤、氣候、海拔（和人類的喜好），並「將其融入基因之中」，所以世界上才會有如此多品種的玉米、稻米、小麥以及所有其他糧食作物。

人類透過不斷的創新實驗，讓食物有更多的變化。中歐的人們試著減少牛奶的含水量並濃縮脂肪和蛋白質來保存牛奶，因此製作出了乳酪；在高加索地區，葡萄經過碾碎榨汁並釀製成酒；中國的廚師採用了一種奇妙的工藝，將不可生食的大豆變成一塊塊白嫩絲滑的豆腐；亞馬遜雨林的居民利用細菌和酵母菌將有毒的塊莖植物木薯發酵成安全美味的食物；墨西哥南部的農民將玉米浸泡在石灰溶液中將玉米粒脫殼，除了讓營養釋放出來，也能更方便地揉成麵團來製作玉米餅。

幾千年來，人類在烹飪及飲食方面發揮了無窮的想像力。因此，當我們面臨作物瀕臨絕種、傳統種子消失，以及技藝逐漸失傳等問題時，或許能藉由回顧這段史詩般的故事，讓我們想起食物是經歷多漫長的過程才演變成今日的模樣。

Part 1
野生

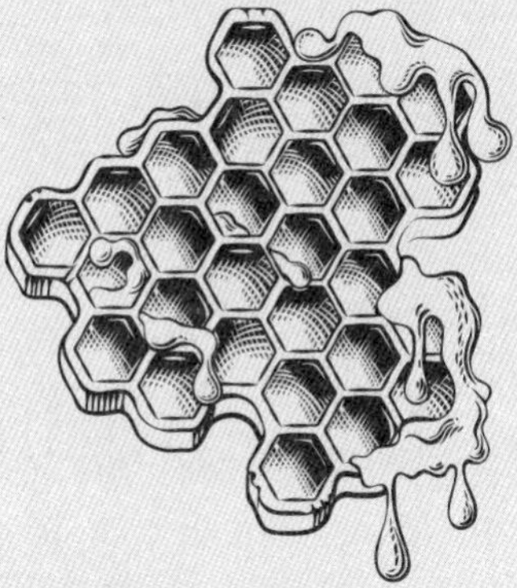

為什麼要耕作？這是個值得思考的問題。狩獵採集者作畫、吟詩、彈奏樂器……他們做農夫所做的一切……但沒有那麼辛勞。
——傑克．哈蘭（Jack Harlan），《莊稼與人》（Crops and Man）

野生動植物是人類最原始的食物來源，綜觀歷史，我們大部分的時間都是透過尋覓野生植物、收集堅果和種子，以及追蹤和獵殺動物來維持生活所需，可以說狩獵和採集是我們迄今為止適應大自然最為成功的生存方式。一九六零年代後期，人類學家理查・李（Richard Lee）和艾爾文・德佛爾（Irven DeVore）估計，曾經生活在這個世界上的八百五十億人中，有百分之九十的人口是狩獵採集者，只有約百分之六是農耕者，剩下為數不多的人則是在現代工業社會裡工作和生活。狩獵採集在人類進化史中塑造了我們的生理、心理、恐懼、希望和飲食偏好，現在我們的身體看似並沒有太大改變，但生活方式和飲食方式卻是急遽變化。

目前地球上約有七十八億人口，只有幾千人繼續以野生的食物作為他們攝取熱量的主要來源。人數之所以會變那麼少，是受到過去殖民主義很大的影響，現今也還有許多其他的影響因子。大規模農場、種植園和食品工業，這些雖然能養活大規模人口，卻破壞了許多傳統社會的居住環境。工業產品透過食物，以新殖民主義的形式進入亞馬遜雨林和非洲大草原等遙遠地區。如果狩獵採集者在未來的某天不復存在（這可能發生在我們的有生之年），世界將失去世世代代累積下來的寶貴經驗，也會斬斷人類與古老生活方式的連結，長達兩百萬年的演化故事落入這樣的悲慘結局，你我都不樂見。

但細究之下，就會發現不是只有為數不多的狩獵採集者會透過野外覓食來取得食物，世界各地許多原住民部落雖然農業發達，仍然非常依賴野生食物。剛果的木布堤人（Mbuti）除了木薯和煮食蕉等作物之外，還會食用三百多種野生動植物。印度各地農村的飲食中有一千四百種野生植物，包含了六百五十種水果。儘管許多原住民的熱量主要來源為小麥、玉米、稻米和小米，仍必須從各種野生動植物獲取人體所需的微量元素（維生素和礦物質）。舉例來說，泰國東北部的稻農會採集稻田周邊的野生菠菜，稻米為澱粉含量較高的穀物，他們可以藉由吃這種菠菜來補充其他營養素。農耕或採集並不是只能二選一，而是可以互相搭配的，因為農耕從播種到收成需要等待一段漫長的時間，首批農民如果在播種後沒有繼續狩獵採集野生動植物，可能就會餓死，所以後來世世代代的人類都遵循這樣的做法。到了近代，各地曾經歷過糧食匱乏的人類社會都曾向野外尋求生計。二十世紀初，西西里人因為作物歉收不得溫飽，撿拾蝸牛當作食物；經濟大蕭條時期，很多美國人為了不餓肚子，會摘採田野間的黑莓和蒲公英吃；戰時的英國人採集蕁麻作為食材；一九五零年代中國的大飢荒時期，人們則靠著吃苦草活命。

現今有十億人的飲食中至少有部分食物是從野外取得（將魚類也算在內的話，是三十三億人），有些飲食的目的是生活，有些則是享受吃飯過程中的樂趣。墨西哥南部瓦哈卡市的居民正在市場排隊，每個人都迫不及待想吃到烤飛蟻；在莫三比克首都馬普托（Maputo），富裕的饕客願意以高價購買「叢林肉[2]」；在莫斯科、紐約、東京和倫敦的郊區可以看到城市覓食者（Urban forager）深入林地，尋找當季的漿果和蘑菇。不過，縱使野性的呼喚依然強烈，採食野生食物的實務知識仍漸漸被淡忘，且野生動植物的棲地也正在消失中。大約在你看完這句話

2 Bush meat，指各種從野生動物身上所獲取的食用肉，類似於華人所指的「野味」。

短短幾秒鐘的時間，全球就有一座足球場大小的原始雨林被夷為平地，砍掉大面積的森林，然後大規模種植大豆、棕櫚樹或飼養牛隻，導致世界上數千種野生食物物種瀕臨滅絕。如今，世界各地的原住民成了我們的希望源泉，雖然他們的人口數量不超過總人口的百分之五，但居住地區大概占了全球陸地面積的百分之二十五。原住民是二十一世紀極為重要的自然界托管者和物種多樣性捍衛者，他們所保護的野生植物包含了許多作物野生近緣種（Crop Wild Relatives），這些品種可能具有能應付乾旱和病害等問題的遺傳關鍵，對我們的作物安全至關重要。

現代人仍不斷摸索各種飲食樣貌，但許多野生動植物同時在邁向滅絕。為何會造成這樣的情形呢？科學無法給出完整的解答，而我們還是不停地想從中尋求答案，卻忽略事實早已擺在眼前。儘管野生動植物提供的卡路里不到當今世界消耗的所有卡路里的百分之一，但提供了極高比例的營養素。過著狩獵採集生活的哈扎人幾乎沒有人罹患肥胖症、第二型糖尿病、心臟病和癌症等疾病，部分是因為他們吃的食物種類繁多，而且纖維的攝取量很高（是那些生活在工業化社會中的人的五倍），野生食物多半帶有苦味和酸味，往往富含各種有益健康的營養素。在秘魯的亞馬遜地區，當地人會採集一種灌木果實「卡姆果」（Myrciaria dubia），外表類似櫻桃，這種水果的維生素C含量是橘子的二十倍。

這個章節所介紹的食物可以解釋野生動植物的重要性。儘管如今環境與人體原有的平衡步調已變得混亂，且我們不太可能完全回歸野外覓食的生活，但或許能從數千年來造就人類的傳統飲食文化中汲取靈感，並且向那些仍在冒險進入野外的狩獵採集者學習智慧。

1 哈扎蜂蜜 Hadza Honey

坦尚尼亞，埃亞西湖

我曾在某年四月雨季時到訪此地，大雨後湖邊嬌嫩的小花恣意綻放著，為綠色和棕色調的東非大草原增添許多絢爛的色彩，也為蜜蜂提供充足的花蜜。與我同行的是一群哈扎族獵人，當地哈扎族人口數僅有一千多人，分散居住在東非坦尚尼亞北部埃亞西湖（Lake Eyasi）邊的灌木群裡，他們已在此地生活了數萬年，甚至是數十萬年。而如今，只有不到兩百人仍然以原始採集狩獵方式生活，成為非洲僅存不從事任何形式農業生產的群體。有個名叫西格瓦茲（Sigwazi）的年輕人邊走邊吹著口哨，帶領我從營地出發，一路往灌木叢去。

口哨聲並非一曲悠揚旋律，而是跌宕起伏的一連串音符，每一段都以高亢的旋音收尾。我聽不出音樂的背後有什麼規律可循，但灌木叢裡有東西正密切注意著這串哨聲。當樹上一有動靜，西格瓦茲便飛奔起來，一邊繼續吹口哨，一邊穿過灌木叢和猴麵包樹，展開一場人與鳥之間的獨特對話。最後，西格瓦茲佇立於某棵樹下，望向微微顫動的樹冠，此時樹枝上棲息著一隻八哥大小的橄欖灰色小鳥。

這隻橄欖灰色小鳥除了尾巴有幾道白色羽毛之外，看來平淡無奇，但在獵人又吹了幾聲口哨後，牠隨即顯露出自己的與眾不同，發出「啊—欸—欸—欸（Ach-ech-ech-ech）」的叫聲對西格瓦茲的呼喚作出回應，似乎表示願意與人類合作，帶獵人去尋找藏於巨大猴麵包樹上的蜂巢。猴麵包樹十分高大，樹幹圓滾粗壯，可以存活長達一千年，樹根可以扎到地下很深的地方，來吸收更多的水分，以適應極度乾旱的環境。如果單靠普通人的力量尋找蜂巢，便只能一棵棵樹慢慢地找，可能需要花費數個小時才找到懸掛於樹枝間的蜂巢；但有了響蜜鴷（Honeyguide）的協助，尋找蜂巢的時間縮短許多。這種鳥的學名是Indicator（即指標之意），正好名副其實地體現了牠的特殊才能。

在過去數十萬年來，人和響蜜鴷發展出一種互利關係。響蜜鴷擅長尋找蜂巢，但鳥類想要竊取蜂蜜的話，很容易被蜜蜂螫死，而人類則擅長以煙燻方式趕走蜜蜂，接著破壞蜂巢採集蜂蜜，響蜜鴷也能吃剩下來的蜂蜜和蜂蠟。人類與野生動物之間締結了極為複雜卻富有成效的夥伴關係。

從坦尚尼亞最大的城市三蘭港（Dar es Salaam）搭吉普車到最偏遠的哈扎部落營地需要十八小時的車程，他們的房屋就坐落在一片灌木叢、岩石、樹木和塵土之中。人類在這片土地上已繁衍生息了兩百萬餘年，從哈扎部落遠眺綿延無盡的地平線，似乎可以看到人類歷史的縮影。向北幾英里的地方是利托里（Laetoli），我們的祖先曾在雨後步行於此地的火山灰泥灘上，留下了目前已知最早的人類足跡。考古學家在更近一點的奧杜威峽谷（Olduvai Gorge）中發現了最古老的石器和手斧。而步行即可抵達的鹹水湖埃亞西湖（Eyasi），曾經出土十三萬年前的人類骨骼化石。

哈扎人完全是現代人，雖不能代表石器時代的古代人類，但他們持續過著最接近早期智人的生活方式，我們也能從哈扎人的飲食中領悟到食物如何推動人類演化的進程。雖然在草原上的路徑並不明顯，但哈扎人依然能辨識出要沿著哪條小路前行，他們熟知這裡的一草一木，哪裡有熟度最剛好的剛果（Congolobe）黃金莓果、哪裡能找到最厚的潘華科（Panjuako）塊莖、鼻子很長的叢林豬會去什麼地方覓食，以及形似松鼠的蹄兔何時會聚集在一起等，都能夠了然於胸。在這裡，他們聽得見我沒有注意到的聲音，當停下腳步感受細微的風吹草動，就能靜悄悄地接近獵物而不被察覺。此時再過一個月就是旱季，在這個難熬的時節，生活在此的大型動物都會聚集在水邊，所以特別容易在水源附近獵捕到大型獵物。在此時節，取得肉類最簡單的方法是從地下挖出來。西格瓦茲前些時候展現了他們是怎麼誘捕猴麵包樹下洞穴中的豪豬，抓到之後隨即點燃篝火，當場去除內臟後，再烤熟吃掉，部分剩餘的肉則被帶回營地，供其他族人享用。然而，哈扎人最愛的食物並非肉類，而是蜂蜜，這就是為什麼他們如此看重與嚮蜜鴷的交流。

十六世紀時，有一位葡萄牙傳教士記錄了這種人與鳥之間的合作，但直到二零一六年，外界才更全面地理解這種聲音對話。科學家設計了一系列實驗，在大草原重複播放不同的錄音，測試發現並非所有人類聲音都能吸引響蜜鴷，牠們會傾聽特定的叫聲。莫三比克的瑤族人（Yao）發出一種代代相傳的特別叫聲「brrr-hm」叫喚響蜜鴷，而在坦尚尼亞北部的哈扎人則是用一種起伏的口哨聲吸引響蜜鴷。研究人員發現，比起其他聲音，持續發出特定叫聲不僅有兩倍機率能獲得響蜜鴷認同，找到蜂巢的機率更是提升了三倍。

更特別的是，響蜜鴷跟杜鵑一樣是巢寄生鳥，甚至比杜鵑更為殘忍。響蜜鴷會潛入其他鳥的巢穴，用鋒利的喙刺破巢內宿主鳥的卵，再以自己的卵替代，讓宿主鳥代為孵育。目前還不清楚響蜜鴷是如何學會識別哈扎人的叫聲，有一說法是牠們和獵人一樣是社會學習者，會經由觀察更有經驗的響蜜鴷來學習這樣的行為。這種跨物種的互利行為可能早在智人出現之前就已經開始，可以追溯到人類祖先第一次生火並且用煙燻走蜜蜂之時，人和響蜜鴷就此展開上百萬年之久的合作模式。這個論點之所以令人信服，在於蜂蜜和蜜蜂幼蟲就像肉一樣，具有豐富維生素及蛋白質，有助於人類大腦生長，讓我們贏得物種間的競爭。由於考古研究發現不少用於狩獵的石器，卻沒有吃蜂蜜的證據，所以比較常見的說法是吃肉促進了人類大腦的演化。不過，我們還是能找到許多人類很早就開始享用蜂蜜的線索，我們在動物界的近親（黑猩猩、倭黑猩猩、大猩猩和紅毛猩猩）都熱愛蜂蜜和蜜蜂幼蟲這種熱量較高的食物。迄今為止，在西班牙、印度、澳洲和南非的洞穴裡，都曾發現古老的岩畫描繪了超過四萬年前人類從野生蜂巢採蜜的場景。

蜂蜜對人類演化扮演了重要角色，最令人信服的證據也許是它屬於世上僅存狩獵採集者的飲食。以哈扎人的飲食為例，一年之中他們所攝取熱量的五分之一都來自蜂蜜，其中約有一半是靠響蜜鴷的引導，另一半則是哈扎人自行採集。有些蜂類會在比較接近地面的地方築巢，牠們體型很小，像蚊子一樣無螫針，產生的蜂蜜香氣較為濃郁。哈扎人會檢查樹木是否有針狀管洞，再進一步確認是否為蜂巢。他們稱這種蜂蜜為kanowa或mulangeko（哈扎語），通常會在伐木時採集，由於量不多，只夠當甜點享用。但這一次，西格瓦茲和響蜜鴷的野心不僅止於此，他們想一同尋找體型更大且攻擊性更強的非洲蜜蜂（Apis melifer）的蜂蜜和蜂蠟。

西格瓦茲看著他用哨聲吸引來的響蜜鴷在其中一棵猴麵包樹上方盤旋，意味著這棵樹上有蜂巢，就等西格瓦茲爬上去採集蜂蜜了。他個子矮小（身高不過一百五十公分出頭），瘦削而苗條。我原本以為是因為他體格纖瘦強健，所以才負責爬樹，但我後來發現這需要的是膽量。西格瓦茲非常勇敢，並不害怕蜜蜂為了護巢而發起的進攻，也不擔心自己是否會從九公尺高的樹上失足跌落。他轉手將弓箭遞給身旁的獵友，脫掉破爛的T恤和磨損的短褲，從脖子上取下一條紅黃相間的串珠項鍊，身上幾乎一絲不掛。西格瓦茲開始用斧頭砍斷倒下的樹枝，然後削成細細的棍子。猴麵包樹的樹幹下包裹著類似海綿質地的柔軟樹心，獵人可以輕鬆地將這些木棍扎入猴麵包樹的樹幹，當作臨時的梯子。西格瓦茲身手矯捷地爬上了猴麵包樹，他同時要緊緊抓住樹幹，保持身體平衡，還要一邊往上頭繼續插入木棍。當他慢慢接近樹頂，另一名獵人跟著爬上來，遞給他一束正在燃燒、冒煙的葉子。西格瓦茲拿著這束葉子在蜂巢附近揮舞，伴隨著高亢的叫喊聲，宛如在空中展開一場舞蹈表演，隨後把手伸進蜂窩，挖出大塊的蜂巢，此時無數蜜蜂傾巢而出，瘋狂叮咬這個來招惹牠們的人。西格瓦茲將蜂巢往下扔，底下的哈扎獵人用手接住，便迫不急待地將蜂蜜送入口中，邊吃邊吐出一片片的蜂蠟，只留下嘴裡溫暖又黏稠的液體，滋味如柑橘般香甜又帶點酸味。我也嘗了一些，感覺到幼蟲在我嘴裡蠕動著，以及咀嚼蜜蜂時發出的嘎吱聲。嚮蜜鴷靜靜地棲息在一旁，等待獵人離開後能分一杯羹。

獵人把剩餘蜂蜜帶回營地，哈扎族婦女則收集了許多猴麵包樹的莢果，大約是雙手能捧起的數量。這些莢果外殼堅硬，他們會赤腳踩開，裡面是乾燥而呈粉狀的白色果肉，包裹著腎形種子，嘗起來像維他命C發泡錠的味道。然後當地人將種子、果肉、水和少許蜂蜜放入桶中，再用棒子使勁攪拌出漩渦，等待漩渦平息後就像一碗奶油濃湯，味道清新爽口。他們告訴我，哈扎人的嬰兒斷奶後就會改喝這種猴麵包果汁。

詹姆斯．伍德伯恩（James Woodburn）早在我之前就已經看過這個場景了。一九五七年，二十三歲的伍德伯恩為完成劍橋大學的博士學位，前往坦尚尼亞尋找非洲最後存留的狩獵採集民族。他跟隨兩名義大利象牙獵人追蹤象群，來到埃亞西湖附近，獵人殺害大象後隨即帶走象牙，大象的其他部分就留給那裡。不久之後就有哈扎獵人從灌木叢裡走了出來，取走大量象肉（大象是哈扎人唯一不獵殺的大型動物，據說是因為他們的毒藥殺不死大象）。伍德伯恩跟著哈扎人回到營地，接下來的兩年便和他們一起生活。他沒有哈扎人的野外求生技能，所以僅靠著狩獵採集並無法養活自己，因此他還帶了稻米和小扁豆來。

伍德伯恩學會說哈扎語（他曾擔任軍事翻譯職務，磨練出紮實的語言能力），並與兒科醫生共同研究，發現哈扎人幼童與附近農耕聚落的同齡孩童相比，營養狀況更加良好。他在那裡獲得的種種新見解，使得哈扎族在一九六零年代引起世界更廣泛關注。伍德伯恩在接下來的六年裡，仍會定期返回哈扎部落居住，研究他們的生活方式並記錄各種變化。有次我拜訪哈扎部落時，很幸運地跟他巧遇。

「他們一直是狩獵採集者，這對他們來說是有意義的生活。」伍德伯恩說道，我們就坐在篝火旁，伴隨著西格瓦茲在柴火上烤豪豬滋滋作響的聲音，「他們認為這樣的生活很美好。」他認為狩獵採集是一種經久不衰的生活方式，主要是因為這能讓人擁有自主性——沒有哈扎人可以控制另一個人，因為他們周圍有豐富的野生動植物，所以除了幼童和老年人，營地裡的每個人有辦法自給自足，幾乎不費吹灰之力就能養活自己，即便是六歲的孩子也有這個能力。伍德伯恩說：「一旦狩獵採集對他們不再具有意義，這種生活方式終將走到盡頭。」

伍德伯恩第一次接觸哈扎人時，他們對外面的世界幾乎一無所知，也並不清楚自己生活在哪個國家，所以對外界的了解主要來自與伊拉庫（Iraqw）、達託加（Datoga）和伊桑祖（Isanzu）等鄰近部落的互動交流，哈扎人會用獸肉、毛皮和蜂蜜與這些部落的牧民和農民換取小米、玉米、大麻和金屬（用來製作斧頭和箭頭）。還有許多是從長者那代代相傳下來的故事。在十九世紀中葉前長達幾個世紀的時間裡，坦尚尼亞一直是東非奴隸貿易的中心，曾有許多族人被擄走賣作奴隸，這就是為什麼即使到了現在，很多哈扎人看到叢林中出現陌生人，仍會急忙走避。然而到了一九六零年代中期，他們還是難逃外來勢力的介入。坦尚尼亞脫離英國獨立後，政府在美國傳教士的鼓吹下，試圖動用武力將哈扎人安置到村莊，這些狩獵採集者原本在偏遠的叢林營地住得好好的，卻被迫在武裝警衛的監視之下坐上卡車，前往專為他們建造的村莊，許多人因染病而喪生。兩年後，倖存下來的人大多重回部落營地生活。雖然政府和傳教士仍繼續嘗試透過引入農業和基督教來改變哈扎族，想方設法讓他們定居，但這些努力在很大程度上失敗了，哈扎族狩獵採集的維生方式仍然存在。然而，現在還有一股新的力量正朝著哈扎人逼近，大規模農業蔓延到他們的土地上，營地裡也能看得到全球食品工業所生產的產品。伍德伯恩說，他沒有預見到這些迫使哈扎人改變的力量會如此龐大，令人始料未及。

目前全球糧食生產面積占據地表的三分之一，其中四分之一是耕地，四分之三是牧地。農業正持續向野外擴張（熱帶雨林正以每年四百萬公頃的速度消失），逐漸入侵世界上曾經被認為不可能耕種的地區，哈扎人的土地就是其中之一。二十一世紀初，他們每年有數萬公頃的林地被外來者開墾為農業用地或是牧場，而這些林地正是哈扎人獲取野生動植物的重要來源，樹齡數百年的巨型猴麵包樹日益減少，導致營養豐富的猴麵包莢果和蜂蜜的供應逐漸枯竭。經過多年的抗爭，哈扎人才在二零一二年拿到超過十五萬公頃的土地使用權，但這仍然沒有解決問題。鄰近部落因為灌溉用水和氣候變遷而面臨嚴重缺水，於是牧民和他們的牛群湧入更靠近哈扎人營地和水坑的地方，牛吃掉了哈扎人採集野生植物的植被，並擾亂了野生動物的遷徙路線，也就是說，哈扎人能捕獲的獵物因此減少。整個非洲多達三分之二具有生產力的土地大幅退化，其中一半已經嚴重到出現荒漠化的現象，而過度放牧是主要的原因。

哈扎人沒有能力阻止這種入侵，他們沒有財產、沒有錢，也沒有領袖。儘管沒有足夠的水可灌溉作物，農民、牧民及牲畜仍不斷往這片土地遷徙，擴大牧場、種植高粱和玉米。雖然哈扎人是勇猛的獵人，卻不喜歡與人發生衝突，所以面對侵占土地的外來者，他們沒有起而反抗，而是退到叢林的更深處。哈扎人也必須應對氣候變遷的影響：嚴重的缺水問題、可食用的植物消失，隨著花蜜減少，蜂蜜也跟著變少。為了生存，許多哈扎人也開始依靠非政府組織和傳教士提供的食物，非洲僅存的狩獵採集者正承受來自四面八方的壓力。

西格瓦茲採集蜂蜜結束後，我們驅車三十分鐘來到一個道路交叉口，這裡有個新安裝的水泵，附近的部落居民都會聚集在這裡取水。我們還參觀了一間泥磚小屋，屋內的架子上擺滿了含糖汽水，還有一包包餅乾。我們從距離最近的城市顛簸了好幾個小時的車程才來到這裡，沒想到那些世界上最著名的食品和飲料品牌的產品早已來到這個地方。

在人類祖先最初演化的地方，瓶裝飲料裡添加的糖正在取代蜂蜜這種幫助我們演化到現今模樣的甜味食物。根據監測草原鳥類生活的科學家所述，嚮蜜鴷發出「啊－欸－欸－欸」的叫聲時，常遲遲得不到人類答覆。這意味著人與鳥的互動越來越少，可能很快就再也聽不見這流傳數百萬年的對話交流的聲音。

我當時所在的泥磚小屋周圍是新墾的玉米田，此時數十萬年的人類歷史有如電影般，一幕幕地快速在我眼前播放，從野生到養殖，從採集到加工產品、瓶裝飲料和各種著名品牌，每一幕都近乎身歷其境。

2 山藥雛菊 Murnong

澳洲南部

如今只剩下幾個地方還找得到山藥雛菊（murnong），這是一種像蘿蔔的根莖類植物，口感爽脆，帶有椰子甜味。它生長的地方一處位在澳洲維多利亞州東南部拜恩斯代爾（Bairnsdale）福格溪（Forge Creek）路的墓地，墓碑周圍簇擁著山藥雛菊的黃色花朵；另一處則是鐵道附近，因為鐵道柵欄阻隔了野生動物，讓子彈大小般的雛菊根及嫩芽可以避免被吃掉。在十八世紀歐洲入侵者到來之前，維多利亞州的草原和岩石山坡上長滿了山藥雛菊，遠遠望去宛如一片黃色花毯。

六萬多年前，人類首次抵達澳洲，在當地看到的都是陌生的動植物，他們起初也如同前文所述的哈扎人，以採集狩獵的方式維生，不過他們很快就發現，只要將木棍削尖後插入土壤挖掘，就不用煩惱下一餐在哪裡了。因為種子、水果和蜂蜜等食物來源都有季節性，但塊根和塊莖一年四季都有，而且是植物儲藏養分的部位，所以富含更多能量。山藥雛菊曾是澳洲東南部原住民最重要的地下食物來源，對於烏倫傑里（Wurundjeri）、瓦塔龍（Wathaurong）、甘迪特吉馬拉（Gunditjmara）和賈拉（Jaara）等已在此生活數萬年的部落來說，這種塊根植物極為重要。若沒有山藥雛菊，他們幾乎不可能在澳洲東南部生活至今。然而，到了一八六零年代，幾乎不再有人吃這種食物，山藥雛菊甚至已退縮到墓地和鐵路旁，且近代原住民對這種植物所掌握的知識近乎消失殆盡。

一九八五年，六十多歲的植物學家貝絲．戈特（Beth Gott）在墨爾本蒙納許大學（Monash University）將一塊土地劃定為專門種植原住民野生植物的花園。戈特曾在美洲和亞洲實地考察，期間對原住民食藥文化深感興趣，返回澳洲後隨即開始研究原住民在植物方面的知識。她在蒙納許大學的研究基地對一千多種植物進行分類，包括具有安眠效果的沙丘薊（dune thistles）以及可用於製作甜味飲料的銀班庫樹（woorike）的銀色毬果。經過多年研究，她發現有一種食物對當地澳洲原住民尤其重要，有些原住民稱之為山藥雛菊，不過多數人都叫它穆恩（murnong）。戈特親自深入野外採集這種植物，並種植在自己的花園裡，但尋找山藥雛菊的過程並不容易，探尋它的歷史也同樣困難。如今這種植物的相關知識近乎失傳，其主因是殖民統治。

一九五三年至一九五七年間，英國在澳洲南部的沙漠引爆了多枚核彈，這一系列核彈試驗持續到一九六零年代。為了清空試驗場周圍地區，政府派出巡邏隊驅散了僅存一萬多名的沙漠原住民，導致澳洲最後一批以採集維生的原住民被迫離開家鄉。澳洲其他地區的原住民在更久以前就被迫搬到政府劃定的保留區內，在這樣的政策下，累積了六萬多年的植物採集知識幾乎消亡殆盡。戈特在一九八零年代致力於當地食藥知識的田野調查並記錄留存，只要發現任何野生作物和藥用植物，她都會設法為它們留下一線生機。

諷刺的是，戈特挖掘的第一手資料包含了早期殖民統治者的日誌。詹姆斯．庫克船長（Captain James Cook）和植物學家約瑟夫．班克斯（Joseph Banks）於一七七零年首次發回英國的報告中，並沒有提到太多原住民的食物或飲食文化相關資訊，只說到「小火堆上正烤著新鮮的貽貝」和「我從來沒見過那麼大的牡蠣殼堆」。庫克船長跟班克斯所撰寫的報告給人的印象是，「當地土著」人數很少，屬游牧民族，基本上還保有原始野蠻的習性。但幾十年後，另一名英國人講述了截然不同的故事，威廉．巴克利（William Buckley）是被遣送到澳洲的英國罪犯，後來從維多利亞州的沙利文灣（Sullivan Bay）逃出，最終與瓦陶隆（Wattaurong）部落的原住民一起生活了三十年。這個所謂「荒野中的白人」記述了以野肉和山藥雛菊為食的生存方式，以及「人如何靠著根莖類食物存活數週」。一八三七年，另一名曾定居於此的人則描述到該部落的飲食中有「狩獵獲得的肉類，但還是以根莖類食物為主」。

貝絲．戈特在蒐集更多資料的過程中，慢慢發現到曾經有「數百萬株」的山藥雛菊佇立在澳洲南部的草原和樹林裡。喬治．奧古斯都．羅賓森（George Augustus Robinson）在一八四一年寫道：「婦女遍布在平原上採摘山藥雛菊……每個人都盡可能地採集。」一八二零年代前來澳洲定居的英國約克郡人愛德華．庫爾（Edward Curr）描述：「山藥盛產且容易取得，用一根尖頭棍子就能在一小時內挖到可供全家人吃一整天的量。」

維多利亞州立圖書館收藏了數百幅素描，由十九歲的亨利．戈弗雷（Henry Godfrey）所繪製，他於一八四三年抵達澳洲並在此定居。畫中婦女聚集在森林裡採摘山藥雛菊，身穿長斗篷，肩膀背著小麻袋，這幅作品以兩個人為中心，其中一人手持鋤頭，即將落入土裡，另一人手拿著棍子準備開挖。旁邊孩童們正與狗兒嬉戲，其他人則坐在樹下聊天，還會舉起手臂揮舞，畫面充滿活力，畫作描繪了當時婦女與孩童日常生活的歡樂場景。

山藥雛菊能長到四十公分高，無葉莖的頂端生有芽，芽的重量會讓莖頂下垂成牧羊鉤的形狀。春天時花瓣開展，外形與大蒲公英相似，顏色就如同孩子畫的太陽般鮮豔。地底下的塊莖有些和蘿蔔一樣圓圓胖胖，有些則如胡蘿蔔般較為細長，用手剝開後，會滲出一種乳白色的汁液。塊莖長成緊密的團塊狀，在挖掘時容易破裂。戈特了解到，數千年來原住民在採集這種植物時，無意地讓破碎的塊莖四散各處，落地生根發芽，再長出新的塊莖，因此這種食物才會如此盛產。我們也能從許多人的日誌中看到，原住民顯然早已掌握這種植物的生長模式，這就是為什麼有些人認為這些原住民應該才是世界上最早的農民。

「火」對山藥雛菊的生長也扮演了不可或缺的角色，這種植物需要陽光直射，所以原住民會在旱季利用火燒來清除地面上的灌木叢。他們確切知道要選擇在何時何地生火，也能掌控火勢蔓延的範圍。火被撲滅後，多數植被都已枯死，但生長在地底下的塊莖仍完好無損。澳洲東南部土地廣闊，藉由焚燒方式清除植被更有效率，燃燒後的灰燼也能使土壤更加肥沃，山藥雛菊因而得以在此茁壯成長。貝絲．戈特在一九八零年代因研究原住民的用火技術而遭到嘲笑，但到了二零二零年一月，澳洲野火燒不盡時，才喚起全世界對這種傳統知識的重視。當時澳洲出現人們記憶中最嚴重的森林大火，肆虐了一千一百萬公頃的土地，上千棟房屋遭焚毀，數十人喪生。而原住民居住地區的情況卻舒緩許多，因為他們平時就會按照部落族長老所傳授的方式在森林點燃小火，旱季來臨時就不太會爆發失控的大火，所以損失沒有那麼嚴重。

山藥雛菊可以生食，不過原住民也會用厚實的草葉包裹山藥，再放入土窯（earth oven）裡以熱石烘烤。戈特研究日誌時，發現有人記錄了原住民集體享用的場景：蘆葦籃子裡裝滿了三呎高烤熟的山藥，除了吃這些味道甜美、營養豐富的塊莖，還會搭配種子、貝類和負鼠一起食用。一年之中只有冬天比較不會出現這種場景，那時塊莖的肉質較少，而且容易有苦味。雖說如此，戈特計算出原住民一整年的食用量，平均下來，每人每天還是吃了至少兩公斤的山藥，這種食物似乎能源源不絕地從土裡取得。

早在一八五零年代的淘金熱之前，澳洲南部就已掀起一波「搶草熱」。澳洲南部地區是世界上數一數二廣闊的草原，但與非洲賽倫蓋蒂（Serengeti）草原和北美大平原（American Plains）不同的是，這裡原本並沒有逐水草遷徙的動物，野生動物也不會去破壞滿山遍野的山藥雛菊。一七八八年，首批殖民者抵達澳洲，將牲畜從船上卸下，才開始有羊群在這片土地上覓食。歐洲人殖民的幾十年間，將數百萬隻羊引進澳洲飼養，數量每兩三年就翻一倍。迎接羊群的是數千平方英里的原始草木和植被，動物們都很喜歡山藥雛菊。這裡的土壤又鬆又軟，所以牠們能直接用鼻子嗅聞，找到塊莖的位置，再用牙齒將其咬出，牠們還會與牛一起用堅硬的蹄子壓實土壤。

自一八三九年墨爾本成為歐洲殖民地起，才過了短短五年，當時有個衛理教會的傳教士詹姆斯・德雷奇（James Dredge）曾與住在樹皮小屋的同格沃龍（Tongeworong）人一起生活了一年，他在日記裡記錄到與一位叫穆寧（Moonin）的原住民的對話，穆寧說：「太多 jumbuck（羊）和 bulgana（牛），都把穆恩吃光了。」一年後，愛德華・庫爾在他的日記中寫道：「幾千隻羊不僅學會了用鼻子將其連根拔起，而且第一年幾乎都靠著吃這種蔬菜維生。」自此以後山藥雛菊逐漸變得稀少。

英國政府所任命的「原住民首席保護者」，也就是來到這裡殖民統治者，當然也看到了原住民領地發生的變化，他們都知道山藥雛菊的情況。雖然有人向上級呈報原住民面臨食物不足的困境，但在大多數歐洲人眼中，穆恩只不過是一種雜草，因此原住民只能眼睜睜地看著更多牲畜不斷橫掃這片土地，吃掉他們的食物。傳教士法蘭西斯・塔克菲爾德（Francis Tuckfield）寫道：「原住民……山藥雛菊和珍貴的根菜類都被白人的羊吃掉了，他們飽受剝奪、虐待和痛苦。」殖民者還引進了其他入侵物種，像是作為畜牧用的草種，使情況變得更糟。然後於一八五九年，野兔被一些歐洲殖民者帶入澳洲，山藥雛菊差點全被這些草食動物吃光。

當時還有大批原住民被驅逐出他們的領地，屠殺事件更是層出不窮。一八三八年在新南威爾士麥阿爾溪（Myall Creek），當地原住民面臨缺糧困境，憤而以干擾牛群的方式反抗，白人則回以非常凶殘的報復，圍捕二十八名手無寸鐵的男女老少並將其殺害，其他白人則冷血地認為「射殺本地人就跟射殺狗差不多」。歐洲人帶來的疾病也進一步導致了原住民的滅絕，但暴力屠殺還是原住民人口減少的主要原因，其中最嚴重的是維多利亞州。英國人越過山丘，繼續沿著河在大陸上推進，而河邊正是大多數原住民的家園，遭到殖民者肆意搶占，成了澳洲歷史上最迅速、最殘酷的土地掠奪暴行。貝絲．戈特的研究更是讓我們了解到，除了襲擊之外，能採集狩獵的食物減少，許多原住民因此餓死。歐洲人最初接觸原住民時，原住民人口大約為七十五萬至一百五十萬，一九零一年時已經減少到十萬。一八零零年代初，約有七百個原住民族群，到了十九世紀末只剩下十七個族群。殖民者後來制定了原住民部落食物配給政策，他們會發放麵粉和糖（以及毯子）來代替原住民失去的山藥雛菊和其他本土食物，而這項政策也一直持續到一九六零年代。殖民統治初期，原住民比大多數歐洲人更健康，如今原住民的預期壽命要比其他澳洲人短了十年，關鍵原因在於他們負擔不起健康的食物。

一九八零年代初期，貝絲．戈特開始在她位於蒙納許大學的花園裡種植原住民植物，後來澳州西部有一位名叫凱琳．歐蒂（Kerin O'Dea）的營養學家進行了一項研究實驗，她認為西方食物會導致體重過重，並且造成罹患第二型糖尿病。於是她帶了十名中年、體重過重，且患有糖尿病和糖尿病初期的原住民從城市搬回偏遠的荒野地區，回到叢林的七週期間，他們回復以往的狩獵採集生活，包括挖掘塊莖。結果在短短的七週後，所有受測者體重都減輕了，糖尿病的症狀也有所改善。歐蒂得出的結論是，不一定要搬到荒野地區才能治療糖尿病，但吸收一些傳統生活方式，特別是飲食習性，確實能帶來很大好處。雖然許多本土食材已瀕臨滅絕，但情況似乎開始好轉。山藥雛菊正慢慢重新被澳洲人重視，廚師也開始會選用這些本土食材進行烹飪。原住民部落的花園有專門用於種植植物的區域，也在兩百年後恢復舉辦以挖掘棍和舞蹈儀式為特色的慶祝豐收祭典活動。澳洲名廚班・舒里（Ben Shewry）從原住民作家兼農民布魯斯・帕斯科（Bruce Pascoe）那裡了解到這種植物，便採購種子在自家菜園裡種植。他說：「這是我最重要的食材。」山藥雛菊的美味讓很多客人都為之震撼，聽了它的故事後也深受感動。如今，可以在拜恩斯代爾的鐵道邊和墓地這類的荒郊野外，或是貝絲・戈特的原住民花園找到山藥雛菊的種子，而山藥雛菊的未來則掌握在維多利亞州各地的種植者與園丁手中，也在他們的廚房裡。

3 奧沙根 Bear Root

美國，科羅拉多州

遠遠望去，便能從沉睡猶他山（Sleeping Ute Mountain）的形狀稍稍了解它為何被如此命名。科羅拉多州西南部的原住民表示，猶他山的形狀就像一個臥躺的人，相傳是一名戰神在戰鬥中受創倒下，陷入沉睡。自此之後，祂就一直在那裡，交叉在胸前的雙臂形成峰頂，頭、膝蓋和腳趾則成為其他山峰。這座山的命名具有神聖意涵，至今猶他山部落族人每年初夏仍會在名為馬山（差不多是在戰神胸口的位置）的山峰上進行神聖的日舞（Sun Dance）儀式。

山腳下是科羅拉多州的托沃克鎮（Towaoc），居住人口約一千人，其中大部分為美洲原住民。鎮上的社區中心裡，從專業廚師轉為烹飪老師的卡洛斯・巴卡（Karlos Baca）正在指導學生製作料理，我則在一旁觀看。他的學生來自德克薩斯州、新墨西哥州和科羅拉多州（阿帕契族 Apache、納瓦荷族 Navajo 和普埃布羅族 Pueblo）的原住民保留區，巴卡說道：「這些地方大多都很荒涼，加油站比超市還多，我來這裡是想教他們在美國食品工業體系下的生存之道。」這是一場原住民傳統飲食與現代食品的戰爭，巴卡選擇站在第一線抗爭。他認為，在現今食品體系的運作之下，首先犧牲的就是原住民的健康，他說：「這就是為什麼我們要推動飲食的去殖民化。」

廚房的料理工作臺上擺著近郊森林獵到的麋鹿，還有一罐橡子磨成的粉末。橡子富含單寧酸，嘗起來相當苦澀，但巴卡會將橡子浸泡數週以去除澀味。圍繞在巴卡身邊的十名學生有男有女，年齡介於二十多歲至六十多歲，巴卡對他們說道：「沒有小麥、豬肉和雞肉，我們的料理都是用殖民者到來前的食材所製作而成。」

我看著這群人用莧菜籽做餅乾，把玉米製成麵餅，將麋鹿肉慢火燉煮至軟爛。在廚房的嘈雜聲中，依然聽得見巴卡從旁給予學生指點。他身材高大，烏黑的頭髮編成辮子，手臂上布滿錯綜複雜的紋身圖案，他說話語氣平穩且句句都是重點。「大家加油。」他吆喝著。「我們祖先賴以為生的食物塑造了我們的自我認同。」他接著解釋道，他相信人體細胞有著儲存記憶的能力，我們的細胞都記得人類祖先曾經吃過的食物，他所做的只是教大家透過烹飪來挖掘記憶。「這些食材幾千年來一直是我們飲食的一部分，怎麼樣也得想辦法傳承下去。」

在課堂上，巴卡拿了一把藍玉米粉混入水中，灰白色的粉末頓時變成深紫色的粥。接著，他用小刀從一塊燃燒過後粗糙發黑的木頭上削下細小的碎片，再把這些木灰加入玉米粥，讓色彩顯得更加濃郁。巴卡說：「這碗食物蘊藏了我的人生故事，也讓人了解我們原住民曾經發生過的事。」

現年四十多歲的巴卡從事餐飲業多年後，毅然決然放棄高級餐廳的事業，致力於傳承提瓦族（Tewa）、納瓦荷族（Navajo 或 Diné）和猶他族（Ute）等原住民族的飲食知識與技能。巴卡出生於科羅拉多州西南部的杜蘭戈（Durango），那裡舊時採礦業興盛；三歲時父母離異，他與母親搬到托沃克鎮北部的科爾特斯市（Cortez），靠近猶他山保留區。當時美國農業部會發放口糧給保留區內的美洲原住民家庭，他還記得他打開箱子，只看到幾罐加工豬肉、幾袋白麵粉和幾瓶濃縮果汁。他說：「那些食物都不健康，只是讓身體以為自己吃飽，但其實根本沒有獲得任何營養的垃圾食品。」每到夏天，他會去南猶他保留區和祖父母范妮和曼紐爾・巴卡一起生活。他的祖父在第二次世界大戰中極為血腥慘烈的「沖繩島戰役」中倖存下來，回國後選擇遠離城鎮，過著打獵、捕魚、野外覓食的生活，保留了許多古老的飲食方式。他會在夏天與孫子一起展開這些冒險，巴卡也得循著麋鹿小徑採摘野生漆樹漿果。

巴卡曾在各種餐廳擔任主廚，對於克里奧（Creole）料理、燒烤、義大利料理，甚至日本壽司都有涉略。然而，無論去到哪裡、身處哪間餐廳的廚房，他內心都還是有個遺憾，就是從未做過「自己族人的食物」。他對美洲原住民根源了解得越多，就更加意識到美國的飲食文化不僅展現在豐富的食譜上，更是反映了各族群的歷史。

那時他已經在科羅拉多州山脈的一間高級度假村當上行政總主廚，為入住的旅客提供各式餐點，薪水高達六位數美金，卻發現這並不是自己想要的工作。於是他便離開了這一切，賣掉汽車，把全部所有物都找個地方安頓好之後，接下來兩年就搭便車到四州交界點[3]周邊各處，實地走訪保留區，與部落長輩聊天，閱讀手邊任何與美國原住民食物相關的書籍。「我想知道曾經的食物是什麼模樣，看看是否有辦法找回我們失去的那些古老知識。」

蘊藏在他回憶裡的童年瑣事因此有了新的意義。巴卡說：「我祖父每天的穿著打扮都差不多，厚重的靴子、藍色牛仔褲、格子襯衫和賭徒風格的帽子，襯衫口袋裡總會有奇特品辣椒（chiltepin）和一種粗糙多節的根。」一出現感冒症狀，巴卡的祖父就會從口袋裡掏出這兩種食材，調製出滋補飲品來對抗風寒，他形容祖父就像是「會行走的藥櫃」。祖母則會進廚房用藍色玉米粉煮一碗暖心又暖胃的粥，保留區裡大家都吃過這種玉米粥，巴卡說：「這是小寶寶吃到的第一種食物，也是族人臨終吃的最後一種食物。」這些食物都對他產生了很大的影響。有些原住民稱那種黑色的根為奧沙根（Osha），有些人叫它熊根（chuchupate），而在巴卡他們的猶他族語中，叫做 kwiyag'atu tukapi。

我們從社區中心驅車前往洛磯山脈最南端的拉普拉塔山（La Plata Mountain）上的一處森林，在高聳的橡樹和銀白色的白楊樹林間穿梭，當時序進入秋季，樹葉已漸漸轉為橘紅。林木線以上海拔一萬三千英尺的山巒綿延起伏，高低重疊，延伸至數英里外。巴卡帶著我們偏離路

3 Four corners，位於美國科羅拉多高原的西部，是亞利桑那州、科羅拉多州、新墨西哥州和猶他州四個州的交界點。

徑，走往森林深處，來到枝葉濃密的綠色植物前，這植物的葉子有點像香芹，花朵細小有如雪花一般。他伸手將土壤輕輕撥開後，露出地底下盤根錯節、深棕色的根。他說：「這還太小，大約才三年而已，我們不會在這時候就採摘。」說著便把土壤移回原處。然後，他摘了一片葉子給我嘗嘗，入口有鮮嫩芹菜和新鮮胡蘿蔔的味道，再加上一點類似胡椒的辛辣味，嘴巴和舌頭會有些刺麻感。奧沙根需要十年才能成熟，屆時原住民只會收穫根部的一小截，讓植物能永續生長。雖然葉子也能用來煮湯或搭配肉類一起料理，但這種植物跟山藥雛菊一樣，藏在土壤之下的才是真正的瑰寶。幾千年來，其深褐色、樹枝狀的根不僅在烹調上作為調味的香料，還被當作強效的藥物使用。據說熊也會吃這種植物的根部，並塗抹在皮毛上，這就是為什麼它也被稱作「熊根」。

一九七零年代後期，哈佛學生肖恩．西格斯特（Shawn Sigstedt）（現為科羅拉多大學生物學教授）前往亞利桑那州的納瓦荷族保留區學習傳統醫學。那是他第一次得知熊根這種植物，治療師跟他講述了納瓦荷族的傳說：很久以前有獵人觀察到，熊從冬眠中醒來後會找尋這種植物，挖出根部並咀嚼成糊狀，然後用爪子塗抹在身上。也就是說，他們是因為熊才了解這種植物的力量。

西格斯特對這個故事很感興趣，於是前往科羅拉多泉（Colorado Springs）的動物園進行研究，他切了幾片奧沙根餵食籠子裡的兩隻黑熊，黑熊的反應完全如納瓦荷人所說，讓他感到非常驚訝。但除了咀嚼植物並用奧沙根泥搓身體之外，牠們還甩了甩頭，從口中噴出奧沙根，西格斯特將這樣的現象稱為氣膠效應。他耗時數年研究熊的行為，深入了解這種具有抗菌、抗病毒和抗真菌特性的根，其化學物質還具有止痛和殺蟲的功效。西格斯特在一九七零年代聽到的故事並不只是傳說，經由科學實驗和觀察，證實了納瓦荷人所講的都是真實的。即使是非常小一片奧沙根也有明顯的藥味，它含有的薄荷醇給人一種強烈的清涼感受。

生命力很強的奧沙根是一種區域性植物，主要分布在洛磯山脈南端科羅拉多州西南部的森林裡（所以有人稱之為科羅拉多咳嗽根）。有一說是這種植物與某種微生物為共生關係，而這種微生物目前僅發現存在於洛磯山脈和墨西哥內華達山脈的高海拔地區，也因為如此，至今還沒有人能栽種這種植物。原住民也會採集熊根進行交易，但每個部落的用法都不盡相同，納瓦荷族、尊尼族（Zuni）、南猶他族和拉科塔族（Lakota）用來治療胃痛和牙痛；拉科塔人會燃燒熊根，吸食其煙來緩解頭痛；墨西哥東北部的塔拉烏瑪拉部落（Tarahumara）居民個個都是長跑好手，他們會吃熊根增加體力，並緩解關節疼痛；再南邊一點的普埃布羅族將其灑在玉米田裡以防治害蟲；奧克拉荷馬州的科曼契（Comanche）族長老會把熊根片綁在腳踝上來驅蛇，或是用嚼碎的熊根治療各種毒蛇咬傷；阿帕契奇里卡瓦族（Chiricahua）和梅斯卡勒羅族（Mescelero Apache）則會在燉肉時加一點熊根增添風味。

許多原住民認為熊根是一種神聖的植物，往往不會輕易透露它的產地，有些部族甚至禁止向外來者提起它的名字。但也不可能就這樣永遠保密。十九世紀傳教士兼植物學家托馬斯．康拉德．波特（Thomas Conrad Porter）對於這種植物的藥用功效深信不疑，其學名 Ligusticum porteri 就是以他的名字來命名。奧沙根就像紫錐菊、金印草和西洋參，原住民早已在使用這些傳統草藥，後來才被殖民者包裝成極具市場價值的產品。在波特的推波助瀾之下，熊根成了價值數十億美元的草藥市場中非常熱銷的產品，可以用在胸腔感染、喉嚨痛和關節炎等治療。由於利潤相當可觀，資源被過度採挖，使得這種野生藥用植物已瀕臨滅絕。

「山上的熊根遭大規模採摘，」巴卡說道。「國家森林局曾在盜採者的後車廂發現數百磅的熊根。」

巴卡正致力於傳授現今美洲原住民他們祖先會食用的野生食材，希望能藉由復興傳統的烹調方式，讓他們恢復較為健康的飲食習慣，也有助於破除原住民飲食的錯誤迷思。舉例來說，美國人大多認為「炸包（frybread）」是傳統的本土主食，炸包是一種把麵團搓揉成餅，再拿去熱鍋上用玉米油油炸使其膨大的食品。亞利桑那州和新墨西哥州的納瓦荷保留區仍有許多家庭會製作這道料理，也是熱門的原住民街頭小吃，通常被稱為「美國印第安食物」。然而，炸包並非各納瓦荷原本的傳統食物，而是一百五十年前出於絕望才創造出來的食物。一八六四年深冬，美國陸軍逼迫八千五百名納瓦荷人從他們在亞利桑那州東北部的家園長途跋涉到距離新墨西哥州三百英里的博斯克雷東多保護區（Bosque Redondo），一路上挨餓受凍，造成數百人死傷病亡。他們不僅失去家園，還被迫放棄自己的作物、種子和糧食儲備，一時無法適應新環境，許多人因飢餓而喪命，政府為此運來了糧食配給，不外乎就是白麵粉、糖和豬油，納瓦荷人便運用這些食材做出炸包。「我走進社區，仍看到許多人在製作炸包，」巴卡說。「我並非要讓他們難堪，只是希望他們能知道這種食物的歷史。」

並不是只有巴卡致力於推動原住民飲食的去殖民化，二十一世紀，美國興起一股飲食復興運動，原住民社運人士與廚師都希望透過食物重新找回自己的身分認同。加州大學伯克萊分校（University of California, Berkeley）副教授伊莉莎白．胡佛（Elizabeth Hoover）有著莫霍克族（Mohawk）、密卡茂族（Mi'kmaq）、法裔加拿大和愛爾蘭的血統，她展開了超過兩萬英里的公路旅行，造訪四十個原住民部落，了解他們如何利用花園復育傳統食物。她和巴卡一樣，意識到現代食品體系正在扼殺原住民，保留區的糖尿病人口比例幾乎是全美最高，而美國原住民的糖尿病盛行率又是白人的兩倍。一百年前，原住民祖先很清楚如何在真正的沙漠中找到有益健康的天然資源，但現代原住民大多生活在所謂的食物沙漠中，導致他們較難獲得健康的食物。不過，胡佛也在許多地方看到這種情況正逐漸改變。

胡佛與亞利桑那州的沙漠部落原住民相處後，了解到這些人為了重拾採摘仙人掌果實的傳統而回到沙漠裡居住；她在羅德島認識了納拉甘西特人（Narragansett），他們翻遍種子庫，尋找曾曾祖父母那一輩的人曾經種植的稀有白玉米；西南部的尊尼族人重新發現一種琥珀色豆子，這種豆子已消失一世紀。上述這些都是十九世紀前原住民古老食物系統的一部分。十九世紀，第一波歐洲殖民者的到來攜入了天花和其他疾病，導致數百萬美洲原住民死亡，然後在這些外來者抵達後的一百年間，隨著西進運動的推行，更多原住民的土地被西進居民占領，各個部落原本都擁有主權，他們被迫遷移、流離失所，獨特的飲食和農業文化也隨之流失。

一八三零年，美國國會通過《印地安遷移法》（Indian Removal Act），將居住於美國東南部的原住民向西遷移，許多人將種子帶到奧克拉荷馬州的保留區，但那裡土壤貧瘠、常處於乾旱缺水狀態，使得傳統農作物歉收。一個世紀後，他們的後代發現自己身處美國塵暴中心（Dust Bowl），什麼都無法生長。種子商人奧斯卡・威爾斯（Oscar Wills）從旁觀察，意識到有些重要的東西正逐漸消失，於是他造訪了達科他州的保留區，收集部落裡即將瀕臨滅絕的玉米、馬鈴薯、豆類和南瓜品種，讓許多本土植物的種子得以保存下來，也為伊莉莎白・胡佛和其他研究者留下了一些線索。

近年來，許多美洲原住民也重新開始利用自然資源來支撐居民生計。在明尼蘇達州西北部的白土印地安保留區（White Earth Indian Reservation），奧吉布瓦族（Ojibwe）計算出部落每年花費了七百萬美元購買從數千英里外運來的食物，於是他們便開始思考有沒有什麼祖先曾吃過的東西能取代這些食物，最終在湖邊濕地找到了一種獨特的野生稻米，與亞洲水稻屬於不同種類，穀粒外殼帶點黃綠和棕色，分布在該地區四十處湖畔，一千年來一直是奧吉布瓦人最重要的食物來源。這種穀物有一股很濃烈的泥土味，環保人士維諾娜・拉杜克（Winona LaDuke）形容為「一種野外、湖泊的氣味」，她是出身於奧吉布瓦族的環保人士，多年來致力於復興野生稻收割技術。

夏末之際，奧吉布瓦人一旦看到野稻月亮（被稱為Manoominike-Giizis）升起，就表示稻穀已經成熟，是時候乘獨木舟到湖上收割稻米了。此時，一個人負責在船尾撐一根長桿來操控船隻行進方向，另一人則是在前面拿著兩根類似鼓槌的木棍，一根用來讓高高的稻莖彎入獨木舟，另一根用來敲打莖稈，發出一種有節奏的嗖嗖聲，接著是稻穗落入獨木舟底部的聲音。回到部落後，他們會將稻米烤乾，然後鋪在地上。「我們族人過去常常整夜在稻米上跳舞，以此去除稻殼，」拉杜克說。「雖然現在是用機器脫去稻殼，但我們仍然很喜歡跳舞。」

野生稻與熊根一樣，既是神聖的食物，又是藥材，如今也成為部落的經濟命脈。白土印地安保留區長期以來失業率居高不下，他們世世代代在貧窮線上掙扎，而現在有很多年輕人紛紛投入野生稻米採收的行列，平均年齡為二十五歲左右。「這並非即將失傳的古老技術，」拉杜克說。「而是一種鮮活的傳統、真正的收入來源，也能藉由這種方式向全世界宣揚傳統文化。」在保留區的一萬兩千人口中，約三分之一的家庭有部分收入是來自收穫野生稻，她說：「由於新冠肺炎疫情造成糧食系統不安全的狀況，野生稻這時候就成了我們得以依賴的東西。」

巴卡將位於杜蘭戈家中的一間臥室改造成儲藏室，存放著從森林裡採集，或是在美國各地旅行時蒐集而來的食材，可說是瀕危知識、稀有植物和種子的寶庫。桌上有幾罐豆子、幾袋玉米、南瓜，還有裝在塑膠袋裡的乾辣椒，兩公尺長的藍色箱子裡裝了滿滿的食材，包括野洋蔥皮、漆樹、白松針、柳蘭、蕁麻、歐芹花、野薄荷、馬齒莧、牛肝菌粉、杜松子、燻鱒魚子、莧菜種子和納瓦荷茶等，全都是他自己親手蒐集回來的。這些還只是放在上層的食材，巴卡從箱子的更深處撈出一個小袋子，裡面裝著一塊粗糙的深褐色熊根，他十分小心地從發育成熟的野生植物採下這一小塊熊根，他說：「我們就像瀕臨懸崖似的，這些植物知識和食材正逐漸消失。」

巴卡用藍玉米和熊根煮了一鍋粥，一入口彷彿置身於森林中，一開始是熱粥下肚溫暖舒適的感受，接著熊根強烈的氣味在口中爆發開來。巴卡拿湯匙嘗了幾口說道：「感覺彷彿祖父又活了過來，穿著靴子、牛仔褲和寬大的帽子，就站在我面前。這一碗粥乘載著很多歷史和記憶。」

4 梅蒙那朗柑橘 Memang Narang

印度，加羅山

不像熊根只生長在特定地區，我們現在所吃的植物大多已廣泛傳播，在世界各地均有栽種，了解這些作物的起源對於我們食物的未來日益重要。舉例來說，拯救生長在印度加羅山（Garo Hills）的野生柑橘可能是未來全球能持續穩定供應柑橘的關鍵。

目前全球約有十億棵柑橘樹，分布遍及義大利、海地、越南到塞內加爾等國家。柳橙、檸檬、酸柳橙和葡萄柚在全世界都很受歡迎，但很少人知道他們都是經過各種雜交誕生出的後代，家族關係極為複雜，也可以說這些水果其實都是基因混種的產物。簡單來說，植物學家認為橘（Citrus reticulata）、柚（Citrus grandis）和香櫞（Citrus medica）是世界上所有商業柑橘類水果的三大祖先，而這些柑橘祖先都樂於接受彼此的花粉受精，產生基因交流，進而演化出柳橙（橘子和柚子的雜交種）、檸檬（香櫞和苦橙的雜交種）、苦橙（香櫞和橘子的雜交種）。比較近期才出現的葡萄柚是大約三百年前在西印度群島的貝多島（Barbados）上，柚子與甜橙雜交所產生的品種。

仔細研究柑橘家族的眾多分支，就會發現即使是單一柑橘植株，也很容易發生變異，產生新的品種。十九世紀，阿爾及利亞一位農民發現橘子樹由於基因突變，長了一些不太一樣的果實，後來我們稱之為克里曼丁紅橘（clementine）。好幾個世代的農民所採用的水果育種方法就是依賴這種植物細微的突變，從中挑選出理想的變異植株再進行培育。

二零一八年，隨著科學家測定柑橘類植物基因組的序列，並對DNA進行分析，拼湊出數百萬年的演化歷史，逐漸揭開其中的奧祕，柑橘的起源因此變得更加清晰。柑橘的祖先類群也從原來公認的三種增加到十種，最早可追溯至八百萬年前一種野生柑橘樹，是世界上最古老的柑橘祖先。雖然有許多細節仍待探究，但可以確定的是，柑橘物種的起源是在印度東北部以及中國西南部與緬甸邊境地區。

該地區物種多樣性相當豐富，考古團隊在這裡發現許多原始水果的DNA片段，更是在中國雲南省挖掘到八百萬年前的柑橘葉化石。地球氣候在那個時期發生過一次劇烈的變化，隨著季風降雨驟然減弱以及氣候逐漸乾燥，環境變得更有利於植物的生長。柑橘祖先便趁著這個機會遷徙至亞洲各地，同時也適應了新環境，導致不同物種間相互授粉雜交，也因為自發突變而獲得不同的形狀、大小、顏色、香氣和味道。數百萬年後，人類從野外選擇了一些品種並將它們馴化，從而產生了我們今天吃到的柑橘類水果。

經過相互雜交和自發突變過程，柑橘類水果的形態更加多樣化，創造出無限的可能。

然而，在數以千計的潛在品種中，我們最終只選育了其中一些，作為全球主要栽培的柑橘種類，以晚崙西亞橙（Valencia）和臍橙（Navel oranges）、里斯本檸檬（Lisbon lemon）和波斯青檸（Persian lime）為大宗，主宰著全世界的柑橘園和我們的水果盤。但有些原住民在日常生活中仍會採食野生柑橘，他們吃到的甚至有可能是最古老的柑橘品種，這些都是非常寶貴的天然資源。

位於印度東北部的梅加拉雅邦（Meghalaya）接近喜馬拉雅山脈，並與緬甸、孟加拉及中國接壤，這裡是印度少數民族卡西族（Khasi）的家園。卡西族屬於母系社會，孩子會跟隨母親的姓，並且由女兒繼承祖傳的財產。這個地區物種多樣性特別豐富，村莊散發陣陣橘子香，森林裡有許多野生柑橘樹，直到幾十年前都還與世隔絕。「這個地區最重要的就是多樣性，」來自卡西族的梅加拉雅邦原住民文化專家帕朗．羅伊（Phrang Roy）說道。「這裡的人會說兩百多種不同語言，大自然的多樣性更是豐富，印度三分之二的物種多樣性都集中在這個地區。」

幾千年來，亞洲各地的人移居梅加拉雅邦，凝聚了極其豐富的文化多樣性。部落裡的食物包括他們種植的小米和番薯等農作物，也會採集可食用的昆蟲和蜂蜜等野生食材。其中，野生柑橘在部落的地位十分特殊，既是藥物，也是能烹調保存的水果，還是神聖的植物。卡西族人會將剛出生嬰兒的臍帶放進竹籃，然後掛在橘子樹上，羅伊說：「在他們的心中，就像是為孩子認教父教母，從此孩子和橘子樹的生命便交織在一起，相繫相連。」

梅加拉雅邦還有另一個民族居住在森林茂密的加羅山，加羅族部落周圍生長著一種野生柑橘（學名：Citrus indica），當地人稱之為梅蒙那朗（memang narang），意思是「靈魂的果實」。這個名字源自於加羅人會在死亡儀式中，將新鮮採摘的橘子放在垂死的親人身上，讓靈魂能夠不受鬼魂的阻擾，順利離開身驅去到另一個世界，而儀式通常由被稱為「ojha」的部落巫醫（熟知草藥植物知識的巫醫兼祭司）進行。這其實也能用科學解釋：炎熱潮濕的環境中容易有昆蟲出沒，但因為野果含有高濃度的抗菌化合物，可以作為天然的殺蟲劑，有助於避免昆蟲接近屍體。

這種野生柑橘也對醫治感冒和緩解胃痛有很好的療效，部落巫醫甚至相信它能夠治療天花。在亞洲各地，尤其是出產野生柑橘且歷史悠久的地方（緬甸、印度東北部和中國西南部），都會用柑橘製成補藥，而這種水果的藥用功效也傳遍全世界，古希臘醫學文獻中已有柑橘的相關記載，英國海軍在十九世紀開始將柑橘用於壞血病的防治。如今，很多人都會特意買柳橙汁來喝，或是服用柑橘味的維生素C片來維持健康。

卡西人和加羅人都很喜歡到野外採摘梅蒙那朗柑橘，這種水果的直徑約五公分，成熟時呈鮮紅色，果皮薄而柔軟。外形像一般橘子，但葉片較寬，比較像檸檬葉，大部分的人可能會覺得它的味道太過刺激。「這樣的酸味和苦澀味在別的地方已經嘗不到了，」羅伊說道。「事實上，我們幾乎已經從食物中完全去除柑橘的酸味和苦味。從二十世紀開始，特別是在一九五零年代果汁產業蓬勃發展後，植物育種家專注於培育出更大、更甜的柳橙品種銷往世界各地，這些品種的酚類、苦味化合物（有益健康）含量低。梅蒙那朗這類野生柑橘的天然苦味化學物質可以達到植物自我防護作用，因此，雖然改良過的品種更符現代人對於甜味的追求，但在栽培生產過程中卻更容易受到病蟲害的威脅。由於我們為了追求更多的甜味而捨棄這些化合物，農民只能不斷增加化學農藥的用量，幫助作物對抗病蟲害。

雖然我們可能永遠都無法品嘗到其苦澀味，但仍可以透過相關文獻和創作，了解不同語言對梅蒙那朗的稱呼。narang 或 naranga 一詞可追溯至梵文和古老的印地語，千餘年前的梵文醫典《遮羅迦集》（Caraka Samhita）就有出現過。後來沿著絲綢之路變成波斯語 neranji，繼而進入西班牙變成了 naranja，在葡萄牙稱作 laranja，在義大利變成 arancia，而在法國演變成 orange。一五九零年代，這種水果抵達英國不久後，莎士比亞就在《仲夏夜之夢》裡寫到「橙黃色的鬍鬚[4]」。

加羅山仍有許多地方尚未被植物學家和種子採集者發掘，因此可能存在著更多還沒有被編目的柑橘物種。一九三零年代，植物探險家深入山區，再往北進入阿薩姆邦（Assam），此處視野一片開闊，放眼望去盡是原始的柑橘樹。一九五零年代，開始有植物學家將這些各式各樣的柑橘類植物進行分類。然而，到了二十一世紀，研究人員進行實地考察時，發現多樣性明顯不如以往，原因在於野生柑橘生長的地區遭受非法採伐、道路建設和農業的侵襲。

---

4 原文為 orange tawny beard。

這不僅影響卡西人和加羅人的食物來源，也是我們所有人（起碼我們這些喜歡吃柑橘的人）得面臨的問題。研究柑橘起源和演化的團隊尚未對 Citrus indica 的基因組進行定序，美國佛羅里達大學柑橘基因研究權威弗雷德．格米特（Fred Gmitter）表示：「我們知道它很古老，也許是釐清柑橘身世的重要環節，甚至有可能是所有柑橘的原始物種。」由於相關研究很少，他目前還無法確定是否真是如此。實際在當地進行考察的研究者告訴他，近幾十年來，那裡並不安全。一九九零年代和兩千年代初，梅加拉雅邦的分離主義叛亂分子以加羅山作為藏身之處，部分森林變成了禁區，使野生柑橘的生存岌岌可危。帕朗．羅伊說道：「躲在山裡的叛軍根本顧不了那麼多，他們不僅殺野生動物來吃，更會任意砍罰樹木當作柴火使用。」

有些人可能會覺得，全世界有十億棵柑橘樹，失去印度森林裡這麼一點野生柑橘又何妨？弗雷德．格米特認為並非如此。「這些森林裡可能有柑橘的老祖宗，它們具有獨特的抗病基因或能夠應對氣候變化的基因，現今市面上的柑橘早已失去這些基因，我們最多也只是靠人工培育出一些抗病力較強的品種。」目前更為棘手是由細菌感染引起的黃龍病（又名柑橘綠化病）已席捲全球，他說：「這是果農不得不面對的致命病害。」黃龍病摧毀了佛羅里達州價值六十五億美元的柑橘產業，造成許多果園破產，其他地方的果農也繃緊神經，不敢輕忽這來勢洶洶的病害。佛羅里達大學於二零二零年夏天發表了一項具突破性的研究報告：他們在另一種古老的野生柑橘物種（梅蒙那朗柑橘的近親）身上發現了能防治黃龍病的分子物質。格米特說：「原住民守護的不僅是這些野生植物，也守護了可以拯救十億棵樹的基因。」

尋找野生種子

早在弗雷德．格米特及其研究團隊對野生柑橘基因組進行定序的一個世紀前（我們那時候也還沒有真正了解基因是什麼），俄羅斯植物學家尼科萊．瓦維洛夫（Nikolai Vavilov）就率先提出這樣一個論點：保護物種多樣性就是保障人類未來的食物來源。瓦維洛夫不僅是冒險家和探險家，同時也是第一個有「保存植物多樣性能確保糧食安全」這種觀念的科學家。如今，他的想法比以往任何時候都更加重要。

瓦維洛夫最出名的是創造了「起源中心」（centres of origin）一詞，即現代作物的野生遠祖曾在世界某個地方開始生長，然後在過去一萬兩千年間，經過人類篩選培育，才逐漸被馴化成栽培作物。瓦維洛夫一生都在探究每種作物的野生原種最初演化的起源地、時間點以及演化方式，堅信這些問題的答案事關人類的未來。他認為一個物種的起源中心是該物種基因最多樣的地區，我們能在這些起源地找到非常珍貴的遺傳特徵——具備耐旱特性、對抗疾病和寄生蟲，或在貧瘠土壤上存活下來的能力。

瓦維洛夫提出八大作物起源中心，世界上估計有百分之二十的栽培植物（包括中國北方的大豆和小米）都是從「東亞中心」演化而來；還有從伊朗、敘利亞向東延伸到印度西北部的「中亞中心」，小麥、黑麥和大部分水果都來自這裡；涵蓋美國最南端和墨西哥的

「中美洲中心」則是玉米、豆類、南瓜、可可和酪梨的故鄉。後來有植物學家認為瓦維洛夫所說的起源中心就是「多樣性中心」，物種會在這些地方表現出最豐富的遺傳變異性。

一八八七年，瓦維洛夫出生於莫斯科的一個商人家庭，曾就讀於莫斯科農業學院。他有感於這個世界已變得過於依賴少數作物，便於接下來的二十五年間走訪世界各地，展開了一百八十次探險。在一九二零年代和三零年代的大部分時間裡，瓦維洛夫騎馬穿越蘇聯、阿富汗、伊朗、中國和韓國等地的偏遠地區，足跡遍及西班牙、阿爾及利亞和厄利垂亞，然後到達阿根廷、玻利維亞、秘魯、巴西和墨西哥，他比任何科學家都還要了解我們的食物來自何處。經過瓦維洛夫及其團隊不懈的努力，他們已經收集到超過十五萬個種子樣本，並在聖彼得堡建立了世界上第一個種子庫（現在以他的名字命名）。

瓦維洛夫在世界各地收集種子的過程中，意識到許多物種起源地的環境正在改變，工業發展、都市化及農業改革正在侵蝕這些寶貴的遺傳資源。一旦物種多樣性消失，隨之而來的是各種風險。如今，俄國正頻頻發生作物短缺的危機，而就在半個世紀前，愛爾蘭還發生了大飢荒（the Great Famine），就是因為他們長期大量種植單一品種的馬鈴薯，在過度依賴單一糧食來源的情況下，馬鈴薯染上由一種真菌所致的疾病而嚴重歉收，造成一百萬名愛爾蘭人死亡，以及大規模人口外移。

數十年來他不斷研究要如何消除飢餓，但在一九三零年代後期，情勢驟變，瓦維洛夫在激烈爭鬥中落敗。蘇聯生物學家李森科（Trofim Lysenko）否定孟德爾遺傳學，提倡另一種符合馬克思主義意識形態的遺傳學，認為可以透過將作物置於極端條件下進行「教育」和改良，讓後天獲得的特徵遺傳給下一代。由於李森科的得勢，瓦維洛夫失去史達林的支持，隨後被捕入獄。二次世界大戰時，俄國的列寧格勒被入侵的德軍封城二十八個月，瓦維洛夫的種子收藏差點就守不住。蘇聯人有計劃地保存畫廊的藝術品，防止被德國納粹劫掠，但在保護種子庫方面幾乎毫無作為。而納粹也認識到種子作為未來食物資源的潛力，覬覦瓦維洛夫的種子庫。幸好還有瓦維洛夫的科學家團隊秉持著他的精神，冒死將數百箱種子搬到別處地下室，並在零下低溫的黑暗建築裡輪班堅守庫房。植物學家應該都知道接下來發生了什麼事，但我們所有人都該知道這個故事。

一九四四年春天，九百天的圍城結束後，儘管這群科學家身旁就有無數種子，但仍有九人寧死也不願食用這些種原。其中負責看守稻種的人被發現坐在辦公桌前，周圍是一袋袋大米，他就在這麼一大堆糧食中活活餓死。一位倖存者說道：「我們是瓦維洛夫的學生。」一九四三年，年僅五十五歲的瓦維洛夫畢生致力於消除飢荒問題，自己卻餓死在蘇聯的監獄中，埋葬在一個沒有標記的墳墓裡。他的學生深受啟發，繼承了老師的遺志，願意不惜一切代價守護種子。

本書介紹到一些幾乎已經要滅絕的食物，都是由於當時瓦維洛夫團隊收集其種子並安全地保存在種子庫內，如今才有辦法在田裡「復活」。在瓦維洛夫去世近一個世紀後，仍有新一代科學家繼續追隨他的腳步。

現今「千禧年種子銀行」（Millennium Seed Bank）的科學家也背負著瓦維洛夫的使命，收集世界各地瀕臨滅絕的種子，然後妥善保存在這座位於英國薩塞克斯郡（Sussex）的種子庫。攝氏零下二十度的一號冷藏室，從地板到天花板的架子上擺滿了罐子，裝有各種顏色的種子，從黑色的南瓜狀種子到紫色的飛碟狀豆類。光這個儲藏室就儲存著超過一百萬種野生種子，許多是現在田地裡已經看不到的品種。種子庫外有個牌子寫著：「你正站在地球上物種多樣性最豐富的地方。」

種子庫宛如龐德電影中壞蛋的巢穴，牆壁由半公尺厚的鋼筋混凝土製成，強度足以承受飛機失事的衝擊（蓋威克機場就在附近）。監控器一旦偵測到核爆散布至空氣中的輻射汙染，就會關閉種子庫的的空氣供應。而這棟建築物在設計上已考量將有至少五百年的使用壽命。

英國倫敦皇家植物園邱園（Kew Gardens）千禧年種子銀行作物野生近緣計畫協調員克基爾（Chris Cockel）表示：「我們長期忽視瓦維洛夫所珍視的植物，也就是作物的野生近緣種。」幾十年來，這些野生植物大多被視為雜草，到了現在才開始意識到我們需要這些植物的基因來培育更經得起考驗的作物，避免未來面臨缺糧的危機。邱園的探險家到處尋找那些能在野外生存的植物，還有一百多個國家的科學家寄來一箱箱種子樣本，作為全球作物種原備份保存之用。

幾個月前，團隊曾前往寮國收集生長在稻田邊的野生植物種子，到達後卻遍尋不著。

克基爾說：「都被農民清理掉了。」這些植物可能已經在那裡生長了數千年，但轉眼間就消失了。我們的時間已經不多，瓦維洛夫很早就意識到，多樣性失去得越多，我們面臨的風險就越大。正如下一部分將提到的，全球大部分地區的飲食高度依賴小麥、大麥、稻米和玉米等穀物，為了增加產量而犧牲了大部分作物的遺傳多樣性，而現在，恢復物種多樣性的議題正迫在眉睫。

Part 2

穀物

沒有玉米，就沒有國家。

——二零零七年墨西哥食物倡議運動的口號

我手裡就好像拿著一把有尖刺狀防護罩的武器，而且沉甸甸的，但其實這是一株麥穗。植物為了保護種子，演化出堅硬的外殼，讓下一代生命得以延續。這株金黃色的穀物是從土耳其南部的某個山腳下採集而來，屬於新月沃土的範圍內，目前正安全地存放在倫敦大學學院考古研究所（UCL Institute of Archaeology）的實驗室裡。

在延續了四百個世代的農民進行培育和改造之前，小麥就已在野外演化出自己的生存方式，無需人類插手也能順利繁殖。小麥在陽光沐浴下逐漸成熟，穀粒的外殼裂開，在微風輕拂下，或是動物經過時撥動到，小麥籽就會從麥穗上脫落，掉到地上。每個穀粒的外殼都有兩根長毛，稱為芒。由於芒的兩側吸濕與乾燥能力不同，白天炎熱乾燥時，造成芒向外彎曲；而在夜間，芒被露水浸濕後向內回彈伸直。幾天後，這種運動（就像是游蛙式一樣）會推動種子向下鑽進土裡。芒也負責錨定種子的位置，像鑽頭一樣轉動著，在空氣的驅動下，將種子一步步向下推，靜靜等待發芽。人類開始從事農業前就是用棍子捶打，讓麥穗落入籃子，採集野生穀物，再用石頭碾碎，用來做成粥和饅頭。

經過多年的篩選和配種，農民有意無意地依據所需的性狀來選擇遺傳變異組合，現今的麥子就算成熟了也不容易掉落，比較方便收成，因此更符合人類利益。這一現象改變了人類歷史的進程，如今這種小麥遍布全球各地，不僅有效提高收成率，其種子也能透過人為散布來擴大種群，基因得以傳播到很遙遠的地方。正如歷史學家雅各布．布朗勞斯基（Jacob Bronowski）所說：「麵包和人，兩者相依為生……這是遺傳學上真實的神奇故事。」因為新種小麥使人類能夠產出更多糧食，促進了人口增長，定居點規模日益擴大，逐漸發展成城市，也奠定了糧食貿易的基礎，造就文明蓬勃發展。這一切都始於禾本科植物的品種選育。

全世界的禾本科植物約有一萬一千種，而不同地區的人卻在差不多的時間開始重點栽培少數幾種作物，新月沃土栽種小麥和大麥；亞洲生產稻米和小米；而中美洲則是以玉米為主。無論選擇哪些作物，轉型過程都遵循著相同的模式，從原本能自行繁衍的野生種子，培育出更大、更強壯的新品種，以高密度種植增加產量，不過也變得更需要依賴人工的方式進行傳播。如此一來，無論是哪個地方的農民，都能獲得穩定的穀物供應，作物不僅可食用，還能儲藏及反覆種植。幾千年後，禾本科的穀類仍然占人類飲食的重要一環，提供全世界人口幾近一半的熱量來源。

倫敦大學學院存放著數千個火柴盒大小的容器，其中儲藏著長度不超過五公分的古代玉米穗軸，這是考古學家在墨西哥的洞穴內所發現，距今四千年前的玉米穗軸。還有從公元前五世紀的古壁爐中挖掘出來的燒焦米粒。種種線索都能讓我們了解一萬兩千多年來人類如何改變野生植物，以及這些植物又是如何改變我們。

我想探索的是穀物的另一個特徵，也就是多樣性。這些植物之所以有如此價值，在於它們會為了適應環境而發展出不同的基因特性。隨著農民移居及交易，作物也跟著遷移，這時候就會透過演化來適應環境變化，因此在瓦維洛夫植物工業研究所、斯瓦爾巴種子庫或倫敦大學學院的考古植物學實驗室，都能看到不同穀物間存在極大的差異。

這個世界上有各種不同形態的穀物，多樣性豐富程度可見一斑，有些玉米穗軸又長又細，有些則又肥又圓；麥穗有芒或無芒；水稻品種有紅米、紫米、黑米。除了外觀形狀的差異，遺傳多樣性也包括作物品種的生理性狀，可能是抗病力更高，對寒冷、沙漠或高海拔地區等嚴苛環境的耐受性較高，在光照不足的環境中依然能開花，或具有很強的耐鹽鹼能力，當然還有獨特的風味和質地。這些基因特性對我們來說皆彌足珍貴。地方農民種植這些在地作物，經年累代耕作所保存的種原，就是所謂的「地方品種」。

在數百、甚至數千年的時間裡，小麥、水稻、玉米和其他栽培穀物的地方品種不斷演化並適應當地環境，並與生態系統、風土文化產生緊密連結。植物和地方形成的聯繫也體現在烹飪方式與食譜上，農民提供廚師本土食材，廚師再將其發揚光大，人類利用禾本科植物製作出了各種獨特的食物：麵包、餃子、粥、抓飯、義大利麵、布丁、麵條、玉米粉蒸肉、玉米餅、印度烤餅和印度麥餅。

我們先來認識一些世界上最瀕危、最迷人的穀物，是如何形成多樣性、如何消失，以及為什麼有拯救的必要。

5 卡沃加小麥 Kavilca Wheat

土耳其，安納托利亞

八月下旬，安納托利亞的小村莊布尤克恰特馬正迎接開齋節的到來，許多家庭在日出時分就早早起床，夫妻分工合作宰殺羊隻，並在過程中低聲念經祈禱。他們用屠刀分解新鮮的身體部位，將仍然溫熱的心臟、腎臟和肝臟馬上下鍋油炸，炸過的油亮亮肥肉和細緻的里肌肉便是他們豐盛的早餐。附近清真寺傳出的喚拜聲打破了村莊的寧靜。

布尤克恰特馬位於土耳其東部邊境；往北可通往喬治亞，往東是亞美尼亞和伊朗，往南則會到達伊拉克。幾千年來，史前部落、希臘人、羅馬人、拜占庭人、鄂圖曼人和蘇聯人等民族建立的帝國都占領過這片土地，但從沒有哪個帝國能在此統治超過五百年。只有一種特殊的穀物卡沃加（Kavilca）一直存在這裡，這種二粒小麥是新石器時代農民最早馴化的植物之一，至今仍生長在這座小村莊周圍的田野裡。

一隻大白鵝在房屋之間蹣跚而行，啄食看起來像用黑色屋瓦堆成的鋸齒狀牆壁。「這是燃料。」其中一位農民內傑德．達斯德米爾（Nejdet Dasdemir）解釋道。他們將糞肥集結成塊，堆放在一旁，冬天就會用來燃燒取暖，或是作為土灶的燃料。這裡的人大多自給自足，家裡都會飼養牛羊，再用牛羊所產出的奶製作乳酪和奶油，也會種植蔬菜和養蜂採蜜。

此時正是收穫季節，僅剩最後一片金黃色的卡沃加麥田尚未收割，在灰綠色山脈的映襯下宛如沙漠中的一片綠洲。成熟飽滿的麥穗變得沉甸甸的，把麥稈壓彎了腰，具有自我保護作用的長芒隨風飄揚。達斯德米爾走到齊胸高的麥稈前，摘下一株麥穗，輕輕用手掰開，穀粒外包裹著緊密貼合的保護殼，稱為穎殼。他把麥子在手指間搓了搓，說道：「大多數小麥的穎殼都很容易脫去，但卡沃加的穎殼會緊緊包覆住種子。」卡沃加小麥不僅不易脫殼，產量也低於現代品種，這讓我不禁開始思索它能存續至今的原因。

村莊周圍是險惡的高地，海拔約在一千五百公尺，環境條件不利於人類和植物生存，這裡的氣溫在冬季會低於攝氏零下三十度，大雪將阻斷交通，導致村莊與外界隔絕好幾週。春天多雨，氣候潮濕，容易引發病蟲害感染，作物很難在這裡蓬勃生長。但卡沃加小麥是個例外，在這樣的環境下經歷了數千年的演化和適應，淬煉出極大的韌性而存活下來。達斯德米爾和其他農民把卡沃加小麥田看作祖先傳承下來的寶貴遺產，「我們與這種食物有著情感上的連結，」他說。「我們喜歡小麥在田裡的模樣，也喜歡煮熟後的香氣和味道。」接著我們離開麥田，去找當地的磨坊主埃爾登．卡亞（Erdem Kaya），好在他性格夠固執，如今只剩他還願意處理這種頑固的小麥。我們到達村郊的磨坊時，卡亞看起來很疲憊。他在收穫季節幾乎每天都工作到凌晨一點，一早六點就開始繼續工作。這人長得高高瘦瘦，身穿綠色工作服，一臉憂鬱，鬍子也沒刮，獨自一人工作和生活。由於父親也是做這行，所以他從小生長在磨坊裡，這就是他所知的一切。灰石磨坊建造在卡爾斯河邊（Kars Çayi），靠河水為動力，帶動內部兩塊大型圓形磨石運轉。空氣中瀰漫著一股甜甜的味道，就像剛出爐的蛋糕。卡亞這時已爬上梯子，拉起一根長長的木製操縱桿，讓水緩緩流入磨坊。當機械顫動起來，整個房間彷彿也跟著吱嘎作響，然後發出一聲嘆息，一連串的皮帶開始運轉，石磨也跟著轉動了起來。

現代小麥是免脫殼的品種，也就是穀粒與穗很容易分開，方便磨成麵粉來製作麵包。而卡沃加小麥由於外殼堅硬，必須碾磨兩次。第一輪先去殼，透過風力把輕的穎殼吹走，留下密實的穀粒，從而把二者分離。第二輪將穀物研磨成細小碎粒，看起來有如海灘的沙粒。這種小麥對卡亞來說最難處理，但成果也最令他滿意。他表示：「當有人在村子裡用它做飯時，我從磨坊這裡就能聞到味道，其他穀物的香氣無法傳這麼遠。」他隨即給了我們一袋卡沃加小麥，我們便趕忙離開，不打擾他幹活了。

回到村子，另一位農民厄達爾．格克蘇（Erdal Göksu）和他的妻子菲利斯（Filiz）用我們從磨坊拿回來的穀物烹煮傳統的安納托利亞菜餚，他們在小麥上烤了一隻鵝，讓油脂滴落來煮熟穀物，前面卡亞提到他在磨坊聞到的味道或許就包含了這道料理散發出來的香氣。穿戴白色繡花頭巾的菲利斯在廚房忙進忙出，端出一桌好菜：奶油和軟質乾酪、酸菜、塞滿香料羊肉的甜椒，中央擺著一大盤卡沃加料理，外圍一圈是鵝油和湯汁浸濕的卡沃加小麥，中間是鮮嫩欲滴的鵝肉片。穀物味道濃郁，帶有些許堅果味。「這是我們內心深處認可的味道，」菲利斯說道。「因為我們的身體感受得到。」

卡沃加小麥作為二粒小麥，其歷史可以追溯到農業的開端。二粒小麥是新石器時代農民最早馴化的野草之一，不僅是古埃及、美索不達米亞和希臘的糧食，也是巨石陣建造者和建立腓尼基海上貿易網絡的水手所吃的食物。究竟是什麼原因導致如此重要、改變世界的食物，最終走向滅絕的悲劇呢？

達斯德米爾給了我一把乾燥的卡沃加舊種子，讓我帶回英國當紀念品，日後看到時便會想起在布尤克恰特馬村的回憶。回到英國，我把這些種子拿給牛津（Oxford）的一位農夫約翰·萊茨（John Letts）看，他對古代穀物頗有研究。一九九零年代初，萊茨在倫敦大學學院學習考古植物學時，曾前往土耳其探尋小麥的歷史。他還記得住在那裡的鄉村時，一早醒來就聽到婦女們用巨大的杵和研缽敲打穀物，使麥子脫粒並將其敲碎。萊茨不禁好奇英國的小麥又是如何演變成今日的模樣，於是回到家鄉便開始尋找古老的穀物。

這條路並不容易，但他在一九九三年取得了突破。當時，一名白金漢郡（Buckinghamshire）的工人在維修中世紀時期留存的房屋茅草屋頂時，在其底部發現了一片被燻黑的麥稈和野草，過去六百年來都沒人動過。就在這老舊不堪的茅草屋頂即將被拆毀時，幸好有工程監督人員意識到它的重要性，將部分野草保存在鞋盒裡。這個盒子一直存放在牛津大學自然史博物館，到後來，有人得知萊茨正在進行相關研究，便將這些中世紀留存下來的野草寄給他。

打開盒子時，他彷彿拿到金銀財寶般興奮不已。「裡面是英格蘭幾個世紀以來都沒有種植的地方品種小麥，」萊茨說道。「這是寶藏啊，這種生物寶藏是英國已經完全失去的生物遺傳多樣性。」這一發現使他得以重現中世紀的麥田，多年來，他在農田種植二粒小麥，因為是世界上極為稀有的古老小麥品種，讓許多想要追求更原始、更特殊風味的麵包師傅趨之若鶩。

我給萊茨看了我帶回來的卡沃加小麥，他拿鑷子夾起一粒，透過放大鏡仔細端詳，看起來既好奇又興奮，他說：「這跟我以前看過的二粒小麥不一樣，外型比較小，顏色也更深。我彷彿重溫了多年前打開鞋盒時的那份感動。」他用手指搓轉著麥子，舉到燈光下。「我想我手裡拿著的可能是世界上最古老的小麥。」

新月沃土的中心位於布尤克恰特馬村以南土耳其東南部一帶，這裡是沙漠和草原之間的過渡地帶，一側降雨量少，另一側則是茂密的山地草原和橡樹林，自然生態豐沛。人類祖先就是穿梭在這樹林裡狩獵採集，用插在木頭或骨頭手柄上的燧石刀刃來收割野生小麥和大麥等野草的種子，再用堅硬的玄武岩將採集來的穀物磨粉製成麵包。考古學家在史前壁爐中發現燒焦的麵包殘骸，由此可知我們的祖先早在學會種田之前就已經會做麵包。

美國植物學家傑克・哈蘭於一九六零年代後期著手進行實驗，體驗這段失落的食物歷史。他在土耳其東南部的卡拉卡達格山脈（Karacadag Mountains）附近以狩獵採集的方式生活，這裡是世界上最早栽培小麥的地區之一。他先試著不用工具，徒手摘採山坡上成熟的野生麥穗，然後再嘗試用燧石刀收割穀物。哈蘭發現，即使沒有很賣力，在三週內也能收穫足以供應一個家庭一整年所需的穀物。

約一萬兩千年前，氣候變化導致當地環境更加乾燥，肉類等食物變得難以取得，人類必須採取新的生存策略，於是新月沃土的居民開始種植小麥。早期的農民主要栽培一粒小麥（學名：Triticum monococcum）和二粒小麥（學名：Triticum dicoccon）這兩種野生小麥，一粒小麥原文為德文Einkorn，意思為「一粒」，麥穗較小、堅韌且耐受性強；而二粒小麥每小穗結實兩粒。當時，狩獵採集者不僅會互相交易用來製造工具的黑曜石等石材，還會交易種子，因此一粒小麥和二粒小麥雖然是分別在不同地點被馴化，但最終都遍及整個新月沃土地區。小麥漸漸被人類馴化後，栽培品種趨向具有較不易脫粒的特性，雖然這樣的性狀變異經過兩千年才固定下來，但也在這段過程中逐漸傳播開來。公元前六千年，二粒小麥和一粒小麥在新月沃土以東，也就是今天的巴基斯坦部分地區開始種植，公元前三千年到達印度西北部的拉賈斯坦邦（Rajasthan）和哈里亞納邦（Haryana）；往南傳播到巴勒斯坦和以色列，並在公元前四千五百年左右到達埃及；往西則穿過希臘、巴爾幹半島，沿著多瑙河到達歐洲南部；到了公元前三千年，阿曼和葉門也開始栽種一粒小麥與二粒小麥，並跨越紅海進入衣索比亞。這兩種穀物之所以能如此廣泛種植，部分得歸功於緊緊包覆住穀粒的穎殼。這種保護層不僅具有防止真菌感染的抗菌特性，還能讓穀物對溫濕度和蟲鳥侵害有較強的抵抗力，而且可以保存較長的時間。雖然一粒小麥較為耐寒，但二粒小麥產出的麥粒數量是其兩倍，因此占據主導地位，並逐漸成為世界上最廣泛種植的小麥品種，就這樣延續了數千年。

與此同時，被人類栽培的二粒小麥偶然與田邊的山羊草雜交，於是在公元前七千年左右誕生了一種新的雜交種，新石器時代的農民也紛紛開始種植。如今，我們將這種適合製作麵包的小麥稱為普通小麥或麵包小麥（Triticum aestivum），占全球小麥作物的百分之九十五以上，是地球上大多數人的糧食。然而在古代，這種小麥的穀粒很小，麥殼也不太有保護作用且容易脫落，就自然演化而言並不具有優勢，是因為人類建造糧倉保護，麵包小麥最終才得以取代二粒小麥。它的優點在於麥粒很容易從麥殼裡分離出來，而且表皮只有薄薄一層，研磨前不需要特別去除。這種小麥的化學結構也不太一樣，其麵筋蛋白黏性較高，使麵團富有彈性且用途更廣，烤出來的麵包輕盈蓬鬆。不過，雖然目前世界上作為糧食栽培的小麥主要為麵包小麥，但在一些偏遠山區，仍有人繼續種植二粒小麥和一粒小麥，包括橫跨瑞士與德國的阿爾卑斯山區、義大利的亞平寧山脈（Apennine Mountains）、西班牙巴斯克地區（Basque）、印度的喜馬拉雅山和尼爾吉里丘陵（Nilgiri Mountains）（儘管十九世紀印度變成英國殖民地後，政府下令農民必須捨棄他們古老的小麥品種，改用帝國提供的麵包小麥種子）。尼科萊·瓦維洛夫於一九二零年代，在西班牙北部阿斯圖里亞斯地區（Asturias），和喬治亞西部山區找到這些瀕臨滅絕的二粒小麥品種，這時候二粒小麥已不被重視，大多被視為窮人所吃的食物，或用來餵養家畜的飼料。摩洛哥西部的里夫（Rif）是現在少數還能見到一粒小麥的地方，特別是傑巴拉山區（Jabala）冬季嚴寒，其他作物生長不易，所以他們在這幾個月會用一粒小麥來製作麵餅。衣索比亞人則會選用某些二粒小麥品種來釀造啤酒。當然還有布尤克恰特馬村的卡沃加二粒小麥，也是在各種品種的興衰起伏之中留存了下來。

從一萬兩千年前小麥被馴化以來，無論是一粒小麥、二粒小麥還是麵包小麥，都有一個共同的特徵，就是遺傳多樣性極為豐富。現今世界各地已收藏超過五十六萬份種子樣本，而這些只是作物專家能夠收集到的部分，許多小麥品種都已滅絕，二十世紀一系列科學突破更是導致多樣性急遽下降。

查爾斯・達爾文（Charles Darwin）的《物種起源》（1859）和格雷戈爾・孟德爾（Gregor Mendel）利用豌豆實驗（1866）歸納出的遺傳法則提供了農業革命植物育種的科學基礎。十九世紀後期，作物遺傳科學興起，英國和美國農業部（USDA）以及俄羅斯的科學家發起許多實驗研究計畫，由於當時小麥已經是全球分布最為廣泛的作物，很快便針對小麥進行改良。劍橋第一位農業植物學教授羅蘭・彼芬（Roland Biffen）將孟德爾遺傳學理論用於培育新的高產品種，他在大英帝國的小麥中發現抗病基因，並透過雜交育種讓其他品種也獲得這種抗病基因。

差不多同一時間，化學家弗里茨・哈伯（Fritz Haber）發明了將氮氣轉化為氨的化學方法，為合成肥料奠定了基礎。在此之前，土壤中缺乏氮素一直是作物工業化生產的最大阻礙。但在實驗室中，哈伯和他的助手卡爾・博施（Carl Bosch）於實驗室成功利用高溫、高壓大規模合成氮肥，這是現代歷史上的重大發現。正如科普作家查爾斯・曼恩（Charles C. Mann）所說：「超過三十億男人、女人和兒童能夠這樣追求夢想、克服恐懼和盡情探索，都要歸功於兩位二十世紀初的德國化學家。」然而，人工氮肥也不是沒有缺點，施用這種化肥時，作物常會因為長太高而倒塌或倒伏[5]，採收變得相當困難，也容易造成植株腐爛。大家被這個問題困擾了好幾十年後，才終於找到解決方法。

一九四六年，美國生物學家塞西爾．薩蒙（Cecil Salmon）在戰後由美軍占領接管的日本發現一種奇特的小麥，不同於一般的小麥會長到四五英尺高，這種奇特的小麥只長到兩英尺。他先將這種名為「農林十號」的矮麥品種送到美國農業部，後來在一九五二年引起了植物育種學家諾曼．布勞格（Norman Borlaug）的注意，布勞格來自愛荷華州，後在墨西哥進行農業科學研究，致力於開發抗病小麥品種來幫助農民。他將農林十號與傳統的墨西哥小麥雜交，因為莖稈變矮後，比較不會有倒伏的問題。他獨自對數千株植物進行人工異花授粉，有幾個月都睡在老鼠出沒的研究站裡，窗戶破了，也沒有自來水。由於沒有拖拉機或馬，他便在胸前繫上繩索自己拉犁耕田。經過多年艱苦的試驗，布勞格成功培育出抗病、高產的新品種。到了一九六三年，墨西哥百分之九十五的小麥都使用了布勞格開發的 Lerma Rojo 64 和 Sonora 64 品種，使該國的小麥收成增加了兩倍。印度、巴基斯坦和阿富汗等地也紛紛開始採用，並且在十年內就擴展到全世界。綠色革命讓發展中國家日益深重的糧荒危機得以緩解，在冷戰期間防止了共產主義在這些國家蔓延。布勞格對抗全球飢荒，拯救超過十億人性命的偉大貢獻，讓他於一九七零

5 指直立生長的作物傾斜或倒臥在地上的現象。

年榮獲諾貝爾和平獎。

雖然綠色革命使得糧產倍增，但我們還是得為此承擔一些不良後果。布勞格的矮麥品種需要大量灌溉用水，以及利用哈伯法（Haber-Bosch）工藝生產的肥料，合成過程中會用到許多化石燃料，而現今農業有近一半仰賴化學合成的肥料。除此之外，綠色革命另一個特色是一致性，也就是產出的作物性狀均十分類似。

光是一公頃的卡沃加小麥田，可能就有多達三百萬種形態各異的植株，遺傳多樣性相當高。我在布尤克恰特馬村看到有些小麥長得特別高，麥粒有深褐色，也有琥珀色。地方品種種群通常遺傳變異性較大，對環境的適應力也越好，也能讓物種有較高的存活能力；如果某一年氣候特別炎熱，有些植物可能耐不住高溫與曝晒，但仍然有其他具有不同遺傳特徵的植物可以生存下來，持續演化。由於地方品種小麥的基因組成較多樣，較能應對環境所造成的衝擊，也使得地方品種能夠適應較為長期的氣候和生長條件變化。動物可以想辦法躲避威脅，但植物是生是死直接取決於它們的適應能力。

綠色革命提倡單一基因栽培，透過新的育種技術來減少多樣性，藉此保證每株植物都長到相同高度並且同時成熟，從而提高收割效率；也能改善穀物的營養成分，使其更符合現今全球食品工業所追求的蛋白質和澱粉含量均衡。

作物的育種人員可能會爭辯說，現代小麥極其多樣化，而且確實光是在歐洲，每年經歐盟核准使用的品種就有數百種，這份核准清單由種子公司和作物科學家所組成的委員會決定。

隨著品種不斷推陳出新，每年清單裡約有五分之一會換成新的一批。不過，它們真的很多樣化嗎？這些所謂的「菁英品種」其實大同小異，多半來自單一的基因庫，只為了培育出高產和同質性更高的品種，而不考慮小麥的營養價值（例如：鋅、鐵和纖維含量），也不講究風味特性。

由於農夫通常都會與收購小麥的麵包工廠簽訂長期合約，他們甚至無法選擇自己種植的小麥品種，因為都是由這些公司決定，這樣才能確保從播種到麵包成品過程的穩定與一致性。無論是小麥育種計畫還是核准清單，都是圍繞著白麵包這種使用精製麵粉的產品而設計，但穀物磨成麵粉的過程中卻把營養豐富的部分都去除掉了，再額外添加營養物質進行強化，將成分調整至法規要求的比例。這不是作物育種人員的錯，他們也只是為了迎合目前糧食系統的需要，產出可以在市場上獲利的商品。誰也沒想到曾經豐富多樣的小麥品種，在一萬兩千年後竟會落入這般境地。

與大多數革命不同的是，綠色革命雖提升了全球糧食供應量，卻也伴隨著沉重的代價。布勞格認為綠色革命只是在為我們爭取時間，最多二十到三十年，並不能作為養活全球人口的長期解決方案，但我們已經擺脫不了對這種農業模式的依賴。砍伐森林、大量使用化石燃料以及過度取水灌溉，不僅讓食物多樣性受到威脅，還有可能危及地球上生命的存續。更重要的是，綠色革命當初是為了解決糧食不足而發展出來，但目前小麥產量在世界許多地方已趨於穩定。而我們採用化約論（reductionism）的觀點將作物基因簡化到極致，如今許多複雜的問題也已然浮現。

二零二零年，新冠肺炎疫情（Covid-19）向我們展示了病毒如何威脅人類生命、打破經濟穩定和破壞社會規範。植物傳染病同樣也會使糧食安全受到嚴重影響，如同我在本書開頭所舉的例子，小麥赤黴病這種具毀滅性的病害十分狡猾（也很厲害），病原真菌潛伏在田間過冬，但在下雨的時候，水滴會將孢子濺到穗殼上，再慢慢深入植物內部，透過分泌大量蛋白質，真菌就像披上了隱形斗篷，可以繞過植物的防禦並隱藏在細胞之間，慢慢擴散開來，最後再發出致命一擊，經由產生某種化學物質導致植物枯死。真菌接下來就能好好享用小麥種子裡儲存的營養物質，為自己的繁殖做好準備。

近年來，由於矮化小麥的基因帶有一種更容易感染這種疾病的DNA，小麥赤黴病有越演越烈的趨勢，病害摧毀作物的速度相當驚人。當小麥的基因越單一，就越容易遭受赤黴病的攻擊。全球數百萬噸麥穗變得枯萎、灰白，損失金額高達數十億美元。而抵禦病害的祕方就在古老麥類的基因之中，像是一粒小麥和二粒小麥都對真菌有較強的抗性。

由稻熱病菌（Magnaporthe oryzae）所引起的麥瘟病是一種相對較新、更具破壞性的疾病，造成巴西和玻利維亞部分地區的小麥產量減少三分之二，後來病菌又從南美洲橫渡大西洋潛入南亞。二零一六年，麥瘟病席捲孟加拉國，政府急忙下令成千上萬的農民放火焚燒尚未收割的麥田，把作物燒毀並扔掉前一年收成時保存下來的種子。麥株遭受感染後，其表面會呈現粉紅色，且布滿黑色的斑點。隨著病斑迅速擴展，不久後植株便皺縮變形，終至凋萎死亡。值得注意的是，稻熱病菌原本只會感染水稻，是因為現在的高產小麥品種對於麥瘟病沒有防禦能力，使得病菌能夠跨越物種屏障，直接傳染小麥。與小麥赤黴病一樣，科學家也正在積極尋找具有麥瘟病抗性的古老地方品種。

以前其實就有人做過這種嘗試。一九四零年代後期，植物學家傑克．哈蘭在土耳其東部的偏遠地區偶然發現「一種麥稈又細又長、看起來脆弱不堪的小麥」。他帶了一些樣本回到美國，將其存放在種子庫將近二十年。到了一九六零年代，當美國西北部麥田陸續爆發小麥條鏽病（Stripe rust）時，作物育種人員對哈蘭帶回來的土耳其小麥進行試驗，這才發現這種小麥不僅能抵抗條鏽病，也對其他十四種疾病具有免疫力。由於哈蘭偶然的發現，得以使大量作物免於病害，同時避免高達數百萬美元的損失。

現今，英國東英吉利的約翰英尼斯中心（John Innes Centre）也在探索綠色革命前小麥品種的潛力。這間植物科學研究機構收藏了劍橋大學植物學家亞瑟．沃特金斯（Arthur Watkins）於一個世紀前所蒐集的各種小麥。第一次世界大戰期間，沃特金斯在法國擔任軍官時迷上了這種作物，他注意到每個村莊的麥田都有不同風貌。戰後，他回到英國就讀於劍橋大學農學院，與尼科萊．瓦維洛夫的交流過程中，才了解到自己在法國看到的生物遺傳多樣性是何等重要。隨後，他巧妙地透過公家機構聯繫到英國駐中東、亞洲和美洲領事館的人員，請他們幫忙「蒐集世界各地的小麥品種」。沃特金斯表示他這麼做不只是為了滿足自己的好奇心，也是為了「培育改良品種」，並拜託他們盡可能尋找最古老的地方品種，因為「這些品種大多由許多不同類型混合而成」。於是數百名領事館人員便在當地市場和農場買了許多種子，再寄回英國給他。

到一九三零年代末，沃特金斯已經蒐集到七千四百種樣本，包括一粒小麥、二粒小麥和麵包小麥的各種變異株，其中不乏諸多稀有品種。他把這些小麥收藏在當時世界上規模最大的農學院。沃特金斯死前一直默默無聞，但他留下的收藏卻是無價之寶，大量保存了綠色革命前的小麥多樣性。約翰英尼斯中心的研究人員現在正在從沃特金斯的收藏中尋找可以轉移到現代品種的基因，藉此提高穀物產量、逆境耐受性以及抗病能力。

卡沃加小麥在這過程中又是如何發展？布勞格後來獲得洛克斐勒基金會（Rockefeller Foundation）的贊助支持，免費提供改良後的小麥給全球各地農民，土耳其農民也於一九六零年代獲得免費的種子、化肥和殺蟲劑，他們的農業因此在接下來幾十年間發生了巨大的改變，遠超過去五百年來的變化。到了二十世紀末，農場規模變得越來越大，從事農業的人口卻不斷下降，土耳其的農村人口從全國總人口數的四分之三左右下降到不到四分之一（綠色革命造成的現象，墨西哥與印度等國家也都有大量農村人口外移的情形）。留在農村的人也紛紛拋棄祖傳種子，導致各地特有品種成了無知與貧困的代名詞。

一九二九年，土耳其的年輕植物學家米爾扎．格格爾（Mirza Gökgöl）受瓦維洛夫的啟發，他騎馬去到一個又一個村莊，蒐羅各地的小麥種，花費了超過四分之一個世紀的時間收集到一萬八千個品種。土耳其小麥多樣性研究領域專家阿爾普特金．卡拉戈茲（Alptekin Karagoz）博士說道：「他單槍匹馬所找到的東西是無價的。」也因他曾經的付出，我們更能了解土耳其小麥多樣性喪失的程度。

格格爾所蒐集的種子裡就有卡沃加小麥，他用古安納托利亞土耳其語稱之為格爾尼克（gernik）。「這是十分古老的小麥品種，」他在一九三零年代寫道。「巴比倫和古埃及的遺址都曾挖掘出二粒小麥，當時窮人以大麥為食，而皇室貴族則是吃二粒小麥。」格格爾在土耳其東部的安納托利亞高原，看到當地農民種植這種耐寒、耐濕、生命力旺盛的二粒小麥，也觀察到村民聚在一起將小麥脫粒去殼，再碾碎做成營養的抓飯及麵餅。卡沃加小麥不僅是當地人的作物，也是他們生活中很重要的一部分。

然而，格格爾在後來的旅程中，發現卡沃加小麥正逐漸被一種「軟而普通的劣質小麥」所取代，而且「難逃滅絕厄運」，即使地處偏遠的村莊也不例外。到一九六零年代末，只有老一輩的農民和廚師才記得卡沃加。又過了十年，那段記憶幾乎就要成為神話傳說。卡拉戈茲接續格格爾的精神，繼續進行相關研究，他花了數年時間為安卡拉基因銀行（Ankara Gene Bank）跑遍土耳其各地蒐集種子。二零零四年，他帶著格格爾猶如小麥百科全書般的著作上路，卻發現格格爾記錄的大部分品種都已不知所蹤。那時土耳其種植的小麥只有不到百分之五是地方品種，而到了二零一六年估計僅剩百分之一，甚至連格格爾種植的小麥也消失殆盡。格格爾曾在花園種了一些土耳其古老的小麥品種，但在一九八零年代他去世後就被遺棄了。

這剩下的百分之一也包含了布尤克恰特馬村民自家種植的卡沃加小麥。由於村莊連外道路不足，改良後的種子和農藥化肥比較不容易運到這裡。就算真的到了村莊，麵包小麥也難以適應如此嚴苛的高海拔環境，更抵擋不了好發於多雨潮濕氣候的真菌病害。

土耳其的布尤克恰特馬村民救回了他們珍貴的特有種小麥，而英國的品種則近乎全軍覆沒。二零二零年夏末，我漫步在約翰・萊茨位於牛津的農場周圍的麥田。他於一九九零年代初拿到裝有中世紀時期的麥稈和雜草的鞋盒後，便開始復育這些已經在英國消失殆盡的品種。這片麥田還種了許多他從種子庫和植物標本館找到的各種綠色革命前就存在的小麥，包括紅色收穫（Red Lammas）、德文橘藍粗糠（Devon Orange Blue Rough Chaff）、藍錐鉚釘（Blue Cone Rivet）、鴨嘴（Duck-bill）和金水滴（Golden Drop），光聽名字就能想像它們的樣貌有多豐富多彩。

這些小麥生長的高度是現代小麥的兩倍，遠高過我的肩膀。這裡的物種多樣性也很豐富，植株的形態各異其趣，穀物的顏色、形狀和大小都略有不同，跟我在布尤克恰特馬村看到的那片卡沃加麥田不相上下。萊茨的地方品種種群將會根據自己的優勢與劣勢持續演化，慢慢從龐大的基因庫中選汰出能適應當地環境的後代。

而另一個相似之處，在於萊茨的小麥與卡沃加小麥的根系特別發達，在土壤裡扎根得比現代品種更深。現代品種只會生長在表層有施肥的土壤裡，而地方品種在沒有肥料所提供的養分時，根系就會拚命地往下鑽，反而能獲得更多礦物質和營養元素。「想像一下，在我們腳下，」萊茨說道。「這些根系為了尋找土壤中的養分已經長得多深。」影響小麥營養價值的變數很多，包括土壤類型、耕作方法，以及穀物的碾磨、烘焙或烹飪等加工方式都有影響，很難說哪一種小麥的營養比其他小麥更豐富，但可以確定的是，古老小麥中的鋅和鐵等礦物質含量確實遠高於現代小麥。

我們把收割下來的穀物拿到有著各種碾磨機的大型木製穀倉。萊茨告訴我，有個差不多跟洗衣機一樣大的碾磨機，只消幾秒鐘就能將卡沃加小麥去殼。我暗自希望布尤克恰特馬村那位磨坊主也能來這裡看看。萊茨說明：「種植古老品種並不是要回到過去，而是可以藉由新的輾磨技術發揮它們的最大潛力。」

我手裡拿著乾枯的卡沃加種子，想著這些小麥存活了數千年，看著帝國興衰，默默注視著無數人出生、相愛然後死亡，承受著無數次收割，經歷過一切風雨都堅持了下來，並且不斷演化得以適應環境而生存至今。「幾千年前的人並不是沒頭沒腦地就選擇栽培這種小麥，」萊茨說道。「如今土耳其農民會想要繼續種下去也不是沒有原因。」

6 畢爾大麥 Bere Barley

蘇格蘭，奧克尼

正如約翰・萊茨所堅信的那般，每個地方都有（或曾經擁有）與當地生態、文化和烹調緊密相關的食物。如果說布尤克恰特馬村的代表是卡沃加小麥，那麼位於蘇格蘭大陸以北二十英里處的奧克尼群島（Orkney Islands）的代表就是一種大麥。五千年前開始有人定居於奧克尼群島，新石器時代的「農業包裹」（在新月沃土被馴化栽培的作物）也在約四千年前從近東跟著人類祖先向西遷移到這些島嶼。西元七世紀時，凱爾特（Celtic）傳教士抵達此地，隨後是維京人，無論哪個民族後來都被統稱為「奧克尼人」（Orcadians），自始至終這些島上的居民都是靠大麥過活。大麥比小麥更堅韌，更能忍受寒冷的氣候條件，因此經得起奧克尼群島上風吹雨打的考驗。而其中生長得最好、很能適應當地嚴苛環境的是畢爾（Bere，在盎格魯－撒克遜語中的意思即為大麥）這個品種。

畢爾大麥的特點為生長速度快，即使播種時間較晚，也往往是最早收成的作物，趁著北半球長夏漫漫，吸收了充足的陽光。「從長出劍葉（離麥穗最近的那片葉子，劍葉長出後緊接著就開始抽穗）到收成只要九十天。」奧克尼男爵磨坊（Barony Mill）的雷・菲利普斯（Rae Phillips）如此說道。即使某一年冬天來得早，強風及霜凍提前來襲，導致許多作物歉收，畢爾大麥因為長得夠快，還是能有收成。在結實纍纍的豐收年，大量施用化肥和殺菌劑的現代大麥或甚至是小麥的產量都比畢爾大麥來得高，不過當氣候發生異常時，這些作物恐怕都難有收獲。

而且畢爾大麥能在惡劣天氣下展現出頑強生命力（奧克尼的天氣非常不穩定）。它比現代矮稈品種高，可以生長到五英尺，但是當一陣風吹過田野的時候，麥稈會彎下腰，彷彿在保護麥穗，等到環境恢復平靜時，才又恢復原狀等待收割。經過數千年奧克尼風雨的洗禮，畢爾大麥的適應能力已經不容小覷。

雷・菲利普斯的父親及祖父也都在男爵磨坊工作，這間磨坊的歷史可追溯到一六零零年代。畢爾大麥就如一粒小麥和二粒小麥般，穀粒外緊緊包覆著穎殼，因此研磨時需要一定的技巧、足夠的耐心還有三組磨石（比卡沃加小麥多一組）。男爵磨坊利用附近包德豪斯湖（Boardhouse Loch）的水流來驅動這三組磨石，其中第一組磨石用來除去穀物的外殼；第二組將穀粒磨成粗粉；最後一組奧克尼石再負責將粉末磨成細粉，就能得到帶有堅果香氣的柔軟棕色麵粉，接著放入窯裡烘乾六小時。整個過程大約需要三天，菲利普斯說道：「而且無法加快速度。」再加上大麥已經不是人類主要的食糧，所以如今奧克尼也只剩男爵磨坊還有在處理畢爾大麥。

最早種植大麥的地區也是在新石器時代的新月沃土上，與小麥有著親緣關係，但比較不怕寒冷潮濕的天氣，在貧瘠的土壤上也能生長。當時的農民將這兩種作物搭配栽種，可在面對各種氣候風險時有更高的調適韌性，萬一一粒小麥和二粒小麥收成無望，還有大麥可以收穫，後來也加入了燕麥與黑麥等作物一起種植。這些農民不知不覺地在野生大麥中選擇了跟小麥一樣不易脫粒、方便收割的變異品種栽培，並且隨著小麥一同從新月沃土向外擴散。公元前三千年左右，英國的氣候變得寒冷潮濕，導致小麥長得不好，而大麥卻能夠茁壯生長。這種更為堅韌的穀物因此成為農業的一大支柱，尤其是在蘇格蘭北部海域的群島。

仔細觀察西歐和北歐的傳統烘焙文化，就會發現氣候對於我們的食物來源有很大的影響。普遍來說，歐洲越往北的地區，麵包就會越扁平。陽光充足且夏季漫長炎熱的地方適合種植小麥等穀物，而這些穀物有較高含量的蛋白質，麵筋彈性會比較強一些，進入烤箱烘焙後，麵團能充分膨脹成蓬鬆的麵包。而在寒冷的北方，較易收成的大麥、黑麥和燕麥是主要作物，這些穀物蛋白質含量較低，揉麵團時不易形成麵筋，因此做出來的麵包較為紮實扁平。舉例來說，瑞典南部有更多的小麥文化和鬆軟的麵包，而瑞典北部多生產大麥，麵包師傅較常製作麵餅和脆餅（knäckebröd）。在奧克尼地區，畢爾大麥的質地和風味塑造了傳統的食譜和烹飪方式，當地人經常食用以大麥烤製而成、像餅乾一樣扁平的班諾克圓餅（bannock）。

十九世紀末以前，大多數穀物都是直接用石頭磨粉，碾製過程中保留了胚芽及其油脂（這是穀物最營養的部分，含有蛋白質、維生素和礦物質），但與我們現今在市面上所買到的麵粉不同，這種石磨麵粉保存不易，如果沒有在幾週內食用完畢，就很容易變質發黴。隨著輥磨機[6]的出現，改以鋼輥來磨粉，能有效避免細菌汙染。雖然會損失各種營養物質，但磨出來的精製白麵粉能保存更長時間，以便於運輸配送到更遠的地區。後來綠色革命興起，現代小麥靠著人類所供給的肥料和化學藥劑，也能夠在大麥產地進行種植。由於育種和製粉技術的變化，歐洲的麵餅文化和地方品種大麥幾乎都消失殆盡，豐富多樣的烘焙技藝也正逐漸消逝。

目前各地所種植的大麥中，食用的部分只占百分之二，大部分（約百分之六十）都用作動物飼料，其餘則製作成麥芽（用於釀造啤酒和蒸餾威士忌），還有一小部分發酵製成醬油與味噌。大麥跟二粒小麥和一粒小麥一樣，往往是偏遠荒涼地區居民的食糧。衣索比亞高地至今仍會用烘烤的方式製作他們的傳統飲品：大麥茶；而大麥目前仍是西藏人的主要糧食，他們把大麥磨粉，加些熱茶做成糌粑食用。西藏的海拔較高，人們需要多補充熱量，所以糌粑就成了他們不可或缺的食物。

到了一九六零年代，在蘇格蘭地區有數千年歷史的畢爾大麥迅速消失。外赫布里底群島（Outer Hebrides）只剩六個農夫還有栽種，而且是和燕麥、黑麥混著一起種，這些作物主要用

6 又稱滾子輾粉機、滾筒研磨機。使用圓柱形輥研磨各種材料，如穀物、礦石、礫石和塑料等。

作牲畜飼料。在昔得蘭群島（Shetland），居民後來多以牧羊為業，而不是以農作為主，所以也只有兩位農民還有在種畢爾大麥。只有在奧克尼群島仍會食用這種作物，但隨著島上進口越來越多加工食品，畢爾大麥也漸漸銷聲匿跡，家家戶戶用爐火烤餅的景象已不復存在，取而代之的是方便可口的白麵包。一九九零年代，男爵磨坊不得不關門大吉，老師傅雷．菲利普斯就此退休，他的技藝已跟不上世界變化的腳步。

二零零六年，蘇格蘭政府發起了一項計畫，目的是希望挽救蘇格蘭正在消失的地方品種，在奧克尼工作的農學家彼得．馬丁（Peter Martin）便開始研究當地古老的畢爾大麥。奧克尼群島冬季寒風凜冽，鹼性沙質土壤中的銅、鎂和鋅等微量元素含量較低，即使施用大量氮肥，仍不利於現代作物生長，但畢爾大麥卻能在這樣的條件下繁衍數千年。

幸好馬丁還能在島上的一些老磨坊旁找到畢爾大麥，於是他進行了一項實驗，在奧克尼學院農藝所找了一小塊田地播種，後來經觀察發現，畢爾大麥不經過施肥也能生長，而種在旁邊的現代大麥則完全無法存活。畢爾大麥製作的啤酒含有大量葉酸，以及鐵、碘和鎂等多種礦物質，這些都是人類飲食中必須攝取的營養素。馬丁意識到這是相當重要的作物，便想辦法擴大栽種範圍，也有許多人紛紛響應這項行動，當地新一代的青年農夫願意投入耕種，麵包師和釀酒師會用這種作物來製作班諾克圓餅和釀造啤酒，島上的高原騎士酒廠（Highland Park）也特別採用當地種植的畢爾大麥釀造威士忌。

男爵磨坊後來也重新開業，復育過程中當然不能沒有雷．菲利普斯的技藝和耐心。我們最後一次談話是在二零一八年，當時他已七十多歲，對於自己能重操舊業興奮不已，他緩慢地說道：「我們現在磨得比一九五零年代還多。」幾個月後，我得知他去世的消息。菲利普斯已將一手絕技薪火相傳，接班人阿里·哈庫斯（Ali Harcus）說這座磨坊「運作良好」，可以磨出很棒的香味。因為有這些人的使命感，讓珍貴的大麥品種得以保存在這片土地上，磨坊寶貴的知識技藝也才能夠傳承下來。

7 紅嘴糯米 Red Mouth Glutinous Rice

中國，四川

孫文祥在中國四川省南部的農場種植水稻，他與妻子住在騎龍山附近，山嶺狀似有人騎著神話傳說中的龍，因而得名。我到當地時，孫文祥正忙著他特製的農家肥，這種肥料不僅能用於農地，他還會加入豬飼料，或用來清潔房舍、牙齒和頭髮。他已是奔五的年紀，身穿沾了泥土、破舊不堪的黑色雙排釦夾克，在農家院子裡顯得格格不入，他說是有村外遊客來訪時才會特別穿上這套服裝。孫文祥攪拌著他的靈丹妙藥，一旁圍欄裡的豬隻咕嚕咕嚕地叫著。他解釋道，桶子裡裝的這些液體用途極廣，讓他的農場能夠自給自足。

我們沿一條泥濘且狹窄的小徑走著，兩旁種著大豆、辣椒，還有些小麥。鴨子和雞在田間來回遊走，不但啄食害蟲，同時也除去了雜草。孫文祥一路上指引我們看不同的水稻品種，有的是黑色穀粒，有的適合煮粥，還有的適合釀酒。這些地方品種作物都不需要施灑人工肥料或殺蟲劑，僅需一些發酵腐熟的農家肥，再讓鴨子和雞幫忙吃害蟲、除雜草，此外，牠們的排泄物還能當肥料使用。他表示：「稻米靠自己就能長得很好。」隨後他指著山谷對面鄰居的一排排稻田說道，一九七零年代中國政府推廣現代育苗的高產品種，這些農場便放棄了原先使用的水稻品種，導致他們現在深受病蟲害侵襲。孫文祥一家堅持使用地方品種，也一肩扛起重任，他說：「如果我不繼續種，它們就會滅絕。」我們腳邊的植物現在比中國自然保護區的熊貓還要更岌岌可危。

有關中國自一九七零年代以來失去多少水稻多樣性，並未有太多詳實的紀錄，但有證據表明確實是從那時候開始大量減少。一九五零年代，四川東部湖南地區種植了一千三百多個品種，然而到了二零一四年，數量已減少到八十四個，甚至還會持續下降，而孫文祥的農場恰好集結了那些珍貴的瀕危品種。

「我們叫它紅嘴糯米。」他一邊蹲下來摸摸稻穗，一邊說道。時值九月，正是秋收的季節，稻穗有如懸在草尖上的露珠，稻殼內穀粒的尖端呈深紅色，也就是它們的「紅嘴」。孫文祥說，這種稻米的生長速度較慢，但有著令人難忘的好滋味，質地糯軟黏綿，這些特徵蘊藏著水稻成長良好的基因祕密。

中國早期的稻農也和新月沃土的麥農一樣，慢慢培育出不易脫粒的品種，穀物的顏色也經由篩選逐漸改變。野生稻的種皮（或稻殼）是紅色的，但在栽種的馴化過程中漸漸變白，失去了原本的顏色。由於穀物的顏色在田裡並不明顯，當初是廚師先注意到這些顏色變化，而不是農夫。廚師喜歡顏色偏白一點的米，不僅可以減少洗米用水，還能節省人力，烹飪的前置工作大幅簡化，因此幾千年來稻米經人類的選種改良，從紅色變為以白色為主。

由於非洲的馴化路徑不同，現在仍有部分地區種植紅色水稻；在亞洲偏遠地區的農場，就像孫文祥的農場一樣，仍保存了地方品種，保留著水稻古老歷史的痕跡。稻米是三十億人填飽肚皮的主要食物，對人類影響甚鉅，而現在已有許多研究表明，紅米比白米更有營養價值，食用更有利於身體健康。

改良後的水稻品種不僅喪失了人體必需的營養素，也與小麥的情況類似，人們只注重稻米的產量，卻忽略物種多樣性的保存，導致許多稻米品種已經絕跡，還有些物種也正逐漸消失。

很多稀有的古老作物都具備相當了不起的能力，有的抗洪能力強，浸泡在水裡數週仍能存活（就像是讓植物憋氣數週）；有的能在鹽鹼地生長（鹽分通常會造成水稻枯萎）；有的甚至能從土壤吸附奈米銀粒子，這種稻米在印度常用來治療胃病（西方醫學開始使用抗生素之前，也會用銀離子治療感染和燒傷，由於過量使用抗生素的情況日益嚴重，近年來醫學界又紛紛投入銀離子的研究）；還有的稻米每個稻殼內不只有單粒穀粒，而是有兩到三粒（具有超高產基因）。這些特別的品種大多只在亞洲極度貧困的地區還有少數農民種植，有些品種甚至是單靠一人之力存活下來。可悲的是，我們無法把已破壞的物種多樣性在我們有生之年恢復，如此豐富的基因庫是經歷了數千年才得以形成。

在人類依靠採集狩獵維生的時期，中國南方的居民在長江下游地區採集野生稻、豆類、漿果、堅果和橡實等野生植物。到了大約西元前一萬三千年，氣候變暖、冰川融化，使得植物繁盛，原本生長於積水處的野生稻也大量繁殖並蔓延到長江流域，糧食增多後人口也隨之增加。距今七千年左右，人類學會了建造濕地，逐漸減少對野生資源的依賴。他們挖了橢圓形的坑（考古學家認為是一張小餐桌的大小），在坑裡放滿水來種植水稻，於是產生了最初的稻田系統。

當時的農民也注意到濕地邊緣會隨著季節變化，土壤表面往往會乾濕交替，而生長在此間的植物反而生產力（結實率）特別高。農民們複製了這種模式，在特定時間將稻田水排乾，藉由數日不供給水分，讓稻作面臨缺水壓力而進入生存模式，它們就會盡可能長出更多稻穀，增加繁衍生息的機會。藉由仔細地觀察、向大自然學習，稻田成為有史以來最具生產力的糧食系統。

水稻本身很特別，葉子能吸收氧氣，並將氧氣運輸至浸在水中的地下根系。由於大部分的植物無法在水中無法生存，因此能有效避免雜草在稻田裡生長。而且一般稻田水的酸鹼值（pH）在七左右，所以即使是在土壤太酸或太鹼而無法種植其他作物的地方開闢稻田，土壤環境也依然能保持平衡穩定。利用腐爛的植物和動物排泄物在水中分解產生滋養作物的氮，就不需要再另外施肥。稻田系統的生產力如此之高，以至於在整個人類歷史中，世界人口最密集的地區，一直是種植水稻的區域。人們的溫飽有了著落，就有餘力去設想未來、提前計劃和分工，因此多餘的人力就可以去製作物品、創作藝術品、獲得財產或聲望。因此當人類開始馴化水稻後，文明便出現了。

我們今日所熟悉的稻米經歷了三個獨立的水稻馴化浪潮，樣子圓圓短短的粳稻起源於長江流域，隨後傳播到中國北方、韓國和日本，發展出各種變化及運用方式，後來也常用來做壽司。第二波馴化發生在印度東北部、寮國、越南和泰國一帶，這裡出產的米為秈稻，米粒又長又細，是當今全世界栽種面積最廣的稻種。與此同時，孟加拉三角洲地區的農民馴化了夏稻（aus，發音為 owsh），這種野生品種的穀粒更加細小。隨著人們旅行和貿易，不同種原的基因開始混合，約兩千年前，夏稻和粳稻在喜馬拉雅山腳下混種後，產生了帶有濃郁香味的珍貴品種，也就是廣為人知的印度香米（Basmati）和泰國香米（Jasmine）。

除了這些主要的稻米種類之外，還有許多配合不同烹飪方式而選育的品種。早在水稻馴化之前，狩獵採集者就注意到有些稻種煮熟後質地軟黏（中國目前所發現最早的炊具已有一萬八千年的歷史）。雖然這種黏性是基因突變引起的，但也慢慢成為相當受歡迎的飲食選擇，經由反覆栽種，才產生了現在的糯米稻種。現今，糯米在亞洲某些地區的文化中具有重要的地位，像是中國雲南人仍會以糯米製作各種菜餚，其他地區則是用糯米製成點心和甜食。

爾後歷經了漫長的選育過程，造就了亞洲地區豐富多樣的水稻品種。菲律賓馬尼拉東南部的貝湖（Laguna de Bay）是全國第一大湖，附近地下深處有一座可耐地震的種子庫，是全世界最大的稻米種子儲藏庫，蒐藏了十三萬六千個樣本，這些穀物有著彩虹般的繽紛色彩和濃郁的香氣，每一種都有其獨特的特徵，能適應不同的生態系統，如今卻已在農田消失無蹤，大多只存在於這個種子庫的冰櫃裡。

全球綠色革命在很大程度上是由美國政府投入資金所進行的科學研究，而中國也在差不多時期推動水稻增產。一九五零年代後期，毛澤東為了實現快速工業化，野心勃勃地發動「大躍進」運動，農民被迫離開田地，因此爆發嚴重飢荒，造成數百萬人死亡。農學家袁隆平目睹飢荒的慘狀，下定決心解決糧食短缺問題，於是在湖南展開水稻培育實驗，花了數年時間研究地方品種和雜交水稻育種。到了一九七零年代初，他成功研發出高產雜交水稻品種「南優二號」，產量比原本提升近三分之一，後來開始在全中國大量栽種。到了一九八零年代初，中國一半以上的水稻都是使用他研發的雜交品種。袁隆平的實驗過程與布勞格在墨西哥進行科學研究時有些類似，而他培育出的品種也如同布勞格改良的小麥，需要依賴大量的化肥、殺蟲劑和灌溉用水。

一九六零年代，亞洲還有另一個地方在培育水稻新品種。位於菲律賓的國際稻米研究所（International Rice Research Institute，IRRI），是由美國的福特基金會、洛克斐勒基金會資助所創立。IRRI 的育種家利用帶有矮生習性基因的品種進行雜交，育成新型抗蟲高產水稻 IR8，一九六六年便推廣到印度、巴基斯坦和孟加拉。IR8 掀起了水稻的綠色革命，依賴灌溉、化肥和殺蟲劑讓產量增加了兩倍，因而有奇蹟米之稱。後來 IR8 稻種迅速傳遍整個亞洲（西方基金會和政府有資助必要的農用化學品），政府鼓勵農民捨棄地方品種，並與隔壁村的鄰居親戚分享新種子，還會在婚禮等社交場合發放種子。十年後，印度稻農的兒子、農學家古德夫．庫什（Gurdev Khush）又用 IR8 與其他品種雜交，培育出更加優良的品種（IR8 並不美味，煮熟後如粉筆般乾硬），其中IR64的產量相當高，因而成為世界栽培面積最廣的水稻品種。儘管新的水稻品種受到大力推崇，但也有不少人對於我們失去的物種多樣性而感到憂心。

隨著綠色革命全面展開，植物學家傑克．哈蘭於一九七二年七月發表了一篇文章〈遺傳學的災難〉（The Genetics of Disaster），提及世界人口的增長速度空前迅速，作物多樣性也正以前所未有的速度衰退，他主張：「這些資源擋在我們和大規模飢荒之間，深切影響著人類未來的存亡。」哈蘭以愛爾蘭的馬鈴薯飢荒為例，提醒讀者這背後存在的隱患。「如果森林樹木被破壞殆盡，我們還有辦法存活，但如果小麥、稻米或玉米也消失殆盡，人類還能生存嗎？我們正在承擔的其實是可以避免的風險。」他警告說，綠色革命確實解決了缺糧危機，不過一旦失敗，人類將陷入更嚴重的糧食災難。「很少有人批評布勞格，他倡導的綠色革命確實大幅提高糧食產量，拯救無數人免於飢餓，成就值得肯定，但如果我們再不挽救將被取代的亞洲地方品種種群，後代子孫可不會原諒我們。」他表示，我們已經從遺傳流失（genetic erosion）逐漸演變成基因滅絕。「富足與災難之間的分隔線越來越細，大眾卻渾然不覺或漠不關心。難道要等到災難來時才會警覺嗎？人為什麼非要等到為時已晚才懂得覺悟？」雖然有些太遲了，但至少在五十年後，終於有更多人開始重視哈蘭的這番話。

其中一人是美國康乃爾大學植物遺傳育種學教授、水稻遺傳學家蘇珊．麥考奇（Susan McCouch），她研究了來自孟加拉三角洲的夏稻，發現：「這種水稻具有最耐逆境的基因，土壤貧瘠也能種植，無懼於乾旱的影響，而且是從播種到成熟時間最短的品種。」然而，夏稻如今卻瀕臨滅絕，孟加拉大多數農民都已捨棄不用，改種市場主流的商業品種，只有那些買不起化肥、沒有經費建設灌溉系統的窮人才會繼續種植。夏稻並不像粳稻和秈稻往外傳播到世界各地，因此這個品種的基因非常罕見，「馴化它的人從未離開過三角洲地區，」麥考奇說道。「他們不是帝國的締造者，沒有軍隊，也從未奴役任何人。」但他們馴化的稻種還在不斷造福後世，用這種方式在世界留下印記。二零一八年，麥考奇與美國農業部的研究人員研發出水稻新品種「猩紅」（Scarlett）。研究團隊指出，這種稻米帶有堅果味，且「含有豐富的類黃酮和維生素E等抗氧化物質」。他們將美國長米品種傑佛遜（Jefferson）與馬來西亞的一種稻米雜交育種而成，由於這個新品種遺傳到馬來西亞稻米的外觀特徵，使稻米呈現紅色，因而得名。不過，我去四川拜訪的那位農民孫文祥對這種彩色穀物早已司空見慣。

孫文祥正在農場的一間房裡分裝自家栽培的紅米，準備寄給北京、上海、成都和杭州的客人。他們透過WeChat（全球超過十億用戶的社交媒體應用程式，有傳訊息聊天和行動付款等功能）跟他訂購紅嘴糯米，有些買家是喜歡它特殊的味道或色澤，但大多數人是因為這種米對健康有益而購買。

一九二零年代，一批知識分子和小農發起了最初的農村建設運動，在中國各鄉鎮發展農場、改良作物、建立合作社以及擴大銷售農產品。後來在毛澤東統治期間一度停擺，但到了一九九零年代又重新興起。當時的政府經濟學家溫鐵軍認為，由於製造業蓬勃發展，數以百萬計的人口從鄉村流向城市，導致農村經濟嚴重衰退。二零一零年，中國經歷了人類歷史上規模最大、速度最快的人口外流潮，農村經濟發展成為改革開放後的一大社會問題，於是溫鐵軍發起了新農村建設運動。如今中國的鄉村振興中心也持續幫助像孫文祥這樣致力於拯救中國瀕危食物的農民。

位在北京以北五十英里處的兩層樓培訓中心，周圍的花園旁建了一排生態環保廁所，直接將排泄物轉化為肥料（中國人自古以來就會用人和動物的糞便來施肥）。生態廁所的構想來自美國的農業科學家富蘭克林．希拉姆．金恩（Franklin Hiram King），他在一百年前寫的《四千年農夫》（Farmers of Forty Centuries）中就有提到這種循環利用的農法，這本書已被視為中國鄉村振興中心學生的必讀之作。

一九零零年代初，來自威斯康辛州的農學家金恩在美國農業部工作，雖然該部門旨在擴張糧食生產，但他對古法農耕體系更感興趣，因此顯得特立獨行。一九零九年，金恩確信自己應該能從農夫身上學到更多東西，於是他遠渡重洋，遊歷亞洲各國，展開為期八個月的踏查之旅。「我一直渴望實際接觸中國與日本的農夫，」他在該書的導言中寫道。「走訪他們的田地，觀察他們累積了幾千年的農法並從中學習。」可惜金恩書還沒寫完，就在一九一一年去世了，尚未完成的手稿在一九二七年由倫敦的凱普出版社（Jonathan Cape）整理發行，之後成為知名暢銷書，影響了英國有機運動的創始人艾伯特．霍華（Albert Howard）和伊娃．巴爾芙（Eve Balfour）。書中記載了百年前他在中國鄉村所觀察到的作物，而如今這些作物正瀕臨滅絕，慶幸的是它們也已經走在栽培復育的道路上了。

鄉村振興中心的儲藏室裡，存放了中國現在極為珍稀的食物，眼前那些瓶瓶罐罐、琳瑯滿目的種子和食材，都是新農村建設運動所推廣生產計畫的一部分，藉由發展出各具特色的產品，進而提升農民的收入。有雲南產的綠皮大豆、北方的紅皮小麥、採自古老森林的野茶，還有幾瓶蜂蜜色的米酒。地方水稻品種中當然少不了孫文祥的紅嘴糯米。

「我們失去傳統食物、各種稻米或水果品種的同時，也為人類的未來埋下了隱患，」溫鐵軍教授告訴我。「中國確實需要大型農場沒錯，但我們也不能缺少物種多樣性。」占世界人口百分之二十的中國面對的是我們這個時代最大的糧食生產困境，應該要擴大產能來供應不斷攀升的糧食需求，還是要盡可能保護地球上各種各樣的物種？如今中國面臨嚴重土壤汙染，藻類在海岸線迅速繁殖，排放大量溫室氣體，也遭受著大範圍的水土流失、汙染帶來的健康危害和水資源短缺問題。從長遠來看，除了改變目前的糧食體系已別無選擇。

中國於二零一六年九月批准了《巴黎氣候變化協定》，具體目標包括減少化肥與農藥的使用來降低碳排放。中國也是少數幾個會規畫建設植物園的國家，以國家植物園作為科學研究和珍稀瀕危物種保育的基地，盡可能保護遺傳資源和作物多樣性。中國農業科學院還蒐集了五十萬份地方品種作物種原，目前正在研究這些品種，以備未來的不時之需，這就是傑克．哈蘭所希望看到的情景。距離恢復金恩寫《四千年農夫》那時的物種多樣性還有很長的路要走，但幸好中國已經有許多人認知到，糧食體系不能再繼續惡化下去了。

「我們順應現代化發展潮流，但這並不意味著我們要捨棄過去，」溫鐵軍說。「全世界不應只追求同一種生活方式，我們不能都吃同樣的食物，這是一種瘋狂的意識形態。」他提到拿破崙的名言：「讓中國繼續睡吧，一旦中國醒來，世界都會為之發抖。」接著說道：「現在我們已經醒了，開始和世界其他地方一樣需要更多糧食，必須找到更好的生活和耕作方式，也許我們能在傳統中找到一些答案。」

8 奧洛頓玉米 Olotón Maize

墨西哥，瓦哈卡

一九八零年代初，美國農業科學家夏比洛（Howard-Yana Shapiro）攀登數千公尺，抵達墨西哥瓦哈卡州東部山區的偏遠村莊，這裡是米黑（Mixe）原住民族的家園，他們是何時來到這崎嶇的山嶺，又是如何在此定居，幾乎沒有考古學家能夠解釋。就連征服阿茲特克人的西班牙探險家埃爾南．科爾特斯（Hernán Cortés）也拿他們沒轍，他在一五二五年寫道：「那裡道路崎嶇不平，即使步行也很艱難，我曾兩度派軍前往，但礙於地形險峻，加上當地戰士驍勇善戰、裝備精良，無奈只能鎩羽而歸。」到了一九八零年代，只剩幾個米黑村落仍與世隔絕，夏比洛千里迢迢來到這麼一個桃花源，在這裡發現了一種從未見過的奇特植物。

這是一種叫做奧洛頓（Olotón）的玉米，差不多有二十英尺高，根系奇特而迷人。大多數植物的根都會深入土壤，但這種植物的根從莖節上長出，並裸露在空氣中。這種長在土壤外的根系叫氣生根，顏色為亮橘色，像是手指的形狀，不斷分泌出如露珠般閃閃發亮的黏液。值得注意的是，因為當地村落過於偏遠，化肥根本難以運達，這種玉米卻能在如此高海拔的貧瘠土壤中生長。當地農夫採用米爾帕農法（Milpa，源於阿茲特克語，意為「玉米田」），這種傳統的種植方式是將玉米與豆類混和一起種植，其原理是利用豆科植物的固氮能力為土壤提供肥沃的養分，讓這些看起來像外星人的植物不用施肥也能活得很好。

除了依循傳統農法幫助作物生長，夏比洛懷疑作物本身分泌的奇怪黏液也能從空氣中固定氮素。這件事理論上不太可能，因為這顛覆了以往所有人的理解範疇。但如果黏液確實有固定氮素的能力，那麼形勢將變得截然不同。農民每年得花費數十億美元的化肥成本，也伴隨著巨大的環境成本，製造肥料需要消耗大量能源，且肥料在土壤中分解時也會釋放溫室氣體，甚至還會在流入河流和海洋後造成汙染。然而，夏比洛在四十年前並無法驗證他的直覺假設是否正確。

因為這種玉米擁有極為特殊的生存方式，讓許多科學家也紛紛翻山越嶺慕名而至，但還是無人能理解黏液的作用。與此同時，美國威斯康辛大學的微生物學教授艾瑞克．崔普雷特（Eric Triplett）雖然沒見過這種玉米，甚至連聽都沒聽過米黑村落，卻巧合地在一九九六年發表了一篇論文，大膽假設玉米的黏液能從空氣中吸收氮元素，使其自我供給養分，這在生物學上是可行的，玉米有可能如此演化。他補充說，這樣的發現「將帶來極大的經濟價值」，並能「改善人類健康」，有效降低我們飲用水和食物的硝酸鹽含量。多年來，崔普雷特的假設仍停留在理論上，這一想法就被擱置了。但他確實給了植物探險家尋找這個聖杯的方向，他指出，如果真有這種非凡的東西，那肯定是在墨西哥南部，因為那裡是玉米的起源地，照理說會是物種基因最豐富的地區，這與瓦維洛夫在一個世紀前所提出的起源中心理論遙相呼應。

野生小麥、大麥或許與馴化的相關品種一看就知道是近親關係，但在玉米的領域儼然並非如此。野生近緣種大芻草（teosinte）與玉米現今的模樣差別極大，這種野生雜草的果穗細瘦苗條，長五公分，裡面只有十幾顆種子，種子外面還有一層如核桃般的堅硬保護殼，由二氧化矽與褐煤組成，而這兩種物質也是構成是玻璃和木材的基本要素，一口咬下恐造成牙齒崩裂。雖然大芻草看起來幾乎不可能成為人類的食物，但墨西哥西南部的狩獵採集者還是在大約九千年前對其展開了極其漫長的馴化過程。

居住在墨西哥中南部巴爾薩斯河谷（Balsas River Valley，今日的格雷羅州）的先祖採小群體方式（二十至五十人）生活，他們會隨著季節變化和野外的植物分布而遷徙。大芻草也是當時人們的盤中飧，會將其磨碎了再吃。這些游牧狩獵採集者總喜歡挑選那些種子收穫時容易自然掉落地面的品種，他們幾個月後回到同個地方時就會有充足的食物，人類無意之中影響了這些植物的生長。

這些遊牧民族後來開始定居，進入農耕的生活型態。經過世世代代的篩選，大芻草穀粒的外層硬殼消失了，而且穗粒成熟後不太會自行脫落，方便了人類收割。大芻草外型也從原本只有幾十顆種子、菸頭大小的小穗，變成長滿碩大飽滿果穗，且具有三十公分長的粗大穗軸。至於成分方面，玉米的蛋白質含量減少，碳水化合物增加，食用後能夠迅速補充能量。前述的演化不僅花費漫長時間，且因產地分布廣泛，先是在墨西哥開始馴化，後來蔓延到南美洲亞馬遜地區，又傳往北美。經過九千年的耕作育種，玉米種子的大小增加百分之八十，粒數增加百分之三百，玉米穗軸增大六十倍，大芻草終於變成現代玉米，這一成功的馴化過程，可說是人類歷史上的一大壯舉。此外，因馴化的過程在不同地區分別展開，所以發展出了豐富多樣的品種。在這過程中，玉米逐漸失去了自行播種的能力，需仰賴人類才能繁殖，而農夫也變得非常依賴玉米這種作物。

玉米孕養了中美洲的民族，因此中美洲傳統文化的宗教儀式與起源故事大多都圍繞著玉米展開。根據瑪雅神話聖書《波波爾．烏》（Popol Vuh）中的記載，第一批人類是由藏在山裡一塊無法移動的岩石下的白玉米所創造出來。雨神以一道閃電劈開岩石，其中一些玉米被燒成黃、黑和紅色，造物主便分別把這四種顏色的玉米麵團捏製成人形。居住在美國新墨西哥州的印第安人霍比族（Hopi）擅長在極度乾燥的環境種植玉米，他們也有自己的一套傳說故事。第一批人類可以選擇藍、紅或黃色的玉米，玉米粒有大有小。大顆飽滿的玉米很快就被選走，比較晚選的霍比人最後只拿到一小株藍玉米穗，神靈還額外給了他們一袋種子、一根種植用的木棍和一個裝滿水的容器，說道：「你們做出了正確選擇，儘管生活會很艱難，但你們的人民將永遠帶著這種玉米在地球上行走。」中美洲的奧爾梅克文明（Olmec）崇敬玉米神，而玉米神的頭很長，所以他們會將新生兒的頭部綁起來，讓其形狀變長來模仿玉米神，希望祂能因此保佑玉米豐收。

一四九二年，玉米已陸續傳入智利及加拿大。因為玉米的基因組具有極高的可塑性，能適應亞利桑那州的炎熱沙漠、天寒地凍的安地斯山脈，以及瓜地馬拉雲霧繚繞的潮濕森林，在這些地區都可以長得高大挺拔，高度甚至達二十四英尺，這裡的玉米莖稈粗壯紮實，還可用於建造柵欄圍牆。很少有其他作物能像玉米一樣透過天然的基因重組，變化出越來越多的遺傳組合來應對各種環境壓力。

玉米的種類繁多，因此顏色（白、藍、紫和銅色）和質地也五花八門，可用於烹煮不同料理。有些村落選擇玉米粒飽滿、適合烘烤的玉米，有些則選擇外層果皮較硬的品種，因為加熱時裡面的澱粉會因壓力膨脹變成爆米花。據統計，巴西南部的農村地區玉米種類高達一千五百多種，其中一千零七十八種專用於爆米花的製作。還有些品種適合釀造啤酒，或是將玉米磨碎與蔗糖一起發酵成Pox酒。更常見的是可用來加工成玉米粉的玉米，讓料理的方式更多樣化，不僅能包裹各類肉食做成玉米粉蒸肉，還能揉成玉米麵團（masa）製作玉米餅，有的品種還能做出厚實且鬆軟的餅皮，而有的能讓麵團更有彈性，甚至能做成直徑五十公分的圓餅。位於墨西哥艾爾巴丹（El Batán）的「國際玉米和麥子改良中心」（International Maize and Wheat Improvement Center，CIMMYT）有著世界上最大的玉米種原庫，收集了兩萬四千份玉米種原。

玉米不僅適應力強，也和其他穀物一樣能以各種方式保存，然後運送到世界各地。哥倫布探險隊發現了美洲新大陸後，新大陸與舊大陸之間出現大規模的交流活動，稱為「哥倫布大交換」（Columbian Exchange），歐洲人將小麥與稻米帶到新大陸，而玉米則是於一四九三年期間從新大陸傳播到了歐亞非大陸。到了十六世紀末，玉米已傳入中國和非洲，也被引入鄂圖曼帝國與印度王朝。然而，種植玉米的傳統農法卻沒有一起傳過去，導致現代玉米在非原生地的生產方式釀成了災難性的後果。

基因資源專家蓋瑞森．韋克斯（Garrison Wilkes）認為米爾帕農法是「人類有史以來最成功的發明之一」。米爾帕指的是在一塊農地上同時種植玉米、豆類和南瓜等作物，玉米的莖讓豆類的卷鬚能夠向上攀爬，南瓜的闊葉則提供遮蔭，保持土壤中的水分並抑制雜草生長。最重要的是，與豆科植物共生的根瘤菌可以在土壤裡面進行固氮作用，就能幫其他作物供給養分。一般人可能會覺得，採取米爾帕農耕方式的田地就是雜草叢生、一團混亂，但這實際上是一種能達到生態平衡的複雜系統。而且以這種方式耕作能保有較多樣的糧食來源，提供人類均衡的營養，其中玉米富含碳水化合物，豆類可補足離胺酸和色胺酸等必需胺基酸（為合成蛋白質的原料），南瓜則含有豐富的維生素。

傳統農民收穫玉米後，會把玉米浸泡在由草木灰或石灰（氫氧化鈣）製成的鹼性溶液裡，這不僅能去除玉米粒的膜，方便製成玉米麵團和玉米餅，還能析出玉米含有的營養物質。這種處理玉米的方式稱做「鹼法烹製」（nixtamalization），起源於三千五百年前的中美洲，nixtamalization 一詞源自納瓦特爾語（Náhuat）的 nextli（灰燼）和 tamalli（玉米麵團）。第一批帶走玉米的北美人和歐洲人卻忽視了作物長期發展出的糧食與農業知識，認為採用米爾帕農法和鹼法烹製是愚昧無知的，所以紛紛改行現代農法，結果就是——他們為此付出了沉重的代價。未經處理的玉米中菸鹼酸含量較低，所以若長期僅以玉米為主食，會因為缺乏這種人體必需的維生素而得到糙皮病[7]，導致身體日漸衰弱。

玉米的全球化程度之高，幾乎可以用玉米分布繪製一張世界地圖。西班牙的巴斯克山區種植地方品種紅玉米（Arto Gorria），人們以柴火的餘燼烘烤製成麵餅；在義大利皮埃蒙特的里梅拉市（Comune di Rimella），當地居民會將地方品種德馬爾普（Ders Malp）的玉米粒烘烤後淋上奶油，做成香濃的玉米粥màgru；菲律賓人會將烤焦前的玉米粉（sinunog bugas mais）調製成一種看起來像咖啡的飲料；美國南卡羅來納州的查爾斯頓（Charleston）有一種血紅色、堅硬的吉米紅玉米（Jimmy Red），能釀造出風味絕佳的威士忌，以前很多私酒販子都想盡辦法取得這種穀物。不過，就算世界各地有如此多樣化的玉米，還是無法與墨西哥瓦哈卡州相提並論，瓦哈卡是全球物種多樣性的重點區域，十六個古老民族在此繁衍生息，包括薩波特克（Zapotec）、查蒂諾（Chatino）、阿穆斯戈（Amuzgo），當然他們彼此之間也會混血融合，但每個民族都仍保存著各自的語言、宗教信仰和傳統玉米。

科學家致力於從複雜難解的物種多樣性中理出頭緒，於是在一九四零年代出現了一種分類方法並沿用至今，根據玉米穗的形狀、玉米粒的顏色和植物的結構，將墨西哥數以千計的玉米

7 **Pellagra**，又稱癩皮病，是一種維生素缺乏症，由缺乏維生素B3（菸鹼酸）和蛋白質引起。

品種劃分為六十多個地方品系。波利塔（Bolita，意思是「小球」）主要分布在瓦哈卡州，因為這種玉米的穗軸又小又圓而取此名。有些波利塔品種磨碎後，可以在加熱煮滾後，製作成類似果凍的傳統甜點玉米粉布丁（nicuatole）。佩皮帝拉（Pepitilla）是更為古老的品系，命名由來據說是因為其味道甜美的細長穀粒長得跟南瓜子很像[8]。奧利帝洛（Olitillo）是在恰帕斯州（Chiapas）與瓦哈卡州發現的品系，這種玉米做出來的餅很香，質地如枕頭般柔軟。在古老的薩波特克墓穴中，人們發現骨灰盆上刻有奧利帝洛細長的圓柱形玉米穗軸。而奧洛頓適合生長在海拔兩千公尺以上的高山環境，目前已非常罕見，只剩一些與世隔絕的部落還能見到它們的蹤影，賽拉米黑（Sierra Mixe）地區的偏遠村落裡分泌著奇怪黏液的玉米，就是屬於這個品系。曾經豐富的多樣性卻面臨滅絕的風險，接著我們就要越過邊境進入美國，看看為什麼會有這樣的轉變。

早在綠色革命之前，就陸續有育種家對玉米的品種進行改良，一開始是兩種玉米間的偶然相遇。一八零零年代，美洲東北部原住民栽培地方品種「硬粒玉米」（flint corn），籽粒上有非常堅硬的外層包覆。與此同時，西班牙人將另一種玉米從墨西哥帶到美國，因其穀粒頂部有微小的凹陷而稱為「馬齒玉米」（dent corn）。幾個世紀以來，這兩種玉米沿著不同的路徑傳播，

8 Pepitilla 拼音與南瓜籽 Pepitas 相似。

隨著人的遷徙傳到各個城鎮，最終在包含維吉尼亞州在內的大西洋中部各州匯合，硬粒種和馬齒種玉米雜交產生的混合種產量很高，特別受西部拓荒者的歡迎，因此這個混合種在印第安納州、俄亥俄州和伊利諾伊州被稱為「中西部馬齒玉米」（Midwest dent）。一八九零年代，瑞德黃色馬齒玉米（Reid's Yellow Dent）等品種的種植規模擴大，讓美國中西部地區變成了俗稱的「玉米帶」，美國也迅速成為玉米的主要出口國。

後續有兩次變革都發生在一九零八年。一次是弗里茨．哈伯發明將氮轉化為氨的製程，讓人類能夠大規模生產化肥。另一次是在紐約冷泉港（Cold Spring harbor）實驗室的卡內基研究所（Carnegie Institute），育種家喬治．哈里森．沙爾（George Harrison Shull）發現，透過反覆將兩個玉米品種近親繁殖，進行異花授粉，就能培育出具有豐富籽粒的高產植物（這種現象稱為雜種優勢）。不過只有第一代會有這樣的優勢，第二代又會重新繼承其「祖父母」不甚理想的特性，讓產量顯著減少。第一代雜交種（F1）表現出強大的優勢，播種後只需短短三個月就能收成（有些地方品種玉米需要六個月），有利於農民擴大耕種規模，每英畝的產量提升百分之二十五至百分之五十。當農民注意到採用 F1 玉米能提高收成時，紛紛捨棄了原本的傳統玉米品種，逐漸依賴種苗公司所販售的種子。

沙爾的研究成果大幅改變美國玉米的生產歷程。二十世紀初，農民栽種約一千種天然授粉的品種，但在第二次世界大戰之後，就幾乎以雜交種為主要作物。過去用於製造炸藥的硝酸銨被改用來製造農業肥料，弗里茨．哈伯的發明在糧食生產中發揮著重要作用，隨著化肥供給大增，也開始運用在F1玉米的大規模生產，進一步鞏固美國作為全球最大穀物出口國的地位。到了二十世紀末，美國的F1雜交種占全球玉米貿易量的百分之五十，數以萬計的地方品種被少數幾個經濟價值高的品種所取代。蓋瑞森．韋克斯感慨地說，這就像是「拿房屋的基石來修補屋頂」，他的說法也呼應了傑克．哈蘭提出的警告。

雖然人類已提升了作物產量，但全球糧食系統也因為品種過於單一而變得脆弱。這項問題在一九七零年代初期開始萌芽，當時美國玉米帶有百分之八十五的作物都具有易受病原菌侵害的遺傳性狀，導致玉米葉枯病在田間迅速傳播，讓十億英斗的收成付諸流水，造成高達六十億美元的損失。美國農業部植物科學家阿諾德．烏爾斯特魯普（Arnold Ullstrup）當時寫道：「我們不應將主要糧食作物塑造得如此單一，以至於更容易受到病蟲害或環境的影響。」他認為所有重要的糧食作物都必須保有物種多樣性。

種子公司開發出新一代雜交種子後，產量再創新高，因此發展出各種意想不到的用途來消化庫存，可樂和許多市售含糖飲料中都添加了用來增加甜度的高果糖玉米糖漿，牙膏、肥皂、油漆到鞋油等眾多加工產品也都離不開玉米。玉米收成暴增，正好成為新興畜牧業的飼料來源，我們吃到的牛奶、雞蛋、雞肉或牛肉在畜牧過程中幾乎都是以玉米作為飼料。中美洲文明相信他們是玉米做的人，但我們現在也全都是所謂的「玉米人」。二零零八年，美國的研究人員分別從各家連鎖速食店取樣五百種不同的漢堡、薯條和雞塊三明治，統計的結果發現，所有的雞肉和百分之九十三的牛肉都來自以玉米為食的動物，而且薯條是用玉米油炸的，甚至連人們來購買這些食物時開的汽車，也有部分是使用玉米生產的生質燃料（現在美國生產的玉米約有三分之一用來提煉乙醇）。美國的玉米革命最終越過邊界，來到了玉米的發源地。

紐約市立大學人類學教授艾莉西婭．加維茲（Alyshia Gálvez）多年來持續觀察美國玉米對墨西哥的影響，實地訪查墨西哥各個市場，找普埃布拉州（Puebla）的農民聊天，並與瓦哈卡當地人一同生活聚餐。她的研究著重於北美自由貿易協定（NAFTA）對墨西哥農村生產的衝擊，該協定由美國、加拿大和墨西哥簽署，於一九九四年比爾．柯林頓（Bill Clinton）任期時生效，此舉消除了三國間的關稅壁壘，但也導致墨西哥糧食與農業面臨五百年來最大的變革。因自由貿易為當地帶來了經濟成長，並加速工業化發展，當時預估會造成五十萬農民棄耕，離開農村地區進城工作。加維茲說道，實際上有近一千萬人離開農村。大批原本可以自給自足的農民湧進城市，而且多數都想移民美國工作。

他們任由耕種數千年、保有各式各樣種子與傳統知識的土地荒廢，地方品種逐漸衰微。從北美自由貿易協定簽署以來，美國政府推出數十億美元的農業補助，中西部所產出的馬齒玉米大量傾銷到墨西哥（占美國總產量的四分之一）。墨西哥的食物消費結構發生了巨大變化，墨西哥人以傳統農法種植、富含營養玉米品種為基礎的飲食習慣，逐漸被美國的加工食品所取代。加維茲稱這些中西部馬齒玉米為「一種高澱粉產品，主要作為飼料用或製成添加在汽水的高果糖糖漿」。此外，墨西哥的各項公共衛生指標都持續惡化，到了兩千年代初，肥胖率已在全球排名數一數二，汽水消費量居全球之冠。北美自由貿易協定忽略了食物也承載著文化傳承，當地人因而拋棄傳統的種植方式，以及相對較健康的糧食加工方法。在這過程中，玉米變成了貿易市場中的一種商品，對於健康的影響、在地文化的延續以及飲食所帶來的身分認同完全不在考量之內。「這樣真的是農業進步嗎？」加維茲說道。「墨西哥糖尿病發率高得驚人，每年有八萬人因此喪生，還有數萬人死於肥胖。」

墨西哥近年來到底損失多少玉米品種的多樣性，目前尚未有定論，但仍有許多人嘗試去了解損失的規模。一九六零年代中期，墨西哥的國際玉米和麥子改良中心從瓦哈卡北部莫雷洛斯州（Morelos）的農民那裡收集了九十三份地方品種玉米。二零一七年，研究人員對這些農民或他們的後代進行後續追蹤，發現只有五分之一的農民保存了這些地方品種的種子，四分之一的家庭不再務農。農民們解釋說，主要是因為雜交新品種的生產力更高、利潤優厚，因此便捨棄了原本的地方品種，不過缺點就是他們現在必須每年購買昂貴的新種子。

儘管物種多樣性持續下降，墨西哥仍擁有各式各樣的玉米，估計有兩百五十萬小農種植地方品種，種植面積大多不超過三公頃，主要用於做成玉米餅、玉米粉蒸肉和玉米糊（atole）。但這些玉米也是岌岌可危，因為對當地農民來說，種植地方品種實在不符經濟效益。

墨西哥慢食組織成員阿方索．羅查．羅伯斯（Alfonso Rocha Robles）在家鄉普埃布拉的街道上，目睹了北美自由貿易協定對當地帶來的影響，每天都有一波又一波的原住民從南方湧入這個墨西哥中部大城，他們大多都在路邊等待，紅燈一亮就衝進車陣，隨機清潔車窗玻璃來向人賺取小費，或是直接乞討。羅伯斯從這些進城生活的人們口中得知，由於削價競爭，他們已走投無路，只能被迫離開農村。「他們坐了十五個小時的車進城，然後十多個人擠在一個小房間生活，每天都努力上街賺錢，想辦法生存下去。每當有人質疑，這只是玉米而已，何必如此較真，我就會跟他們分享這些農民的困境。」「沒有玉米，就沒有國家」（Sin Maíz, No Hay País），這個以捍衛墨西哥玉米文化與傳統農業為主旨的草根運動，自二零零七年展開。他們認為，面對全球市場的激烈競爭，地方品種節節敗退，農夫們失去了收入和自主權，因此呼籲政府重新談判北美自由貿易協定，並保護在地的玉米生產。

與此同時，在墨西哥極具影響力的廚師也為了維護玉米多樣性挺身而出。主廚恩里克．奧爾維拉（Enrique Olvera）目前與六十位在地農民合作，每個人種植的品種各有特色。他說：「我們可以把玉米當作葡萄酒一樣看待，各地區風土所產的玉米各有不同的風味。」奧爾維拉以高於中西部馬齒玉米十多倍的價格收購這些玉米，他表示：「我們不用馬齒玉米來做料理，因為那只適合製作加工玉米片。」他正努力地保衛本土玉米，並且讓農民得到合理的報酬，這為墨西哥瀕臨滅絕的地方品種帶來一線生機，無論是對墨西哥農民還是對我們所有人來說都很重要。

夏比洛偶遇奧洛頓玉米的近四十年後，加州大學戴維斯分校的研究團隊跋山涉水來到瓦哈卡州一處偏遠村落，帶領這項研究的植物學教授艾倫．貝內特（Alan Bennett）說道：「高大的植株聳立在我們面前，離地三英尺處附著著許多怪異的根，跟中西部玉米帶的景象截然不同。」

由於出現新的DNA定序技術，且化學分析的發展越發成熟，背後的謎團得以揭曉。貝內特分析玉米分泌的黏液，發現其中存在數千種細菌和數百種不同的複合醣類。這一切都是基因演化權衡的結果，植物提供細菌生長所需的糖，而細菌則回饋氮素供植物生長。微生物菌群各自發揮著重要作用，有些專門分解糖分為細菌提供能量，讓這些細菌能將大氣裡的氮轉化為植物可吸收利用的氨。有些則負責製造固氮酶（地球上所有生物不可或缺的酶），但固氮酶特別敏感，只要接觸到氧氣就會被破壞，因此植物進化出黏液作為屏障，阻絕空氣中的氧。

除了玉米植物與固氮細菌之外，人類在許多方面也參與了玉米的演化。不管外面的世界怎麼變化，米黑族人數千年來仍持續地栽種地方品種，有效地避免了這些珍貴植物的滅絕。當地附近許多村落都已經捨棄他們的地方品種，改用F1雜交種。新建的連外道路也讓瓦哈卡州的農民更容易取得種子與肥料。貝內特正在對這種自花授粉的在地玉米進行更深入的研究，他說：「幸好我們及時趕到，來得太晚的話，那將是整個世界的損失。」

這種日益稀有的遺傳資源潛力無窮，那被商業化利用後所產生利益該如何分配？米黑族人種植的玉米很可能被證明為本世紀的重大農業發現。研究人員與私營食品企業瑪氏公司（Mars Inc.）合作，與該村落簽署了一項協議，如果當地品種的玉米最終商業化，將會公平合理地分享一切經濟利益。「這項協議對大家來說是雙贏，」貝內特說道。「若這種植物的特性真的能改變世界，我們必須好好感謝賽拉米黑村世世代代的農民。」

保留種子

英國皇家植物園的千禧年種子銀行是地球野生植物多樣性保育的堅強後盾，而北極圈斯瓦爾巴群島的「全球種子庫」更是保存了全世界農業發展所累積下來的作物品種。斯瓦爾巴機場是地球上飛機航班可抵達的最北端，二零一八年一月，空運到斯瓦爾巴群島的第一箱種子沿著開鑿於山底下、長一三五公尺的地道，進入地道盡頭的巨大鋼鐵門，接著便是經氣密式大門保護的種子儲藏室，溫度保持在攝氏零下十八度以下，長三十公尺、寬十公尺、高五公尺，架子上的盒子裡裝著將近一百萬顆種子。

種子庫是美國植物學家凱瑞．佛勒（Cary Fowler）的想法，他四十年前看到哈蘭的警世預言──世界正面臨大規模的作物滅絕。佛勒說道：「那些忠告一直縈繞在我心頭，我們正在失去寶貴的遺傳多樣性。」他忘不了哈蘭所說：「這些資源擋在我們和規模難以想像的大飢荒之間。」守護物種多樣性成為他畢生的志業，因而建造了這麼一座保全所有已知食用植物種子的保險箱。

佛勒的計畫也獲得政府及農業組織的支持，他選擇在挪威北極圈的斯瓦爾巴群島建造，那裡地處偏遠、氣候嚴酷，提供了天然的安全屏障，「唯一的威脅是在外面遊蕩的北極熊」。

種子是作物與各地氣候、環境和世代農民共同演化的結果，裡頭記錄著糧食作物數千年來所經歷和適應的一切。佛勒說：「這是遺傳多樣性的寶庫，也確保我們未來仍有能力生產糧食，保留種子就是保留選擇的權利。」

斯瓦爾巴群島的種子庫裡有來自各國的小麥、大麥、稻米和玉米，其中有很多種子的原生國家已不復存在。佛勒看著種子庫從無到有，且儲藏的種子不斷累積，他跟我說道：「那種體驗與宗教經驗非常接近，這些種子都是我們的祖先所留傳下來的。」許多遊客參觀結束後受到極大震撼，離開時往往都眼眶泛淚。

Part 3
蔬菜

大多數植物在遭受一點苦難後味道會更好。

——黛安娜．甘迺迪（Diana Kennedy）

農業誕生之後，人類除了種植小麥、稻米、玉米等穀物之外，也開始馴化其他野生植物，而豆科植物在農業活動中發揮了重要作用。人們很早就觀察到，草本植物與豆科植物經常生長在一起，無論在野生棲地、熱帶森林或歐洲的草地上散步，都能發現野豌豆和三葉草在同一個生態系統裡生活，這是因為野豌豆能夠與根瘤菌共生，豆科植物會分泌出糖分吸引根瘤菌來感染其根部，讓空氣中的氮元素固定到土壤中，從而為周遭植物提供養分。新石器時代的農民可能早已意識到，穀物與豆科植物種在一起能促進穀物生長，所以他們開始在新月沃土播種小麥和大麥等穀物的同時，也開始種植鷹嘴豆、小扁豆和蠶豆等豆類作物。早在哈伯與博施發明工業製氨技術之前，微生物與豆類就在為地球上的植物施肥了。

世界各地許多傳統的農業生產體系都是運用這樣的生產模式，正如前面所提到，中美洲的米爾帕農法將玉米、青豆和斑豆種在一起；在中國，小米與大豆會一起混合耕種；印度通常是將小米和綠豆一起栽種；非洲則是常有高粱與豇豆的搭配。此舉除了增加土壤生產力，比只吃穀物，豆類與穀物搭配食用能獲得更多蛋白質和微量營養素，讓飲食更為均衡。

豆類與穀物的搭配因此常出現在傳統料理中，成為各地飲食文化的一大特色。印度國民美食手抓飯（dal bhat）主要由扁豆糊和白飯組成；日本味噌以大豆和大麥發酵而成；義大利托斯卡尼蔬菜湯（minestra di farro）融合了小麥（二粒小麥）與白腰豆；巴勒斯坦人將蒸粗麥粉（mafoul）加入鷹嘴豆一同烹煮；墨西哥有玉米餅配黑豆泥的料理（frijoles con tortilla）；西非的豆煮飯（waakye）以米飯與豌豆製成；而吐司加上焗豆則是英國極為常見的國民餐點。

一九四零年代，英國植物學家艾伯特・霍華爵士（Sir Albert Howard）在印度擔任農業官員期間，觀察當地農業方法的智慧。他寫道：「混合種植是一大法則，在這一點上，東方的種植農戶吸收了人們在原始森林看到的自然方法。」其他地方的農民大多採用輪種的方式，在同一塊農地上一年種穀物，隔年種豆類，這種輪作系統不僅方便收割，也能提高土壤蘊含的養分。霍華爵士從印度傳統農法得到啟發，積極推動有機農業的發展。

人類也開始馴化生長在穀物和豆類邊緣的其他野生植物，包括我們現今吃到的多種蔬菜。起源於新月沃土的有朝鮮薊、蘆筍、胡蘿蔔、洋蔥、萵苣和甜菜根；起源於美洲的有南瓜、馬鈴薯、辣椒和番茄；印度栽種茄子與黃瓜；秋葵原產於非洲。以這些作物入菜，能為我們的飲食增添各種營養、口感、風味和顏色。

蔬菜（我是以烹飪界的定義，而不是植物學的術語，因此塊莖和豆類也包括在內）也和穀物一樣，會在傳播過程中衍生出豐富多樣的形態。經過自然環境淘汰以及地方農民長期選育，通常會跟當地傳統文化息息相關，逐漸發展成「地方品種」。這些品種會與地方風土產生較強的連結，而且幾乎都是開放式授粉（藉助昆蟲、鳥類、動物、風力或人類進行異花授粉），讓作物的後代與其父母系十分相似，可維持作物基因之純度。最重要的是，適應當地環境的植物能夠持續演化，並藉由基因突變擴大群體的遺傳多樣性。

想像一下，如果你和我是擁有相同作物種子的農民，隨著我們各自從每次的收成裡挑選出適合當地生產的植株，保存種子留到下季種植，最終創造出的地方品種就會有明顯差異，而我們可能還會交換這些獨特的種子，來增加自己農田作物的多樣性，這是數千年來相當普遍的做法。正如英國農民詩人托馬斯・圖瑟（Thomas Tusser）所描述十六世紀薩弗克郡（Suffolk）的情景，「拿種子與人交換／在街坊鄰居間為尋常之事。[9]」。而在圖瑟寫出這段話約一個世紀之後，倫敦斯特蘭德（Strand）的街頭市場成為當地蔬菜種苗貿易蓬勃發展的地方（其中一處現址為皇家亞伯特音樂廳 Royal albert hall）。一八二零年代，種子商薩頓父子公司（Messrs Sutton and Sons）出版了數百頁的種子目錄，這份目錄記載一百四十五種甘藍菜、一百七十種豌豆和七十四種洋蔥的價格及性質。美國政府從一八三零年代開始透過美國郵政服務免費寄送各種「精選品種」種子給各地農場主與自耕農，在將近二十年的時間裡，聯邦政府寄出超過一百萬個種子包裹，涵蓋四百九十七種萵苣、三百四十一種南瓜、兩百八十八種甜菜根和四百零八種番茄。可惜到二十世紀末時，只剩十分之一的品種倖存下來。

繼喬治・哈里森・沙爾研究出玉米雜種優勢之後，一九二零年代也開始有許多育種家投入蔬菜作物F1雜交種的開發，期望能提高產量。一九五零年代，歐洲和美國的種子公司大多為小型的家族企業，他們幾乎都有獲得政府資助，專注於進行作物改良研究，但是今天的市場已演變成由四大企業掌控全球一半以上的種子，農民只能向這幾家公司購買，進而喪失種子自

9 原文為：One seed for another to make an exchange; / With fellowly neighbours seemeth not strange.

主權，也犧牲了田間作物多樣性。

四大企業包括美國的科迪華（Corteva），由陶氏化學（Dow）與杜邦（Dupont）這兩巨頭於二零一七年以一千三百億美元併購交易合併而成；另一家是總部位於北京的國有企業中國化工集團（ChemChina），在二零一七年以四百三十億美元收購瑞士巨頭先正達公司（Syngenta）；然後是德國的拜耳公司（Bayer），在二零一八年以六百三十億美元收購了美國企業孟山都（Monsanto）；第四家是同樣位於德國的巴斯夫（Basf）。這些公司最初是乘著綠色革命浪潮而出現的化學製造商，但自一九八零年代以來，他們紛紛涉足農業生物科技，透過收購小型種子企業迅速擴張，並出售完整的「農業產品組合」，將種子、殺蟲劑和除草劑一併銷售。

這些公司擁有許多種子的專利權，也就是說，他們在法律上能夠控制這些種子的銷售使用。農民可能已經種植了數千年的作物，企業光是利用基因改造（基因轉殖和現在的基因編輯），在這些種子中插入改變幾個遺傳特徵，就能將種子變成私有財產。種子是所有糧食系統的基礎，卻有越來越多種子成為披著智慧財產權外衣的高利潤商品。

世界各地紛紛出現反對種子私有化的聲浪，並發起保護開放授粉種子的運動。一九七零年代初期，英國園藝學家兼作家勞倫斯．希爾（Lawrence Hill）也注意到，許多種植了幾個世紀的地方蔬菜品種正在迅速消失當中，傑克．哈蘭曾在〈遺傳學的災難〉文中向世人提出警告，如今那些事情正在上演。更糟的是，新的歐洲法規要求所有種子品種都必須取得認證，由於小農無力負擔昂貴的認證註冊費用，使得許多傳統地方品種都只能非法販售。

希爾寫信投稿至全國發行的報紙，呼籲大眾關注目前人類所面對的嚴重物種遺傳性與文化損失，當這篇投稿一上架，立刻引來數百名讀者響應，許多人把自己珍愛的蔬菜種子寄給他。這些收藏後來都存放在傳統種子庫（Heritage Seed Library），由英國一家有機發展慈善機構來維護，已有兩萬名園藝師和地主加入會員，致力於保護和分享數千種瀕臨滅絕的蔬菜（雖然不能買賣，但分享並不違法）。有些人是為了拯救物種多樣性；有些人希望能保留更多元的食材風味，這也是許多種子最初被保存下來的原因；還有些人是想將種子所蘊含的故事延續下去。接下來所介紹的這些瀕臨滅絕的蔬菜都曾消失過一陣子，直到後來有人發現了這些種子，才又落土耕種。

9 吉奇紅豇豆 Geechee Red Pea

美國喬治亞州，薩佩羅島

在美國南部，南卡羅來納州和喬治亞州兩百英里長的沿海地區，從外太空的視角俯瞰，彷彿是地表上的一道疤痕。這裡從十七世紀開始，陸續整闢出超過四萬英畝的土地，並挖掘了七百八十英里的運河，全都用於生產糧食，種植園主幾個世紀以來引入大量奴隸並強迫勞動。許多開車經過低地地區[10]（Lowcountry）的旅人，可能都沒有意識到這裡就和中國的長城或埃及的吉薩金字塔一樣，有段相當沉重的歷史。

十八和十九世紀，南卡羅萊納州大量種植稻米，主要透過附近的查爾斯頓港進行貿易，當時許多美國最富有的農民都居住於此。「卡羅萊納黃金米」（Carolina Gold）大量銷往世界各

10 南卡羅來納州查爾斯頓市及周圍沿海低窪低區。

地，英國進口商將其形容成世界上米粒最大、最飽滿、最晶瑩剔透的稻米，米飯帶有榛子的香甜氣味，在巴黎市場開出相當高的行情。這種稻米沐浴在南方的陽光下，據說在稻穗飽滿成熟、準備收割時，會呈現出有如古董婚戒般的光澤。稻田幾乎總是伴生著一種小豇豆，不僅有助於滋養土壤，還能養活被迫在稻田裡耕種的奴隸，而這些奴隸、稻米和豇豆實際上都源自非洲。

一六一九年至一八零六年間，一千兩百五十萬名非洲奴隸被擄走，經由大西洋中央航線運送到加勒比海地區和美洲，其中有一千零五十萬人在四千英里的的航行中倖存下來，並被賣往各地農場與種植園幹活，種植菸草、玉米、糖、棉花和稻米等作物。這些奴隸大多來自西非塞內加爾、象牙海岸（又稱科特迪瓦）等傳統的水稻種植地區，因此當地的水稻種子也一起漂洋過海來到了新大陸。有一派是說非洲人把這些種子藏在頭髮裡偷偷帶來，因為面對未知的旅程，種子很有可能是珍貴的救命資源，所以就算冒著風險也不能不帶。還有一種說法是，這些種子是由植物學家收集而來，再隨著奴隸運輸船引進美國，他們認為這種作物具有在新世界發展的潛力，也能作為奴隸的食物。

餐飲歷史學家傑西卡．哈里斯（Jessica Harris）說：「奴隸販子也會注重奴隸的身體健康，健壯的奴隸才能賣得出好價格。」他們知道比起其他食物，非洲奴隸們更能接受豇豆與稻米，所以在西非港口大量囤積，作為奴隸船的補給。「拒絕進食是非洲人唯一的反抗方式。」哈里斯說。植物學家安東尼．潘塔萊奧（Anthony Pantaleo）於一七八零年代前往迦納，為英國政府尋找有用的作物，他敘述自己所觀察到的情形：「人們普遍認為應該讓奴隸吃自己國家的食物，所以每艘船都載運了大量豆類作為奴隸的食物。」亞歷山大．福爾肯布里奇（Alexander Falconbridge）曾四次擔任販奴船上的隨行外科醫生，他在一七八五年向國會議員報告：「他們給黑人吃豆類與稻米。」但船上供應的食物少得可憐。「根本很難讓人存活。」

被運到美洲的非洲人不僅淪為被役使的勞動力，他們也帶來了種植各種作物的技術。這些農業知識讓白人得以在新大陸生產稻米和糖等糧食，為工業發展提供了經濟基礎。烹飪歷史學家邁克爾．特威蒂（Michael Twitty）就提到，白人農場主願意多付些錢購買來自西非種植水稻和豇豆地區的黑人男女，因為他們知道何時何地適合種植哪種豆類，在化肥發明之前，這些知識與經驗往往是決定耕作成敗的關鍵。

考古學家在西非的迦納地區岩棚發現了有著四千年歷史的燒焦豇豆（**Vigna unguiculata**）殘骸，周圍散落著珍珠粟[11]和油棕碎屑。豇豆是非洲大草原的重要糧食，能適應這個地區乾燥炎熱的氣候。豇豆營養成分超高，種子既含豐富的蛋白質，葉部又富含維生素和β-胡蘿蔔素。直至今日，由那個考古洞穴向外呈輻射狀散出的地區，仍有數以百萬計的西非人依靠豇豆來取得營養，同時能增加土壤肥力。這種豆類通常與水稻等穀物間作栽培，歐美農夫稱之為「豇

11 又稱御穀，一種禾本科狼尾草屬植物，主要分布於南亞和非洲。

豆」（field peas），因為也用作牲畜的飼料，所以俗稱為「牛豆」（cowpea）。

只要是有引進非洲奴隸的地方，都能找到由豇豆和米飯一起烹調而成的菜餚，像是巴西的豆飯（baião de dois）、波多黎各的木豆飯（arroz con gandules）、加勒比海地區的摩爾木豆飯（moro de guandules），以及美國南部的豇豆飯（Hoppin' John）。每個地區都有自己珍貴的豇豆地方品種（全球的種子庫保存了三萬種豇豆種子，大部分長約零點五公分，顏色五花八門，從大地棕到明艷紫都有）。

豇豆傳至美國南部並進行育種改良後，豆類成為農業和食品業中不可或缺的角色。不同品種的用途從其名稱就能看出一些端倪，根據十九世紀育種家J．V．瓊斯（J.V. Jones）的說法，名字聽起來較為嚴肅的鐵豆（iron pea）與泥土豆（clay pea）主要用來提高土壤的養分，而優美一些的淑女豆（lady pea）是「可供食用的美味豇豆」。瓊斯認為眉豆（Black-eyed peas）吃起來感覺乾乾粉粉的，因此「更適合用來熬煮高湯」。低地地區種植的豇豆品種不勝枚舉，還有蝗蟲不喜歡吃的堅硬豇豆辛尼豆（shinney，瓊斯稱之為豇豆王子）能在蝗災嚴重時作為糧食。

到了一八三零年代，美國南方因過於密集地種植水稻、玉米和棉花等作物，讓土壤不堪負荷而日漸枯竭。我們隨時都有可能面臨農業危機，專家隨之呼籲大家必須齊心協力，在土壤問題危害到經濟發展之前恢復土壤健康。有個辦法能解決這個困境，就是種植更多豇豆並實行輪作，豇豆具有固氮能力，可以恢復因集約農業而流失的土壤養分。因此，非洲豇豆結合卡羅來納州栽種的稻米成為美國南方烹飪的基石，並且一直延續至今。這兩種食物跨越了社會、經濟和種族藩籬，傳統穀物專家格倫．羅伯茨（Glenn Roberts）回憶起在南方的童年時光，當地人有個說法：「如果你很窮，米飯配豇豆就是一頓早餐，去田裡幹完活回家後，下一餐還是豇豆配米飯。」

十九世紀稻米產業蓬勃發展之時，有些非洲奴隸會偷偷在自己的花園栽種稀有地方豇豆品種，以及各種非洲紅米，非洲人很喜歡這種米，但奴隸主卻禁止他們種植，認為這可能會讓利潤豐厚的白米田混雜到紅米，導致經濟損失。非洲人還在他們的祕密花園栽種了各種甘藷、芝麻（名為benne）、甘藍、秋葵、羽衣甘藍、西瓜和高粱，這些作物也都不知何故從非洲進入了美國低地地區，而花園裡絕對會有的就是豇豆。不過，南方某些地區的奴隸不用如此偷偷摸摸，其中一處是位於喬治亞州海岸線外的薩佩羅島（Sapelo），當地非洲人相對來說比較自由，主人通常允許奴隸種植自用蔬菜，島上因此演化出許多獨特的地方品種植物，包括甘蔗和柑橘，不過最特別的應該是一種紅磚色豇豆。

美國東南部海岸在地圖上看起來支離破碎，沿岸有著上百座大大小小的島嶼星羅棋布。幾千年來，這裡匯聚多種族群，文化豐富多元，包括美洲原住民、法國殖民者、美國種植園主和被奴役的非洲人，後來許多被釋放的奴隸及其後代也在此落地生根。三百年前，許多島嶼曾停泊著一艘又一艘的販奴船，有些奴隸就留在了這些島上。這些島嶼周圍由鹽沼濕地所環繞，容易孳生蚊蟲引發傳染疾病，這樣惡劣的環境，加上相對孤立的地理位置，也讓這裡的奴隸相較於南方其他地區擁有更多的生活自主權，紅色小豇豆成了他們被迫勞動一整天後的最大慰藉。他們用鑄鐵鍋將豇豆慢慢燉煮成湯汁，淋在米飯上就是一道佳餚。日復一日、年復一年地，鍋裡也逐漸染上了一圈紅色（種植園的古董炊具上還能看到當時留下的痕跡）。

居住在薩佩羅島（以及其他沿海島嶼和南卡羅來納州部分地區）的非裔奴隸後代自稱為吉奇人（Geechee），這個名字很有可能源自於西非的基希族（Kissi，發音為Geezee）。相比美國本土及其他有橋梁相連的外島，薩佩羅島更偏遠一些，只能搭船或飛機才到得了，所以許多非洲根源得以比較完整地保留下來，當地人所講的語言、烹飪方式和舞蹈藝術都深受西非獅子山、迦納和塞內加爾文化的影響。

薩佩羅島的吉奇人是第一批能自由購買土地和建立自治社群的奴隸，非洲的飲食文化與耕作方式因此得以保存，吉奇紅豇豆的種植也才能夠傳承至今。近年來，當地婦女科妮莉亞・沃克・貝利（Cornelia Walker Bailey）致力於保存這種祖先留傳下的豇豆。

貝利的家人一直以來都會種植紅豇豆，對她來說是習以為常的事情。她的生活似乎就按著豇豆生長的節奏運轉著，與丈夫弗蘭克（Frank）在早春播種（通常會是滿月時），然後夏天進行收穫，秋天時保存種子為來年的播種做準備，新年的大型聚會活動絕對少不了紅豇豆飯這道料理。豇豆承載著諸多歷史記憶與傷痛，卻也象徵了吉奇人的身分認同。

薩佩羅島在過去幾十年來正迅速地發生變化。從一九五零年代開始，不少開發商紛紛來到這些擁有自然原始的純淨沙灘和茂密森林的海島購買土地，薩佩羅島很快也成為他們的目標之一。由於土地一塊又一塊被外來投資客買走，島上僅存的吉奇社群只能退到豪格山丘上（Hog Hammock）安身立命，但也因為許多富人會來這裡買房，導致房地產稅不斷上漲，讓這裡的非洲後裔就快要沒有容身之處。據統計，一九一零年，豪格山丘有近五百名吉奇人，到了二零二零年只剩不到四十人。隨著人口數持續下降，貝利對於吉奇人的存續感到十分憂心，他們正面臨文化種族滅絕的境地。

於是貝利開始思考要如何拯救吉奇文化，她想到紅豇豆在薩佩羅島上如此容易生長，他們可以栽種紅豇豆，再寄給離島工作的島民販售，藉此增加一些收入，幫助島上的吉奇人能繼續居住在豪格山丘。二零一二年，貝利在兒子墨利斯（Maurice）與史丹利（Stanley）的協助下開始種植這種作物，但過程中充滿挑戰且難以預測，某一年夏天遇到乾旱，使得種子來源不足，只能挨家挨戶地去借別人之前保存下來的紅豇豆，好在後來作物也順利成長。消息傳開後，吸引不少非裔農民從美國大陸慕名而來，他們都想要更了解自己族裔的飲食歷史。

其中一位是馬修・雷福德（Matthew Raiford），他的高曾祖父朱彼特・吉利亞德（Jupiter Gilliard）於一八一二年出生在南卡羅來納州，生來就是奴隸，直到一八七四年從奴隸制解放後，在喬治亞州的布藍茲維市（Brunswick）以九美元含稅的價格買下四百七十六英畝的農田。雷福德年輕時並不想待在南方，更不可能務農。他說，在非裔美國人民權運動盛行的年代，民權活動人士向年輕人傳達了非常明確的訊息：「不要當農民，而是要想辦法成為醫生或律師。」他們的祖先曾在這片土地上被迫從事艱苦的農業勞動，所以他們不願再幹這種苦差事。

一九一零年，非裔美國人約占美國農業人口的百分之十四，時至今日銳減至只剩不到百分之二。

所以當時雷福德選擇參軍並擔任軍中伙房工作，後來在祖母的說服下，於一九九零年代回家經營家中的農場。他某天偶然聽聞科妮莉亞．貝利的故事，想起祖父母也曾栽種過紅豇豆，於是他與貝利安排了一次會面。他說，登上薩佩羅島彷彿時光倒流一般，人們說的是吉奇方言，還能聽到他慣用的一些表達方式，比如正午的太陽感覺「比魚油還熱」。雷福德初見貝利，就看到她正拿著鋤頭在一英畝的菜園裡耕作豇豆，他不禁疑惑，這真的那麼容易嗎？而貝利跟他說：「小夥子，這種豇豆不用怎麼打理，你只要在土中挖幾個坑，每個坑放入一粒豆子，覆上土壤，然後澆點水，它們就能自己長大。」她說得沒錯，這種植物確實有堅韌的生命力，如今在雷福德的農場裡也能見到它們蓬勃生長。

另一人是尼克．海寧（Nik Heynen），他原本是喬治亞大學的地理學教授，深受貝利的精神感召，轉而加入復育紅豇豆的行列，他認為貝利是他生命中最重要的人之一。貝利於二零一七年去世後，她的孩子與海寧仍努力耕作，希望能繼續透過紅豇豆振興吉奇文化。海寧說：「如果失去紅豇豆，我們就喪失了一種能幫助我們了解這個世界的東西。」紅豇豆的味道與眾不同，並不是說有多了不起，但就是不一樣，而且因為海寧現在也在薩佩羅島盡一份力，所以他對生長著紅豇豆的地景已延伸出更多情感。「小小的紅豇豆竟蘊含著如此豐富的歷史文化。」海寧說道，所以他無法眼睜睜看著它們滅絕而坐視不管。

10 施瓦本小扁豆 Alb Lentil

德國，施瓦本

德國西南部的施瓦本汝拉山（Swabian Jura）洞穴在人類歷史上有著十分特殊的地位。一九三九年二戰爆發前夕，兩名考古學家在汝拉山的洞穴中發現了數百塊猛獁象牙碎片，最終於一九六九年拼湊出一個三十公分高的獅頭人身雕像。這座在史塔爾洞穴（Stadel cave）出土的獅子人（Löwenmensch）雕像可追溯至四萬年前，成為目前已知人類想像事物的最早證據。考古學家還在附近的洞穴發現古老的樂器，以及天鵝與禿鷹等動物雕像，製作這些物品的是首批抵達歐洲的現代人類，曾與古人類尼安德塔人（Neanderthals）共存，後來這些古人類才逐漸被淘汰。三萬年後，在新月沃土馴化的植物種子被帶到巴爾幹半島與多瑙河沿岸，施瓦本汝拉山（也稱為施瓦本阿爾比 Swabian Alb 或施瓦本阿爾卑斯山 Swabian Alps）也開始耕種一粒小麥、二粒小麥、大麥（我們前面介紹到的古老穀物）和扁豆等作物。

這裡的小扁豆在隨後數千年的種植過程中，發展成為地方品種「施瓦本小扁豆」（Alb-linse，亦稱為阿爾卑斯小扁豆）。當地農民會把這種豆類與穀物混種，小麥與大麥粗壯的莖稈可以幫忙支撐小扁豆四十公分高的矮小植株，而小扁豆則負責讓土壤更加肥沃，為穀物創造更好的生長環境。小扁豆適應了當地嚴酷的環境，由於土壤貧瘠、多岩石，大多數植物都難以生存，但它們依然能夠生長，若是遇到作物歉收、發生飢荒的時期，也至少還有小扁豆可以吃。而且阿爾卑斯山區經常連日大雪，導致許多村莊的交通受阻，當地居民就會仰賴小扁豆維生。然而，生活的艱辛還是逼得他們搬離施瓦本阿爾卑斯山區，十八和十九世紀時，有成千上萬的人逃到美洲大陸，去追尋更好或更輕鬆的生活。

因地處偏遠山區，施瓦本人發展出自成一格的特質，以其強烈的職業道德和創新精神而聞名，賓士（Mercedes-Benz）與前身戴姆勒集團（Daimler）等世界級品牌都源自於此。他們對於自己的身分與方言有著高度認同感，許多施瓦本人常驕傲地自嘲說：「我們什麼都會，就是不會標準德文（Wir können alles. Außer Hochdeutsch）。」他們的食物也蘊藏著這種獨特的文化價值，施瓦本地區有一道特色家常菜扁豆麵（Linsen mit Spätzle），是用當地農民種的深綠色小扁豆配以小麥麵，有錢人家還會再加上香腸。施瓦本小扁豆具有厚實、奶油般的口感，以及令人回味無窮的礦物風味，因而備受當地人喜愛，然而這種植物卻在一九六零年代幾乎絕跡。

其中一個原因是經濟發展所導致，一九六零年代西德的製造業蒸蒸日上，許多農民轉而進入工廠工作。另一個原因是全球農業的變化，印度曾是小扁豆的最大產國，但後來因為大量種植綠色革命的高產量小麥，導致小扁豆產量下降。與此同時，加拿大薩斯喀徹溫省

（Saskatchewan）政府開始推廣大面積種植小扁豆。

小扁豆原本只被當成廉價的氮肥來源，但經過改良培育出高產品種，這種作物搖身一變成了熱門商品。幾年之內，加拿大清除數百萬公頃的草原，用於單一化種植綠扁豆與紅扁豆。如今，加拿大生產的扁豆比印度和美國（其他主要生產國）的總和還要多，大量扁豆銷往世界各地，種植地方品種的小農勢必無法與之競爭。如果能用大西洋彼岸進口的便宜扁豆煮一盤扁豆麵，又何必堅持一定要用當地的呢？歷經幾千年在山上演化淘汰而來的施瓦本小扁豆就這麼消失了。

這種小扁豆在當地農民沃爾德瑪．馬梅爾（Woldemar Mammel）的腦海中縈繞不去，他相信施瓦本小扁豆不只是一種作物，而是更龐大系統的一部分，讓當地人能達到自給自足並創造出一種獨特的生活方式。一九九零年代初期，馬梅爾決定復育地方扁豆品種，但已經幾十年都沒有農民種過它，也沒有人手上有種子，鄰居們紛紛表示復育計畫是他們聽過最瘋狂的想法。

馬梅爾有了這個念頭之後，便著手尋找與施瓦本小扁豆最接近的種子，他也嘗試過法國中南部普依（Puy）地區特產的胡椒味綠扁豆，這種扁豆很不錯，但並非記憶中熟悉的味道，而且在山上也沒辦法長得很好。十年來，馬梅爾把各地老舊農舍的閣樓與穀倉翻了個底朝天，希望能在屋頂的椽子和地板的縫隙中找到一兩粒種子。他還聯繫上德國的種子庫、科羅拉多州的美國農業部種子圖書館、聖彼得堡的瓦維洛夫植物工業研究所，以及位於敘利亞、全世界最龐大扁豆種子收藏的負責人，但都沒人聽說過施瓦本小扁豆，更別說見過了。

二零零七年，馬梅爾和其他幾名施瓦本農民前往俄羅斯翻找瓦維洛夫研究所的種子紀錄，看看有沒有其他地方品種適合在阿爾卑斯山種植。馬梅爾與一名管理人員翻閱著紀錄，一張索引卡頓時吸引了他們的目光，原來本應為「Alb-linse」的名稱被誤植成「Alpen-linse」，就因為這樣的歸檔錯誤，導致他十年來一直遍尋不著。施瓦本農民欣喜若狂，俄羅斯人無法理解他們為何對這一種扁豆如此激動，這裡存放著成千上萬種小扁豆。馬梅爾解釋說，他們只在乎這個品種，因為這是他們歷史的一部分。他從瓦維洛夫研究所帶了一些種子回家栽種，並與其他志同道合的農民分享，最終復育成功。歐洲有數千種獨特的小扁豆消失蹤影，馬梅爾成功地讓其中一種回歸自然生態中。

狩獵採集者會在灌木叢中採集纏繞攀爬於其他植物上的野生扁豆。在野外，豆科植物的豆莢成熟後，會以足夠的力量爆開，將種子拋向遠處（有些巨無霸豆莢爆開時還會發出鞭炮般的聲響）。後來由於遺傳變異並經由人為篩選，成熟的豆莢變得不易裂開，種子不會因此散落（相當於小麥產生不會脫粒的基因突變），有利於農民等待全部豆莢成熟再一併收穫。我們可以從一九六零年代在希臘南部發現的考古遺址法蘭許提洞穴（Franchthi）看到這種轉變。早在舊石器時代就有人類占據該洞穴，三萬多年的時間裡不同群體來來去去，洞穴地層中保存的動植物殘體記錄了當時人類飲食與農業的變化。最早居住在洞穴裡的人類依靠狩獵採集維生，他們留下野豬和野山羊的骨頭。到了約一萬三千年前，開始出現野生扁豆、杏仁和開心果。考古證實七千年前洞口附近就已經開墾梯田，種植燕麥與小麥，也一起栽種馴化的小扁豆。扁豆遍布歐洲，既能作為糧食，又能肥沃土壤，慢慢演化出數以千計的地方品種，其中就包括施瓦本小扁豆。

這些地方品種大多都已經滅絕，但我們今天還能知道它們，皆有賴於俄羅斯植物學家愛琳娜．巴魯麗娜（Elena Barulina）在一九三零年代努力進行扁豆研究的成果。她在窩瓦（Volga）河畔的港口城市薩拉托夫（Saratov）長大後，後來搬到聖彼得堡，花了好幾年時間收集來自世界各地的數千顆小扁豆種子。自化肥工業發展以來，地方品種作物產量大幅下降，巴魯麗娜爭分奪秒地將各式各樣小扁豆分類整理，如果不快點記錄下來，它們就要消失了。經過近一世紀，她出版的研究著作（共三百一十九頁）仍然是現代豆科植物研究的標竿。然而，她的名字並沒有那麼廣為人知，由於巴魯麗娜的丈夫是尼科萊．瓦維洛夫，所以她經常被人以「瓦維洛夫的妻子」而提起。

瓦維洛夫在一九四零年因為政治鬥爭而蒙冤下獄時，巴魯麗娜不斷爭取將他釋放，也寄了許多食物，不過可想而知這些包裹從未交到他手中，瓦維洛夫於一九四三年在蘇聯監獄中活活餓死，往後多年裡他的妻兒一直生活在貧困之中。直到一九五五年瓦維洛夫得到平反、恢復名譽後，巴魯麗娜著手整理丈夫所留下大量未發表的論文，準備將他的心血集結成冊，但她還沒來得及完成，就在一九五七年去世了。

巴魯麗娜留下的地方品種紀錄，以及馬梅爾在施瓦本阿爾卑斯山樹立的榜樣，讓歐洲其他地區也受到激勵，許多人有了復育傳統豆類植物的想法，掀起一波扁豆復育運動。瑞典農夫托瑪斯．厄藍森（Tomas Erlandsson）將許多已經滅絕的豌豆和小扁豆等豆類植物又重新種了回來，其中包括瑞典哥特蘭島（Gotland）特有的哥特蘭小扁豆（Gotlandslinsen）。這種金黃色小扁豆早已適應哥特蘭島的鹼性土壤環境與寒冷氣候，我們能從中世紀島上僧侶手寫的書籍看到哥特蘭小扁豆當時就已經存在。幾個世紀以來，哥特蘭島的居民用它來做燉菜，或是磨粉用於製作麵餅。然而，這種小扁豆逐漸被當地人棄之為敝屣，認為那是窮人才會吃的食物，因此到一九六零年代就從農地中逐漸消失了。經過一番研究調查，厄藍森才終於在島上找到保有種子的兩名老農夫，他不禁讚嘆：「這扁豆可是珍寶，味道好極了。」

二零零八年，英國東岸的一群研究人員約西亞．梅爾德倫（Josiah Meldrum）、尼克．索爾特馬什（Nick Saltmarsh）和威廉．哈德森（William Hudson）嘗試設計一種更能適應氣候變化且對環境傷害較小的城市食物系統，他們很快意識到，豆類植物會是讓新系統有效運作很重要的一部分，豆類植物容易栽種、有益土壤且蘊含豐富營養素。他們聽說施瓦本農民復育小扁豆的故事後，考察了英國自古以來種植的作物，發現遠在鐵器時代，豆類就已經發展為先民生活中不可或缺的作物，甚至可見於一三九零年用古英文撰寫的第一本英文食譜書《烹飪的形式》（Forme of Cury），書中記載了炸豆（benes yfryed）的做法，第一步是「將豆子煮至裂開」（take benes and seep hem almost til þey bersten）。托馬斯．圖瑟也在一五七零年的詩集《耕種的百利》（A Hundreth Good Pointes of Husbandrie）中建議農夫：「二月時，休息而不懈怠／趕緊種下蠶豆和豌豆。」蠶豆與扁豆在英國至少有三千年的歷史，但隨著人們開始增加肉類和乳製品的消費，豆類往往被認為是劣質的，與貧窮畫上等號，是窮人才會吃的食物。英國有一首童謠就是描述當時窮人吃豌豆粥的情景：「熱豌豆粥，冷豌豆粥，／鍋裡的豌豆粥，放了九天之久。」英國有些地方還是繼續種植蠶豆等古老作物，但大多都是作為飼料或出口到海外。二零一二年，梅爾德倫和朋友合夥開了一家豆類公司霍德梅多德（Hodmedod's，這個詞源自古老的東盎格魯語，指的是圓形或捲曲的東西，例如豆科植物的藤蔓），創立至今獲獎無數，成功將小扁豆等豆類作物種回英國土地。

馬梅爾分送小扁豆給當地人品嘗，讓他們知道：「它的味道和口感是其他食材所無法比擬的。」他也教農民將小麥、大麥與扁豆間作來滋養土壤，馬梅爾還為了方便收穫，設計出一款能將小扁豆和其他穀物分離的機器。如今有一百四十名施瓦本農民投入種植，對這台機器的需求量大增，幾乎就要供應不及。這也證明了只要付出足夠的努力，我們就有機會能讓這些食物免於滅絕。

11 酢漿薯 Oca

玻利維亞，安地斯山脈

「有看到小羊駝嗎？」同行的洛里塔諾（Loritano）指著一塊巨石頂部的小縫隙喊道。我們在海拔三千公尺的山上，周圍遍布仙人掌、安地斯薄荷和帶有尖刺的高大鳳梨科植物，岩縫中有一具小羊駝骸骨，體型跟家貓差不多大，頭部與脊柱清晰可見，看起來像是在炎熱高溫環境下慢慢乾枯。洛里塔諾解釋說，古代神廟以巨石堆砌而成，這塊十公尺高的岩石就是其中一部分，小羊駝則是他們祈求作物豐收的祭品。

我們所在之處為阿波洛班巴山脈（Cordillera Apolobamba），位於秘魯和玻利維亞的交界。這裡主要居住著艾馬拉族（Aymara）和蓋丘亞族（Quechua）原住民。雪不停落下，周圍只見羊駝在泥濘小徑旁吃草。放眼望去是白雪皚皚的山脈，四周的山峰高達六千公尺，在這樣的海拔高度，儘管有陽光照拂，也依然寒冷刺骨。

洛里塔諾是卡拉瓦亞人（Kallawaya），卡拉瓦亞民族在安地斯山脈運用祖傳醫術行醫已有兩千年的歷史。他們原本居住在的喀喀湖東北地區，有自己獨有的族語（現已消失），但後來逐漸式微，如今分散在安地斯山脈各地。他們一直延續著四處巡遊、採藥治病的傳統，幾個世紀以來西方醫學廣泛使用的藥物中，也有許多是藉著卡拉瓦亞人的藥用植物知識才發現的。舉例來說，卡拉瓦亞人很早以前就開始用古柯葉（Coca）來治療痢疾和頭痛，十九世紀歐洲的醫生才從古柯樹葉中提取生物鹼晶體「古柯鹼」（cocaine）作為麻醉藥。再舉一例，卡拉瓦亞人利用金雞納樹（cinchona tree）樹皮治療瘧疾已有一千多年的歷史，後來大英帝國就是靠著這種樹皮提煉出來的奎寧讓士兵在殖民地戰勝瘧疾。一八九零年代，巴拿馬運河興建期間，大批工人死於瘧疾和黃熱病，卡拉瓦亞族的行醫者不遠千里前來提供治療。然而，到了一九三零年代，隨著現代醫學的發展，使得以江湖郎中形態過生活的卡拉瓦亞人被貼上了「巫醫」的標籤。

三十出頭的洛里塔諾是目前少數僅存的卡拉瓦亞人，從父親那裡繼承了卡拉瓦亞族獨有的知識與力量，他說：「我臉上的胎記是神做的記號，我的兄弟都沒有，我是被選中的人。」他不只對植物學藥典相關知識有深刻的了解，也與巫術宗教有著緊密相連。卡拉瓦亞人也是大地之母帕查嬤嬤（Pachamama）[12]的主要溝通者。在安地斯宇宙觀信仰中，疾病或歉收可能是人

12 安地斯山原住民崇敬的女神。

與大自然的關係失衡所致，所以農民會請卡拉瓦亞巫者與神靈溝通，避免這些情況發生。

洛里塔諾穿著部落特有的斗篷（poncho），上頭有著羊駝毛交織出的鮮紅、綠色和黃色條紋。我們談話的過程中，他不時把右手伸入掛在脖子上的毛織袋子（chuspa）[13]中，掏出乾古柯葉放進嘴裡咀嚼。在聖石旁，他拿了六片葉子放在岩石底部，輕灑一些安地斯月光酒（moonshine），這是一種用馬鈴薯製成的烈酒。洛里塔諾準備好開始進行祭祀儀式，祈求大地之母可以保佑他們。「這樣就能農作豐收。」他說。

身處海拔三千公尺高的山上，我在一旁看著儀式的進行，明白了為什麼農民仍會請卡拉瓦亞人來向神靈祈求恩賜。這裡天寒地凍，相當不適合人居，人類卻還是在這裡生存了數千年，或許就是借助了卡拉瓦亞人承襲自祖先的神祕力量與野生草藥植物知識。

洛里塔諾接著帶我穿過一條湍急的河流，來到高原上，用石頭堆砌而成的古老梯田沿著山腰千層萬疊，彷彿巨人的階梯。這裡的環境並不適合發展農業，多虧有這些巧妙的石牆設計能固定土壤，即使大雨沖刷也不會沖毀農田，許多作物才得以在該地區生存。而我們腳下的土壤裡，生長的是在安地斯山脈維持人類生命存續的另一個重要元素——塊莖作物。洛里塔諾用棍子在一株小葉綠色植物底下挖了一個洞，從土裡挖出一顆馬鈴薯。

13　安地斯地區人們用來裝古柯葉的傳統袋子，以駱駝科動物的毛編織而成。

現在我們把挖出來的馬鈴薯煮熟了就可以吃，但以前並沒有這麼方便食用，早期的馬鈴薯含有較多的有毒化合物，這是野生茄科植物的保命機制，可以自然地避免真菌、細菌和動物等有害生物的侵襲，就算烹煮過後仍具有毒性。古代人發展出一種解決方法，將馬鈴薯浸泡在泥土與水混合的溶液中，透過微小的礦物顆粒來去除毒素（有些安地斯馬鈴薯品種仍會與小包土壤一起出售）。經過農民幾千年的育種，不僅解決了毒性的問題，還栽培出更大顆、更美味、更有營養的品種。洛里塔諾隨後挖出一顆不太一樣的塊莖，顏色為亮黃色，表面凹凸不平，呈子彈狀，這是安地斯高原特有的酢漿薯（oca）。我們周圍的梯田長滿各種不同的塊莖，在哥倫布來到美洲大陸之前，幾千年來孕育出戚里峇文明（Chiripa）、蒂瓦納庫文明（Tiwanaku）等古老文明，也幫助印加人在十三世紀建立了印加帝國。世界上其他高海拔地區，例如西藏或尼泊爾，都無法像安地斯山區農業發展得如此成功，有足夠糧食支撐大量的人口。

植物依靠根系來固定，並吸收土壤中的養分與水分，而塊莖更像是地下能量庫，可以儲存豐富的養分，幫助植物在遇到低溫、乾旱等環境壓力時能存活下來。植物為了生存而演化出富含碳水化合物、鈣質和維生素C的塊莖，反而成為人類生存不可或缺的糧食。塊莖受土壤保護，可以填補其他作物歉收的空窗期，還有如天然糧倉一般，平時就讓它們在地下生長，需要的時候再挖出來。若爆發戰爭或衝突，人類建造的糧倉有可能遭敵人大肆搜刮搶奪，唯有藏在地下的塊莖作物得以倖免。要是沒有從非洲大草原上挖出名為ekwa與do'aiko的塊莖，哈扎人就無法生存；對於殖民時代開始前的澳洲原住民而言，穆恩也是這樣的存在。

哥倫布的船隊抵達美洲後，新舊大陸之間開始進行一場物種大交換，馬鈴薯也是其中一員。這種作物每英畝產生的卡路里是小麥或大麥的四倍，可以養活歐洲數百萬人口。如果沒有馬鈴薯讓歐洲從農業釋出人力，後來的工業革命或帝國擴張也許就無法發生。

這種改變世界的塊莖大約在七千年前於安地斯山區被人馴化，這裡是馬鈴薯的發源地，展現出極為豐富的多樣性，其他如塊莖金蓮花（mashwa）、塊莖藜（papalisa）和酢漿薯等塊莖作物也都源自於此。世界上沒有任何一個地方像安地斯山脈有這麼多種塊莖，光是馬鈴薯就有四千種，與豆類和玉米輪作。由於安地斯山脈有許多小聚落分散各處，每個聚落都發展出適應其海拔高度、區域氣候與土壤的品種，但無論是什麼品種，都集合了碳水化合物、礦物質和維生素C等豐富營養於一身。如今，馬鈴薯已成為全球僅次於稻米、玉米與小麥的第四大糧食作物，養活眾多人口，這都得感謝古代狩獵採集者當初將其馴化栽培。

安地斯山區日夜溫差極大，居民利用這種特性來製作脫水馬鈴薯丘紐（Chuño）和敦塔（Tunta），他們發明了一種特殊古法技術，將馬鈴薯變成可以保存多年的食物。當地高原一年之中有三百天的夜晚可以達到結冰的溫度，當氣溫低於攝氏零下五度時，農民就會帶著自己種的上千顆馬鈴薯來到這裡，將這些又小又圓、有如鵝卵石般光滑的馬鈴薯分散地鋪在地上，就好像群山之中出現了一片海灘。太陽下山後，夜間的低溫讓馬鈴薯結凍，隔天又曝晒在陽光下解凍，水分隨之蒸發。在農家辛勤照看下，這些馬鈴薯經過反覆結凍和解凍的過程而逐漸變得乾燥。接著，他們會在白天時冒著寒冷，再用腳踩出多餘水分。製作好的丘紐顏色會變深，存放時間可長達數年之久。當地人把丘紐磨成粉，或是燉煮做成各種菜餚，呈現出義大利馬鈴薯麵疙瘩（gnocchi）的外觀與質地。敦塔的外觀則較為雪白，製作的過程會比丘紐多一道手續，必須先將馬鈴薯浸泡在水坑中，接著蓋上乾草（由一種堅韌的草 pajabrava 製成），再用石頭重壓，放置一個月後，才會和丘紐一樣進行冷凍乾燥的過程。

這項技術流傳至今至少有三千年的歷史，古代農業文明蒂瓦納庫（Tiwanaku）就已經採用這種古老的食物保存方式（這一做法類似於肉乾，蓋丘亞語稱之為 Ch'arki），讓蒂瓦納庫帝國因此得以繁榮興盛，當時的疆土涵蓋今天的玻利維亞、秘魯和智利等地區。由於丘紐能夠長期保存，印加帝國也才有可能於十五世紀養活安地斯山脈上的大量人口（以及居住在的喀喀湖周圍的一百萬人口）。就像白米與白麵粉在許多文化中被認為是高級食材一樣，敦塔這種更為精緻的脫水馬鈴薯也是社會上層階級才能享用的食物。

就算印加帝國滅亡了，丘紐依然持續存在。征服者佩德羅．希耶薩．德里昂（Pedro Cieza de León）在一五九零年寫道：「許多西班牙人靠著把這些丘紐拿去礦山販售而致富，他們還有另一種叫做酢漿薯的食物，也很有利可圖。」當時西班牙征服者占據安地斯山區的銀礦，並強迫當地人挖礦，餵飽礦工的便是丘紐，當時的耶穌會傳教士何塞．德．阿科斯塔（José de Acosta）還曾記錄到礦主抗議丘紐開價太高的事件。這些凍乾馬鈴薯不僅使人類能在安地斯山上生存，還孕育出帝國文明並創造了龐大的財富商機。

不過，我更感興趣的是洛里塔諾挖出的第二種塊莖——酢漿薯。考古學家在安地斯山脈北部秘魯中央高地的圭塔雷諾（Guitarrero）洞穴中，發現木炭碎片、木頭、約一萬年前的紡織品碎片以及動植物遺骸。一九六零年代，他們繼續對地層進行更深入的挖掘，發掘出各種古老的食物，包括玉米穗軸、豆莢、辣椒以及番茄野生近緣種的種子都相繼出土，但只有少數食物在所有地層都有出現，從最古老到最年輕的地層都能發現酢漿薯的身影。

酢漿薯（在蓋丘亞語中稱為khaya）並沒有像馬鈴薯那樣傳遍全世界，但在安地斯地區也同樣受到珍視。這種作物十分耐寒，可以在零下低溫、土壤貧瘠的環境生長，抗病能力高，而且完全適應安地斯山脈極端的晝夜溫差（白天如夏，夜晚如冬）。短日照及涼爽溫度能促使塊莖生長，這樣的氣候條件最適合塊莖的發育，很少有其他地方能滿足這樣的條件（紐西蘭是個例外），所以酢漿薯沒辦法像適應性較強的馬鈴薯遍布世界各地，成為全球最受歡迎的塊莖作物。但這種作物也跟馬鈴薯一樣有著多元的品種，安地斯山脈有成千上百種酢漿薯（因為不是在全球占有重要地位的經濟作物，所以相關研究並不多）。

在穿越安地斯山脈的途中，能看到各式各樣色彩鮮豔繽紛（灰白色、黃色、紅色、紫色和黑色）的酢漿薯，味道從強烈刺激到令人上癮的甜味都有。酢漿薯含有草酸，植物會自然生成這種化合物來抵禦病蟲害的侵擾。有些品種草酸含量很高，入口澀感明顯，除非在陽光下曝晒一週，使糖分累積來增加甜味，否則無法食用。曝晒後的酢漿薯可以水煮、烘烤或油炸，烹煮時會散發出濃郁帶有堅果香氣的番薯味。

就如同馬鈴薯以古老工序製作成丘紐與敦塔，安地斯山區的居民也同樣會將酢漿薯保存起來，供一整年食用。因為想親眼看看當地人如何保存酢漿薯，我告別了洛里塔諾，繼續往更高海拔的地區前進，來到古老印加帝國的邊遠地區阿瓜布蘭卡氏族公社（Ayllu Agua Blanca），這是一座位於阿波洛班巴山脈（Apolobamba）海拔四千公尺高的小村落，現在村子裡住著近百戶人家，一年之中有好幾個月都是霜凍和大霧籠罩的氣候，村民便趁此機會將酢漿薯乾燥保存，確保一年四季都有這種食材可用，乾燥後的酢漿薯相當於丘紐與敦塔。我跟著村裡一群蓋丘亞族婦女走上山路，朝田地走去。在這樣的海拔高度，我很難跟上她們的腳步。她們穿著傳統原住民婦女「裘莉塔」（cholitas）服飾，頭戴深棕色圓頂禮帽（borsalino），披著漂亮的紅色和黃色編織披肩，下身是厚重的多層襯裙和藍色蓬裙，這套服裝顯然不適合爬山或耕作，但她們看起來毫不費力。村民種植塊莖的區域較為分散，梯田遍布山谷，從一片田地到另一片之間需要爬一段路。雖然比較麻煩，但這樣就能分散風險，要是有田地遭到霜凍或病害侵襲，還有其他不同海拔和土壤環境的田地能產出作物。他們每年也會輪流種植酢漿薯、塊莖藜、豆類和藜麥等作物，整個村落加起來約有數百種，其中一名婦女跟我說：「輪作很重要，土壤需要休息。」

她們在田裡採收酢漿薯，裝入袋中，接著將一袋袋酢漿薯背在背上，徒步走四十分鐘到佩萊丘科河（Pelechuco River）。河岸坑坑窪窪的，看起來好像被轟炸過似的，到處都是幾公尺寬的大坑洞，而且距離很近，一不小心就有可能跌落其中。每個坑裡都是滿滿的水、乾草以及些許穆納（muna，即安地斯薄荷），酢漿薯連同袋子一併放入，再用石頭壓住，至少要放一個月。一群人正在河邊忙碌著，這時一位名叫瓦西利亞（Vasillia）的婦女搬開一些石頭，將手臂伸入冰冷的水中，拉起一個舊袋子。她捏了捏皮已經有些脫落的酢漿薯，搖搖頭說：「還沒好，得再放一週才行。」要等它們摸起來像海綿般柔軟，那時候草酸的酸澀味就會消失，到了這個程度，前置作業就算告一段落了。接下來他們就會把酢漿薯拿到更高處，跟丘紐一樣鋪在高原上，在約莫一週的時間裡，經歷重複結凍、解凍的過程。瓦西利亞說道：「看起來快爛掉的時候，我們就會用腳踩壓。」於是他們在冰冷的山腰上赤腳踩踏，擠出最後一絲水分，等酢漿薯乾縮、扁平且顏色變深之後，就能帶回村子裡。

農家婦女在小廚房裡拿出幾塊凍乾酢漿薯（像焦黑的木炭），將它們磨成粉，再拌入鹽、香草和糖揉成麵團，空氣中瀰漫著濃郁的香甜氣味（坑內發酵乾草遺留下來的味道）。然後把麵團捏成迷你漢堡尺寸的圓盤狀小麵團，下鍋用玉米油炸過後，口感柔韌有嚼勁，嘗起來有糖蜜、甘草和稗子[14]的味道。

我要離開的那天，村裡舉行了一場盛大的聚會，周圍村落也都一同來共襄盛舉。有些人走了好幾英里來到這裡，趁此機會互通有無，分享彼此的食物。有些部落海拔較高，有些則是在較低海拔處，大家帶來適應了各自生長環境的塊莖作物，五六十種五顏六色、奇形怪狀的酢漿

14 一種禾本科稗屬植物。

薯、丘紐、敦塔和馬鈴薯鋪在毯子上，這場盛宴彷彿是為物種多樣性所舉辦的慶祝活動。

美國植物學家伊芙・艾姆希勒（Eve Emshwiller）花了將近三十年的時間穿越安地斯山脈，致力於尋找那些被遺忘和瀕臨滅絕的酢漿薯品種，幫助秘魯與玻利維亞政府保護其多樣性。一九七零年代，她還是學生時對蓋丘亞族的音樂和語言產生了興趣，但在一九九零年代轉而研究這個民族的飲食，最終將重點放在學界較少關注的酢漿薯。如今，她已成為研究這種塊莖作物的權威學者。多年來，她造訪過玻利維亞和秘魯大大小小的村落，農民種植各式各樣的酢漿薯，很多都是其他地方找不到的品種。然而，她每去山裡一趟進行研究，都會注意到種植酢漿薯的人越來越少。有些農民說近來因害蟲猖獗，影響了收成。「他們告訴我氣候變遷正在發生，使得作物幾乎損失殆盡。」有些地方則是因為年輕人都去城裡工作了，沒有人留在鄉下種田。光是二十一世紀的前十年，玻利維亞就有三分之一的人口從農村地區遷移到城市，拉巴斯（La Paz）附近的埃爾阿爾托（El Alto）在短短二十年內人口規模增加了兩倍，高達九十萬人，而鄉村地區則是人去樓空。

有一次，艾姆希勒前往秘魯北部以種植酢漿薯聞名的村莊進行考察，卻沒有看到什麼人在栽種或食用酢漿薯，她與同行的環保人士四處詢問仍不得其解。回程的路上到加油站加油時，她和一名貨車司機聊了起來，他的車上載滿馬鈴薯，準備運往附近的城市。他說這些馬鈴薯叫做永蓋（yungay），薯皮為黃色、個頭很大，而且適合油炸，在城裡非常受歡迎。隨著城市人口日漸增加，批發商需要增加馬鈴薯供應，所以他們會請司機將種薯分送到各村莊。因為用這些種薯生產出來的作物一定會有人收購，農民於是紛紛捨棄了傳統的塊莖品種，轉而大規模栽培永蓋這種黃色馬鈴薯。

艾姆希勒也看到安地斯山許多農民捨棄了過往的輪作模式，年復一年地大面積種植單一作物，常演變成害蟲大肆繁殖，導致他們必須施用更多殺蟲劑，而且單一栽培也容易使土壤枯竭，不得不大量使用化學肥料。這樣一來，他們不僅失去了古老的酢漿薯品種，還失去了能實現自給自足的複雜系統。許多人因此放棄農耕，從鄉村移居到大城市尋找工作機會，蝸居在外圍郊區的貧民窟。艾姆希勒正積極與政府農藝師合作收集各種酢漿薯，盡力為後代子孫保護好安地斯山脈的酢漿薯多樣性。

安地斯山脈的氣候變得越來越不穩定，時常出現嚴重乾旱、洪水和寒凍等極端狀況，氣溫異常溫暖，冰河因暖化而不斷消融，灌溉用水和拉巴斯等城市供水的水源也隨之消失。由於霜凍日數顯著減少，酢漿薯和馬鈴薯的保存也受到影響。氣溫升高也使得作物病害開始往更高海拔地區蔓延，農民只好再往更高處尋找安全、無真菌的土壤耕作。雖然許多植物無法適應氣候驟變和日益嚴重的病蟲害，但還是有少數植物能存活下來，所以我們必須支持安地斯山農民維護當地作物的多樣性，才能提高糧食供應和農業生產的韌性。

國際馬鈴薯中心（CIP，International Potato Center）的資深育種家史蒂夫．德哈恩（Stef de Haan）表示：「安地斯山脈就像是能了解氣候變化的活實驗室。」國際馬鈴薯中心位於秘魯首都利馬，存放約四千六百多種安地斯塊莖品種，有些具備了未來所需的基因特性，但農民仍持續種植地方品種的數千個偏遠部落還是存在著更多希望。因此他們在靠近秘魯與玻利維亞交界的庫斯科聖谷（Sacred Valley）地帶建立了一座馬鈴薯園區（Parque de la Papa），六千名原住民居住在這片廣闊的保護區內，保存著文化特徵、藥用植物、農業知識以及多種塊莖。二零一七年，馬鈴薯園區將六百五十份品種樣本送到斯瓦爾巴德群島的種子庫備份保存。

我們需要多樣性的原因變得越來越清晰。二零一一年，科學家繪製出馬鈴薯與酢漿薯的基因組圖譜，解釋了為什麼某些塊莖更容易患病，以及馬鈴薯枯萎病為何會在愛爾蘭嚴重到引起大飢荒。

枯萎病目前仍在全球各地肆虐，危及作物生產與糧食安全，而研究發現安地斯山脈某些稀有的當地品種對枯萎病具有抵抗力，像是酢漿薯及其野生近緣種（生長在塊莖的發源地，玻利維亞雲霧繚繞的森林中）都能作為抗病基因來源。無論是對安地斯山脈的居民，還是全球的農民來說，我們留下的物種多樣性都是越多越好。「如果我們繼續眼睜睜看著多樣性消逝，就得自負後果，」德哈恩說道。「安地斯山區的農民是全世界遺傳資源的守護者。」

12 沖繩原生種大豆 O-Higu Soybean

日本，沖繩

位於日本以南約一千英里處，太平洋海域的沖繩島上，七十歲出頭的瘦弱男子加力謙一（Kenichi Kariki）照料著可能是世界上最小的大豆田，一公尺乘以五公尺的方形空地被熱帶原野樹林環繞著，加力就是在這一小片田地上嘗試復育日本極為稀有的大豆品種。大豆怎麼可能稀有？很多報導都有提到大豆種植持續擴張所造成的問題，為了生產大豆，巴西的塞拉多草原（Cerrado）、阿根廷永加斯地區（Yungas）的「雲霧森林」（cloud forest）以及玻利維亞大廈谷（Gran Chaco）野地大量原生植被遭到砍伐。大豆呈橢圓形，顏色為黃色，是一種富含蛋白質的豆科植物，一般做為家禽與豬隻飼料的主要成分。二零二零年，全球大豆需求量以多年來最快的速度增長。

不過，加力謙一的豆子確實很稀有，他種了三年，連一顆豆子都不敢吃。他希望有一天能生產出足夠的種子，分享給其他農民，把這種大豆重新種回這片土地。所以每一顆小豆子在加力眼裡就如同藝術品般珍貴，他都會悉心保存。

在一八七零年代納入日本版圖之前，沖繩原本是一個獨立的國家，稱為琉球王國，歷經數百年悠長歷史，擁有自己的天皇、王朝、語言、文化、宗教和大豆。這種在地大豆稱為「O-Higu」，是沖繩原生種大豆（後稱「地方大豆」），也就是加力謙一正在努力復育的品種。無論是卡沃加小麥之於土耳其東部人、施瓦本小扁豆之於阿爾卑斯山居民，還是地方大豆之於沖繩島民的意義，都代表了生存、身分認同和自給自足。自十四世紀以來，農民會在每年春天櫻花盛開時播種，地方大豆生長的速度比其他大豆來得更快，潮濕悶熱的雨季到來時，就有辦法抵禦傾巢而出的昆蟲危機，農民因此選擇將其種子保存下來，代代相傳。

大豆起源於中國北方，六千年前逐漸被農民馴化成為栽培作物。距今約三千五百年前，商朝時期就已經有大豆首次作為動物飼料或煮粥原料的文字記載。這種豆類即使熬煮數小時，外皮依然堅硬，而且味道苦澀。古人藉由發酵克服了這個問題，利用微生物加以分解。起初單純用大豆發酵製成調味醬，演進到後來，也會加入食鹽、稻米或大麥一起發酵，就變成了味噌。不過真正的神來之筆是豆腐的發明，幾乎像奇蹟般，大豆從苦澀的豆子變成小小一方白淨柔嫩的美食，構成亞洲日常飲食文化很重要的一部分。中國河南省一座古墓內的壁畫刻畫了兩千年前製作豆腐的過程：先將豆子熬煮成豆漿，然後加入海鹽使其固化凝結，攪拌至恰到好處的濃稠度，再壓製成塊。由於中國佛教素食文化的傳播，大豆與製作豆腐的方法跟著一起傳至亞洲各地。十二世紀時，日本神道教祭祀時已經會用豆腐來供奉神明，大豆也在此時傳入沖繩。

位於沖繩島南部那霸市的首里城是琉球國王居住的宮殿，整棟建築由紅瓦建成，形態相當宏偉，這裡也會用來接待中國皇帝所派遣的冊封使。琉球王國西與中國隔海相望，當時受到這個龐大帝國的影響至深，歷代國王都必須接受中國冊封，貿易往來非常頻繁，中國的種子與烹飪技藝也因此傳播到琉球。地方大豆以及島豆腐（shima-dofu）都是在這時候引進，島豆腐採用較接近中國傳統古法的方式製作，吃起來比起日本其他地區的豆腐更為香軟滑嫩。十九世紀末，日本明治政府吞併琉球並設置沖繩縣，根據「日本人飲食調查」記錄，當時典型的沖繩人無論早午晚餐，幾乎都是吃豆腐、番薯、味噌湯和大量蔬菜。傳統沖繩飲食以植物為主，攝取大量的大豆，因此在後來全球五個「藍色寶地」（blue zones）[15]中，沖繩也榜上有名，生活在這些藍色寶地的人大多都特別健康且壽命悠長。然而，他們的飲食在二十世紀中葉發生了意想不到的轉變，到了一九六零年代，雖然豆腐仍是沖繩人常用的食材，但地方大豆已經滅絕，他們吃到的是美國中西部地區生產的大豆。

所有經過人類馴化改良、栽培利用的種子中，大豆之所以如此與眾不同，在於大豆中所含成分的比例：油脂含量約為百分之二十、蛋白質含量占了百分之三十五，就豆類而言含有很高的蛋白質及油脂。自十八世紀以來，美國科學家一直對大豆很感興趣，一八五零年代，美國南

15 世界上最長壽的地區，包含義大利薩丁尼亞半島、日本沖繩縣、美國加州的洛馬林達區，以及哥斯大黎加的尼科亞半島。由《國家地理》研究員、作家丹．布特尼（Dan Buettner）提出。

部農業在輪作的過程中，也會利用大豆來增加土壤肥力。但直到二十世紀初，西方國家才開始充分開發利用，大豆不再只是飼料或綠肥，這在很大程度上是植物採集家、企業家和宗教領袖推波助瀾的結果。

二十世紀早期，美國農業部開始派植物學家（傳奇種子獵人法蘭克・梅爾Frank Meyer也是其中一人）前往日本、韓國和中國收集各種大豆品種，他們帶回了四千五百份樣本，經過田間測試，約有四十種獲得美國農業部批准，可用於商業用途，並分發給農民種植。不只大豆的供應量增加，消費者對於豆製品的需求也越來越高。基督復臨安息日教會（Seventh-Day Adventist Church）的教徒必須嚴格遵行教會所公布的素食飲食法，而大豆是他們認可的食材。家樂氏（Kellogg's）創辦人約翰・哈維・家樂（John Harvey Kellogg）就是這個教派的信徒，他相信這種豆子具有改善人類健康的巨大潛力，於是開發出質地類似肉類的豆製品「玉米大豆絲」（Corn-Soya Shreds），也就是現今利潤豐厚的肉類替代品「植物肉」的前身。「沒有其他麥片能媲美！」廣告中這樣寫道。

與此同時，大豆也被拿來製造油漆、肥皂、紡織品和塑膠等工業化學用品。物理學家嘗試分裂原子，而美國的化學家則是想辦法解構大豆，提取組成物質，並為其豐富的油脂和蛋白質尋找更廣泛的用途。亨利・福特（Henry Ford）很早就開始將大豆運用於汽車上，是豆類植物的早期傳播者。他用經過化學加工的大豆提取物製造車身外殼，噴的是由大豆製成的油漆，並以大豆纖維再生製成座椅。另外，大豆也廣泛應用於食品工業上，有越來越多以大豆加工製成的人造奶油與食用油。大豆萃取出的卵磷脂常作為天然的乳化劑，許多即食食品、沙拉醬和巧克力製造過程中都會添加大豆卵磷脂來改善質地。一九五零年代美國大量生產大豆（包括美國培育的品種，例如脂肪含量更高、產量更高的林肯豆 Lincoln bean），有相當充足的餘裕能夠供應出口，而其中很大一部分都是銷往日本。

一九四五年春天，美國海軍陸戰隊大舉入侵沖繩島，與日軍展開「沖繩島戰役」，由於炮火猛烈，後來有人將這場為期八十二天的戰役稱作「鐵雨」（tetsu no ame），最後造成日軍九萬餘人喪生，沖繩居民減少了一半。島上數百個農場遭到破壞，其他農場則是被清空，進駐超過五萬名美軍，以作為進攻日本本土的前進基地。美軍占領沖繩之後，以甘蔗等經濟作物取代當地人原本種植的各種糧食作物，島民變成只能買進口的食物，有來自加州的稻米、堪薩斯州的小麥、美國的午餐肉罐頭（Spam）以及愛荷華州的大豆。而且不只美國，大豆生產也逐漸遍及美洲其他國家，源源不絕運往亞洲地區，沖繩人也就失去了拯救地方大豆的動力。

從一九七零年代開始，大豆的生產急劇擴大，特別是南美洲，這與一種小魚有很大的關係。幾十年來，秘魯捕魚業在沿岸大量捕撈鯷魚，加工製成的魚粉是調製家禽家畜飼料的主要蛋白質原料，但在一九七二年，由於過度捕撈和聖嬰現象（El Niño）的影響，鯷魚產量下降近百分之九十，畜牧業者不得不改用大豆作為飼料。美國前總統尼克森（Richard Nixon）為保護自己國家的產業（同時避免肉類價格上漲）而實施了大豆出口限制，當時十分依賴美國的日本受到嚴重影響，這才發現太過依賴讓他們變得脆弱不堪。日本在求助無門之下訂定了長期的計畫，投入巨額資金幫助巴西發展大豆產業，大肆開墾原始森林（包括塞拉多草原地區），原本孱弱的產業逐漸有了起色，最終也成為大豆供應大國。一九六零年，巴西大豆產量還不到三十萬噸，到了一九八零年代，經由雜交選育，研發出適合塞拉多草原酸性土壤的新品種，產量才因此增加到約兩千萬噸。二零二零年更是收獲了一億三千萬噸大豆，打破所有紀錄並超越美國的收成規模，使巴西有望成為全球最大的大豆生產國。

隨著大豆產業蓬勃發展，全球種子公司也紛紛投入市值高達四十億美元的大豆種子市場。美洲各地所種植的大豆基因單一，且單一栽培易讓作物受到病蟲害的襲擊，所以後來幾乎都是使用基因改造品種。一九九六年，孟山都公司以「抗農達」（Roundup Ready）為產品名，開發出能夠耐受嘉磷塞除草劑的大豆種子。科學家偶然發現汙水池裡生長的一種突變細菌對嘉磷塞具有抗性，他們分離出這種細菌的基因，再透過移植培育出新的大豆品種。先正達公司緊隨其後出售自己的版本 VMAX，拜耳公司也不甘示弱，推出 LibertyLink 系列的抗除草劑產品。到了二零一四年，北美與南美生產的大豆之中有百分之九十以上是基因改造後的品種。

不只跨國企業壟斷種子市場，全球大豆貿易也正高度集中在少數大企業手中。多年來，美國 ADM（Archer Daniels Midland）、邦吉（Bunge）、嘉吉（Cargill）和法國路易達孚（Louis Dreyfus）這四家因開頭縮寫被簡稱為「ABCD」的國際糧商，幾乎壟斷了全世界的大豆交易，將食品的生產到銷售轉變為當今「複雜、全球化和金融化」的產業鏈，包括各項產品的定價、森林砍伐、土地與水資源的使用都是由四大糧商所掌控。二零一六年，情況開始有所轉變，中國國企中糧集團（COFCO）和其他一些位於亞洲的公司開始擴大自巴西進口大豆的規模。中國將這些大豆作為飼料，用來支撐迅速發展的養豬和養雞業，成為了南美洲大豆擴張的主要推動力，巴西塞拉多草原的未來很大程度上取決於中國消費者的飲食選擇。

二零一二年，我拜訪了四大糧商中的嘉吉，這家公司在利物浦碼頭邊建造了一座英國最大的大豆加工廠——西福斯精煉廠（Seaforth refinery）。營運經理帶著我參觀工廠內部，迎面而來的是彼此連接的開放空間，一條鋼管蜿蜒穿過整棟大樓，連接著巨大而深不可測的機器，一台機器正運轉著發出低沉的嗡嗡聲，經過這台機器的豆子都被壓成了薄片。

由於大部分的生產流程都已經自動化，所以工廠裡的員工並不多。這裡每年加工近百萬噸大豆，相當於每天三平方英里耕地的產量。每個月都會有一艘船從巴西運來六萬噸豆子，光是卸貨就需要五天時間，接下來將其轉化為油、蛋白質和卵磷脂的加工過程大約只需要四個小時就能完成。通常會透過「溶劑萃取」的方法，利用己烷（石油化學工業的副產品）等溶劑把不同的成分分離，將所有需要的蛋白質和油分子完全萃取出來。這種萃取操作通常會在一座四十英尺寬、二十英尺高的塔內進行，所謂的塔是個巨大的設備，不斷發出刺耳的嗡嗡聲。我們沿著通道往前走，一路來到「脫溶劑器」前，這台機器能將己烷去除，留下可以食用的大豆萃取物。經理從口袋裡拿出一個小瓶子，裡面裝著剛剛那些機器製造出來的大豆油，質地濃稠，顏色呈黃色，可用於各式加工食品當中，製作成食用油、沙拉醬、美乃滋和人造奶油。在生產線的盡頭，停著黃色的傾卸卡車，旁邊是堆得像沙丘一般的豆粕，這是大豆提取豆油之後的副產品。經理告訴我，大豆有百分之四十八的蛋白質基本上都會變成動物飼料。

與近代歷史上任何植物製品相比，大豆蛋白對我們的影響更為深遠，並徹底改變了人類的飲食。世界上大約百分之七十的豆粕用於家禽和豬的飼養，剩下的大部分用於牛、羊和養殖魚業。隨著大豆產量日益增加，全球豬隻數量增長一倍以上，達到十億頭，家禽的數量增加六倍之多，飼養數高達兩百二十億隻，也促進了大西洋鮭魚養殖業的發展。然而，大豆雖然為這個世界帶來豐富的食物，卻也造成物種多樣性銳減，許多原始森林亦隨之消失。巴西政府在二零零六年簽署協定，下令禁止購買亞馬遜森林砍伐地區生產的大豆，情況才稍有好轉。但自總統雅伊爾．博爾索納羅（Jair Bolsonaro）於二零一九年上任以來，砍伐的速度又再次上升，數千平方英里的森林面積遭到破壞，巴西的塞拉多熱帶草原只有百分之二十的地區未受干擾。大豆也對地緣政治產生巨大影響，二零一九年夏天，中美貿易戰爆發後，兩國互相加徵關稅，大豆也是首批被提升關稅的商品之一。

沖繩人對於地方大豆和用這種大豆製的豆腐的記憶大多已漸漸淡去，最後擁有種子的農民也在一九七零年代去世了。二十一世紀初，加力謙一開始尋找曾存在於沖繩的地方大豆種子。瓦維洛夫研究所是有一些，但藏品數量太少，無法讓沖繩農民拿去栽種。加力循著瓦維洛夫研究所文件上的線索，找到了沖繩琉球大學的種子保存庫，五十年前有一名植物學教授曾將種子存放在那裡妥善保管，現在生長在加力的大豆田裡正是這些種子。

我於二零一八年赴沖繩拜訪加力，那時他已經有足夠的種子能與島上的農民分享。他告訴我：「再次吃到用地方大豆製成的島豆腐的那天，會是我們很重要的日子，過去半個多世紀以來，都沒人嘗過這種食物。」二戰期間，作為琉球王國精神象徵的首里城遭焚毀，建築後續重建起來還相對容易，但復興失落的飲食文化就沒那麼簡單。文化不那麼有形，更為複雜，但同樣重要。「沖繩理應種回自己的作物，」加力說道。在外人看來，地方大豆可能就是一顆微不足道的豆子。「但對許多沖繩人來說，在殖民主義之下，它的回歸感覺就像是一種對霸權的反抗，也是重要的身分認同。」

種子的力量

蔬菜跟其他作物不太一樣，穀物能提供碳水化合物，通常是身體的主要燃料來源；而蔬菜則有各種不同的形狀、顏色和質地，更明顯展露出其美麗與多樣性。蔬菜類食物吃起來不僅風味十足，也含有較多人體必需維生素與礦物質，比肉類更能維持大多數人的生命，而且只要一小塊土地就可以種植，不像小麥和其他穀物需要大片土地。因此，那些追求自給自足生活方式的人，通常會從蔬菜開始種起。居住在倫敦的以賽亞・利維（Esiah Levy）也是因此開始種植蔬菜，而且在種植過程中，對這些可食用植物的興趣越發濃厚。

利維在倫敦南部的家中栽種從牙買加親戚那裡發現的各種南瓜、各式各樣色彩鮮明、口味各異且用途多元的玉米，還有甜菜根、大黃（rhubarb）和辣椒，他把曾裝過信件、帳單和傳單的信封回收利用，拿來裝這些蔬菜的種子，再寄到世界各地。他會把握生活周遭的任何空間來種植作物，無論是在租用的農地、朋友家的陽台上、沿著鄰居的花園圍欄、一隻舊鞋裡，還是他母親房屋周圍的花壇，他都能好好善用。利維的妹妹西瑞塔（Syreeta）形容：「就像走進了祕密花園。」即使花盆不夠用了，他也能在超市的手提袋裡裝滿泥土，然後種下種子。利維認為，人們之所以無法自己種菜吃，問題並不在於缺乏空間，而是缺乏知識與慾望。

一開始是因為有位同事給了他藍色芭蕾南瓜（Blue Ballet）的種子，他把種子種到土裡，看著植物慢慢成長茁壯。「果肉的滋味棒極了，」他回憶道。「用烤的最好吃，這樣南瓜的甜味就會在口中散開。」這顆自家種植的南瓜裡有數百粒種子，扔掉未免感覺有些浪費，於是他把這些種子分送出去。不久之後，利維開始帶著兩個年幼的孩子一起種菜，體驗從撒下種子到成為餐桌上佳餚的神奇之旅，並透過網路社群與志同道合的人分享。他白天在倫敦地鐵工作，負責訊號系統，晚上則會在 Instagram 發布植株天然授粉所產生的種子，以及花園裡各種珍貴地方蔬菜品種的照片。他發文寫道：「我希望能善用大自然的饋贈，我這裡有很多種子，可以免費送給大家。」只要有人詢問，他都很願意把種子寄給他們，響應的人們遍及喬治亞、德國、牙買加、摩洛哥、迦納等地。他曾說要把種子「寄到世界各個角落」，這也許並不誇大，只要在電視新聞看到災難事件相關報導，他都會盡可能將種子寄送到災區。「若是真的關心大自然給予我們的東西，便能將創造力發揮到極致，想像力也能無限延伸。」

許多收到種子的人禮尚往來，也會回寄種子給利維，其中有來自波蘭園丁的阿茲特克綠花椰菜（Aztec broccoli）、加拿大的紅色甜玉米、荷蘭的豆類種子，還有更多從日本與美國寄來的種子。追蹤者從他分享的照片和背後所蘊含的希望汲取靈感，有人心存感激地形容他所做的一切「彷佛魔法般讓人著迷」。利維也是這麼想的，他住的地方並不容易找到新鮮農產品，比較多的是炸雞店，而且當地人貧困挨餓的狀況也很嚴重。種子看得見、摸得著、嘗得到，能成為我們邁向美好生活的力量泉源。

利維於二零一九年一月猝逝，年僅三十二歲，但寄到世界各地的數千顆種子讓他的精神得以延續下去。他曾說：「希望每個人都能分享並種下種子，為種子的存續盡一份心力。」

Part 4

肉類

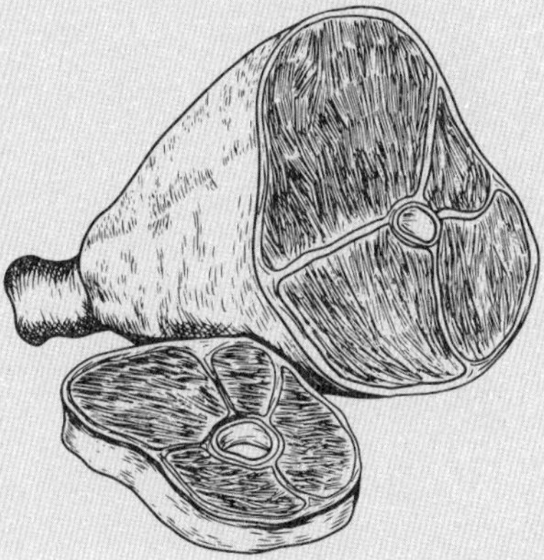

總有一天，人道／仁慈會擴展到覆蓋所有能呼吸的生命。

——傑瑞米．邊沁（Jeremy Bentham），《道德與立法原理》

史密森尼國家自然歷史博物館（Smithsonian's National Museum of Natural History）位於華盛頓特區，館內收藏著一小塊長度不到兩公分的骨頭化石（藏品編號為FWJJ14A-1208），其表面有兩處凹痕，一處是大型食腐動物造成，另一處則是人類揮砍石刀所致。考古學家在東非的圖爾卡納湖（Lake Turkana）附近、現今哈扎族的狩獵場域發現這塊化石（很可能是羚羊的骨頭），距今約一百五十萬年，是迄今為止發現最早的人類狩獵證據。也是差不多從這時候開始，人類飲食中的肉類占比不斷提升。

我們的祖先開始出現狩獵行為之後，生活型態產生了許多變化。不僅前往更遠的地方探險，也因為追蹤動物需要群體之間協調合作，所以發展出更為複雜的溝通技巧。還能透過觀察在頭頂上盤旋的禿鷹，想像出動物屍體的位置，提升構築心理地圖的心智能力。吃肉也改變了人類的生理機能，大腦變大，而內臟變小（因為不再需要消化大量的植物）。大約一萬兩千年前，有些人類不再透過狩獵取得肉類，而是嘗試將動物從野生狀態馴化為家畜。

我們的祖先從大約一百五十種哺乳動物中選擇了十四種進行馴化，其中又以綿羊、山羊、牛、豬和雞這五種動物為主，牠們都符合了以下六個重要條件：天性溫順不好鬥（不像斑馬）、飲食上不會太挑食（不像食蟻獸）、生長速度很快（不像大象）、人工圈養環境下仍可以繁殖（不像熊貓）、願意跟隨團體中的領導者（不像羚羊）、在密閉空間或與我們這樣的捕食者面對面時不會過於恐慌（不像瞪羚）。經過馴化後的家養動物也隨著農業發展從新月沃土和中國傳播開來，就如同作物逐漸形成地方品種，動物也演化出適應各式環境的品種。

這樣隨意選育的情況持續了幾千年，到了十八世紀，英國長老會農學家羅伯特・貝克威爾（Robert Bakewell）開始在他位於密德蘭（the Midlands）的農場進行家畜改良和育種工作，刻意培育出體型更大、生長更迅速的動物品種，滿足英國工業革命之後日益增長的肉類需求。

在貝克威爾有系統地選育之前，飼養動物不只是為了獲得肉品而已，還有各種不同的用途：綿羊與山羊能供應毛皮；牛可以生產牛奶、作為馱獸使用，並將草料轉化為糞肥；雞能生產雞蛋；豬隻會在食物充足的情況下負責解決剩食，待留到冬天食物不足時再來屠宰。世界上許多地方都有某些動物品種因為具有神聖不可侵犯的地位而受到保留，有了貝克威爾培育出的新品種，飼養牲畜就能以生產肉類為首要目標。貝克威爾參觀英國各地的農場，深入了解形形色色的農場動物，並盡可能累積基因庫。他也注意到每個地區的牛、豬和羊都有些細微差異，能從中選擇特定的基因特性。他還會解剖死亡的農場動物，研究其解剖結構、分析骨骼結構並了解肌肉的運作機制。在此之前，農場飼養動物一直以來都比較隨意一點，而貝克威爾把這項工作變成了一門科學。

貝克威爾為了防止隨機任意的繁殖，將動物公、母分開飼養，用近親繁殖的手法讓具有理想特徵的動物交配，藉此淘汰剔除那些不想要的特徵。他透過這種方法對古老的肉牛品種進行改良，讓牛隻的脂肪與肌肉生長速度加快、皮變薄、骨骼結構減少，甚至改變了肉的顏色和質地。他還培育出能「在盡可能短的時間內以最少的飼料消耗獲得最大肉量」的綿羊，成為最昂貴、最搶手的品種，世界各地也開始採用這項育種技術。後來達爾文引用了貝克威爾的著作，以馴養動物的人擇過程來闡述他的自然選擇（天擇）理論。科學育種徹底改變了我們與動物和肉類的關係，而且已沒有回頭路可走。

貝克威爾的選育方式在過去六十年以飛快的速度發展，全球肉類產量在這段時間內增加了三倍，每年屠宰的動物數量達到八百億隻，我們比以往任何時期都還要更快速地從根本上改變動物的生理機能。綠色革命席捲全球，穀物產量大幅上升，不僅能供應人類糧食，還能作為牲畜飼料，我們現在生產的所有穀物中約有三分之一用於飼養牲畜，有助於加速動物生長並提高生產力。自二十世紀中葉以來，雞的平均體重增加了五倍，壽命卻縮短至只有短短五週。牛乳產能也大幅提升，一九零零年，一頭牛每年平均可產一千五百至三千升牛奶，而到了本世紀末，乳牛可產將近八千升。在這過程中，動物走上了與糧食作物相同的道路，人類為了滿足自己的需求不惜犧牲全球牲畜的多樣性。美國超過百分之九十五的乳牛以「超級乳牛」荷蘭牛（大多都可以追溯到少數公牛）為主要品種。英國與德國等歐洲國家所飼養的乳牛中，荷蘭牛也占了約百分之七十。現在全球家禽產業由三大育種公司所主導，而絕大多數豬肉都是由單一品種大白豬（Large White）生產。

科技進步亦為育種的一大助力，一九五零年代，由於人工授精與冷凍精液技術的發明，可以將具有優良基因的精液冷凍保存，再運送到世界各地進行人工授精，威斯康辛州的一頭公牛因此能擁有五十萬頭後代，遍及世界五十餘國。全球肉類產業就是建立在這種一致性之上，連鎖速食店能保證每個漢堡的味道都完全一樣，超市冷藏櫃上擺滿形狀、大小幾乎相同的肉品，食品系統就這樣將大自然創造的多樣性給硬生生地摧毀。

我們已經知道單一栽培方式會讓作物在對抗環境變化時變得危險脆弱，而現代畜牧業採大型集約化畜養方式，成千上萬隻基因相同的動物飼養在狹窄的空間裡，造成動物容易感染疾病、廢水汙染河川與土壤，且有無數生物受到相當殘酷的對待。本書探討的雖是物種的多樣性，而不是動物福利，但其實這兩者息息相關。

雖然肉類產量增加，卻也造成物種多樣性不斷流失。許多瀕臨滅絕的物種都是地方特有的牲畜品種，經過數千年的演化適應了當地環境，相互交織成複雜的食物系統，每一種都擁有我們不能失去的遺傳特徵。俄羅斯西伯利亞北方薩哈共和國（Yakutia）的牛隻，幾千年來能夠在地球上最寒冷的居住地生存，那裡冬季氣溫可低至攝氏零下五十度，但如今三個村莊加起來也只剩不到一千頭牛；波蘭的斯維尼亞爾卡綿羊（Swiniarka）體態輕盈，能在脆弱的草原上吃草，不怕草場植被遭重壓摧毀；潘塔內羅牛（Pantaneiro）生活在巴西、玻利維亞和巴拉圭等熱帶濕地，可以忍受食物短缺、抵禦集約化畜牧業育成的高產品種難以招架的病蟲害，並能耐受夏季攝氏四十度的高溫。西班牙人將歐洲乳牛引入南美洲後，經過當地人五百年的選育才培育出這個品種，現在卻面臨可能會在十年內消失的危機。根據聯合國糧食及農業組織（FAO）資料顯示，七千七百四十五種記錄在案的牲畜品種中，約有四分之一面臨很高的滅絕風險。但由於全球普查不可能完全沒有遺漏，所以應該還有更多物種可能處於危險之中，或是在我們意識到之前，就已經消失在地球上了。

動物馴化過程大約是從一萬兩千年前開始，在大部分時間裡，人類與動物之間有著遠比現在更為複雜的相互依存關係。在早期的壁畫與宗教圖像中，經常可以看到祖先對於作為人類食物的生物懷抱著敬畏與尊重。這種崇敬的態度現在基本上已經消失，只有在偏遠部落和小規模農場還能見到。以目前畜牧業的發展主流來說，動物就是商品，只是隱身在棚舍和屠宰場裡微不足道的生產單位。許多品種因此瀕臨滅絕，珍貴的遺傳資源隨之消失，也讓我們對肉類的真正起源、意義和價值無法有更深的認識。接下來會帶大家去四個截然不同的地方認識一些人與動物，我們能透過他們的故事更加了解到，從現在開始學習關懷和尊重動物還為時不晚。

13 法羅風乾羊肉 Skerpikjøt

法羅群島

「我們待會進去之後，先別驚慌，因為到處都長滿黴菌，還有一些讓你看了會很想逃跑的食物。」當時島上颳著大風，土地十分貧瘠，而我暗自慶幸（那時我還沒進去才會這麼想）還好我的午餐有著落。穿越棚屋的門廊，行走間木地板嘎吱作響，我在半明半暗的棚屋內瞥見了椽子上吊著我即將要吃的食物。「看起來跟路上見到的那些動物屍體沒什麼兩樣。」同行的貢納．納泰斯塔德（Gunnar Nattestad）如此形容道。看著肉塊上覆蓋著一層厚厚的黴菌，甚至還有乳黃色、粉白色和深棕色的斑點，他說：「別擔心，我們吃之前還會先洗過。」

納泰斯塔德身兼多職，同時是農夫、店主、木匠和屠夫，反映了在北大西洋十八座島嶼組成的法羅群島上生活，不可避免地需要想辦法自力更生。島的北面是冰島，往東是丹麥（法羅群島屬於丹麥的海外自治領地），往南兩百英里處為蘇格蘭群島。當地人口只有約五萬人，可是羊隻卻有八萬頭。我眼前的這塊肉就出自其中一頭羊，依稀能看出是一條腿的形狀，但顏色與質地讓它看起來更像是一團舊羊皮紙或腐爛的皮革。它有一種奇異的美，有如一棵倒下的腐爛的樹，樹皮上長出了一片片苔蘚。有兩股力量對其產生了影響：一是時間，另一是發酵。羊是去年九月宰殺的，現在是五月，在這九個月時間裡，這塊肉沐浴在充滿海水鹽分的空氣中，質地變得緻密，摸起來更加結實。法羅群島的土地十分貧瘠，只有少數作物能在這裡茁壯成長，島上居民自古便靠著這種奇特的食物維生。

雖然法羅群島有很多的歷史細節已不可考，但我們可以知道凱爾特探險家於六世紀時抵達此地，然後在九世紀至十世紀之間，愛爾蘭僧侶與維京人也來到這裡定居。他們發現了這個沒有樹木、荒涼卻美麗的地方，在一片綠色和灰色交錯的景致之中，點綴著壯麗浩瀚的峽灣，陡峭的火山岩壁上布滿溪流，四處可見瀑布奔流入洶湧海洋的奇景。移民者定居法羅群島的過程中受盡了苦難與折磨，很多人未能在如此嚴酷的條件下存活下來，相傳「他們被埋進墳墓時，嘴裡還殘留著海藻」，無聲地表達了當時慢慢餓死的絕望感。飽經風霜的法羅群島幾乎沒有歷史建築，因此當地有助於人們生存的知識技能，應該就算是這裡最重要的文化遺產。

我們進入的這間木製棚屋，在當地被稱為「hjallur」（發音為 chatler），是他們風乾肉品過程中很重要的一環。這座設計巧妙的長方形建築有著長長的橫梁，可以在上面懸掛食物，房子的側面則是以垂直的長條木板封住，但每個木板之間都留有一根拇指寬度的間隙。島上一般會將房屋建得比較防風，但風乾棚屋刻意留了縫，好讓嚴酷的大西洋風能夠吹進來。曾在一八四零年代到過法羅群島的遊客寫道：「風勢非常猛烈，強風暴雨……掀翻了房屋，還造成……巨石位移，旅人還得趴在地上才能讓自己不被強風吹走。」還提到：「法羅群島的特別之處在於海霧中含有鹽粒，乘船旅行後，臉上往往會蒙上一層鹽霜。」法羅群島人就是利用這樣的強勁海風來鹽漬肉品。

由於這裡一年到頭風勢強勁，不適合樹木與大多數植被生長，所以島上沒有柴火，無法用煙燻或用海水提煉的鹽來保存食物，島民只能靠夾帶著鹽分的海風來發酵羊肉。納泰斯塔德告訴我：「風乾羊肉並不是我們發明的，是這座島嶼的土地製作出了這樣的肉品。」

羊肉要是放在世界其他地方的棚屋，可就無法這麼順利風乾，納泰斯塔德說：「很可能會腐爛且長滿蛆蟲，但在這裡，海風能將肉逐漸變成『Skerpikjøt』。」這個詞在法羅語意為已經發酵到一定階段的肉，在發酵熟成的過程中，含鹽的空氣會吸走肉的水分，而微生物群則會不斷地將肉的蛋白質分解，可能持續數月甚至數年之久。法羅風乾羊肉（Skerpikjøt）的一切，無論是外觀抑或氣味，都是依靠歲月積累而來。「幾個世紀以來，這裡的人口一直都很少，」納泰斯塔德說道。「有辦法離開的人大多都已經離開了，留下來的人得感謝有風乾羊肉讓他們能夠存活。」

島上居民堅韌地生活著，而他們所飼養的動物更是如此。法羅群島的羊是一種古老的動物，這種羊具有行動敏捷、抗嚴寒、個頭矮小的特點，維多利亞時代的人將其稱為「原始品種」。極少數類似的古老品種還存在於歐洲某些偏遠地區，像是蘇格蘭長年無人居住的索厄島（Soay），島上的野生羊品種就是以該島命名。這些野生綿羊無須剔毛，牠們會自然掉毛，這是一種在未被馴化的動物身上常見的遺傳特徵。然而，人類為了生產更多羊毛，選擇繁殖羊毛不容易自然脫落的品種，好方便我們定期剪毛（這跟新石器時代農民培育不易脫粒的品種有異曲同工之妙）。在行為方面，原始的古老綿羊不像現代品種那樣喜愛成群結隊，由於島上沒有掠食者，即使獨自吃草也不怕遇到危險，所以牠們大多分散在各處，不便於放牧管理。而法羅群島的羊也因為有著密實的栗褐色羊毛，裡面還有一層厚厚的皮下脂肪，因而能忍受極端寒冷的環境。

早期登陸法羅群島的居民把羊帶到島上，將蓄積在數千英畝草地中的能量（島上到處都是草地）轉化為生活必需品——羊毛是上好的保暖衣物原料，羊乳可做成奶油等乳製品，用羊脂製成的蠟燭可以供暖和照明，羊糞則能作為燃料。按照法羅語，法羅群島（Faroe Islands）這個名字本身就是「羊島」的意思，因此這種動物在當地的重要性可見一斑。描繪法羅群島的歷史文獻中，目前已知最古老的紀錄是寫於十三世紀的「綿羊信函」（Sheep Letters），記載了關於綿羊的法律規定，從土地所有權到放牧權都清清楚楚地列在白紙黑字上，並有助於向當地人展示綿羊的價值。對於島上的居民來說，羊毛即是貨幣，這裡流傳著一句古老的法羅語諺語「Ull er Føroya gull」，意思是「羊毛對法羅人來說就是黃金」；羊肉則是副產品，雖然也很重要，但如果沒有把所有的價值利用殆盡，他們絕不會想宰殺能帶來生存所需一切的動物。因此，等到羊準備要被屠宰並製作成風乾羊肉時，可能已經是四、五歲，甚至更老，這時候的肉帶有大理石花紋，味道濃郁，在大多數國家稱為成年羊肉（mutton）。法羅群島的綿羊能活得很久，這樣的做法從新石器時代到一個多世紀前，在歐洲大部分地區都十分普遍，是到了現代才開始吃羔羊這種年紀不超過一歲的羊。

二十世紀之前，羊肉跟牛肉一樣受歡迎，無論是皇室宮廷裡的酸豆奶油料理，還是街頭小販賣給工人的餡餅肉派，都少不了這一味。「從鼻吃到尾」（nose-to-tail）的烹飪大師弗格斯・亨德森（Fergus Henderson）形容這種成年羊的肉「質地黏稠、口感豐富、呈膠凍狀、油脂豐厚」，比羔羊肉更誘人、醇厚且更有層次，是一九一二年鐵達尼號號沉沒前最後一頓午餐所供應的菜色。同年史考特船長登陸南極探險，最終不幸罹難，他在這趟冒險之旅的生日大餐也包含了羊肉料理。亞瑟・柯南・道爾（Arthur Conan Doyle）筆下的夏洛克・福爾摩斯（Sherlock Holmes）從羊肉菜餚找到破案的重大線索；而英國大文豪查爾斯・狄更斯（Charles Dickens）則是對廚藝頗有鑽研，不僅讓他筆下的角色享用羊肉，甚至還發明了一種塞入小牛肉與牡蠣的烤羊腿食譜。

羊肉曾是推動工業革命的一大功臣，但受歡迎的程度卻漸漸消退。踏入二十世紀之後，英國人吃的羊肉有將近一半都是從新大陸進口，尤其是紐西蘭和澳洲。由於整個大英帝國的牲畜數量相當龐大，飼養綿羊主要是為了取得羊肉，所以可以宰殺年幼的羊，真的就是「待宰羔羊」字面上的意思。到了二十世紀中葉，很多人認為成年羊肉不僅羶味重，還非常油膩，而且對廚師來說處理的前置作業較為費工，因此大家漸漸比較喜歡吃口感更嫩、味道比較不那麼濃重的羔羊肉。

在英國，有著數百年歷史的屠宰加工技術已幾近絕跡。最北端的昔得蘭群島（Shetland）原本有一種風乾熟成羊肉「vivda」（為挪威語中的「腿肉」之意），如今已不見蹤影。昔得蘭群島距離法羅群島並不遠，所以vivda跟skerpikjøt其實有些類似，昔得蘭人也有他們自己的棚屋版本，是一種叫做「helyar」或「skeos」的方形石頭建築，房子留了通風口，好讓足夠的空氣流通，進而醃製掛在裡頭的羊肉。羊肉似乎被從大部分英國人的飲食與文化記憶中抹去。一九六零年代，由於尼龍等化纖布料興起，市場競爭之下，讓羊毛價格暴跌，同時英國農業部也懶得記錄羊肉的市場價格。對於畜牧業者來說，羊隻的飼養期超過一年毫無意義，因為現在真正有價值的是羊肉而不是羊毛，也間接影響動物育種的偏向。到了一九七零年代，曾經存在於北歐的大多數多用途羊品種要嘛已經滅絕，要嘛瀕臨滅絕，取而代之的是原產於荷蘭的特賽爾羊（Texel），這種羊體型較大、肌肉發達、瘦肉率高。目前全世界的羊中，原始品種僅占基因庫的百分之零點三，並且還在持續下降當中。不過，在偏遠的法羅群島，仍保留了古代人對待綿羊與處理羊肉的傳統形式。

法羅人將羊腿拿去風乾熟成，其他部位也不會浪費，譬如他們會把羊頭（法羅語稱為seyðahøvd）對半切並去除腦髓，微烤至羊毛脫落，經熬煮後再食用。羊血則製作成黑布丁，只有膽囊因為味苦且有毒而不會用在料理上。

風乾羊肉入口時，能嘗到食物腐敗的臭味，主要是來自發酵過程中脂肪酸敗的產物，所以可能會讓人難以吞嚥。納泰斯塔德說：「對我們來說，這是很美妙的感受，氣味強烈但味道相當不錯。」法羅人已經很習慣這樣的口味，屬於當地人才懂的奇香。「就如同酒一般，生長在山丘上或山谷裡的羊，製作出來的肉品會有截然不同的味道。」而棚屋的位置和風向也會有所影響。

當地有一首古怪的詩歌描述了風乾羊肉發酵的各個階段。掛在小屋裡的羊腿過幾天後會先萎凋（visnaður），這時候肉開始分解變軟。等到三個月後，已經差不多被海風吹乾，進入半腐爛（raest）的狀態，納泰斯塔德形容：「肉的細胞裡充滿了汁液，細菌正在行發酵作用，對於其他地方的人來說，這種食物讓人感到非常害怕。」他說著這些話時露出了會心一笑。這個階段會散發出一股強烈的味道，像是混合了帕馬森乳酪與死亡腐爛的氣味。緊接著入冬之後，發酵速度因為天氣寒冷而減緩，猛烈的海風讓肉沐浴在充滿鹹味的霧氣之中，劇烈的發酵過程慢慢平靜下來，水分逐漸退去，肉質變得結實，味道也更加醇厚，最終成為別具風味的風乾羊肉。

法羅群島還有另一個重要的蛋白質食物來源是鯨魚肉，捕鯨活動「Grindadráp」是當地居民長久以來的生活傳統。每年夏天，成群結隊的領航鯨在遷徙過程中會游經群島的海岸，這時候先由漁夫乘船將鯨魚趕往岸邊，待鯨魚擱淺後，人們再將之宰殺。一天之內可屠殺近千頭鯨魚，鮮血染紅了大西洋的海面。十七世紀的教會文獻提及，鯨魚並不是每年都能順利抵達法羅群島。捕不到鯨魚的那些年，島上居民陷入飢餓，會引起大量人口外流，這時候風乾羊肉便是他們賴以為生的救命糧食。

在當地，其他肉類更是得來不易。棚屋附近有一條沿著海岸線的小徑，納泰斯塔德指著高聳的懸崖邊，從古至今，島上的獵人冒著生命危險來這裡尋找鳥巢，用繩子爬下懸崖峭壁，捕捉小塘鵝或是竊取海鸚蛋，很多人因此失足喪命，幾乎每個家庭裡都曾有過這樣的故事。我們沿著這條小徑往前走，隨後在幾座有茅草屋頂的房子前駐足，這是當地極具特色的建築，居民會在屋頂上種植草皮來隔熱。屋簷下掛著如風鈴般的發酵乾魚「Ræstur fiskur」，其作法有點類似風乾羊肉，當地人會將鱈魚成對綁在一起，利用含鹽的空氣來風乾發酵製成，食用時再用鎚子敲碎、挑出魚骨。這道食材得仔細咀嚼，魚的鮮味才會慢慢釋放出來。

法羅群島於十四世紀被丹麥王國統治後，有越來越多人對這些飲食傳統抱持懷疑的態度，風乾羊肉更是受到強烈質疑。長久以來，當地人把這種食物當成不可告人的祕密般隱藏了起來，不願與外人分享。但第二次世界大戰後，隨著更大的船隻與新技術的到來，法羅群島的漁業迅速發展，讓島民的人均 GDP 暴增，躋身歐洲前幾名。他們現在吃得到來自世界各地的食物，每週都有一艘船從丹麥抵達此地，載有分切好的雞肉、豬肉和牛肉，而風乾羊肉現在已幾乎不見蹤影。

二零零四年，十二位北歐廚師一同擬定並簽署「新北歐食物宣言」（New Nordic Manifesto），承諾擺脫他們曾在西歐餐廳所學的一貫模式，深入研究在地的傳統與食材。這份宣言列出了十條飲食準則，其中包含「選用當季在地的食材與農產品」以及「發展傳統北歐食材的新用法」。丹麥名廚瑞內・雷澤比（René Redzepi）也簽署了這份宣言，堅持使用當地採集的野生食材，他的餐廳Noma於二零一零年被評選為「全球最佳餐廳」。還有一位是被譽為法羅群島美食教父的雷夫·蘇連遜（Leif Sørensen）。

蘇連遜十幾歲即離開家鄉法羅群島，到丹麥學習廚藝。他總是特別想念家鄉的味道，所以常常把風乾羊肉掛在窗邊，但他的珍饈總會無緣無故地消失，或許是同學無法忍受這樣的氣味而拿去處理掉了，實際原因他也不得而知。大學畢業後，蘇連遜選擇留在哥本哈根，在一間獲得米其林星級肯定的餐廳擔任法式料理主廚。磨練十年後，當他回到家鄉，卻已幾乎不見他從小到大記憶裡難忘的食物。已經沒有人觸摸過紅木蛤（mahogany clam），這種蛤蜊生活在冰冷的環境，以致生長速度非常緩慢，有的甚至已經有活了三百年之久。就連附著在海岸岩石上肥美的貽貝也沒什麼人會去採集，更不用說捕撈海膽與海螯蝦。漁民捕撈到鮟鱇魚後就直接丟回海裡，而捕獵海鳥、海鸚（puffin）和刀嘴海雀（razorbill）為食的傳統技藝也隨著老一輩人的凋零而消失。法羅群島人如今的生活普遍富裕，長出黴斑的風乾羊肉被視為只有窮人才會吃的噁心食物。於是蘇連遜決定著手改變這一切。

他創立一間完全採用傳統法羅烹飪技法的餐廳「Koks」，這個名字源於法羅語，有「追求完美極致」的意思。菜單上可以看到許多原始的極地風味，有生活在崎嶇海岸峭壁上的暴風鸌（fulmar）與刀嘴海雀，吃起來有濃濃的大海滋味，還選用了色澤翠綠、氣味芬芳的副北極草本植物歐白芷，當然也少不了風乾羊肉。復興這些食材並不容易，即使是在自己家裡也不見得能獲得認同，蘇連遜說：「我老婆無法理解風乾羊肉，不過這也沒辦法，畢竟她是丹麥人。」

他的岳父更是完全無法接受家裡有風乾羊肉的存在。

蘇連遜後來將餐廳交給當地的年輕廚師保羅．安德里亞斯．齊斯卡（Poul Andrias Ziska）經營，自己則去發揚宣言裡的另一項理念，運用古老的傳統食材創造新北歐料理。雖然餐廳主廚換人了，但風乾羊肉依然保留在菜單之上。

附近還有一間專門做發酵食品的餐廳「Raest」（這是風乾發酵過程味道最濃烈的階段），隱藏在首都托爾斯港（Tórshavn，意為「索爾的港口」）的狹窄小巷中。在這間餐廳裡，留著金色鬍子的年輕廚師卡里．克里斯蒂安森（Kari Kristiansen）正在研發當晚的菜單，菜色以風乾羊肉這類島上特有的發酵食品為基礎。他說：「我們不再對自己的食物感到彆扭，是時候向世界宣告『這就是我們，這就是我們所在之地的山珍海味』。」

納泰斯塔德帶我們回到風乾肉品的小木屋裡享用午餐，前菜以耐嚼的黑色鯨血揭開序幕，這道料理嘗起來有焦糖和鐵鏽的味道。接著送上一塊鯨脂，像一顆淡淡粉紅色澤的土耳其軟糖，接過鯨脂的手指沾上了一層細膩的油脂。然後，納泰斯塔德遞給我一片風乾羊肉，從他的神情可以看得出來，他對自己飼養、屠宰和風乾保存的食材無比自豪。這片風乾羊肉如義大利生火腿般精緻，嘗起來又甜又鹹，還帶有一股酸臭味。

「外人抨擊我們捕殺鯨魚和野鳥，嘲笑我們吃的是所謂的腐爛羊肉，」納特斯塔德在用餐結束後說道。「但我相信我們才真正了解殺死動物並吃牠們的肉意味著什麼。」當地因捕鯨活動的血腥場景遭到全球民眾大肆撻伐，說他們獵殺鯨魚是如此殘暴。「但這些鯨魚死亡之前都是自由的，我們養的羊可以變老。在你們的世界，動物都被囚禁起來，遠離視線。數百萬隻動物在屠宰場裡遭屠殺，沒人看到就比較不殘忍嗎？」

我們頭頂上懸掛著醜陋而又美麗的風乾羊腿，背後有千年的歷史文化。棚屋裡充滿了死亡的景象與氣息，卻也滿懷著對生命的敬畏與關懷。

14 連山烏雞 Black Ogye Chicken

韓國，連山

我參觀英國大型屠宰場時，幾乎看不到那種對死亡動物的崇敬。載滿六千隻家禽的貨車駛入一座被圍欄包覆的建築裡，再由堆高車將藍色的塑膠箱從卡車運到傳送帶上，箱子堆了八層高，還可以從孔洞之間看到白色的羽毛露出。箱子會先進到毒氣室，讓雞隻在這裡被毒死，然後由機械工具切開脖子。一切都是以自動化方式進行，這裡的機器不間斷地運作，每分鐘有一百八十隻雞經過這道工序，每週共有兩百五十萬隻。處理完後，雞隻接著被掛在滑輪上，滑輪系統在我們上方移動並穿過工廠，空間是如此之大，以至於從一端走到另一端大約需要十五分鐘。沿著滑軌前進會經過一條充滿蒸汽的通道，兩邊噴出熱水除掉牠們軟弱無力身體上的羽毛。生產線兩旁站了一排工作人員，穿戴塑膠圍裙、長筒雨鞋和橡膠手套，站在墊高的平台上，讓視線能夠直接看到雞隻，偶爾會輕推一下經過面前的屠體，讓每隻雞都保持在正確的位置上。

當天還有一輛又一輛貨車抵達屠宰場，全球每年約有六百九十億隻雞的屠宰量，英國每年屠宰近十億隻雞（是二十年前的兩倍），相較之下我看到的那輛貨車所載運的雞隻僅占極小一部分。無論實驗室培育出多成功、外觀與味道多棒的人造肉，我們對這種鳥類的依賴應該還是會持續很長一段時間。現在全世界存活著多達兩百三十億隻雞，已經超過地球上所有其他鳥類的總和。我們生活在大量食用雞肉的時代，雞骨化石或許將標誌著新地質年代「人類世」（Anthropocene）。英國萊斯特大學（University of Leicester）地質學教授卡莉斯．班奈特（Carys Bennett）指出：「未來的人類將把肉雞視作我們這一代文明的指標。」

雖然不像農業掀起一波聲勢浩大的「綠色革命」，但雞也幾乎在同一時期經歷翻天覆地的變化。轉變至此大抵確定了，歷史上沒有其他動物經歷過如此徹底且迅速的生物學變化。肉雞的壽命縮短到只有三十五天（比家蠅多幾天），而且體重增加很快，如果是人類比照同樣的速度增長，等於說兩歲時就已經重達一百五十二公斤。雖然這樣的轉變對肉品生產的貢獻極大，卻也不免讓我們隱隱有些不安。在短短幾十年內，人類變得越來越依賴同質化的禽鳥，且正以標準化的方式大規模生產，但這背後其實蘊藏著許多風險。

雞這種動物究竟是如何與人類產生親近關係至今仍是個謎，不過二零二零年發表的一項基因組定序研究提出了一套馴化時間與地點的脈絡。過去二十多年來，演化生物學家收集亞洲和非洲本土近千種品系的家雞，及其共同祖先紅原雞（red jungle fowl）的 DNA 進行比對。研究結果指出，現代家雞源自中國西南部、泰國北部和緬甸東部等地區，這些地方的居民在公元前七千五百年左右開始飼養原雞。一套常見的說法是，人類並沒有去尋找這種鳥，而是牠們自己來到我們身邊。人類較早馴化的是牛、豬、綿羊和山羊等動物，過了很久之後，亞洲地區的農夫開始種植水稻，因為稻田的雜草、種子和昆蟲吸引了這種害羞膽小的叢林鳥禽，讓牠們得以在田邊築巢，並經常與人類接觸，隨著依賴程度日益增加，牠們變得溫馴。對農夫來說，養雞不僅能幫忙消滅害蟲，還能在田間下肥，更有牠們產下的蛋可以吃。雞的馴養或許也是因為這種野生鳥類符合人類的審美，紅原雞的體型比現今的家雞稍小一些，但羽色更為華麗，綠色、紅色和金黃色交織。許多古老民族相信，穿戴羽毛帽子、斗篷或服飾能讓他們與神靈進行交流。在夏威夷群島，人們認為這些羽毛飾物能賦予酋長超自然的力量，保佑著農作物豐收，或是在戰鬥中更加英勇。

他們使用的羽毛取自於雞，而雞是神靈的使者，天地之間神聖的彰顯，既受人崇拜，卻也逃不過被犧牲的命運。在印度的野生柑橘之鄉梅加拉雅邦，卡西族人認為雞承載了人類所有罪孽，因此會將其作為祭品，以達淨化之效。除此之外，雞在許多地方都被當成行走的藥房，其肉、骨頭、內臟、羽毛、冠和蛋經常出現在傳統治療師與薩滿巫師的醫療處方中，不管是偏頭痛、癲癇、氣喘還是失眠，幾乎各種疑難雜症都能從這種鳥禽找到治療方法。人類馴養雞最初並非只是為了取其肉與蛋，有些地區文化的人民養雞是為了培育鬥雞，用於娛樂的目的，而有些文化則會藉由觀察雞的行為來算命。某些品種的公雞因其啼叫的能力而備受推崇，由於啼叫聲特別響亮，而且能持續很長時間，因此在橫渡印度洋的航程中也有帶上這種公雞，作為警告其他船隻遠離的號角。公元前一千年左右，家雞到達近東地區，並在公元前八百年進一步向西引進歐洲，隨著羅馬勢力的擴張傳到帝國的各個角落，也到了當時被劃為羅馬行省的不列顛（Britain）。這時候人類已經牢牢掌握了這種鳥類的未來，由於雞天生就較具可塑性，讓我們得以透過選育和繁殖，將其改造成各式各樣的家雞品種。

在加拿大魁北克，修道士威爾弗雷德・查特萊恩（Wilfred Chatelain）培育出一種非常耐寒的「尚特克勒」（Chantecler）品種，即使深冬嚴寒之際也能產蛋。巴西的「放養雞」（galinha caipira）是一種頸部有著金色羽毛的烏骨雞，常會用來煮椰子風味的肉湯「雞肉木薯粉糊」（pirão de parida）。埃及人認為「比加維」（Bigawi）這種雞產下的奶油色小蛋吃了可以壯陽，他們特別會在象徵著春回大地萬物復甦的聞風節（Sham El Nessim）期間吃這些蛋。產自法國巴柏蘇（Barbezieux）地區的雞體型巨大，著名美食家薩瓦蘭（Brillat-Savarin）出版的《味覺生理學》（The Physiology of Taste）中，描述這種雞的一種吃法是在裡面塞滿松露與鵝肝醬。

在家雞的發源地亞洲，仍然存在體型較小、生長速度較為緩慢的古老品種，像是韓國本土的連山烏雞（Yeonsan Ogye），這種地球上極為稀有的烏骨雞除了骨頭之外，就連羽毛、皮膚、喙、羽冠、眼睛、爪子都是黑色的。這種雞最早出現在十四世紀府院君李達衷的一首詩中。而在十七世紀，朝鮮宣祖御醫許浚所編撰的二十五卷醫書《東醫寶鑑》也記載了連山烏雞的效用，從頭到腳皆可入藥，甚至連雞糞都能用來治病。

連山烏雞更接近紅原雞的體型，而且與其野生祖先一樣擅長飛行，可以飛到樹枝上啄食樹葉和捕食昆蟲。牠們仍然保留許多原始野鳥的行為習性，會在泥土地上挖洞，享受泥浴，而且偏愛以草為食，較不喜歡我們現在所餵養的穀物飼料。不過，這種美麗又神祕的烏雞平均每三到四天才會產下一顆蛋，比起生長迅速、高生產力的現代品種，經濟效益並不高，對現代家禽業來說已不合時宜。一九三零至一九四零年代日本殖民時期，韓國引進許多改良品種，連山烏雞與其他本地雞逐漸走向衰落。

所幸還有李承淑（Lee Seung-Sook）持續畜養純種連山烏雞，他們家族的農場位於首爾西南約一百英里處，在忠清南道連山鎮雞龍山的山腳下，目前已是第五代。朝鮮時期高宗因病臥床不起，但吃了李承淑曾曾祖父送來的連山烏雞煮成的雞湯後，竟逐漸恢復健康，因此下令將其作為一種能夠救命的特殊動物。

從那時開始，連山烏雞的藥用及保健價值一直延續到了二十一世紀。「這種雞的骨骼堅硬、肌肉發達，」李承淑說道。「去除腸子後，用整隻雞慢慢熬煮出的濃稠雞湯含有豐富營養。」她一直致力於避免連山烏雞滅絕還有另一個原因，她表示：「這是韓國活生生的歷史遺產，這種雞與我們的祖先在這片土地上一起生活了超過七百年，要是牠們消失，我們也就失去了部分靈魂。若牠們像渡渡鳥一樣，變成早已不復存在的傳說動物，只能透過照片或博物館標本欣賞牠們的樣貌，那將會是一場悲劇。」

在太平洋彼岸，美國人也有許多他們自己喜愛的家雞品種。就跟歐洲一樣，一直到二十世紀初，美國農家仍將養雞當成副業，雖然販售雞蛋多少能賺點錢，但當時豬和牛才是機械化肉品工業發展的主角，雞在民眾飲食與國家經濟方面仍處於邊緣地位，甚至連配角都稱不上。很長一段時間以來，農戶都是在後院隨意放養，那時的雞隻種類繁多。一九二零年代出版的《美國家禽雜誌》（American Poultry Journal）刊登了好幾頁的分類廣告，列出可供農民選擇的諸多品種，包括白色單冠來亨雞（Single-Comb White Leghorns）、安柯納雞（Anconas）、淺黃奧平頓雞（Buff Orpingtons）、黑色米諾卡雞（Black Minorcas）、羅德島紅雞（Rhode Island Reds）、雪花雞（Speckled Sussex）、銀光懷恩多特雞（Silver Wyandottes）、褐來亨雞（Brown Leghorns）、黑狼山雞（Black Langshans）等等。

美國各地數千名育種者培育出這些雞，再出售給數百萬飼養和銷售雞隻的家庭農場。這些農場大多都是小規模經營，兼營作物種植和牲畜飼養，農民會選育適應所在地區的地方小麥品種，而他們也會依據當地環境及氣候來選擇飼養的家禽品種。雞的用途不只在於雞肉，正如飼養綿羊主要是為了取用羊毛，等牠們到了生命的盡頭才會被屠宰；大多數農民養雞是為了雞蛋，哪天老母雞生不動了，才會當作肉雞出售。美國（及世界其他地區）的家禽業就以這樣的型態一直持續到一九四零年代。

然後，在諾曼．布勞格在墨西哥研發改良小麥的同個時期，一項雄心勃勃的計畫也在家禽飼養方面展開。美國農業部在連鎖超市A&P（全稱為Great Atlantic & Pacific Tea Company，當時的沃爾瑪）及家禽組織的支持下，舉辦了「明日雞」（Chicken of Tomorrow）大賽，目標是要培育出有史以來肉最多的雞。報紙刊登的報導指出，這場全美育種大賽是為了創造適合一整家人吃的巨型肉雞，生產厚實的雞胸肉，可以片成肉排，還有深色多汁的大雞腿，僅含有少量骨頭，而價格全都比以往要來得便宜。希望能讓雞農把重點放在生產更多雞肉，而不是雞蛋上，想藉此提高利潤。

這場比賽盛況空前，來自全國各州的科學家、大學、行政官員和農民都參與其中，爭奪豐厚的獎金。從一九四六年展開各州競賽，到一九五一年舉行第二屆決賽，這場比賽持續了數年，參賽者在這段時間不斷想辦法培育出具有比賽所要求的結實、肥壯、生長快等理想特徵的品種。

最終由加州的凡特斯家禽繁殖場（Vantress Poultry Breeding Farm）贏得冠軍。大多數參賽者都拿早已培養好的純種雞參賽，但查理．凡特斯（Charles Vantress）以加州的可尼秀雞（Cornish）和新罕布夏雞（New Hampshire）雜交出的混種雞獲得勝利。亞軍則是由康乃狄克州的ＡＡ種雞場（Arbor Acres）拿下，這間公司培育出新罕布夏雞的新品系。當年在比賽中勝出的雞隻品種都非常多產，因此到了一九五零年代初期，全美各地近百分之七十的肉雞都帶有這些品種的基因。

這些新培育出來的雞在美國迅速傳播，造成許多傳統地方品種面臨絕種的危機，甚至有很多後來真的都徹底消失了。由於商業發展，不僅雞隻品種發生變化，畜牧業的生產結構也有所改變。雞隻的育種逐漸走向較為複雜的雜交與近親繁殖，如果十八世紀的家畜育種先驅羅伯特．貝克威爾看到技術發展到這個程度，也很可能會大吃一驚。就像F1雜交種玉米出現後，種植雜交玉米的農民若是留種到第二年播種，產量表現會遠低於第一年，所以農民必須持續向種子公司購買種子，雞農也別無選擇，只能年復一年地向商業育種業者購買精心選育過的雞，這些雞的基因與集約飼養模式也跟布勞格培育出的小麥品種一樣，逐漸傳遍全世界。

明日雞比賽的七年後，我們每年宰殺的近七百億隻雞，絕大部分都是當年獲勝雞隻的後代。儘管較古老的品種具有經過數千年演化而來的遺傳性狀，生命力強韌又耐各種天候，但現今肉雞市場仍是以符合市場趨勢的品種為主，而這些品種都受到擁有其智慧財產權的家禽育種公司所掌控，就如同種子公司掌握了基因改造玉米的專利權。

二十一世紀初，全球廣泛使用的肉雞品種大多來自三大家禽育種公司快肥（Cobb）、安偉傑（Aviagen）和哈巴（Hubbard），他們每年投資數千萬英鎊進行培育。安偉傑於二零一八年收購哈巴，就變成由快肥與安偉傑這兩間企業主掌市場，擁有科寶（Cobb-500）、樂斯（Ross-308）與哈伯德（Hubbard Flex）等世界上主要肉雞品種的基因。目前這些商用肉雞只要約三十五天就能成熟，體重可達到兩公斤左右，生長速度很快，飼料換肉率顯著提升。然而，雞原本能敏捷行走，但現在因為一下長得太胖，所以只能蹣跚而行，死亡率也變得更高，而且不太會展現自然行為（例如覓食、沙浴）。這就是為什麼有些地方，特別是歐洲，生長較緩慢的肉雞品種正逐漸成為趨勢。

不只雞隻長得很快，家禽屠宰的處理速度也變得更快。美國屠宰廠運作的速度高達每分鐘一百七十五隻雞（高於歐盟法律所允許的範圍），雖然能生產更加便宜的肉品，但許多美國禽肉廠員工表示，他們在維持生產線速度的壓力下，連上廁所的時間都沒有，甚至不得不穿尿布上班。

現代養雞場多以大型密集式飼養（畜養著數千隻基因相同的雞）的模式運作，在這樣的環境下一旦暴發傳染病，就很容易讓雞隻集體感染。在經濟發展水準較高的國家，擁有更多的資金和手段來預防疾病，且多年來投入許多生物安全措施的開發，並有獸醫在現場進行嚴密監控；但這種工業化家禽生產模式現在也逐漸推廣到許多資源與技能不足的地方，許多動物防疫專家認為，這將會是更多人畜共通疾病滋生的溫床。不過，這並不代表經濟較發達的國家就能完全控制住疫情，二零二零年十月，禽流感在連山烏雞的故鄉韓國爆發，當時疫情以驚人的速度在該國的商業雞群中肆虐。幾個月之內，超過兩千萬隻禽鳥被緊急撲殺以防止擴散。雞本來就容易感染禽流感，而密集式飼養模式將使疫情越發雪上加霜。

我們已逐漸了解到基因多樣性對於預防禽流感爆發的重要性。全球存在約一千五百種適應各地區環境的本土品種，這些品種保有遺傳多樣性，具有較強的環境適應力，已演化出各具特色的覓食方式。在低度開發國家，人們食用的雞肉和雞蛋仍有一半左右是出自這些本土雞隻，但隨著商業化畜養模式持續擴展至全球，這些本土品種也正不斷減少，讓各地雞隻的基因同質化程度越來越高。我們身處的世界越來越難以預測，氣候變遷的影響也日漸加劇，因此明智的做法是保護本土雞的物種多樣性，因為未來有一天我們可能就需要用到這些豐富的基因庫資源。

雖然不像農作物種子可以送到千禧年種子銀行或斯瓦爾巴群島的全球種子庫保存，但還是有許多像李承淑這樣的人，在韓國連山的農場持續飼養著當地特有的連山烏雞。如果沒有世界各地小農和業餘畜養者的努力，數百種雞隻品種就將消失殆盡。這些幸運被保留下來的品種大多是在自家後院飼養，更大規模的多樣性保護則有英國國家家禽收藏館（British National Poultry Collection）。這座樸素簡約的建築位於薩默塞特郡北部、時常有飛機飛過其上空的偏遠郊區，這裡保存了不少英國處於極度瀕危狀態的品種。家禽權威專家安德魯・謝皮（Andrew Sheppy）帶著我參觀這些收藏，向我介紹在過去十分受歡迎的禽鳥，像是南京矮腳雞（Nankim Bantons）、幾近滅絕的布魯斯巴爾（Brussbars），以及曾盛行一時的伊克斯沃斯（Ixworth）等，而他也提到這些品種全都不適合過度密集飼養。謝皮於二零一七年去世，我當時曾問過他最喜歡什麼品種，他毫不猶豫地說出沼澤雛菊雞（Marsh Daisy），這種雞的羽毛為淺棕色，腿部呈柳綠色，頭上有著玫瑰色的冠。謝皮說這種雞「風味出色」，不過仔細想想，每種雞其實都有各自的出色之處。

目前來看，物種多樣性似乎難以恢復，那我們還能做些什麼？很多人想辦法改善現在這套飼養模式，像是建造規模更大的雞舍，或是持續進行基因改良。牛津大學演化遺傳學教授、動物馴化專家格雷格・拉森（Greger Larson）曾聽說過巴西一座大型的養雞場，由於太過擁擠，雞群變得躁動而互相攻擊，造成大量傷亡，讓業者損失慘重。這是家禽飼養業普遍會面臨到的問題。但在養雞場的角落有一群雞，牠們表現得更為平靜，而且沒有出現侵略性的攻擊行為，拉森說：「後來發現牠們都是瞎子，所以很多時候根本沒有察覺到周圍發生了什麼事。」這種看不見的雞會成為未來廣泛使用的「明日雞」嗎？

一九八零年代，業者紛紛開始使用這些基因突變而導致失明的品種，就和巴西養雞場的情況一樣，這些雞沒有啄羽或同類相殘的跡象。多年後有實驗指出，這麼做「似乎沒有衍生出太過明顯的動物福利問題，還能提高產蛋量」，而且參與的科學家「認為盲雞可以在未來發揮作用……」這看似是雙贏的局面，雞農能賺更多的錢，雞也能眼不見為淨。我們已經為了自己的利益，讓雞長得更快更大隻，現在甚至還要讓牠們失明？動物倫理學家將之稱為「盲雞困境」（Blind Hens' Challenge），我們可能無從得知雞肉生產的來源資訊，或是無法負擔其他的選擇，無可避免地都會面臨到盲雞的倫理困境，我們得問問自己，從長遠來看，這真的好嗎？這就是為什麼我們需要了解雞的歷史，提醒我們去思考人類過去與這些動物的關係，牠們曾經那般受人類敬重。

15 中白豬 Middle White Pig

英國，懷伊谷

馴養豬這種動物並不是理想的選擇，會選擇馴化綿羊、牛和山羊還有其道理，因為人類無法消化草，但這些動物能將其分解消化並得到其中的能量，然後供給人類牛奶、肉類等食物。相較之下，豬感覺更像是對手般的存在，牠們的牙齒、下顎和消化系統相比反芻動物來說更接近我們，而且牠們只要逮到機會，便會侵入田裡破壞作物，把穀物都給吃光。但在距今約八千年前，豬逐漸成為先民生活中不可或缺的一分子。當時人類因從事農耕而得以定居，卻也造成許多食物生產過剩被浪費掉，無論是穀殼還是人類糞便等「有機廢棄物」，豬都會欣然接受地統統吃掉，再轉化為脂肪和肌肉，因此被當成是「活著的食物儲藏室」。那時的豬也跟羊和雞一樣可以活得很久，不會太早變成盤中飧，因為農家還需要利用牠們的糞便來施肥。豬的馴養還有助於人類展開長程遷徙，只要帶著這些活儲藏室，便能四處探索未知之地，定居下來之後，也可以繼續飼養豬隻，就不怕沒有東西吃。舉例來說，首批人類在抵達太平洋偏遠島嶼時，就帶了豬跟他們一起來到島上定居。

狩獵採集者過去一直是以捕獵野豬來取得肉食，後來人類演變為定居農耕生活之後才開始畜養豬隻。與狗的馴化過程類似，野豬主動走近人類的生活區域尋找食物，其中過於凶猛的野豬很快就被殺死，而那些膽小怯懦的則無法取得食物。但這些溫馴被動的野豬卻漸漸依賴起人，與人的關係越來越親近。野豬馴化過程不是瞬間發生，而是在許多不同年代和地點漸漸形成。知道這是如何發生、在何時何地發生十分重要，因為它解釋了豬是如何成為工業化程度與貿易量均位居全球前列的家畜。

一九九九年，考古學家在中國北方挖掘出一片陶寺墓地，遺址規模龐大，數千座墳墓中除了玉器、精美的陶器和樂器，還有完整的家豬骨骼，可以證明當時人類已開始畜養豬隻。該遺址屬於距今約四千五百年的新石器時代中期階段，以當時的社會風氣來說，飼養豬隻被視為財富的象徵，來世也要牠們作伴，所以會用豬的下頜骨當作陪葬品。距今約兩千年前的漢代後期墓地出土的不是豬骨，而是豬的陶塑模型，象徵的意義更為複雜。這兩處遺址都提供了線索，讓我們看見中國幾千年的歷史中，豬這種動物不僅為人類生前所擁有，死後也想帶著走。

豬之所以在中國社會有如此重要的地位，是因為當時已經種植水稻，使得人口大幅增加，進入公元二世紀以後，漢代時期進行了第一次人口普查，超過六千萬人在肥沃的河谷地區和華北平原一帶過著農耕定居生活。由於人口相當稠密，不能讓豬隻四處遊蕩、啃食農作物，因此大多是養在豬圈裡並用食槽來餵食。從當時製作的陶土豬圈模型可以看出，古代農家將豬飼養在房子下，剩菜剩飯就撒下去餵豬，豬糞又能循環來肥沃土壤，提升農作物生產量，養活更多的人。中國文字也表現出豬在家庭生活中扮演的核心（和親密）角色；「家」這個字的意思是「家庭」、「住家」或「房子」，幾千年前造字時就是在豬的象形「豕」上面加上代表屋頂的「宀」而設計出來。中文的「肉」一詞常僅指豬肉，其他肉類都需要再加上動物名稱，例如「牛肉」和「羊肉」。

由於豬是生態系統的重要組成部分，農民培養出適合特定環境的品種，主要是白白胖胖、短腿且大腹便便的豬，其中梅山豬是世界上數一數二古老的家豬品種。這種溫順的動物適應了在密閉空間中與人類近距離生活，而且能在多樣化的飲食下茁壯成長。中國各地有一百多個本土豬品種，在毛澤東主政的共產主義時代，養豬主要是為了生產肥料。過去只有在面臨危機或節慶宴客時才屠宰豬隻，豬肉因此成了珍貴的奢侈品，跟法羅群島的綿羊一樣，每個部位都不會浪費。如同中國菜專家鄧扶霞（Fuchsia Dunlop）所說，中國人連豬臉肉也能烹製出美味佳餚，而豬腦則煮得「如卡士達醬般柔軟，而且滋味非常濃郁」，豬胃、豬腸、豬尾巴、豬耳朵和豬血也都是很受歡迎的菜餚。由於傳統中國豬隻的基因與飲食習慣，肉裡面的脂肪含量很高，因而塑造了中國美食的一大特色，像是肥滋滋的梅干扣肉，還有香氣撲鼻的豬油炒青菜。

在歐洲，人類對於豬的馴化方式則走上了截然不同的道路。當時馴化過程始於中東的新月沃土，而後斷斷續續地向西傳播。從新石器時代到青銅器時代，歐洲人口密度低於中國，因此農業集約化程度較低，森林砍伐速度也較慢。結果，歐洲的野豬獨立演化出不同於其他地方的半馴化（也可以說是半野生）狀態，人們任由自己的家豬在森林裡遊蕩，四處尋找橡樹、櫟樹或山毛櫸掉下的果實充飢。人類頂多只是拿長棍打落樹上的果實，讓豬有更多的食物而已。歐洲曾普遍採用這種在林地放養家豬（pannage）的做法，到了約一千年前的中世紀時期開始走向衰落。當時歐洲人口增加了一倍多，大片森林被開墾為農田，不過某些偏遠孤立的地區仍保留了這種做法，並沿用到十六世紀。羅馬尼亞的紅色長毛曼加利察豬（Mangalica）、西班牙的純種伊比利亞豬（Iberian）和義大利的席恩那琴塔豬（Cinta Senese）都是這種季節性野放飼養方式發展出來的古老品種。如今英國的新森林國家公園（New Forest）仍會在九月至十一月果實掉落時開始林地養豬，放出豬隻在森林裡自由地移動和覓食，藉此幫助植物新生並增強森林生態系統。

由於歐洲和亞洲有著各自獨立的馴化方式，所以歐洲家豬在外貌或行為上與中國品種有明顯的差異，牠們仍會和野豬接觸交配，因此混雜了許多野豬種群的遺傳特徵。這些歐洲家豬品種較具攻擊性、行動敏捷、腿較長且身形偏瘦（每天可以走四英里尋找食物），母豬產仔數也比亞洲品種來得少，人們對這些仍有野性的豬相當警惕。中世紀歐洲曾有野豬或母豬攻擊人類致死，而被送進法庭接受審判的案例，當時數百頭豬更因此遭到處決。由於這些因素，當時人們普遍地認為牛、綿羊和山羊等反芻動物更為重要，而豬則被邊緣化，但接下來發生的事情卻讓豬逐漸成為歐洲乃至全世界高度集約化飼養的動物。

到了十八世紀，英國農業革命與工業革命相繼發生，羅伯特．貝克威爾率先對家豬進行改良，選育出許多適合農場飼養的品種，甚至讓牠們生活在城市裡（負責轉化啤酒廠與乳品廠產生的餘料廢棄物），但隨後英國育種者便遇到了瓶頸，歐洲豬種的產肉率低落，又不適合大規模生產，後來是靠著引進亞洲豬種才逐漸改善。十七世紀初，柑橘、香料、茶葉、絲綢和瓷器等亞洲商品開始進入歐洲市場，因此亞洲動物品種也在十八世紀初隨之傳入。一七六零年的《農民完整指南》（Farmer's Compleat Guide）提到中國豬：「小而低腹的豬適應力更強，什麼都吃，而且繁殖能力很好，在許多情況下比另一種（歐洲豬）更受歡迎。」還有農牧相關資料寫道，中國豬也因其「肉質甜美」和「烤過之後很美味」而備受讚賞。英國農民開始使用亞洲豬種進行繁殖，他們發現這麼做可以讓窩仔豬數增加一倍、增加母豬的乳頭數量、延長豬的體形（在某些情況下，可能還會增加兩節椎骨），並改變豬的脾氣性情，讓牠們變得比較溫馴，更適合圈養的環境，創造了能因應人類工業時代快速發展的豬隻。

英國人在引進中國豬之後，讓當地原有的品種漸漸發生改變，例如在新森林國家公園林地放養而演化出威賽克斯鞍背豬（Wessex Saddleback），由於英國西南部乳品業擴張，產出許多可用來養豬的廢棄物，讓威賽克斯鞍背豬的數量也隨之增加。與此同時，在果園裡生活的格洛斯特郡花豬（Gloucester Old Spot）隨著蘋果與蘋果酒產業的發展而數量大增。英國東部穀物種植地區的伯克夏豬（Berkshire）也是英國本土豬與中國豬交配育成的老品種（克倫威爾

Cromwell[16]在英國內戰期間的電報中提到過牠）。得益於來自亞洲的豬隻的基因，英國在一八五零年代成為畜牧業的中心，全身白色的大白豬（或稱約克夏Yorkshire，因其源自英國北部約克夏地區而得名）就是在這個畜牧業興盛的時期所培育出的品種，依其體型分為大、中、小三種，而當時英國最受歡迎的品種是中白豬，矮小健壯且適合城市大眾，也被命名為倫敦豬肉（London Porker）。中白豬以人類日常生活產生的垃圾和廚餘為食，所以在一九三零年代之前，無論是在倫敦房屋的後院還是東北部的礦村，牠都是英國人養豬的首選。然而到了二十世紀中葉，中白豬與大多數英國品種一樣幾近絕跡，市場上逐漸轉變為以大白豬為主。

大白豬於一八六八年正式得到英國種豬育種聯合會的認可，不久後便開始大量出口，首先是出口到歐洲各地，再到澳洲、阿根廷、加拿大、俄羅斯和美國等其他各國。這種豬的體形很長，體重增長速度很快，生產力令人驚艷。牠們也對環境有很強的適應性，不論戶外或室內畜養都沒問題，並且能生產出上好的培根與豬肉。丹麥農民成立的合作社很早就購買大白豬作為種豬，再藉由育種技術培育出生產力更高的豬，稱為「長白豬」（Landrace，也稱藍瑞斯豬），丹麥因而成為歐洲最大的豬肉出口國，以至於一九三零年代，英國農民得面對這些丹麥進口肉品的競爭。二戰後，英國養豬業境況不佳，政府因此成立了委員會來扶持該產業，一九五五年

16 奧立佛．克倫威爾（Oliver Cromwell），英格蘭政治人物，廢除英格蘭的君主制，並征服蘇格蘭與愛爾蘭。

發表的評估報告指出，英國有太多不同品種的豬，這樣的多樣性是養豬業發展的一大阻礙，建議國家針對單一品種進行商業化生產。

而農民也真的聽從建議，逐漸開始把重心放在大白豬或其雜交種（包括丹麥的長白豬）。一九七零年代，研究指出民眾應該減少飲食中飽和脂肪的攝取量，政府便建議再次變換畜養豬的品種，應該讓牠們身材變得更精實一些。較古老的品種被替換掉，只留下幾種高產品種。一群關心此事的英國農民於一九七三年（哈蘭剛發表〈遺傳學的災難〉沒多久）採取行動，成立了珍稀動物保育信託（Rare Breeds Survival Trust）來確保英國農場動物遺傳資源的存續，中白豬就是經過這個機構認證要首先保護的品種之一，那時英國各地的中白豬全部加起來只剩下兩位數。

為了尋找中白豬，我去到理查德．沃恩（Richard Vaughan）的亨舍姆莊園農場（Huntsham Court Farm），位於英國西部如田園詩般的懷伊河谷（Wye Valley）。這座莊園的歷史可以追溯到一六五零年代，而他們家族從十二世紀開始就生活在這個地區。七十多歲的沃恩一身鄉村紳士的打扮，在這個時代顯得有點過時，但他二十多歲時可是把農場經營得有聲有色，成立當時英國高度現代化、集約化飼養肉牛的企業。他曾經前往美國研究養牛業者如何飼養牲畜，然後把這套方法帶回自家農場來實踐，並使用新型高能量飼料。他說：「我縮短了畜養時間，讓牛隻從出生到屠宰只要花費不到一年，可憐的動物沒機會過上好日子，但無奈零售商不斷想壓低肉品價格。」沃恩一般都是將牛隻送去屠宰場，屠宰後的牛肉通常會直接運往超市。有次他跟屠宰場通電話時，詢問是否能寄一份牛肉樣品讓他品嘗看看。「電話裡傳來哄堂大笑，」他回憶道。「他們說我生產的牛肉值得賣，但不值得吃，實在不值得費那個事。」這次偶然的談話改變了他對肉類生產的看法，這些牲畜生長得如此快速，往往活不過多久就被宰殺，不僅讓牠們的生命太快結束，生產出的肉也變得毫無風味可言。

失望之餘，沃恩決定結束牛隻飼養的工作，將莊園改造成休閒農場。他想，大家都不願在肉品上花大錢，但也許他們會願意花錢跟動物拍拍照。園區內集合了許多稀有品種，像是珍稀動物保育信託認證的中白豬。當這裡的中白豬種群數量增加時，他不得不宰一些來吃，結果味道出乎意料地好，他說自己「從沒嘗過這樣的肉」。中白豬不同於現代肉豬，其豬肉脂肪層分布均勻，口感更加濃郁多汁。沃恩被這種難忘的滋味所折服，決定成為豬農來保存中白豬。

沃恩帶我參觀農場裡照明充足的舒適豬舍，我們在那裡看到了一窩剛出生的小豬，正擠在乾草堆上圍繞著媽媽的乳頭。這隻豬媽媽看起來就像你會在兒童讀物中看到的那種豬，豎著大耳朵，鼻子往上翻，沃恩表示他「從未見過這麼和藹可親的豬」。無論是生長還是繁殖方式，這些豬都喜歡放慢步調享受生活。「所有的肉都應該這樣生產，讓牠們能好好過生活。」亨舍姆農場現在約有六十頭母豬，占全世界中白豬種群數量的很大一部分，之所以能有今天的成果，不僅是因為沃恩在保育管理上盡心盡力，也是因為市場需求不斷增長。許多英國頂級廚師都被這種豬的味道和來源所吸引，在菜單設計上也特別選用這種食材。沃恩說，拿中白豬跟現代豬種比，就像開著福特 Model T 古董車參加 F1 賽車比賽，「沒辦法比，我也不想比，這些豬太珍貴了。」在這個不斷追求高產的世界，中白豬變得比喜馬拉雅雪豹還要稀有。

大白豬則面臨截然不同的命運，牠們目前都被畜養在美國與其他國家的大型工業養豬場。這些地方每年可容納三萬頭母豬與八十萬頭仔豬。在這樣的豬舍中，豬的一生中大部分時間都不能移動，牠們在隔間裡被餵食飼料和水，注射疫苗和抗生素，地板採用條狀設計，讓豬的糞便和尿液直接從間隙排放到一旁的巨大水塘。北卡羅來納州有數以千計的這樣的水塘，含有大量汙染物，目前還沒有研究出處理這些養豬廢水的辦法。懷孕的母豬被圈養在長兩公尺、寬六十公分的妊娠定位欄內（美國有百分之七十五的養豬場使用這種限制母豬活動的狹欄，英國在一九九九年明文規定不得使用，歐盟也自二零一三年起禁用），美國動物行為專家坦普爾・葛蘭汀（Temple Grandin）認為，這就像是讓人類長時間生活在狹小的經濟艙。研究人員指出，自一九五零年代以來，養豬業廣泛使用抗生素作為生長促進劑，抗生素濫用造成抗藥性細菌增加，這些細菌可能透過食物間接感染人類，對大眾的健康造成嚴重威脅，業界則表示抗藥性細菌的威脅被過度誇大了。

由於大白豬在世界各地迅速擴展，已取代了傳統品種，漸漸發展出這種全球性的豬肉生產模式。美國於十九世紀自英國引進大白豬，但農民在一九四零年代之後才開始進行培育（與明日雞大致同時），經改良而發展出美國的約克夏豬種，有助於伊利諾伊州、印第安納州、愛荷華州、內布拉斯加州和俄亥俄州養豬產業的擴張，最終美國幾乎所有州都看得到約克夏豬的蹤影。到了二十世紀末，關於豬隻遺傳性狀的研究，以美國約克夏豬研究為最多，育種者不斷想要改善其生長及產肉性能。現今，無論是巴西、印度、越南還是中國，大白豬的基因特性廣布於全球豬群中，創造前所未有的規模和同質性。我們的當務之急是建立起一套強韌且具有彈性的糧食系統，而豬隻同質性太高也會是一大問題。

二零一九年一月，社群媒體平台上瘋傳一段在中國用手機拍攝、短短幾秒鐘的影片，一部貨車在傾倒數千頭活豬時重心偏移，整部車摔下又深又寬的坑洞內，可以看到有些豬掙扎著想逃跑，但終究只是徒勞，這些豬全都被撲殺、掩埋，據說這是中國面對近年來最嚴重的動物病毒採取的絕望之舉的縮影。當時中國全境爆發非洲豬瘟（ASF）疫情，使豬隻數量大幅銳減。至二零二零年夏季，已經造成一億八千萬頭豬隻死亡，占全國生豬存欄量[17]的近一半（全球近四分之一的生豬）。根據負責協調應對傳染病的政府間組織「世界動物衛生組織」（World Organization for Animal Health，簡稱 OIE），非洲豬瘟已成為「我們這一代任何商業性牲畜的最大威脅」。

非洲豬瘟相當駭人，遭感染的豬隻在起初發病時會發高燒、皮膚呈現紫斑點，然後引起出血性腹瀉，眼睛和鼻子也出現分泌物；目前無法有效治療，感染後往往幾天之內就會死亡。不僅使數億頭豬面臨痛苦的死亡過程，也導致中國肉價飛漲。中國政府被迫動用其龐大的中央儲

17 指某一階段全部生豬飼養頭數，包括公豬、母豬、仔豬和育肥豬（即肉豬）。

備冷凍豬肉應急，並加大豬肉進口量以滿足市場需要，進一步導致全球豬肉供應短缺、價格持續飆升，引起一系列的連鎖反應。

二零一九年二月，世界第五大豬肉生產國越南發現非洲豬瘟病例，到秋天已經有五百萬頭豬隻死亡。疫情蔓延至寮國、柬埔寨、北韓和蒙古，並於二零二零年夏天延燒到歐洲，印度也淪陷為疫區。到目前為止，美國還沒有爆發疫情，不過有些動物疾病專家認為，非洲豬瘟遲早會突破美國防線，只是時間早晚的問題。

在豬肉供應不足和價格飆漲成為嚴重的政治問題之前，中國必須迅速重建生豬養殖業，唯一的辦法就是從西方育種公司進口以大白豬和美國約克夏豬為主的種豬。二零二零年春天，法國與荷蘭的養殖場空運了四千多頭母豬到中國，這只是歐洲和美國大規模運送種豬到亞洲的起始，情況剛好跟十八世紀歐洲人引進亞洲豬種完全相反。不過，二十一世紀這次的規模遠比之前大得多，有報導指出，中國的後備母豬（尚未參加配種的青年母豬）數量為一千萬頭。儘管中國政府已經建立育種基因庫（基本上就是大型豬精液冷凍庫）來保護當地豬種，但未來幾年還會有更多中國家豬品種消失，改用起源於英國約克夏、在美國改良育成的豬種，將使得全球豬隻的基因更趨於一致。

16 野牛 Bison

美國大平原

歐洲移民於十九世紀對美國大平原的野牛實施大規模血腥屠殺，這是現代歷史上人類對野生動物造成的最大傷害。從一八二零年代開始，在傷害持續了六十年之後，昔日遍布平原的野牛幾乎絕跡，只留下一片寂靜。這樣的屠殺行動至今仍是強勢的動物攻擊另一種動物最令人毛骨悚然的例子。大平原的範圍覆及美國內陸大部分地區，北起蒙大拿州、南抵德克薩斯州、西接洛磯山脈、東至密蘇里河下游約一千五百英里範圍，起初這裡跟非洲大草原一樣到處都是野生動物，曾有數不清的野牛漫步在這片廣闊的草原上，維繫著整個生態系統的穩定，但這一切都在野牛滅絕後徹底改變。

以前大平原上棲息著三千萬頭野牛，若是加上散居在北美其他地區（從加拿大西北部的大草原一直到墨西哥北部）的野牛，數量可能高達六千萬頭，沒有人知道確切數字。野牛群的規模十分龐大（有時長達二十五英里），騎馬也需要幾天時間才能越過牠們在草原上的隊伍。野牛的個體數量看似無窮無盡，實際上卻遠非如此。一八八三年，一隊獵人描述他們看到約五萬頭野牛成群結隊地往北遷徙，到加拿大避暑，他們只能等待著這些野牛幾個月後回到大平原，就能繼續狩獵。然而，野牛卻再也沒有出現過。那些獵人看到的很可能是最後一批大型野牛群，因為牠們還未到蒙大拿州就在途中被屠殺殆盡。

人們開始意識到野牛正瀕臨滅絕，一八八六年，華盛頓國家博物館的標本剝製師威廉·坦普爾·霍納迪（William Temple Hornaday）被派往西部獵殺僅存的野牛。他們認為，即使只是陳列在展場的動物標本，至少還能讓後人知道這種牛長什麼樣子。霍納迪向博物館報告，說他發現並殺死三頭野牛：「我殺了老牛、年輕母牛和一歲多的小牛，待我化為塵土後，也請你們務必將它們製成的標本保護好，避免變質損壞。」霍納迪製作的野牛標本於一八八八年三月展出。幾年之內，人類對野牛滅絕的恐懼就要成真。大平原上的屠殺仍在繼續，據霍納迪計算，當時野牛的數量只剩下大約一千頭。

我們雖永遠無法看到或感受到五萬頭野牛鋪天蓋地奔湧而來的場面，但可以藉由觀賞藝術家阿爾伯特·比斯塔特（Albert Bierstadt）十英尺寬的畫作《最後的水牛》（The Last of the Buffalo）體會到現場當時的情境。這幅畫完成於一八八九年，畫裡的前景有多頭死傷的水牛，可見死亡時間較久、已化為白骨的頭骨散落一地。畫中央是騎在馬背上的美洲原住民，正準備用長矛刺向發瘋暴衝野牛的脖子，周圍被大片乾燥的金色草地和遙遠的群山所環繞。前景運用熟練的寫實主義手法，但背景純屬虛構，展現出一望無際的大草原上盡是野牛在吃草。同年，霍納迪出版專書《美洲野牛的滅絕》（The Extermination of the American Bison），講述野牛的滅絕不僅是動物的苦難，也是人類的悲劇。自最終次冰河時期以來，人類就與野牛共享大平原這塊廣袤的土地。對美洲原住民來說，野牛既是一種神聖的動物，也能提供日常生活所需，是他們存在的核心。野牛身上每一處都不會被浪費，油脂與肉可以食用，牛皮可製成衣服和帳篷，骨頭能用來製作工具，肌腱可做成獵弓的弦。野牛被肆意屠殺後，美洲原住民不僅失去了重要的食物來源，傳統的生存方式也隨之消失無蹤。

大屠殺的原因至今仍是眾說紛紜。有人認為這是美國政府的一種焦土策略，透過屠殺野牛斷絕原住民的食物和生活必需品來源，將他們趕出大平原，這樣白人就能接收土地。也有人直接將矛頭指向人類的貪婪：越來越多生產製造商與貿易商為了取得牛肉、牛皮和骨頭而大量獵殺野牛。

後來還有一種相當有說服力的說法是，野牛的減少有利於發展畜牧業，所以美國政府很支持這種屠殺行動。這種論點認為，美國現代肉類工業的形成有賴於大平原的改造，那裡的野牛大多已被圈養的乳牛所取代。

美國目前有近一億頭牛，大部分集中在美國面積廣闊的中部地區，幾乎涵蓋了達科他州、內布拉斯加州、堪薩斯州、奧克拉荷馬州和德克薩斯州的所有平原。殖民者趕走了大平原上的原住民，牧場主因此能向這裡拓進，改以家養的牛群代替野牛群。歷史學家約書亞・斯佩赫特（Joshua Specht）提出肉牛產業排擠野牛的論點，他認為「牧場主不僅是野牛屠殺的受益者，他們也是征服者」。在政府支持土地掠奪、資本主義和不斷擴展的牛肉產業等幾方面因素作用下，結果就是美洲原住民被迫搬進保留區，野牛幾乎被趕盡殺絕，對大平原的整個生態系統造成莫大影響。

大平原是這個世界的一大奇蹟，歷史學家丹．弗洛雷斯（Dan Flores）這樣描述：「美國版的非洲賽倫蓋蒂草原，是個充滿詩意與奇觀的地方，生活著野馬、灰狼和土狼，諸如趕牛活動、『印第安戰爭』和水牛獵殺也全都發生在這裡，西方歷史可說是從大平原開展。」早在人類各種複雜瘋狂的事情上演之前，野牛就已經在此生活了。十三萬年前，牠們從西伯利亞大草原步行穿過陸橋[18]來到美洲，與已經在大平原上生活了數百萬年的猛獁象一起吃草。野牛是維持生態系統和諧穩定的「關鍵物種」，牠們咀嚼青草時，會用蹄子翻動土壤，糞便也能為草原提供肥料，還會將吃下的果實隨著糞便排出播種。野牛發揮了重要作用，協助其他物種創造棲地，長嘴杓鷸（long-billed curlews）和卡辛氏麻雀（Cassin's sparrows）等鳥類數千年來在這片草地上與野牛共同演化。而這種物種多樣性又養育了數百萬隻狼、土撥鼠和長得跟鹿有幾分神似的叉角羚（pronghorn）。研究野牛群興衰史的進化生物學家貝絲．夏皮洛（Beth Shapiro）指出，除了野牛之外，另一種對北美生態和環境造成如此巨大影響的物種就是我們人類。首批移

18 生物地理學名詞，指連結大陸的狹長地峽。

民約在兩萬年前沿著同樣的陸橋進入美洲，但直到近兩個世紀，野牛與人類才逐漸達到和諧共存局面。

西班牙征服者抵達科羅拉多州的聖路易谷（San Luis Valley）尋找金礦，成為第一批看到大平原野牛的歐洲人。美洲原住民原本是使用弓箭徒步狩獵（射死一頭野牛需要十五支箭），自從西班牙人將馬匹和可以一槍擊斃野牛的槍枝引入部落，從此改變了原住民獵捕野牛的方式。後來在十九世紀初，美國大平原放牧業快速發展，由於畜養的牛羊會和野牛爭奪草地，牧場主大量射殺野牛，使其數量驟減。一八六零年代時，野牛皮與牛肉的貿易規模擴大，野牛獵人組成的屠殺隊伍橫掃大平原，人人奮勇殺牛，直接加劇了野牛消亡的進程。一八六五年南北戰爭結束後，美國有兩百萬把步槍在市面上流通，超過一百萬名退伍軍人接受過步槍射擊訓練，而且很多人的農場或家園在戰爭中被燒毀，戰後流離失所、無家可歸，但只要有槍和騾子，就能當野牛獵人。情況因此變得更糟，光是一八七二年，堪薩斯州就運出一百萬張牛皮。隨著越來越多武器流入美國西部，再加上土地競爭日益激烈，當地原住民也為了生存開始大肆殺戮野牛，出售毛皮和肉牟利。

獵人和原住民提供的野牛皮透過新建的聯合太平洋鐵路運往東部，出口到世界各地，然後製作成各種東西，包括車輛的絕緣材料、工廠機器的傳動帶、鞋子和豪華家具。水牛皮比一般牛皮更堅韌耐用，很受美國人與歐洲人喜愛。新的冷藏設備發明後，野牛肉也可以運輸到更遠的地方，包括由磨碎的野牛脂肪和肉乾燥製成的乾肉餅（pemmican）。這種傳統原住民食品也開始量產，野牛肉在工廠加工、裝罐，再運往西部正在開拓的邊疆地區，當時在那裡修建橫貫鐵路的工人及沿線軍營都要吃野牛肉，使得需求大增。隨著鐵路的修建，更多獵人湧入大平原，在列車上從車窗射殺野牛甚至成了一項狩獵運動。一位在科羅拉多州至堪薩斯州的聖塔菲（Santa Fe）鐵路工作的工程師說，當時鐵路沿線都是野牛屍體，綿延了數英里長。有些人專門去收集野牛骨頭賣給化肥工廠、製糖業和陶瓷生產使用，但大部分都被白白浪費掉。許多肉類買家只對舌頭和駝峰等特定部位感興趣，他們殺死無數野牛、取走所需部位之後，就直接將屍體丟棄荒野，任其腐爛。

一八六零年代末，大平原的野牛數量急劇下降，吸引不少養牛牧場進駐這片土地。牛肉可以透過火車輕鬆運到當時的肉類貿易樞紐芝加哥，美國人對牛肉的熱愛由此開始。開墾平原使得肉類供應大增，以至於到十九世紀末，每年有十四萬噸美國牛肉經由大西洋運往英國。許多新移民原本在舊世界很少有機會吃到肉，來到美國卻發現市場和肉店裡頭居然擺滿了牛肉。

記者厄普頓・辛克萊（Upton Sinclair）於一九零六年出版著名的抗議小說《魔鬼的叢林》（The Jungle），揭露肉類加工業工人受剝削的慘況，並描寫屠宰場令人反胃的汙穢環境。這本書出版後在美國引起轟動，其後《聯邦肉類檢驗法》於同年通過。辛克萊原本打算批判資本主義社會的階層制度問題，但讀者似乎沒有意識到這一點，反而引起大眾對食品安全衛生的恐慌。辛克萊後來談到他的書時說道：「我想瞄準公眾的心，卻意外打中他們的胃！」歷史學家約書亞・斯佩赫特就直言不諱地說：「他致力推動社會主義理念，無奈最終卻只讓食品標籤變得更真實可靠。」

數以百萬計的美洲原住民目前都已被迫搬遷到保留區內，那裡充斥著暴力、腐敗和無知，導致居民時常挨餓，倖存下來的人現在吃的都是飼養在平原上的畜牧牛。但這些牛肉品質很差，幾乎都是被芝加哥的屠宰場拒收後改賣到保留區的次等肉品，簡直令人難以下嚥。

眼看野牛就要滅絕，人們趕緊著手進行保育工作。愛達荷州、新墨西哥州、懷俄明州和亞利桑那州等地對獵捕以及牛肉與牛皮交易施加限制，遺憾的是，這項法律規範來得太遲，有些甚至是動物已經全部消失之後才完成立法。美國國會在一九九零年通過聯邦法律《雷斯法案》（Lacey act），才開始禁止非法野生動物貿易。真正使野牛免於滅絕的是一小群散居於大平原的人，包括德克薩斯州的牧場主、堪薩斯州的野牛獵人、加拿大的冒險家、居住在蒙大拿州保留區的原住民，以及在南達科他州做生意的商人。這些人彼此互不相識，但他們都在一八七零和八零年代意識到野牛所面臨的危機，因此紛紛在自己的牧場飼養一群野生牛犢（成年野牛實在太難對付）來幫助拯救這個物種，並將這些抓來的小野牛與跟牧場裡的其他母牛配種。

有些人只是單純的物種保護（德克薩斯州牧場主查爾斯・古德奈特 Charles Goodnight 在妻子的鼓勵下嘗試保護野牛），有些人則將野牛視為一種日漸稀有且具有商業價值的潛在物種，獵人查爾斯・傑西・瓊斯（Charles Jesse Jones，更廣為人知的名字是水牛瓊斯）就是這麼想的。一八八六年，大平原遭到猛烈的暴風雪侵襲，導致四分之三的牛群因凍餓而死，而強壯的野牛卻相對毫髮無傷。瓊斯於是將他救下來的野牛與家牛進行雜交，培育出凱他洛牛（Cattalo）這種雜交種，既有野牛的耐寒能力，又有家牛的肉質。這些保護野牛的人可能源於不同的動機，但帶來的結果卻都是一樣的。大平原現存的野牛幾乎都是這五個基礎畜群的後代，而在一八八八年，這些野牛加起來還不到兩百隻。

自然保護主義者威廉・霍納迪（William Hornaday）於一九零三年擔任布朗克斯動物園（Bronx Zoo）園長時，將倖存的一些野牛轉移到這間當時剛創立沒多久的動物園。起初，動物園就只是個避風港，但在老羅斯福總統（Theodore Roosevelt）等環保主義者的介入之下，動物園成了讓野生野牛回到大平原的關鍵。霍納迪與五個基礎牛群的主人都是先驅，他們率先朝著避免這種大型哺乳動物滅絕的方向而努力，為目前世界各地正在進行的保育工作提供了實踐範例。

由於布朗克斯動物園和其他基金會將野牛陸續送到美國各地野放，讓野地的種群數量因而有了長足的恢復，如今黃石國家公園已有五千頭，是美國最大的野牛群棲地。在大平原野牛幾近滅絕的一個多世紀後，歐巴馬總統（Barack Obama）於二零一六年簽署法案，正式將野牛列為「國家哺乳動物」，反映了野牛在國民心中的地位。

據估計美國現在約有五十萬頭野牛，但其中只有少部分仍保有純種基因，因為早期復育人士為了快速重建野牛群，普遍會讓野牛與家牛雜交混種，這樣的作為一直持續到二十世紀初；現在則透過基因定序與選擇性剔除技術，慢慢將混種牛基因體中家牛的部分移除。許多讓野牛重返原住民保留區的野放計畫已經開始進行，其中一項計畫是科羅拉多州立大學（Colorado

State University）動物繁殖學教授珍妮佛．巴爾菲德（Jennifer Barfield）與基奧瓦（Kiowa）和納瓦荷部落合作進行野放。

巴爾菲德多年來致力於透過繁殖技術增加純種野牛的數量，雖然大多時候都是專注於製造「野牛寶寶」（她是這麼說的），但參與部落野放所舉行的祝福儀式，也能讓她重新思考自己所擔任的這項工作重要性。有一次，她站在圍欄旁，看著圍欄裡準備回到大平原的牛群。「動物知道發生了什麼事，」她說道。「牠們開始躁動不安、緩步走動。」當儀式開始，部落長老隨著鼓聲唱起水牛之歌時，在場的人不約而同地停下所有動作，牛群也頓時安靜下來。巴爾菲德與這些野牛相處過一年的時間，對牠們十分了解。野牛聽到不熟悉的聲音時，感官知覺通常會更為靈敏而變得焦躁不安，但這時候野牛卻只是透過柵欄的縫隙專注地凝視著，沉浸在鼓聲中靜止不動。那一刻，她了解到自己參與的事情超越了科學、基因遺傳和保育。「野牛與原住民部落之間正在產生一種連結，」她說。數百名群眾在場邊見證這些野牛重返野外，有些人甚至徒步走了數英里來到這裡。「眾人看到野牛穿過圍欄在草原狂奔的景象，也都紛紛感動落淚。」

在尋找野牛的過程中，我來到科羅拉多州西南部聖路易谷（San Luis Valley）的沙丘上，風從身邊呼嘯而過，沙子迎面撲來刺痛了我的臉。山谷地區覆蓋約三十平方英里的沙丘，有些甚至高達七百五十英尺，有如電影《阿拉伯的勞倫斯》（Lawrence of Arabia）或義大利式西部片（Spaghetti Western）中的沙漠場景，遠處的小徑穿過山口便消失了蹤影。目前最早對這片沙丘的描述來自美國士兵西布倫．派克（Zebulon Pike）於一八零七年留下的紀錄，當時二十七歲的派克與十二名飢寒交迫、滿是凍傷的同袍一起徒步通過隘口，他用望遠鏡俯視著，「白山（White Mountains）山腳下連綿起伏的沙丘……就像暴風雨來襲時大海產生的波浪，除了沙子本身的顏色，並沒有任何植被存在的跡象。」不過，遠處其實有許多野生動物，包括短角蜥（short-horned lizards）、沙丘鶴（sandhill cranes）和成群的野牛。

考古學家曾在沙丘邊緣發現大量的野牛骨頭，推測是距今一萬一千年前，狩獵採集者曾大規模將牛群趕落懸崖，這是當時取得野牛肉最有效的方式。一八七零年代猶他部落被迫遷入保留區之前，一直都與野牛生活在這個地區，原住民隨著牛群穿越草原，遷徙到科羅拉多州西南部定居。現今這裡坐落著薩帕塔牧場（Zapata Ranch），正如火如荼地進行野牛復育計畫。日裔美國建築師太田久佐（Hisa Ota）於一九八零年代在這裡買下近十萬英畝的土地，他最初是計劃讓牧場成為頂級的度假勝地，但後來認真地了解這個地區野牛的歷史後，更加堅定了他想幫助野牛回歸的心，於是開始購買私人飼養的野牛。到了一九九零年代後期，薩帕塔牧場的牛隻數量已達數百頭，現在全交由大自然保護協會（Nature Conservancy）經營並照料這些野牛。

牧場周圍的景觀風貌包括高原沙漠、乾涸的溪床、奔湧的泉水、廣闊的草地，還有老羅斯福曾經形容為「閃閃發光、微微顫動」的三角葉楊樹（cottonwood trees），綠葉與塵土相互映襯。我先是看到三頭母野牛在一條小溪邊喝水，牠們的體型都跟馬一樣大，牛角彎曲呈「C」字型。當冬天來臨時，牠們深棕色的冬衣變得毛茸茸的。雖然看起來個個身強力壯，但牠們懶洋洋舔著水的樣子卻有些漫不經心，時不時抬起頭來瞪我一眼。薩帕塔牧場經理凱特．馬西森（Kate Matheson）說：「牠們正在觀察我們。」隨即補充道：「別擔心，牠們沒有攻擊性。」野牛的鼻孔寬大，長長的三角形腦袋上覆蓋著蓬鬆的毛髮，下巴有著濃密的鬍鬚。儘管身形看起來十分笨重，但奔跑的時速仍可達每小時三十英里以上，比絕大多數的馬都還要快。強而有力的臀部往上延伸出高高凸起的駝峰，然後沿著背部向下傾斜，彷彿史前洞穴壁畫上的動物活生生地出現在我面前。

我們接著往牧場深處行駛，途中遇到四頭小公牛，體型相當於成年大丹犬般巨大，牠們長著笨拙的彎角。這些年幼的野牛出生於春天，原本紅棕色的皮毛現在已經變得又厚又黑，準備迎接攝氏零下四十度的寒冬。附近還有一群成年公牛，牠們很快就會離開，另外組成單身漢群，但現在牠們仍與母牛混在一起，透過嗅聞尋找進入發情期的雌性，並與之交配。這些壯如坦克的野牛重約兩千磅。再往前行，我們停下吉普車，周圍有許許多多的野牛，看著牠們抬頭凝視，然後又緩緩低下頭繼續吃草，這樣的場景令我著迷不已。

薩帕塔牧場復育野牛的過程與理查德．沃恩復育中白豬十分相似，都會作為食物販賣來避免物種滅絕。每到秋天，牧場周圍就會豎起柵欄進行放牧活動，再由牧人（現代牛仔或女牛仔）駕駛摩托車和小型飛機圍捕野牛，留下七頭供薩帕塔牧場的小木屋餐廳使用，為接下來的一年儲備野牛肉；其他則賣給當地廚師，不僅能為保育計畫籌集資金，也能讓大家對野牛有更多認識。和一般牛肉比起來，野牛的肉質嫩中帶點嚼勁，味道更濃郁豐富。

大平原野牛的滅絕發生在一百五十年前，後來還是持續有許多物種相繼滅絕。我們不像獵人只獵殺單一物種，而是對整個生態系統造成破壞。據估計，自一九七零年以來，由於人類活動改變野生動物棲地，包含森林砍伐、將森林轉變為農業和畜牧用地，導致脊椎動物數量平均下降百分之六十，從世界自然基金會（WWF）的這項研究看來，物種多樣性正在以前所未有的速度消失。我們到底是要與萬物互相依存，還是當地球環境的破壞者？野牛的滅絕展示了人類的毀滅威力，但薩帕塔牧場的復育行動也讓我們看到，人類完全有能力恢復物種及重建生態系統，我們可以彌補、修正自己所犯下的錯誤。

始料未及的後果

新型冠狀病毒肺炎（Covid-19 ）疫源調查報告指出，野生動物（特別是蝙蝠）是病毒的來源，牠們將其傳播到中間物種（可能是穿山甲）身上，再傳染給人類。疫情爆發之初，中國政府關閉了武漢被認為是疫情源頭的農貿市場。無論是活體還是被宰殺、野生或是家養、合法抑或非法，匯集了來自世界各地的動物在這裡進行交易，包括果子狸、豪豬、活狼幼崽和蛇（以及養殖肉類與海鮮）都有販售。許多動物屠宰前都被關在密閉空間並承受著巨大壓力，為病毒的繁殖創造了有利條件。

隨著疫情蔓延全球，外媒在報導中將這種菜市場描述為中國飲食文化的傳統特徵，但其實並非如此，大型活體動物市場在文化大革命結束前並不存在。這種售賣活體動物的現象興起於一九八零年代，但在二十、二十一世紀之交才真正蓬勃發展。當時中國經濟正快速成長，很多富人對於新奇的異國珍饈相當感興趣，因而形成專門引進亞洲、非洲和美洲等地動物的貿易網絡，並發展出靈巧便捷的活體動物物流運輸服務，但同時也帶來十分可怕的後果。

人畜共通傳染病專家普遍認為，野生動物貿易的情況一直以來都很令人擔憂，這個問題已存在許久，但近年來卻變得更加危險。天花、百日咳、腮腺炎、人類免疫缺陷病毒

（HIV）和伊波拉病毒（Ebola）等已經出現很久的疾病都是從動物傳染給人類。多數人認為麻疹是源自於牛的疾病，人類是在與馴養的牛隻密切接觸後感染了這種傳染病。最早對於人類疾病的描述來自九、十世紀的絲綢之路，當時城市規模不斷擴大，擁擠的居住環境為病毒大流行創造了完美的條件。人畜共通傳染病成為影響人類歷史的一項重要因素，歐洲人將天花和麻疹帶到新大陸，造成數百萬的原住民染病身亡，傳染病成了殖民者最強大的生化武器。

新冠肺炎疫情已經在二十一世紀重塑了我們的世界，未來可能還會出現越來越多更致命的疾病。我們不斷擴大農業用地，砍伐森林破壞了其他物種的棲息地，打破經過數百萬年繁衍生息而形成的天然屏障。野生動物正以前所未有的方式遭到人工養殖動物的破壞和混合，誰也不曾預料到不同物種之間的接觸會變得如此快速和劇烈，就好像搖晃過後的雪花水晶球，裡頭雪花紛飛。現在許多新興疾病都與人類對自然土地的入侵有關，一九九零年代馬來西亞爆發的傳染病就是個例子，當時該國養豬業朝著集約化方向發展，興建大量養豬場，周圍森林也被開闢成果園，人類侵占了野生動物的棲息地，導致果蝠的食物來源枯竭，迫使牠們到養豬場附近的果園覓食。一九九八年初，果蝠的糞便汙染了餵豬的餿水，將立百病毒（Nipah virus）傳染給豬隻與人類。當時馬來西亞價值數十億美元的養豬業幾近崩潰，更造成一百零五人死亡。正如科普作家大衛・逵曼（David Quammen）所說，人類破壞生態環境的平衡，將病毒從原本的自然宿主中釋放出來，「被迫尋找新的宿主以求生存，通常我們就會是替代宿主」，人類因此招惹了野生動物的病毒上身。新冠肺炎疫情或許是一記警鐘，我們就算只是自私地為了拯救人類自己，也應該趕快補救物種多樣性這張安全大網。

Part 5

海鮮

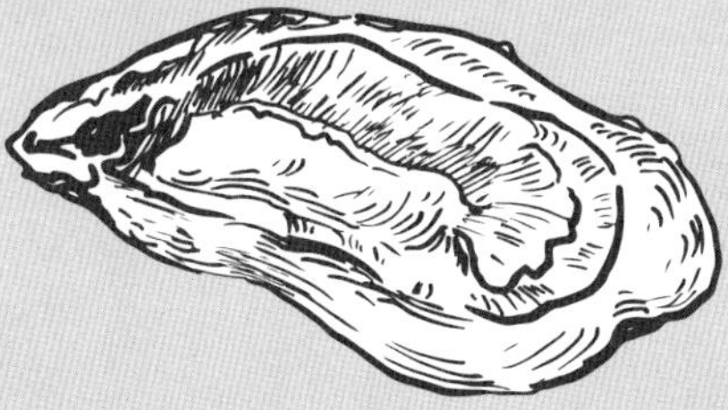

有些淺灘跟城鎮一樣寬廣且深，代表著數週都撈不完的豐碩漁獲……彷彿是可以無盡掠奪的自然資源，但其實也會消耗殆盡。

——珍・葛里森（Jane Grigson）

美國海洋生物學家瑞秋・卡森（Rachel Carson）在她一九五一年出版的《大藍海洋》（The Sea Around Us）中寫道：「即使我們擁有各種深海探測和樣本採集的先進儀器，目前仍沒有人敢說我們已徹底解開海洋的終極之謎。」如今距離這本書出版已過去七十年，許多「終極之謎」尚未解開。這本書也嘗試探索海洋之謎，談到多種生物面臨嚴重衰退甚至滅絕危機，我們清楚有些物種消失的原因，但也有很多生物絕種的原因仍未明瞭。雖然無法確定地球上到底有多少物種正面臨絕種威脅，但可以確知的是讓許多生物族群衰落的共同因素就來自我們人類。

二零零七年夏天，來自超過九十個國家的三百名科學家共同展開世界海洋物種目錄（World Register of Marine Species，WoRMS）計畫，將已知的海洋物種數量進行編目。這是一項看似不可能完成的任務，人類對火星表面的認識甚至遠超過我們對海洋深處的了解。我們只知道物種數目估計在七十萬至兩百萬之間。

經過長達十多年的統計，目前已知的數目接近二十四萬種。無論是軟體動物、哺乳動物、魚類還是甲殼類動物，幾乎每天都有新物種被收錄。參與這項研究計畫的海洋學家泰米・霍頓（Tammy Horton）負責甲殼類動物的分類編輯，目前已知約有一萬種，且還持續增加當中。她表示：「我們永遠無法了解牠們的全貌，太多物種在我們還沒來得及發現之前就已經消失了。」

經過數十億年演化，隨後又經歷數百萬年才形成了現在海洋裡豐富的生態體系，但我們僅僅用一個多世紀的時間就讓海洋物種多樣性銳減。自從漁業進入工業化時代以來，某些魚群的數量確實大幅減少；其中，太平洋黑鮪（Pacific bluefin tuna）比歷史平均水平下降百分之九十七；地中海劍魚（Mediterranean swordfish）降低百分之八十八，而南美擬沙丁魚（Pacific sardine）等關鍵物種近年來也銳減了百分之九十五。

造成魚類資源減少的主因是過度捕撈，全球漁業年產值約一千億美元，非法捕魚的漁獲價值亦高達每年一百億至兩百三十億美元。我們在海上的活動範圍如此之廣，以至於三分之二的海洋環境因人類活動而產生劇變；也就是說，目前僅存未受人類染指的海洋荒野隨時都有可能消失。

以往我們認為海洋資源取之不盡、用之不竭，開始對資源無止境的索求。海上捕魚作業的船隻原本都是靠風帆來推動，一八八零年代運用蒸汽動力的蒸汽拖網船出現，隨後在一九零零年代初期柴油動力船誕生，這讓船隻能夠航行到更遙遠的海域捕魚。一九二零年代尼龍的發明不僅徹底改變了我們的著裝方式，也改變了我們捕魚的方法，尼龍被用來製成可延伸數英里的釣線或編織成漁網。同時，漁船上也開始設有急速冷凍設備，讓漁民可以更長時間地待在外海捕撈。第二次世界大戰時，聲納技術因軍事需求而發展迅速，戰爭期間主要用於探測敵潛艦，後來也用來尋找魚群，就好像另一場水下戰爭開打，只是這次我們對付的是野生動物。全球首批拖網加工船「費爾特里號」（Fairtry）於一九五四年啟航，每天可處理六百噸漁獲。這艘漁船成了一座漂浮在海上的金礦，許多人也紛紛跟進。當今世界上約有四百六十萬艘漁船，光是中國就有多達八十萬艘，包括一萬七千艘大型深海捕撈漁船，如今費爾特里號跟這些漁船相比，根本是小巫見大巫。因捕撈技術演進，魚兒的藏身之處越來越少。有些拖網船甚至會在海洋深處釋放低壓電，使魚因肌肉痙攣而無法動彈，接著就能用漁網輕鬆捕獲。

純粹從人類自私的角度（將海洋資源視為食物供應來源）來看，全球有三十三億人口仰賴魚類做為蛋白質來源。自一九九零年以來，全球每人平均魚類消費量翻了一倍，而且預期未來還會持續增長。但若站在地球的角度來看，從海洋中取走這麼多的生命可說是一場災難。我們過度捕殺大型成魚，耗盡了魚卵及魚苗，令許多海洋物種失去食物。不只大魚被捕撈殆盡，連小魚也被大量捕撈，做為人工養殖鮭魚、鱸魚和鯛魚所需的飼料。整個生態系統正逐漸分崩離析，原本健全的食物鏈也陷入混亂。隨著海洋生物不斷減少，攸關人類生存的重要資源也正在流失當中。

遠古人類約在兩百萬年前開始吃肉，但在這之前就已經會從海洋中捕獵魚類和軟體動物當作食物來源。捕魚很可能是人類歷史上取得食物最古老、廣泛且持續使用的形式，沿海與沿河的智人由於有了穩定的食物，逐漸定居形成聚落，來自海洋的食物也塑造了文化和身分認同。接下來介紹的四種食物都反映了那段文化歷史，而且有許多民族也如他們賴以生存的魚類一般，正處於瀕危狀態。

這並不是我們第一次重新思考人與大海的關係。一千年前，北歐的漁業就已面臨危機。研究員透過分析考古遺址所發掘出的魚骨，得知人們在短短五十年間，從原本常吃的棲息於河川、湖泊的淡水魚（例如：狗魚、鯛魚、鱒魚和鮭魚），被迫轉向食用鱈魚、比目魚和鯡魚等海魚。原因在於淡水資源已被過度開發，於是人類便開始打造更大的船舶和漁網，到更遠的海域尋找食物來源。英國約克郡（York）科學家組成的團隊發現了這種轉變，將其稱為「魚類事件視界[19]」以及「當今漁業危機的初始」。

歷史上也曾經有人想辦法保護魚類資源，而非毫無節制地耗用。在十三世紀，法國國王菲利普四世（Philip IV）因為魚類數量急劇減少而大發雷霆，他稱：「因漁民之惡……小魚還未來得及長大就被撈起，導致我國大大小小的江河水邊幾乎就要沒有魚了。」他下令漁民必須使用孔徑更大的網具，讓入網的幼魚能夠逃脫，因而保護了數英里的河川與溪流裡的資源。而我們現在要針對全球採取規模更宏大的措施，但同樣是朝著菲利普八百年前的政令方向，減少捕撈並增加保護。我們也清楚當今的問題遠比「漁民之惡」複雜得多，氣候變遷造成海洋種群數量逐漸下降，某些地區甚至減少了三分之一，同時大氣中的二氧化碳濃度增加，也讓海水酸鹼度變得越來越低，嚴重威脅到複雜的海洋生態系統。

接下來的章節將談論到破壞海洋物種多樣性的各種原因，其中有一些較鮮為人知的因素。有些疾病和物種滅絕情形並不容易解釋，儘管我們無法了解事情的全貌，但有證據顯示海洋生態確實深受影響。看來卡森說得沒錯，人類可能永遠也無法解開「海洋的終極之謎」。

---

19 事件視界也稱事件穹界，是區隔黑洞內外的界線。光線進入事件視界後便無法逃脫。

17 野生大西洋鮭魚 Wild Atlantic Salmon

愛爾蘭與蘇格蘭

大西洋鮭魚可說是一種相當矛盾的漁業資源。一方面來說，這種魚現在已經數量稀少，很少有人能看到或吃到野生的大西洋鮭魚；而另一方面，大西洋鮭魚也是全世界最普遍的養殖魚類。幾十年內，水產養殖業就使鮭魚從原本的地方限定美食，變成全球貿易量最大的單一魚類商品。在人類開始馴養牛、豬和羊的一萬年後，我們正在循著相同途徑馴化魚類。在馴化過程中，鮭魚群逐漸自野外消失，養殖業者在近海地區使用箱網將鮭魚圈養其中。但野生大西洋鮭魚不能就這樣消失，沒有其他動物比這種魚更適合作為反映地球狀況的指標。牠們能夠在內陸的淡水環境中出生，進入海洋後轉變為鹹水魚類，然後再洄游到其出生的河流中產卵。藉由觀察鮭魚的生命週期，我們可以看到一系列人類活動對大自然產生的影響，包括森林砍伐、水壩建設、汙染、過度捕撈以及造成氣候變遷的各種因素。野生大西洋鮭魚的衰落敲響了警鐘，提醒我們正視陸地和海洋正在發生的變化。若要拯救野生鮭魚，就只能停止對地球環境的破壞，除此之外已別無他法。

這種魚類的生命週期既神奇且神祕，雌鮭魚會從大海回到家鄉的溪流，並在礫石中挖洞產下約八千顆魚卵，然後雄鮭魚會互相競爭，想辦法用自己的精子使魚卵受精。八週後，巨大的金黃色魚卵孵化出微小的魚苗（alevin），並在接下來的三十天裡靠著卵黃囊的營養成長發育，從小魚苗長成幼魚（parr）後，牠們就可以離開礫石家園的淺灘，順著河流游向茫茫大海。鮭魚必須在海洋中大量進食，約三年後才會長到十五公分長，轉變為肌肉豐滿的銀魚（Smolts），準備好踏上史詩般的海洋之旅。鮭魚要有足夠的耐力游數千英里，才能橫渡大西洋到達北方的覓食地。如果牠們有幸在天敵掠食和風暴中存活下來，兩三年後就會逆流而上，克服沿途的重重障礙，回到當初孵化的溪流礫石河床，在這個標誌著旅程起點與終點的地方產卵。最初產下的八千顆卵，最後大約僅有兩條鮭魚能完成整個生命週期，可說是自然界中十分精彩的生命歷程。

為了離開淡水河流並游到鹹水海域，鮭魚經歷了一種稱為「溯河洄游」（anadromy）的生理變態，這種特徵是在數百萬年前隨著海洋變冷且成為更豐富的食物來源而演化出來的，使鮭魚能夠「銀化」（smolify），在接近海洋時，身體變得更加流線型，體色轉變為銀白色、反光度增加，能在大海中更好地偽裝自己。還是河魚時，牠們的領土意識和攻擊性較強，等進入更深的水裡並與其他鮭魚聚集成群後，性情就會變得柔和。再往下游靠近大海時，鮭魚會進行最後一次化學「定位」，在即將離開的淡水水域中留下化學物質印記，讓牠們在海上遷移數千英里後還能找到回家的路。在河口鹹淡水交會處，鮭魚改變鰓的換氣機制以適應新環境，接著就能游至近海面的水域，在這裡以甲殼類動物、烏賊、小魚和磷蝦等大型浮游生物為食，但同時也逃不過被捕食的命運，牠們的天敵包括鸕鶿（cormorants）、鯊魚、海獅、海豹，當然還有人類。

這種鮭魚的奇妙旅程就發生在北大西洋海域，廣泛分布於歐洲和北美地區的兩千多條河流與支流，北至挪威，南至西班牙及葡萄牙，東至俄羅斯，西至加拿大。但不論大西洋鮭魚起源於何處，一旦進入大海，這些魚都會聚集到格陵蘭島西海岸與法羅群島沿岸等地，在這裡漫遊覓食、茁壯成長，每條魚都能藉由增加脂肪儲備，讓體型增長一倍，來熬過北大西洋的寒冷，並為其返鄉之路提供能量。

鮭魚大部分的生命週期應該都算是瑞秋．卡森所說的「終極之謎」，牠們到底是如何找到歸鄉路（可能結合了記憶、氣味、太陽導航和地球磁場等線索）？又是如何知道何時要返回出生地？我們無法全然明瞭。但可以確知的是，鮭魚會義無反顧地回鄉繁衍下一代。在愛爾蘭多尼戈爾郡（Donegal）的克洛漢鎮（Cloghan）附近，鮭魚沿著四十英里長的芬恩河（River Finn）溯溪而上，途中遭遇了一道看似不可能跨越的障礙。瀑布從十英尺的高空傾瀉而下，猛烈的洪水淹沒了堅硬的岩石。鮭魚在瀑布底下的水池奮力前游、試圖躍過瀑布，有些鼓動尾部躍出水面，力爭躍上一階又一階；有些則拚盡全力高高跳起，希望一次就能成功達陣。鮭魚一旦回到淡水河流，便會停止進食，無論需要幾天、幾週或幾個月的時間才到得了出生地，牠們都是靠著之前儲備的能量來支撐生命的最後階段。不過，鮭魚多年來在大海中大量進食，這時候正處於其能量高峰，對於守在岸邊的捕食者（人類與其他動物）來說，鮭魚洄游時的狀態是再好不過了。

愛爾蘭詩人謝默斯・奚尼（Seamus Heaney）從小就喜歡釣魚，曾在多尼戈爾郡的克洛漢瀑布（Cloghan Falls）以東捕撈鮭魚。他看著鮭魚衝出水面，銀色身軀上有著藍綠色的鱗片和魚雷般的頭部，他認為是返鄉的渴望推動著牠們不斷前進。一九六九年，希尼的詩作《鮭魚漁夫致鮭魚》（The Salmon Fisher to the Salmon）發表時，野生大西洋鮭魚有大約一千萬條，如今剩不到兩百萬條。而太平洋紅鮭在兩千萬年前與大西洋鮭魚一同演化而來，目前也還有千萬條紅鮭會從太平洋溯河洄游，由此可見大西洋鮭屬的衰落有多麼嚴重。五十年前，離開出生河域的一百萬條大西洋鮭魚中，約有一半會返回產卵並完成生命的循環，而現在只有約三萬條能完成這個使命。儘管全球持續努力地想了解大西洋鮭魚大幅度減少的原因，但目前尚未有確切的答案。對任何物種而言，總會有個關鍵因素導致個體數量變得如此之少，甚至未來大西洋大部分地區及其河流系統的野生鮭魚都有可能因此滅絕。

人與魚類相遇的歷程頗為複雜，由於魚類的骨頭與皮膚柔軟，所以在考古記錄中並沒有留下多少線索。距今約四萬五千年前，在高加索地區喬治亞的一處洞穴，尼安德塔人留下了大量的大型鮭魚骨頭，這是至今所發現人類與鮭魚互動的最古老證據。到了約兩萬五千年前，智人不僅已經開始捕捉和食用鮭魚，還會將鮭魚作為他們洞穴藝術創作的題材。在法國多爾多涅省（Dordogne）萊埃齊鎮（Les Eyzies）的多爾多涅河附近，狩獵採集者在石灰岩洞窟質地柔軟的岩壁上雕刻出鮭魚的形象，這幅圖像長約一公尺，且精緻細膩，可以看到圖裡的鮭魚尾巴、鰭和鰓上有數百道細小刻痕，當時的作者肯定花費不少時間在這項作品上。圖畫中可以看到鮭魚下巴朝上、如喘氣般張口的模樣，意味著這條魚為了達成繁殖的任務，正奮力與水流搏鬥，已經筋疲力盡。古老的雕刻壁畫周圍是一道道突兀的刻痕，線條筆直且鑿痕極深，絕對不是史前時代留下的痕跡。這條魚在一九一二年差點就被人切割下來並帶離它的家園，但最後沒有成功，宛如在隱喻著人類幾千年來對這種魚所做的一切。

除了藝術作品之外，鮭魚對於大西洋沿岸早期定居點影響極大的相關證據，很多都是從土壤中挖掘出來。考古學家在愛爾蘭發現最古老的新石器時代定居點之一是在謝默斯・奚尼喜愛的班恩河（Bann）附近，這裡的居民在九千年前就已經會使用魚叉、柳條和泥土製成的捕魚籃等工具，用以捕撈鮭魚維生。這種魚對居住在斯堪的納維亞半島北部與俄羅斯部分地區的游牧民族薩米人（Sami）而言也很重要。四千年前，薩米族漁民在流經挪威和芬蘭的塔納河（Tana）沿岸，乘木船到各個水潭釣鮭魚。在英國威爾斯的托威河（Tywi）、泰菲河（Teifi）、塔夫河（Taf），傳統上是透過小漁船在河上捕撈鮭魚，這是一種以槳划水前進的小圓舟，空間只夠容納一人乘坐。英國坎布里亞郡（Cumbria）的漁民仍採用哈夫圍網捕撈法（haaf，源自古挪威語，意為「外海」），拿著類似足球網的漁網穿過淺水區域，將鮭魚一網打盡。位於大西洋另一邊的北美洲，佩諾布斯科特人（Penobscot）的祖先每年春天都會乘坐樺樹皮製作的獨木舟，沿著新伯倫瑞克省（New Brunswick）與新斯科細亞省（Nova Scotia）的河川逆流而上，用長矛捕獵鮭魚。由於氣候涼爽，不適合用鹽日晒風乾保存（陽光不夠強，無法讓水分蒸發），所以當地人將鮭魚埋在土裡進行發酵（與法羅群島的發酵風乾羊肉同樣散發腐臭的氣味）。後來在公元一世紀，古羅馬的博物學者老普林尼（Pliny）提到，居住在法國西南部阿基塔（Aquitania）地區河岸的高盧人，喜歡鮭魚「更勝所有在海中悠游的魚類」。也是在這個時候，這種魚有了自己的名字，羅馬軍團驚奇地看著鮭魚在萊茵河谷逆流而上，奮力躍過瀑布，而稱這種魚為「salar」（這個拉丁語的意思是「飛躍者」），後來的學名 Salmo salar 也是由此沿用而來。

蘇格蘭東海岸的先民也同樣對這種魚感到敬畏。公元七世紀，皮克特人（Pict）在其文明消失之前，曾在豎立的巨石上雕刻鮭魚圖騰，這條魚彷彿奮力一躍，停留在毒蛇與鏡子之間。其象徵意義是考古學家仍在努力解開的另一個鮭魚之謎。

還有許多證據顯示，野生鮭魚是一種能顯示地位的食物。在法國中部索恩－羅亞爾省（Saône-et-Loire）的中世紀修道院「克呂尼隱修院」（Abbaye de Cluny）裡，僧侶於一千年前（正值魚類事件視界的高峰）留下的紀錄有其不尋常之處。由於修道院嚴格要求禁語，所以僧侶一生中大部分時間都得保持沉默，以手語為主要交流語言。寫於一零九零年的手語指南描述「魚」的手型是把雙手合掌，在胸前來回擺動。而鮭魚則有另外的手型，是將拇指放在下巴下方，這表示只有「非常高貴、富有的人才比較能吃到這種魚」。

因為鮭魚很有價值，十三世紀的愛爾蘭人對每一條鮭魚的捕獲、銷售和購買都有嚴格的紀錄，且主要是由修道院掌控。當時修道院擁有大面積的土地，其中不乏河流，同時也參與各項貿易活動。大量的愛爾蘭鮭魚經過醃製、裝在桶中，再運往法國、西班牙和義大利的港口，這是一項利潤豐厚的生意。據記載，到了十七世紀，鮭魚的供貨量已經變得非常龐大，「一般人看到都會大吃一驚」。

愛爾蘭也留下了一些對於鮭魚數量下降情形的詳實描述，十九世紀末，作家奧古斯塔斯·格林布爾（Augustus Grimble）周遊全國研究鮭魚。格林布爾表示，北部班恩河中的鮭魚受害最嚴重。「可憐的班恩河！」他寫道。「從來沒有見過像這樣不幸的河流，其他河流頂多遭受一兩種，或甚至幾種邪惡危害的摧殘……但在這條倒楣的班恩河，卻存在著所有能想像得到對鮭魚有重大深遠影響的致命危害。」其中包括亞麻工業造成的汙染，許多紡織廠建於河流沿岸，石灰、漂白劑和染料等廢棄物就直接排入河中，「將魚類幾乎摧殘殆盡」。雖然有法規限制排放，「但因罰則太輕，根本不起不了作用」。這些魚就算倖存下來，也難逃被過量捕撈的命運。如格林布爾所述，「大量偷捕」的情形十分常見，而且「在海岸警衛隊的監視下，海上還是有人用數英里的漁網非法捕魚」。

班恩河的例子可能極端了一點，但人類對陸地與海洋生態的迫害確實對整個歐洲的鮭魚種群產生了影響。人們先後在歷經數百萬年演變才形成的河流築起了大型水壩，把鮭魚返鄉的水路攔腰截斷。鮭魚一如既往地不屈不撓，徒勞地在這些巨大的混凝土牆前奮力跳躍，最終因體力衰竭而死。隨著鮭魚越來越難完成生命的循環，也逐漸影響到沿河居民的的捕魚生計。二零一六年，愛爾蘭科克郡（Cork）的漁民在德拉納河（Delana）看到兩條鮭魚自在悠游，這條河在第二次世界大戰結束後興建水壩，自此之後鮭魚漸漸消失，這是五十多年來第一次有人目擊鮭魚游動的身影，還因此登上報紙頭條。

一九五零年代推出了更嚴格的環境法規，幫助歐洲許多幾乎已經見不到野生鮭魚的河流重現生機，但衰退似乎已成定局，鮭魚數量從未完全恢復。在盛產野生鮭魚的愛爾蘭農村社區，到一九六零年代都還有許多鮭魚可供享用。愛爾蘭知名主廚理查・科里根（Richard Corrigan）就生長在這個年代，他住在都柏林西部米斯郡（County Meath）的泥沼地。每年到了鮭魚洄游的季節，一早就會聽到農場大門被打開的聲音，家裡的一位漁夫朋友在後門留下一個麻袋。將麻袋拿進廚房後，他們取出袋中物，一道銀光閃過，鮭魚落在桌上發出「啪」的一聲巨響。他父親會拿一把專門用來處理這些來自河流的珍貴禮物的舊切肉刀，把魚切成厚厚的魚排。先加一塊奶油在鑄鐵鍋裡，鍋熱後下鮭魚。「我們都很渴望聞到鮭魚油的香味。」科里根說道。一塊塊蘇打麵包吸了滿滿油脂，讓人不禁想放慢速度細細品嘗每一口食物。「我們沒什麼錢，但在那些早晨，卻能吃得像國王般豐盛。」

儘管野生鮭魚已經相當稀有且供應不穩定，人類還是沒有要停手的意思。自維京人時代以來，愛爾蘭沿岸的漁民就會乘船出海，在海上撒下小型圍網，過一陣子再將這些形似降落傘的漁網拉起，期待著漁獲豐收。在一九六零年代，愛爾蘭長期研究鮭魚的知名學者肯・韋倫（Ken Whelan）還是個孩子的時候，常會在鮭魚季來臨時，看到許多漁船聚集在肯梅爾灣

（Kenmare Bay）附近。漁民幾個星期以來一直在觀察水面，因為大量魚群進入海灣時會激起「V」字型的漣漪，所以一發現水面有動靜就代表鮭魚到來，消息將馬上傳遍整個村莊，讓大家都興奮不已。韋倫說：「雖然多數漁民的年紀都已經超過六十歲，但他們仍會馬上行動起來，迅速將整備好的漁網放入水裡。」

有一次，漁民準備把圍網收回時，由於魚群數量太過龐大，把網子往下壓，卡住了一塊岩石，大部分鮭魚都趁機逃之夭夭了。漁民回到岸上後，個個愁眉苦臉，不過其中有一人笑著跟旁邊圍觀的人說：「好吧……就當是送給河流了。」這些漁民也明白用圍網捕魚往往成效不彰，但是，「這也是這種方法好的地方，能讓許多魚能留在河裡。」韋倫如此說道。

在一九六零年代後期，圍網逐漸被捨棄，轉而使用流網。網的一端連接在船上，其餘部分則加掛浮球保持其懸浮。流網可以長達數英里，而且由於網子是以細細的尼龍線編織而成，所以魚兒根本看不見。還有潛艇探測器（Asdic）聲納技術（戰爭期間為了獵殺敵方潛艦而發展出來的系統）能用來定位鮭魚。僅僅只需兩三張流網就幾乎涵蓋了整個海灣，不留給那些用圍網和小船捕魚的老漁民一點漁獲。流網漁業蓬勃發展，捕魚許可證多年來就像五彩紙屑一樣到處撒。韋倫說：「每張漁網都能創造巨大的財富。」到了一九七零年代後期，隨著鮭魚數量急劇下降，陸續開始實施相關限制措施，導致愛爾蘭西海岸周圍的水域在某種程度上變成了戰區，非法使用流網的業者與漁業官員之間發生衝突，還有海軍巡邏艇和從事流網作業的漁民激烈交火，一夜之間就沒收了八英里的網。而在遠海的大西洋鮭魚，則面臨更加嚴重的問題。

來自數千條河流的鮭魚大規模聚集到格陵蘭島西海岸外的主要覓食地，許多業者都將目光投向這片海域。在一九七零年代，挪威的大型船隊每年都會從這裡捕撈兩百至三百萬條魚，超過目前的野生大西洋鮭魚總量。直到一九八零年代，才締結了一項國際公約來制止人類無止境的掠奪。現今已經禁止大多數商業鮭魚捕撈，愛爾蘭只有少數持有執照的漁民能在河口進行捕撈作業，蘇格蘭、英國和挪威沿海的漁網也已大幅減少。然而，鮭魚的數量還在持續下降，韋倫指出，問題很可能出在海水溫度的改變，讓河流與海洋生態受到嚴重的衝擊，導致「有些鮭魚覓食地蘊含的浮游生物消失不見」。愛爾蘭南部海域也因為海水溫度上升而出現了外來的魚種。「原先分布於加勒比海的鱗魨（trigger fish）和地中海的海鯛（sea bream）隨著變暖的海水向北方移動，還會與鮭魚爭奪食物。海洋在氣候變遷影響下正陷入危機，而鮭魚正首當其衝。」

十分弔詭與矛盾的是，雖然野生鮭魚數量減少，但大西洋鮭魚種群總數卻持續激增。據統計，光是挪威海域，以箱網養殖的鮭魚數量就高達四億條。僅十個巨大圍網圈養的鮭魚群就比大西洋所有河流、溪流和海洋裡加起來的野生鮭魚數量還多。野生鮭魚數量大減的同時，養殖鮭魚產業蓬勃發展，有些人認為這兩件事其實有所關聯。

世界上的養殖鮭魚大部分產自萊瑞海鮮集團（Leroy Seafood Group）和薩爾瑪（SalMar）等少數幾家挪威公司，而規模最大的是美威集團（Mowi），其業務遍及挪威、蘇格蘭、加拿大、愛爾蘭和法羅群島海域，生產全球近四分之一的鮭魚。美威集團甚至在原本不產鮭魚的南美洲智利海岸線附近也設立了養殖場，使大西洋鮭魚的分布範圍能夠擴大到南半球。我曾造訪美威集團位於蘇格蘭西海岸的分公司，想從頭到尾了解他們的整個運作流程。先是在孵化場看到幼魚的小眼睛緊貼著卵囊的外膜，接著來到一座養殖場（美威集團在蘇格蘭有二十五座），數十萬條魚擠在圍欄內不停地打轉，時不時有鮭魚躍出水面。帶我四處參觀的總監伊恩・羅伯茲（Ian Roberts）說：「我本身很重視環境保護，因為不想看到野生鮭魚全部被捕撈殆盡，所以才進入這個產業，希望以養殖鮭魚作為替代方案。」他這樣的想法背後透露出的事實是，近幾十年來，全球魚類的消費需求不斷增長，大部分都是透過養殖漁業才得到滿足，現在養殖水產已經占了全球海鮮消費量的一半以上。

人工授精的魚卵會先在蘇格蘭西海岸內陸洛查洛特（Lochailort）的工業區裡一座大型孵化場生長七個月，所有生產細節都是二十四小時監控，藉此讓受精卵維持在低壓的環境下，提高其成長速率。我從金屬樓梯頂端往下俯視，看到十五萬條魚以順時針方向繞著無菌的巨大水箱游動。孵化場裡還會透過控制光照時間來觸發鮭魚的生理變化，讓牠們從淡水魚轉換為能適應海水環境。幾個星期以來燈光一直很暗，為其創造出有如冬天的環境，然後再用光照讓魚以為春天來了，這時候牠們會開始以相反方向繞水箱轉圈，鰓和皮膚也有所變化。但在洛查洛特這裡，孵化後的魚苗不是順流而下游向大海，而是會透過一條大管道被送進魚罐車。只見一團狂亂的黑影奮力對抗泵浦的抽力，有些強而有力的鮭魚還稍微能在透明管道內稱住一秒鐘，但最後還是不敵吸力被送走。在將這些魚苗運到岸邊後，會由改裝過的捕鯨船將這些魚帶到固定在湖中的箱網繼續養殖，這將是牠們接下來一年半生活的地方。在成長到一定程度後就會被宰殺，經過加工處理，一半送到英國超市販售，其餘則銷往海外（養殖鮭魚現在英國的食品出口貿易中占據重要地位）。

我所參觀的箱網養殖場位於蘇格蘭威廉堡（Fort William）的利文湖（Loch Leven），這裡每年生產約一千六百噸鮭魚，只占了美威集團全球五十萬噸年產量的一小部分。在岸邊即可見這些圍網彷彿坐落在湖中的小島，小船載著我們緩緩駛近，可以看到固定圍網的金屬桿子突出水面，桿子上架設了護網來防止鳥類靠近。圍網旁的木平台上，每隔幾分鐘就會傳來一陣沙沙聲，宛如在鵝卵石海灘上踢了一腳所發出的聲音。這是用來投餵飼料的自動旋轉裝置，會定時將蛋白質飼料灑進水中，水面下二十二英尺深的十六個圍網裡，有五十萬條魚正等待著被餵食。

按照目前的趨勢，隨著漁業資源枯竭、捕撈量下降，海洋在養活世界人口方面的作用正在減弱，而水產養殖業的版圖將持續擴大。中國古代就有養殖魚類的歷史，他們會在水稻田中放養魚隻捕食害蟲，魚糞又可為作物施肥，這種古老的作法已更臻成熟。水產養殖於一九七零年代迎來翻天覆地的變化，西弗特（Sivert）和奧維・格倫特維特（Ove Grøntvedt）兄弟倆意識到野生鮭魚數量減少，他們將野生大西洋鮭魚放入挪威希特拉島附近峽灣的圍網中進行人工養殖，結果相當成功，很快就能夠販售並實現盈利。隨後，許多挪威漁民也紛紛嘗試養殖鮭魚，但他們逐漸意識到似乎有什麼東西阻礙了生產力。野生鮭魚長得太慢，而且無法有效地將投餵的飼料轉化為脂肪與肌肉。漁民需要的是像「明日雞」或大白豬那樣經過選育改良的動物，於是挪威也開始有育種團隊投入養殖鮭魚的育種研究。

他們有累積了兩百年的經驗可以做為參考借鑑。羅伯特．貝克威爾於十八世紀提出的家畜改良原則仍然適用，不過在一九四零年代，美國動物遺傳學家傑．拉許（Jay Lush）進一步改善貝克威爾選育物種的做法，改變了美國的肉類產業。挪威育種家把貝克威爾和拉許的選育邏輯運用到鮭魚上，幾年內就成功改良野生鮭魚的基因。他們從三條不同的河流中挑選有著不同基因特性的種魚，培育出一種比野生鮭魚長得更快且吃得更少的後代。第一批結果顯示，每一代選育的生長率可以改善百分之十五左右，等於說只要大概十年就能讓生長率倍增。研究者培育出的這種魚雖然是鮭魚沒錯，但在基因方面已經可以說是個新品種。有些科學家認為養殖鮭魚跟最初的野生鮭親代差異相當大，因此將這個新物種稱為家鮭（Salmo domesticus）。

這對挪威漁民和全世界而言都有著重大突破性的意義。綠色革命研發出的小麥與稻米填飽大多數人的肚子，家畜改良專家創造了更便宜、更豐富的肉類供應，而養殖鮭魚則讓更多人隨時都有新鮮的魚可享用，許多人相信家鮭養殖可以提供全世界人口所需的大量蛋白質，還有助於解決漁業過度捕撈的問題，但事情往往沒有這麼簡單。

二零二零年二月，我去利文湖參訪養殖場的兩週前，美威集團在科倫塞島（Colonsay）海域的一座養殖場因暴風雨布蘭登（Storm Brendan）來襲，嚴重破壞了海上箱網，約有七十四萬條人工養殖的鮭魚趁亂逃到汪洋大海之中。之所以將養殖場建造在離岸較遠的洶湧海域，是為了解決內陸養殖所遇到的問題。湖泊養殖場的飼料殘渣、魚類糞便，以及各種養殖過程中施用的化學物質都會對下游的海洋生物產生影響，同時也會因為湖泊生態遭到汙染，使得藻類大量繁殖，厚厚一大層藻華能破壞魚鰓組織並耗盡水中的氧氣，導致成千上萬條鮭魚窒息斃命。

海蝨（Lepeophtheirus salmonis）同樣是鮭魚養殖業者相當大的噩夢，這是一種小型甲殼類動物，身長約零點五公分。這種寄生蟲是在野外與鮭魚共同演化而來，野生鮭魚進入海洋後難免會有幾隻附著在牠們身上，但因為海蝨無法在淡水中生存，所以鮭魚溯河洄游的時候就會自然脫落。不過養殖場擠滿了數以萬計的魚，在高密度飼養的環境下，讓海蝨有了大量繁殖的機會，一旦遭感染就會迅速蔓延。大量海蝨寄生於魚體表面，以鮭魚臉部和魚鰓周圍柔軟的組織為食，在鮭魚逐漸遭到侵食後，最終可能因而死亡。這些我們「養殖」出來的海蝨還會散播到更廣闊的環境中，進而對野生鮭魚種群構成生存威脅。從箱網逃脫的養殖鮭魚也很令人擔憂，來自不同河流的兩條野生鮭魚的遺傳變異比人與人之間的遺傳變異還要高。經過無數世代之後，每個魚群都適應了自己的棲地環境，包含河流的長度、水流的強度、食物量、溫度以及水裡混雜的味道和氣味。每條河流的每個鮭魚種群都在漫長的演化過程中，發展出其獨特的優勢與劣勢，生命週期也受到棲地環境的影響而稍有不同，這一切都得靠野生鮭魚洄游到出生地繁殖的歸巢本能來維持運作。

但養殖鮭魚就不一樣了，牠們是從基因庫精心挑選培育出來，能夠大量進食並快速成長的品系，不具備野外生存所需的基因工具組，也沒有能力在河流和海洋之間來回穿梭。若數十萬條人工養殖的鮭魚逃出養殖場，雌鮭魚游到河流產卵，並與野生鮭魚的精子結合誕下後代，導致野生種群逐漸混入養殖魚類的基因，恐怕會使野生鮭魚變得更容易受到疾病和掠食者的攻擊。

再回來談談愛爾蘭的情形，野生大西洋鮭魚數量下降之後，傳統保存鮭魚的方式也隨之消逝。莎莉．巴恩斯（Sally Barnes）在愛爾蘭西南端，距離斯基伯林鎮（Skibbereen）五英里路程的卡斯敦謝德（Castletownshend）經營著最後一間專門處理野生鮭魚的傳統燻製廠，這座村莊曾經有數百間燻製廠，每年春夏兩季都有大量的魚運來這裡進行加工，工人忙著透過鹽醃和煙燻去除魚肉中的水分，以利長時間保存，這樣之後面對飢荒時期或在漫長航行中也能享用。如今燻製廠只剩巴恩斯和一名員工，每年收購三百多條鮭魚，是由獲准在河口討生活的漁民賣給她的，但這些老漁民也是越來越少。

她親手去除內臟並取下魚肉，這些鮭魚來自不同的河流，跨越數千英里海洋，逆流而上回到故鄉，每條魚都訴說著各自的獨特故事，「這是養殖鮭魚所沒有的。」巴恩斯說道。她宛如外科醫師般，研究每一條魚該如何處理，需要的燻料比例，還有煙燻的時間、火力。巴恩斯了解鮭魚的骨骼和肌肉結構，也對其脂肪層有所研究。有些魚會在遷移過程中撞傷瘀血，但當她輕輕按摩牠們的肌肉組織，這些血痕就會自然消退。隨後，她將鮭魚肉置於小煙燻箱內，移動煙道並調整好通風口，使山毛櫸木屑悶燒得恰到好處。一條鮭魚需要十二小時到三天的時間才能燻製完成，「這取決於濕度，」巴恩斯說道。「每次燻蒸，都要留心觀察周遭的環境條件。」燻製後的鮭魚呈淡粉色（絕不會是亮橙色），帶有甜美而溫和的煙燻味。完成燻製程序後，她拿著一把小鑷子，挑出一根根細小的魚骨。「我快要沒工作了，」她說道。「雖然也可以改用養殖鮭魚，但我並不想妥協。我感覺自己就像野生鮭魚般，正奮力地逆流而上。」

18 伊姆拉根烏魚子 Imraguen Butarikh

茅利塔尼亞，阿爾金岩石礁

幾個世紀以來，伊姆拉根人（Imraguen）居住在西非茅利塔尼亞（Mauritania）海岸的沙丘與泥灘地上，他們以捕魚為生，因此當魚群隨著季節遷徙時，他們也會沿著海岸移居，確保漁獲來源。現今約有一千三百年歷史的伊姆拉根人分布在阿爾金岩石礁國家公園（Banc d'Arguin National Park）的九個村莊，就位於西撒哈拉沙漠下方，距離茅利塔尼亞海岸魚類資源最豐富的水域並不遠。這座國家公園擁有廣闊的海灣，是西非最大的海洋保護區，於一九八九年被聯合國教科文組織列為世界遺產。這裡的海域蘊含豐富的營養物質，吸引大量的浮游生物聚集，進而形成數百種魚類、候鳥、僧海豹和海龜的理想棲息地。傳統上，當魚群移動到海岸附近時，伊姆拉根人會涉水走進海中，手持長棍敲打海面，藉由海水的波動，將魚群驅趕到他們繞著圓圈所撒下的大網中。此外，還有成群結隊的海豚會來幫助漁民把魚趕到等候在一旁的漁網裡。近年來，當地漁民也會使用一種名叫「lanches」的帆船，前往更遙遠的海域捕魚。

在伊姆拉根人捕撈的漁獲之中有一種很特別的魚，名叫「鯔魚」（俗稱烏魚，Mugil cephalus），體長可達六十公分，身體背部呈橄欖綠，體側為銀白色。每年十一月前後是烏魚繁殖的季節，當大批魚群聚集，雌魚準備排出大量的卵，雄魚也會將精子排入水中，然後形成受精卵。若伊姆拉根人捕獲的是產卵前的烏魚，那就再好不過了。魚腹中能找到一個裝了約兩萬顆亮黃色魚卵的卵袋，外面包覆著一層薄如紙的細緻薄膜，這便是營養價值極高、素有海中珍寶之稱的高檔食材。男人會將烏魚帶回岸上，再由女人謹慎地劃開魚腹，取出十公分長的卵袋，過程必須非常小心，以免割破卵膜。她們將卵袋一一掛在木架上風乾，接著進行鹽漬並以重物壓平，直到質地變得乾硬，卵囊這時已變得宛如琥珀般通透光滑。這種富含蛋白質及脂質的食品在阿拉伯文中稱為butarikh（意思是鹽漬魚卵），可以保存多年。曾有許多商隊運載大量鹽漬魚卵，穿越西撒哈拉沙漠來到北非販售。一九三零年代，開始有法國商人向伊姆拉根人購買處理好的烏魚卵，再帶回歐洲以高價出售。

世界上其他地方也有類似的加工技術。在地中海地區，經醃製的烏魚子叫bottarga或poutargue，日本人則稱之為「唐墨」（karasumi），卵囊（也稱為魚子）在這些文化裡都是廣受歡迎的美食。烏魚為了孕育下一代，魚卵中富含蛋白質、維生素、礦物質和胺基酸等各種營養素。將烏魚子切成薄片或磨碎後，還能與帕瑪森乳酪、熱帶水果等食材搭配享用，增添料理濃郁的鹹香風味。伊姆拉根人不僅將其視為高經濟價值商品，亦會把烏魚子當作藥物食用。「這是我們天然的壯陽藥，」一名伊姆拉根婦女低聲說，然後咯咯笑：「功效媲美威而鋼。」然而近幾十年來，歐洲和亞洲的拖網漁船紛紛來到西非附近的海域捕魚，為阿爾金岩石礁國家公園帶來極大的壓力，甚至改變了伊姆拉根人的傳統捕魚方式，重創當地漁民的經濟生活。這些外國來的船隻在這裡大肆捕撈，已經摧毀了海中的生態，這也揭示了全球海洋正面臨的狀況。

自古人造船出航以來，海洋一直是全人類共同擁有的資源。但這種情況在二十世紀下半葉發生了變化，當時由於爭取海洋魚類和其他自然資源的緊張局勢加劇，所以在一九八二年通過了《聯合國海洋法公約》（United Nations Convention on the Law of the Sea），各沿海國可在其海岸外側二百海里水域的海床上設立專屬經濟海域（EEZ），這項公約賦予這些國家對範圍內經濟資源的使用主權。沿海國若沒有大型捕魚船隊，則可另外簽訂協議，讓外國船舶進入其海域捕魚。許多國家已將自己海域的魚類捕撈殆盡，他們也能藉由購買使用權來享有其他水域更豐富的海洋資源。茅利塔尼亞和其他西非政府在一九九零年代就已經與許多國家達成入漁協議。一九零零年代初期，歐洲的捕魚船來到非洲西海岸之後，讓比斯開灣（Bay of Biscay）的沙丁魚數量銳減，隨後船隊又於一九五零年代再度進入這片海域發展漁業，造成長鰭鮪魚（albacore tuna）捕獲量下降。專屬經濟海域使用權的買賣使這些策略得以實行，也為歐洲大型拖網船鋪好了路，前往世界上數一數二豐饒的漁場。

目前約有兩百艘拖網漁船在非洲海域捕魚，主要來自西班牙、法國、葡萄牙、義大利和希臘。根據所謂的可持續漁業夥伴關係協議（Sustainable Fisheries Partnership Agreements，SFPA），歐盟會用納稅人的錢為這些船隻提供大量補貼。在二零二零年達成的十三項此類交易中，有九項是與非洲國家簽訂。歐盟每年向茅利塔尼亞政府支付六千萬歐元，購買在其漁場捕撈商定噸位的鮪魚以及較小魚類（沙丁魚等物種，通常用來生產水產養殖業的魚粉）的權利。但批評者認為，他們支付的金額只占漁獲市場獲利價值的很小一部分（據非營利組織加拿大生態信託基金會 Ecotrust Canada 統計，只占了百分之八）。這對歐洲漁船而言是非常有利可圖的買賣，而歐洲消費者也能在國內漁場資源耗盡的情況下，保有穩定的漁獲來源。如今，歐盟的海鮮幾乎有一半是來自歐洲境外的水域，而其中大部分都來自較為貧窮的國家。

中國遠洋漁船受到政府補貼的大力支持，每年在西非海岸的捕撈量也有約五百萬噸。這只是估計的數字，因為捕魚活動幾乎不會受到監視、政府間的交易缺乏透明度，而且很多漁船會刻意漏報漁獲，從事非法作業，因此很難掌握確切數據。全球都在面臨這樣的問題，大量非法、未報告、不受規範（illegal, unreported and unregulated，合稱為 IUU）的漁撈船隻占全球漁業捕撈總量的五分之一，並且占西非沿海漁業捕撈總量的百分之四十。

全球政府每年耗資三百五十四億美元進行漁業補貼，用於擴充遠洋船隊規模，補貼範圍涵蓋造船、燃料供給、漁船用冰和勞力成本等方面。而中國是補貼金額最高的國家，一年高達七十二億六千萬美元。這筆資金讓中國漁船能到數千英里之外的南美洲秘魯、阿根廷或是非洲茅利塔尼亞的海域作業。非洲當地漁民根本無法與這些工業拖網漁船競爭，因此無法充分利用自己國家的水域資源。

大型拖網漁船在西非海岸捕的魚類大部分被運往世界各地，但其中一些會在茅利塔尼亞岸上進行加工。這裡建有許多外資設立的工廠，會將較小的魚製成可用於水產養殖業與畜牧業的魚粉。這些魚粉廠大多由中國人經營，生產的魚粉和魚油會大量銷往中國，自一九九零年代初以來，中國一直是全球最大的養殖魚類生產國，其水產養殖產量比其他國家的總和還要高。

拖網漁船雖不一定以捕撈烏魚為目標，看似不直接影響伊姆拉根人的漁獲來源，但實際上仍會對海中複雜的食物鏈產生深遠的影響。海洋保護區內是許多海洋生物產卵育苗的棲所，不過海洋生物學家稱這些保護區的邊界為「漏洞」。魚類隨著季節變化而進進出出，卵和幼魚也是如此，影響著廣大地區的魚類種群。

一九九零年代，越來越多拖網漁船抵達西非海岸，導致烏魚數量急劇下降，連帶影響伊姆拉根人的生計。南邊的塞內加爾漁民發現自己面臨無魚可捕的困境，於是他們乘坐機動獨木舟前往茅利塔尼亞海域，促使捕撈烏魚的競爭加劇，伊姆拉根人開始用更大、更穩的船隻，冒險到更遠的海域捕撈鯊魚與魟魚，因為這兩種魚在市場上都有利可圖，在亞洲每公斤可以賣到五百美元的價格，推動了捕撈活動擴張，卻也使這些魚種瀕臨滅絕。來自各地的批發商更進一步掌控阿爾金岩石礁國家公園的海產貿易，伊姆拉根人無法再以傳統捕魚謀生，變得依賴於專注在烏魚之外其他物種上的全球供應鏈。尤以伊姆拉根婦女受影響最大，因為已經沒有穩定供應的烏魚可以讓她們加工銷售。許多人被迫離開國家公園，在城市裡找工作，或者像成千上萬的西非漁民一樣，試圖駕船偷渡到歐洲，途中往往遭遇各種危險。英屬哥倫比亞大學（University of British Columbia）漁業研究中心的丹尼爾．鮑里（Daniel Pauly）教授指出：「在歐洲拖網漁船大量捕撈威脅下，非洲漁民被迫為求生存而移民，但他們到了歐洲之後，卻又遭受譴責。」

伊姆拉根漁民世代居住於阿爾金岩石礁國家公園，他們依賴其生物多樣的豐富性，也有助於保護這片海洋的生態系統，伊姆拉根漁業聚落的存續對國家公園的未來至關重要。根據法律，他們現在是唯一獲准在公園區域內生活捕魚的居民，但外界不斷影響他們的生活方式，破壞較為永續的飲食傳統。

為解決此問題，非政府組織近年來已積極介入，讓當地婦女能夠以小額信貸的方式購買本來會賣給批發商的烏魚，還有些組織在國家公園區域內組成合作社並設立工廠。義大利北部托斯卡納（Tuscan）的小鎮奧爾貝泰洛（Orbetello）也為此做出了貢獻，這裡是義大利少數還有在製作傳統烏魚子的地方。伊姆拉根漁業聚落更與慢食組織攜手，幫助伊姆拉根婦女提升烏魚子品質並賣到歐洲國家。二零一五年，有超過二百名伊姆拉根婦女從事烏魚子製作。從那以後，產量一直在下降，阿爾金岩石礁國家公園仍面臨相當大的壓力。二零二零年，世界自然保育聯盟（IUCN）將各國漁船在國家公園周邊捕魚的情形描述為「持續且重大」，還將其保護前景描述為需「嚴重關切」，理由是「內外都有非永續性的捕撈活動」。雖然各界極力復興伊姆拉根烏魚子這種瀕臨滅絕的食物，但其未來還是跟這個國家公園一樣，十分脆弱。

19 潮鰹 Shio-Katsuo

日本南部，西伊豆

芹澤安久（Yasuhisa Serizawa）住在日本南部海岸漁鎮西伊豆町（Nishiizu），他是生產日本古老加工食品「潮鰹」（shio-katsuo）的最後幾人。潮鰹和烏魚子一樣，也是用鹽醃製而成，但製作這種食物時，用的是整條鰹魚。這也是一種如同法羅群島的風乾羊腿般，充滿發酵智慧的食品，口感堅韌且味道極鹹，很多人都不敢食用，因此需要專業而謹慎地對待。

我見到芹澤先生時，他手上正拿著一條半公尺長的鰹魚，向我們展示他的手藝。這條鰹魚銀色的表皮與白色的眼睛完好無損，不過身體乾燥且覆蓋著薄薄的一層鹽巴，這可說是我見過最美的食材。金黃色的稻草從魚的嘴巴穿進，再由魚鰓處穿出，彷彿從身體長出了稻草。這束稻草已經過陽光曝晒及鹽水軟化，所以末端能打出又大又複雜的結，也因為芹澤先生纏上稻草的技巧已經相當嫻熟，所以沒有對鰹魚身上的鱗片造成任何損傷。他對潮鰹的用心一如藝術家對創作般，每條魚的製作往往都要花費數個月的時間。

之所以為鰹魚製作如此優雅的裝束，是因為它不僅是單純的食物，也是供奉神道教神靈的祭品。西伊豆人會在新年時將鰹魚鹽藏品放在自家門前與公共的神龕上。稻草代表著來自土地的禮物，以此搭配來自大海的奉獻。芹澤先生說：「我們在神社祈禱漁民出海平安，也祈求來年漁獲豐收。」祭拜完後，潮鰹便成為一種食材，可以弄成碎屑作為鮮味調味料，讓再不起眼的菜餚也能變得美味十足。

芹澤先生通常會用每年九月所捕撈到的鰹魚當作食材，因為這時魚兒已經大吃大喝數個月，身上充滿了肥美的油脂與肌肉，特別適合做成潮鰹。跟漁民買魚後，他會馬上取出內臟和魚鰓，以免變質而產生異味，但由於魚有著神聖的地位，所以會將眼睛留下。然後拿竹籤撐開空空如也的魚腹，將鹽倒入腹腔並包裹在魚身周圍，慢慢吸除魚肉中的水分。兩週後，再把鰹魚浸泡在一種用前幾批醃汁製成的特殊液體中。芹澤先生說：「這能增加細菌讓食物發酵，讓它嘗起來有點怪。」鰹魚經由鹽醃製發酵後，成對綁在一起，吊在工廠屋頂的陰涼處晾乾數週。接著芹澤先生會開始綁上稻草裝飾，用一根根稻草穿進又穿出，就這樣連續數週、日復一日地編織著。

拆掉稻草裝飾後，魚肉頓時碎成薄片，呈現棕色、黃色和銀色的色澤，閃閃發光。加到米飯和蔬菜料理中，能夠增添濃厚鮮美的絕妙滋味。把潮鰹撒在一碗簡單的菠菜上，可讓味道層次變得豐富，每一口都讓人驚艷。「一加一大於二。」芹澤先生如此形容這樣的風味轉變。一千多年來，光是一點點潮鰹在口中擴散的鮮味，就能讓「平庸」的食材變得高貴無比。

潮鰹後來逐漸演變出日本料理中無處不在的靈魂角色「鰹節」(Katsuobushi),也就是我們口中的柴魚。這種堅如磐石的傳統食材需要花費半年左右製作,至少歷經三十道工序。柴魚和潮鰹一樣都是用鰹魚做的,但製作過程繁複許多。首先,將鰹魚用柴火煙燻個幾天,使魚肉乾燥硬化,然後撒上灰綠麴黴(Aspergillus glaucus)等麴菌,放置一週左右,等表面長滿菌絲,就會拿到太陽下晒乾,並將黴菌刮除,反覆幾次這樣的工序,最後便能製造出手掌大小、小舟形狀的淺棕色成品,這是全世界公認最堅硬的食物。把刨出的柴魚薄片加入昆布高湯一起熬煮,就如同食物撒上潮鰹一般,神奇的事情就發生了,因為會瞬間感受到一股鮮味湧現。這是因為濃縮在柴魚裡頭的酵素、乳酸、胺基酸、胜肽和核苷酸等化學分子所產生的味道,現在全都同時釋放出來。

潮鰹採用更古老的製法,被認為是柴魚的起源,而且作為鄉土風俗,只在西伊豆地區流傳下來,這項手藝目前掌握在第五代傳人芹澤安久的手中。我盯著他手裡拿著的潮鰹,仍然對魚的嘴巴和肚子上的稻草感到驚奇不已。「我要花多久時間才能學會做這個?」我指著魚問道。「十五年,」他上下打量著我說道,然後仔細觀察了一下我的手:「也許二十年吧。」

一八五三年七月八日,美國海軍將領馬修.培里(Matthew Perry)率艦隊駛入江戶(今東京)港口,敲開鎖國長達二百二十年的日本國門,也為潮鰹的衰落埋下了種子。在此之前,日本一直都是有限地開放對外貿易,貿易活動也受到嚴格的管制。不准日本人出國旅行,甚至禁止建造能夠遠洋航行的船隻。日本社會基本上過著不仰賴海外物資的自給自足生活,再加上佛教與神道教信仰的推波助瀾，不少人都以素食為主。通常會用米飯填飽肚子，搭配蔬菜、泡菜和湯增添滋味，加入潮鰹等配料就讓美味更上層樓，海鮮就是當時攝取動物性蛋白質的主要來源。

日本被迫開國後，便於一九五零年代末開始有了轉變，重新開放對外貿易，出口絲綢與茶葉，進口槍械與棉花。日本知識分子指出，西方正在崛起，而亞洲國家則停滯不前且日漸衰落。他們還推斷說，西方人靠著吃肉和乳製品富國強兵，而日本人則是因為吃素，所以沒有他們那樣的強健體格。如果日本要與其競爭，就必須改變飲食。一八七二年，甫上任的明治天皇帶頭大口吃肉，政府大張旗鼓地向民眾鼓吹肉食，在日本士兵的口糧中增加了肉類，此外，供應牛肉、豬肉和啤酒等西式料理的「洋食屋」如雨後春筍般遍布。豬隻是從英國引進日本，牠們以城市產生的廚餘為食，對日本的肉類供應有很大幫助。而神戶港是當時進口美國牛肉的主要港口，神戶牛因而聞名至今。

過去，日本一直都忌吃雞肉，而且多數農村地區的農民將協助農耕的牛隻視為家庭成員，所以他們也不吃牛肉，甚至在水牛死後還為其埋葬。肉鋪往往成為社會邊緣人聚集的場所，經常光顧的都是那些「渾身刺青的惡棍，或是受西方文化影響較深的學生」。人們只有在極少數情況下才會吃肉，通常是作為藥食來治療疾病。然而，到了二十世紀初期，由於上述種種原因，肉食逐步打入日本飲食文化中，變成只有跟不上社會潮流的老年人才不吃肉。

日本在第二次世界大戰戰敗後，面臨嚴重的糧食危機，美國占領當局，訂定了新的政策來解決糧食不足的問題，日本的飲食文化再一次地發生重大轉變。他們進口小麥、脫脂奶粉和火腿罐頭（沖繩就是這樣）。稻米的每人每年消費量開始下降，從一九六二年的一百七十公斤，演變到一九八六年的七十一公斤，僅剩不到原本的一半。與此同時，每人每日的肉類消費量從三十克增加到八十克。從那時開始，食用（如今瀕臨滅絕的）黑鮪魚（bluefin tuna）才成為道地日本「傳統」。這種魚現在是日本相當受歡迎的食物，被公認是日本料理自古以來所使用的食材。事實上，在一個世紀前，黑鮪魚還被視為肥厚油膩、帶血味的劣質魚，而日本最受歡迎的壽司材料是比目魚與鯛魚等白肉魚，以及蛤蜊和魷魚等海鮮。日本飲食文化專家崔弗・柯森（Trevor Corson）說：「人們會看不起賣黑鮪魚的壽司師傅，這被認為是一種下等魚。」隨著戰後大量紅肉的到來，在一九七零年代的日本，大眾的口味逐漸轉向這些味道較重的深色肉類，與牛肉有著類似外觀和質地的黑鮪魚才開始變得盛行。

也是在這段時期，日本科技產業蓬勃發展，常有許多貨機運送相機、電子產品和光學鏡頭到北美。日本航空貨運團隊並不想讓這些昂貴的飛機空著返程，他們也希望能運些什麼貨品回日本販售。團隊的一員岡崎晃（Akira Okazaki）發現，北大西洋沿岸的釣客將釣起的黑鮪魚當成垃圾丟棄，於是該航空公司在飛機上裝了冷凍設備，將這些巨大的魚運回日本。這條供應鏈使黑鮪魚搖身一變，成為人們夢寐以求的食物，但同時也是海洋中最瀕危的魚類之一。當胃口逐漸適應了這些更有肉味的食物，誰還會需要潮鰹，或是用它來提味的平淡蔬菜？

不過，芹澤安久並沒有放棄這項技藝，他誓言要繼續堅守日本潮鰹最後製作者的崗位。

他和西伊豆的一群朋友每年都會參加當地的烹飪比賽，喚起大眾對這種特殊食材的注意。有一年，他們用昆布柴魚高湯煮了烏龍麵，搭配紫菜、青蔥，擺上荷包蛋，再撒上有畫龍點睛之效的潮鰹。「實在太美味了，」芹澤先生說道。「我們贏得了那場比賽。」他最擔心的是自己沒有孩子可以繼承衣缽，將這製作潮鰹的技藝繼續傳承下去，他感嘆道：「我生於潮鰹作坊，我不想讓這項傳統流失。」

20 扁牡蠣 Flat Oyster

丹麥，利姆海峽

十月底的利姆海峽（Limfjorden）並不太適合遊覽，丹麥西海岸的入海口暴露於風雨之中，寒冷而灰暗，眺望地平線和遠方的大海（通常會被雨水遮擋）時，大概會用迷人來形容這個地方。然而，利姆海峽是歐洲極為獨特的一片水域，海底的卵石和沙子之間生長著一種歐洲原生牡蠣（或稱扁牡蠣，學名：Ostrea edulis），是世界上極度瀕危的海洋生物。在歐洲其他水域，幾乎不見這種雙殼軟體動物的蹤影。曾經發現該物種的牡蠣礁棲息地，有百分之九十五都已經遭到破壞。經過兩個世紀的過度捕撈、疾病，以及寄生蟲和捕食者的攻擊，這種牡蠣已被推向絕境。利姆海峽是為數不多還有不少扁牡蠣的地方，這就是我來到這裡的原因。

在岸邊的樹蔭下，我穿上厚實的橡膠涉水褲，緩緩地步入海中，冬天冰冷的海水漫至腰部。我手裡拿著一根長木桿，桿子末端有個類似廚房漏勺的東西。「牡蠣乍看之下像顆石頭，」擔任嚮導的當地漁民彼得（Peter）講解說道，「但再凝視片刻，可能就會看到牡蠣殼在水中閃過一道綠光。」我用桿子的漏勺那端朝海床一撈，夾雜在礫石與海藻之間的三個灰綠色的盤狀物便顯露出來。我把其中一個拿在手心，平坦的表面看起來像石板，點綴著棕色、黃色和金色的斑點，宛如秋天的落葉。另一邊則有向外展開的螺旋紋，從殼的尖端一直延伸到外緣，它可能是一塊古老的化石。彼得從勺子裡取出一顆牡蠣，敲了敲說：「沉甸甸的，這顆裡面有很多肉。」

沒有人確切知道為什麼這種牡蠣已經在其他地方消失不見，卻還能在利姆海峽存活下來。有一說是因為這裡的水太冷了，恰好還能讓牡蠣生長，而常見的牡蠣寄生蟲和疾病就無法在這樣的環境中生存。此外，這片水域也夠淺，讓夏日陽光能夠照射到水中，吸引大量的浮游植物（微型藻類）聚集，因此有相當豐沛的食物可供牡蠣食用。利姆海峽就這樣形成了極罕見的生態系統，非常適合牡蠣棲息。

牡蠣是海中的關鍵物種，因為牠們支持著海洋中的其他各種生命，所以就算不吃牡蠣，也要關心牠們的命運。一隻牡蠣每天可以過濾和淨化兩百升的海水，隨著牡蠣繁殖增加，可以為其他海洋生物創造安全的生活環境。此外，有超過一百種不同物種會將牡蠣床作為他們的家園。當海灣聚集了數百萬（甚至數十億）牡蠣，還能抑制海浪來襲的力量，幫助保護海岸線免受侵蝕。牡蠣也是世界上數一數二好吃又健康的食物。英國作家赫克托・芒羅（Hector Hugh Munro，筆名 Saki）故事裡的角色提到「沒有任何事能像牡蠣一般和諧無私」，他說得對極了。

牡蠣是為數不多我們會在牠們還活著的時候就吃掉的動物，也是極少數我們會把除了殼之外所有部位都吃掉的動物，包括牠們的肌肉、腹部、消化道、心臟、鰓和血液，全都一口吞下。每個部分都有其獨特的風味與質地，肌肉耐嚼且甜美，而腹部則含有牡蠣所攝食的浮游植物的味道。牡蠣有種神奇的力量，吃下不同環境生長的牡蠣會讓人有完全不一樣的感受，有些嘗起來有青草味，有些則有橄欖或煮熟蔬菜的味道。牡蠣的「血液」（或者可以說是構成其循環系統的液體）主要是海水，牡蠣的味道也受海水的鹽度影響。有些生活在高鹽度的海水中，而有些來自河流與海洋的淡鹹水交匯處，這種牡蠣的鹹味就會比較淡。

牡蠣在一年四季也會呈現不同的狀態。比如在深冬來臨之前，準備冬眠的牡蠣會大量進食、囤積一身的養分，這時候吃起來最飽滿肥美、鮮甜美味。每當春回大地，大海恢復盎然生機，牡蠣重新開始覓食，牠們的味道又會發生一次變化。而夏季是牡蠣繁殖的季節，充滿卵子或精子的牡蠣會有較重的野味。到了八月，牡蠣將精子和卵子排出體外後，因為耗盡能量就會變得又瘦又癟（所以才有「英文中帶有字母『R』的月份才適合吃牡蠣」這種說法）。還有許多不同因素也會影響牡蠣的口感與風味，例如捕撈時的氣溫高低、有沒有下雨、溪流是否將大量營養物質帶入大海。牡蠣能反映時間、地點、氣候和遺傳。有些行家聲稱自己只要打開外殼、細細咀嚼牡蠣，接著再喝下殼內的鹹味液體，就能知道其產地，把牡蠣當成海中的葡萄酒般來品嘗。

回到利姆峽灣岸邊，彼得用小刀撬開外殼，牡蠣就這麼靜靜躺在閃爍著珍珠般光澤的內層上。我一口倒進嘴裡，啜飲著那天大海的鮮甜滋味，強烈的金屬味充滿整個口腔。漁夫彼得從小在附近的村莊長大，二十多歲的他對牡蠣十分熱愛，但他的父母和祖父母並不像他這樣癡迷於牡蠣。儘管他們周圍生長著數以百萬計的牡蠣，但很多老一輩人卻是一個都沒吃過。「他們覺得這東西很噁心，只會作為魚餌使用。」而現在，這些牡蠣已成為世界上最瀕危、最搶手的食物之一。這很奇怪，明明從遠古人類時代到一個多世紀前，牡蠣都還是相當常見的食物。

利姆海峽放眼望去一片平坦，偶爾點綴著幾座低矮的「小丘」。這些並不是天然的山丘，而是人類幾千年來將食用完的牡蠣外殼丟棄堆積在一起，久而久之便形成了「貝塚」（midden，源自古丹麥文mødding，意思是垃圾堆）或køkkenmødding（意思是kitchen midden，廚房土堆）。這兩個詞都是由十九世紀的生物學家喬珀托斯．史汀史翠普（Japetus Steenstrup）所命名，他發現丹麥北部景觀中許多凸起的小丘其實是古代人類飲食的遺跡。

貝塚普遍存在於世界各地海岸地帶，有些貝塚可以長達一公里，年代可溯及四萬年前，規模之大讓巨石陣也相形見絀。每個貝塚都訴說著不同的故事。有些古老的貝丘被用作抵禦自然災害和入侵者的保護屏障（尖銳而鮮豔的貝殼能發揮威懾作用）。日本有個古老的貝塚呈馬蹄形，中間有壁爐與爐灶，彷彿人們在食用數十萬顆牡蠣並將殼丟棄的過程中，慢慢建立起日常生活的空間。居住在沿海地區的澳洲原住民會在貝丘內舉行儀式，將貝類視為祖先遺留下來的寶物。考古學家也在西非加彭的伊格拉潟湖（Iguela Lagoon）附近發現了四公尺高、占地兩千五百英畝的巨型貝塚。上百萬非洲奴隸在被送往大西洋彼岸之前被關押於此，牡蠣就是他們踏上艱苦而致命的越洋航程前最後果腹的食物，這裡因此有堆積如山的牡蠣殼。

丹麥利姆海峽的克拉貝斯霍爾姆（Krabbesholm）貝塚，沿著海岸綿延約一公里、寬二十公尺。這處貝塚至今已有七千年的歷史，除了大量的牡蠣殼之外，還出土了陶器與墓葬人骨，可以說是丹麥新石器時代人類定居的最古老證據。春季時狩獵採集者會聚集在這裡，由於當時沒有能撬開牡蠣的刀具，所以是用火加熱來讓貝殼張開。即使成為農民之後，他們每隔一段時間仍會回到同樣的地點。當冬季結束時，存糧已經耗盡，作物又還未成熟，農民便搬到沿岸依靠牡蠣維生，大量採食牡蠣的情景會持續數週，而這種季節性遷移則持續了數千年之久。

如果沒有牡蠣，人類可能也無法存活至今。距今約十六萬年前，長期的氣候變化引發了嚴重的乾旱，造成許多地區的沙漠化，當時唯一有人類存在的非洲大陸，大部分地方都變得不適人居，據說人口從一萬銳減到只有數百人，幾乎就要滅絕。後來這些人搬到了海岸，包括南非開普敦等地，根據挖掘出的貝殼化石紀錄，他們在那裡以貝類為食，存活了下來。人類開始吃牡蠣之後，牡蠣所含的鋅、碘和胺基酸等營養素也改善了我們的大腦功能。從那一刻起，智人不斷與牡蠣一起演化、適應，沿著西歐海岸、大西洋和地中海盆地沿岸定居的現代人類所吃的一直都是這種歐洲扁牡蠣，這個物種是到了上個世紀才漸漸退居歐洲人生活的邊緣。

在維多利亞時代的英國，廚師為牡蠣寫下的食譜比雞蛋還多。這種雙殼貝類可以當作牛排牡蠣派的內餡，還能做成牡蠣麵包（oyster loaves），用途十分廣泛。一八五零年代的倫敦有三千五百名牡蠣小販，還發展出一種有自己語言字彙的街頭小吃次文化：牡蠣可以「開殼」（hockley）或「加雞蛋」（curdley）食用。維多利亞時代的釀酒師釀造甜司陶特（sweet stout）與波特（porter）黑啤酒時，將大量牡蠣也一併加入釀造，增加鹹味並發揮防腐作用。在二十世紀早期的南威爾斯（South Wales），啤酒與牡蠣的搭配是無論富人還是窮人到酒吧都會點的組合。而蘇格蘭也是盛產牡蠣的地方，許多石砌建築都會用貝殼來增強砂漿的強度。

一八四零年代，亨利・梅休[20]（Henry Mayhew）記錄了倫敦比林斯蓋特海鮮市場（Billingsgate market）工作者的生活，以及對「牡蠣街」的觀察：一整排船停滿碼頭，纏繞在一起的繩索、桅杆、牡蠣和人群令人眼花繚亂。他寫道：「甲板上擠滿了人，感覺小船就要因此沉沒。」每艘船的貨艙都裝滿了牡蠣。「一堆灰色的沙子和貝殼……是『本土品種』。」梅休在一片混亂中潦草寫下筆記時，聽到牡蠣商販與船夫大聲叫賣：「現撈仔！活跳跳的現撈仔！」

就在梅休記錄了這一幕不久之後，戲劇性的事情發生了。一八五零年，比林斯蓋特海鮮市場售出五億顆牡蠣，一八七零年已經下降到七百萬。十年後，只剩這個數字的十分之一不到，而在二十世紀初，原生牡蠣的產量不斷下降。與鮭魚數量的減少一樣，我們了解牡蠣消失的一些原因，但仍有許多問題有待釐清。其中一些影響因素包括外來入侵物種（例如：進口美國牡蠣時被附帶引入的大西洋舟螺 slipper limpet）和致命的牡蠣疾病。氣候也有一定程度的影響，

20 英國的新聞記者，劇作家和改革倡導者。

冬季若是氣候異常、水溫過高，牡蠣可能因為「熱休克」而大規模暴斃（一九六零年代發生過一次）。不過大部分歐洲原生牡蠣的消失都能歸咎於一個原因，就是人類的貪婪。

十九世紀由於鐵路擴建，數百萬牡蠣從不列顛群島的沿海社區運往不斷擴張的城市與鄉鎮，包括北愛爾蘭的斯特蘭福德湖（Strangford Lough）、蘇格蘭的福斯灣（Firth of Forth）、威爾斯的曼博斯（Mumbles）、英格蘭南部的泰晤士河口（Thames Estuary），過去都曾經是盛產牡蠣的地區。然而，到了二十世紀中葉，這些地方以及歐洲其他許多牡蠣帶都變得空空如也，兩個世紀的過度捕撈使得各國沿海原生牡蠣幾乎已經滅絕。雖然牡蠣後來逐漸捲土重來，成為歐洲隨處可見的食物，但過程中波折不斷，而且跟歐洲原生牡蠣已經是完全不同的物種。

十八世紀的法國，牡蠣養殖業繁榮興盛。拿破侖・波拿巴（Napoleon Bonaparte）很鼓勵這種做法，認為養殖牡蠣能穩定供應食物，而且有助於法國的經濟成長，因此牡蠣養殖場被當成贈送給退役士兵的禮物，進而創造出一群牡蠣養殖者。由於原生牡蠣已寥寥無幾，所以這些養殖場引進了其他牡蠣物種。先是在一八六零年代，一艘載有葡萄牙牡蠣（Crassostrea angulata）的船開往波爾多附近的阿卡雄灣（Arcachon Bay）時遭遇風暴，被迫將貨物在附近的河口卸下。這種牡蠣就在沿海地區拓殖，成為法國現代牡蠣產業的養殖種。由於歐洲養殖的葡萄牙牡蠣在一九五零年代染病大量死亡，後才於一九六六年大舉引進太平洋牡蠣（Crassostrea gigas，又稱巨牡蠣），所以目前我們在歐洲或世界上大多數地方吃到的絕大部分都是這種牡蠣。太平洋牡蠣是在一九零零年代初從日本被引進美國養殖，其種群迅速超越了奧林匹亞牡蠣（Ostrea

Conchaphila）等本土物種。

幾個世紀以來，亞洲養殖的品種一直是太平洋牡蠣。與光滑圓潤的歐洲原生牡蠣不同，太平洋牡蠣的殼粗糙尖銳、呈鋸齒狀、層層堆疊（因此也被稱為岩牡蠣），長得更快、更大，十分耐寒且不易受病害感染，二十世紀時傳遍世界各地。如果說歐洲原生牡蠣是維多利亞時代的街頭美食，那太平洋牡蠣就是麥當勞。牡蠣養殖場每年飼養五百萬噸太平洋牡蠣，並在地球上除南極洲以外的各大陸流通銷售。雖然大部分是有意傳播，但也有許多太平洋牡蠣種群最初是從牡蠣養殖場逃逸而出，還在曾經被認為太冷、不適合太平洋牡蠣生長的水域中大量繁殖。

我從利姆海峽出發，沿著丹麥海岸向南驅車兩個小時，穿越三公里水深及腰的瓦登海（Wadden Sea）。這是一片廣闊的淺灘，地平線上現出一排排剪影，黑漆陰沉，透露著不祥，形狀宛如巨鯨的駝峰一般。這實際上是成堆的太平洋牡蠣，數十億顆牡蠣堆得像小山丘似的，這樣形容也還太輕描淡寫了。近看後發現這些是由活牡蠣組成，彷彿形成一座島嶼，大到可以爬上去並在上面行走。普遍認為這些入侵者是從更南部的法國養殖場逃脫的太平洋牡蠣的後代，現在已經在這裡氾濫成災，規模每年都不斷在變大。如今吸引不少遊客慕名而來。只需支付少量入場費，就能享受「現採現吃」的體驗。我們站在其中一個牡蠣島上時，瓦登海國家公園的克勞斯．梅爾比（Klaus Melbye）說道：「牡蠣通常被視為奢侈的食物，只能偶爾嘗個幾口，但在這裡，大家想吃多少就吃多少。吃飽了之後，還有很多可以讓你帶回家。」人類正藉由「吃」來消滅這些入侵物種。牡蠣霸占了整片海灘，在人們腳下嘎吱作響，黝黑外殼閃著光澤。我們把桶子倒過來蓋著，順勢坐在上面，開始吃起這些體型碩大、如奶油般滑嫩的牡蠣，有些非常肥碩飽滿，一顆就能塞滿我整個嘴巴。

太平洋牡蠣也持續往北擴散，在歐洲原生品種最後的避風港利姆海峽的海灣處現蹤。梅爾比指出：「也許有一天，牠們的數量甚至可能超越原生種。」如果發生這種情況，外來種將改變利姆海峽的生態系統。不同牡蠣種類（及其亞種）的大小、形狀、顏色和味道皆獨一無二，每一種牡蠣也在海岸線的生態平衡上扮演獨特角色，與所在海洋環境當中的其他數千種物種存在著平衡。如果太平洋牡蠣造成原生牡蠣族群的滅絕，後果將不堪設想。丹麥貝類研究中心的主管教授延斯．謝魯夫．彼得森（Jens Kjerulf Petersen）一直在監測太平洋牡蠣向北移動的情形（甚至到達瑞典海岸），他表示：「入侵物種往往最終會占據棲息地的主導地位，這不是受不受歡迎這麼簡單的問題而已，外來種並不總是能與當地的物種和平共處。」在這種情況下，兩種牡蠣之間競爭的並非食物，而是棲所，太平洋牡蠣擅長建造牡蠣礁，如此一來將擠壓到其他物種的生存空間。

我們剝奪了野生物種生存的可能，然後引進外來物種大量繁衍，這是人類活動造成環境改變的又一個案例。我們在陸地上也是如此，包括使用單一品種荷蘭牛，以及大白豬基因的傳播，都對環境影響甚鉅。人類就有如太平洋牡蠣般，身處全然陌生的新水域，不知道這將把我們引向何方。而牡蠣在地球上已經存在了五十億年，牠們比草還早出現，也比人類要古老得多。在我們離開這個世界很久以後，牡蠣可能還在為海洋淨化水質，希望那時歐洲原生牡蠣等各種不同品種的牡蠣，都依然能存在於這個世界上。

海洋保護區

喪失海洋物種多樣性似乎是個無解的難題。全球漁業已變得依賴政府數十億美元的補貼，漁獲配額制度似乎也難以被改變，不過海洋生物學家卡魯姆・羅伯茨（Callum Roberts）提出了解決之道。羅伯茨於一九八零年代攻讀博士學位時，從事紅海吉達（Jeddah）海岸珊瑚礁附近的魚類調查研究工作。他第一次潛入海中，映入眼簾的是無數生命在高聳如城堡般的珊瑚周圍綻放，還有一群群魚兒悠游而過，閃爍著黃色、綠色、藍色和灰色光芒。他從來沒有過如此美好的經驗，也感覺到自己在這神奇的海底世界找到了畢生的志業。

在珊瑚的映襯下，羅伯茨看見草綠色的海藻遍布整個淺礁，形成有如撞球桌一般毛茸茸的表面。一英尺長的刺尾鯛（surgeonfish）以這些海藻為食，牠們在藻坪上巡邏，趕走所有競爭者，只有體型是牠們十分之一的雀鯛（damselfish）除外，雀鯛盤旋在刺尾鯛的腹部下方，這兩種魚共同守護著作為牠們食物來源的藻類。羅伯茨就是從這些例子當中，認識到海洋比我們所知的還要更加有序且相互關聯，當這些細微平衡遭到破壞，勢必會影響整個生態系統。他認為，大型魚類的過度捕撈造成能繁殖的大魚被捕光，海洋的整體繁殖量降低，嚴重破壞生態系平衡。

羅伯茨著手了解人類影響海洋的程度。問題在於，沒有任何活著的人親身體驗過物種多樣性更豐富的海洋是什麼模樣。於是他開始研究歐洲經典畫作，從藝術作品裡頭去尋找線索，來了解過去捕撈上岸的魚類多樣性及規模。還有其他如航海員撰寫的日記，和前往新大陸拓荒的殖民者所發送的電報等歷史資料，也讓他對於我們失去的一切有較清晰的認識。十八世紀有船員記錄漁獲的位置與規模（這會影響他們的生計），因此留下了十分詳盡的魚類種群紀錄。羅伯茨驚訝地發現，當時美國東海岸溪流裡密密麻麻擠滿了魚，還有資料指出，周圍巨大的鱈魚多到船隻無法繼續前進。在現在這個時代，這些故事的可信度可能備受質疑，不過羅伯茨說：「這些敘述在資料裡一再出現，而且海洋各處都有類似的故事。」

十九世紀時，英格蘭南部海岸外有成群結隊的沙丁魚、沙瑙魚和鯷魚，數量多到整個海灣都變得漆黑一片。牡蠣簇聚而生、數量龐大，船長航行時得十分小心；還有跟餐盤一樣大的扇貝，全球漁業資源似乎豐富而無窮無盡。但也是在這時候，英國工業革命帶動了漁業的革新，工業捕魚船隊採用底拖網沿著海床將海洋資源一網打盡。那時英國撈捕上岸的魚比二十一世紀現代船隊多出五倍。儘管考量到我們現在漁業科技和漁獲能力已經提升許多，但一八八零年代每單位漁獲能力的漁獲量卻是現今的十七倍，海洋魚類的減少似乎更加明顯，數量遠不及以往。

一九九零年代，羅伯茨在加勒比海地區計算魚類資源，並衡量剛建立的海洋保護區

（Marine Protected Area，簡稱 MPA）所產生的影響。這些保護區是由政府在沿海或公海的大片水域所劃設的禁漁區，減少甚至禁止一切商業捕撈活動。海洋保護區的作用就像感染感冒時補充維他命C，可能無法立即治癒，但有助於恢復健康，不過還是有許多科學家對此舉保持懷疑態度，漁業也出現不少質疑聲浪。但當羅伯茨潛入位於貝里斯（Belize）的海洋保護區時，他在這片曾被過度捕撈的海域看見大石斑魚、跟他的手臂一樣長的梭魚（barracudas）和笛鯛（snappers）等魚群聚集成巨大的魚牆，如盔甲般銀光閃閃。這證明了海洋能重燃生機，羅伯茨就是需要這樣的證據。

羅伯茨說，海洋保護區就如噴泉般湧出海洋生命，其所帶來的物種多樣性會擴散到周邊地區，就和阿爾金岩石礁國家公園一樣，邊界都有「漏洞」。隨著保護區內魚類種群密度的增加，體型更大、生命週期更長的動物越來越多，後代也多出數百倍，魚不僅留在保護區內，魚卵、幼魚和成魚也會遷徙到保護區以外的鄰近海域。剛建立海洋保護區的那幾年，漁民曾不滿被剝奪了利用漁業資源的權利，但他們後來也慢慢開始感受到好處，達到共榮雙贏的局面。海洋保護區保育成功的案例在全球各地到處都有，包括位於墨西哥西海岸的普爾莫角國家公園（Cabo Pulmo），這片海域的魚類在一九八零年代已經被捕撈殆盡，當地漁村決定停止捕魚並設立保護區。十年內，魚類生物量就增加了將近五倍，幾乎達到從未捕撈過的狀態。美國夏威夷群島的「帕帕哈瑙莫夸基亞國家海洋保護區」（Papahānaumokuākea Marine National Monument）是全球數一數二大的海洋保護區，面積比德克薩斯州大了兩倍有餘，估計至少有七千種海洋生物，羅伯茨說：「這是一片驚人的海域。」在這些水域捕捉鮪魚的工業船隊曾以為保護區的設立會使他們難以生存，但由於溢出效應，「他們現在在保護區外也能用更少的力氣捕獲更多的魚」。

目前全球受到保護的海洋占比只有不到百分之六。儘管許多海域已設為海洋保護區，但多數保護區缺乏落實管理，商業捕魚活動仍在繼續，淪為羅伯茨所說形同虛設的「紙上公園」，僅在名義上受到保護。羅伯茨表明，更好的監管能讓這些海域恢復往日的富饒，但要真正產生影響，至少要保護全球百分之三十的海洋。二零二一年一月，美國總統拜登將這個比例設定為二零三零年前要實現的目標。海洋保護區的成功確實讓我們信心大增，同時也了解到海洋比陸地更容易恢復生機。我們造成的損害是可逆的，瀕危物種也能得到拯救，生態系統具備自我修復的能力，這些在科學研究上已經得到證實，現在所需要的是世界各國政府的努力。

Part 6
水果

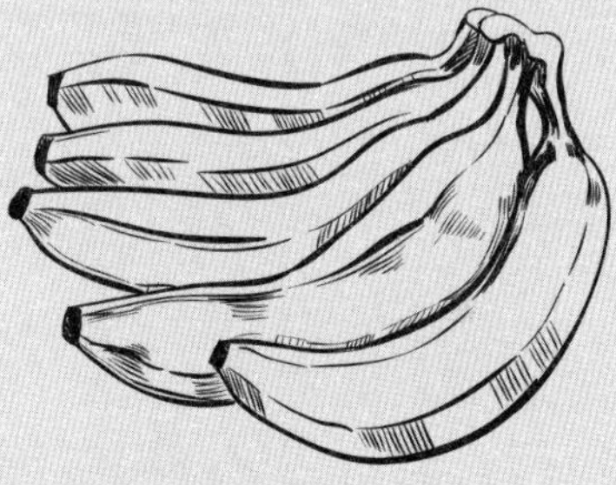

品種是水果歷史的足跡。

——瓊・摩根（Joan Morgan），《梨之書》（The Book of Pears）

當前人成功地馴化小麥、水稻和玉米等穀物時，就標誌著農業時代的誕生，讓人類發展出定居生活的聚落，再進而馴化了更多種類的動物與植物。待農業技術成熟時，才開始有人嘗試栽種果樹。我們今天吃到的水果約在公元前六千年至三千年間的新石器時代革命後才被馴化。中亞和東亞地區產有柑橘、蘋果和梨，還有杏、櫻桃、桃、梅和李等核果類水果。地中海地區則盛產棗、橄欖、葡萄、無花果和石榴。再後來，源自美洲的草莓、鳳梨、酪梨和木瓜也出現了。

但為什麼人類會在馴化穀物後這麼久才種植水果呢？我們可以從瓦爾卡祭祀瓶（Warka Vase）來得到一些線索，這件文物已有五千年的歷史、高度達一公尺，瓶身從上到下刻劃著與農業有關的浮雕。這個祭祀瓶於一九三四年在巴斯拉（Basra，今伊拉克）以北的幼發拉底河（Euphrates）附近出土，考古學家找到時已是一堆碎片，在經過修復後，可以看到上面的浮雕繪有大麥、芝麻、綿羊、牛以及成隊的莊稼工人與奴隸，而最頂端則是一個女人的形象，她就是女神伊南娜（Inanna），在她面前的碗裡正裝滿了棗子、石榴和無花果。這個圖案創作於公元前三千年，是目前發現最古老對於水果文化的描繪（已從野外採集水果轉變為種植水果的文明）。瓦爾卡祭祀瓶是蘇美爾（Sumerian）文明的遺產，蘇美爾人建造的古城邦烏魯克（Uruk）是世界上最早的城市之一，也是文字的發源地，當時約有五萬人居住。當人們可透過運河將食物從郊區的農場（建設了複雜的灌溉系統）運送到城市時，水果種植的規模也隨之擴大。祭祀瓶上的圖像向我們展示了種植水果主要是一種伴隨城市發展而出現的現象。棗樹、橄欖樹或無花果樹在種植初期結不出可供食用的果實，而一旦結果後，這棵樹就能在隨後的幾個世紀保持生產力。而且因為果園需要灌溉，水利工程的建設必須透過當地的社會組織、長期規劃和中央集權來實現，所以在我們發現早期水果種植考古證據的地方，也發現了城邦興起及國家的起源。

植物為了吸引鳥類與哺乳動物幫忙傳播基因，會將種子包藏在可口的果肉底下，不過這需要經歷一段熟成的時間。在果實成熟前，會富含苦澀的單寧酸與有毒的生物鹼，用來防止水果太早被動物吃掉。等種子準備好的時候，會釋出化學物質讓水果軟化、果酸下降且甜度增加；同時散發出濃烈的芳香氣息，向大自然發出有食物供應的信號；水果顏色則由充當偽裝的綠色轉變成引人注目的亮黃色、紅色和橙色，這種變化也是為了吸引採食者。早在遠古時代，人類就已經開始幫助它們散播種子。多數哺乳動物能從體內合成維生素C，人類或許是在漫長的進化過程中，因某種新陳代謝基因的變異而無法自行製造，需改由水果來攝取，數百萬年來，人類從野外採集水果來填補這個營養缺口。直到製作瓦爾卡祭祀瓶的年代時，人們已經發展出較大的水果種植規模。

水果的種植不同於穀物與豆類，生長期間需適時修枝，讓果實採收更為容易，也會透過嫁接（將一株植物的枝或芽接到另一株植物的根或莖上）、複製選殖等技術來保有特定品種的特性。因為水果較難保存，採收後很快就會腐爛，加上保存技術有限，雖然可以將杏子和蘋果晒乾，也能把葡萄或蘋果釀製成酒，但小麥及玉米粒等穀物的保存還是簡單得多，且儲藏的數量也不是水果可以比擬的。有些果農會利用天然涼爽的環境來保存，例如土耳其中部的卡帕多奇亞（Cappadocia），會將新鮮的檸檬存放在洞穴裡，因為洞穴能夠長年維持在攝氏十二點八度左右。在我們大部分的水果種植歷史中，水果都是在其生長的土地上就被吃掉，因此各地區都會有特產水果。而且與其他作物一樣，偶然發生的基因突變、人類選育的結果都進一步豐富了物種遺傳多樣性。有些水果是偶然發現的品種，如澳洲青蘋果（Granny Smith）與金冠蘋果（Golden Delicious），都是細心的果農在果園裡無意間發現幼苗，再經過選育栽培而來；還有前面提到的克萊門氏小柑橘，則是十九世紀在阿爾及利亞發現的一種突變柑橘。總而言之，植物學家能辨識的梨子品種就有三千種，柑橘與香蕉各有一千多種，蘋果甚至高達七千種，這些還只是他們努力記錄下來的栽培品種。我們已經幾乎體會不到這樣的多樣性，但這並不是因為水果發生變化，而是全球供應鏈產生的問題。

第一艘冷藏船於一八七零年代出海，讓水果跨洋運輸成為可能。而後在一九二零年代，科學家發現可以透過改變儲存條件（降低氧氣濃度，並提高二氧化碳濃度）來延長水果的保鮮期。藉由環境控制減緩水果成熟的速度，蘋果和梨子的儲藏壽命可達一年以上（香蕉不到兩個月）。一九四零年代，卡車開始採用新的製冷技術，隨後也應用於飛機、火車和輪船上，形成了所謂的「冷鏈」，也就是從田園到冰箱，整個配送過程皆維持在低溫的狀態。之後，第一代貨櫃箱於一九六零年代推出，我們不必再耗費數週時間將數千件貨物一一裝載到船艙，而是可以將貨物裝入八英尺高、二十英尺深的波紋鋼板貨櫃箱，幾小時內就能裝載完畢。二十年間，採行貨櫃運輸的國家貿易量增長了近九倍。水果的全球貿易不僅取決於自由貿易協定與政府間的協議，還多虧了這種大型金屬箱的發明。

有賴於冷鏈物流的發展，我們現在能享用到地球另一端的新鮮水果，這項變革大幅降低季節性因素對水果貿易的影響，讓我們有看似豐富且多樣的飲食選擇。然而，並非所有水果都能適應全球供應鏈的需求變化，同質化現象悄然出現，我們將能夠承受跨國貿易嚴苛考驗的品種進行大規模栽種。二十世紀下半葉，只有少數幾種水果主宰著全世界的果園，包括五爪蘋果（Red Delicious）、巴特利梨（Bartlett）、香芽蕉、晚崙西亞橙和臍橙等。

二十世紀尾聲時，水果育種技術逐漸受少數幾家公司所控制。過去主要是由政府資助大學進行育種研究，但現在相關技術大多掌握在私人企業手中。他們開發並擁有全球市場上頂級的水果品種，如爵士蘋果（Jazz）、德里斯科爾草莓（Driscoll's）、超甜鳳梨（Super Sweet）和棉花糖葡萄（Cotton Candy）都是因此培育而成。

培育新品種往往要花費許多時間，投入大量資金進行研發，新品種還必須有較長的保鮮期，並且能夠滿足冷鏈物流條件及超市的規格要求（水果的大小、顏色、含糖量與含水量），才能吸引大規模商業栽種，進而在全球超市上架販售。現在新品種出頭的機會已經不多，這也就是造成水果種類越趨單一、多樣性持續下降的原因。這樣的產銷體系確實是有改變的必要，不過我們能從接下來的故事中看到一些轉變。

21 新疆野蘋果 Sievers Apple

哈薩克，天山

我們在世界各地吃到的蘋果，無論形狀、大小、顏色或味道上的差異，都起源於天山。這座山分隔了中國與中亞，天山意指「天堂的山」，山頭白雪皚皚確實宛如天堂一般，山坡到處都是大片的野生樹林，具有豐富的遺傳多樣性。天山是蘋果的發源地，承載著蘋果的過去、現在和未來。然而，在上個世紀，由於人類的破壞，天山野果林的生態系統嚴重受損，導致當地物種多樣性岌岌可危。

可以把天山想像成世界上最大的果園，不過這果園是野生的，種類多到令人目不暇給。每棵果樹都是獨一無二的，果實也是如此，有些蘋果形如網球，而有些則如櫻桃般小巧。有些果皮是亮眼的黃綠色，有些則是柔和的粉紅和紫色。吃這些野樹上摘下的蘋果，就像在玩「水果版的俄羅斯輪盤」，可能一顆嘗起來甜如蜜，另一顆則帶有些許茴香或甘草的香氣，而有些又酸又澀，讓人覺得口裏難受，巴不得馬上把它吐出來。在這些野果林裡，每棵樹上的蘋果都按著自己的步調成熟，因此空氣中瀰漫水果成熟後散發的濃郁氣味，混合著掉落地面熟透發酵的蘋果所產生的強烈酸香。

在某個難以到達的密林深處，生長著世界上目前已知最大的蘋果樹，至少有三百年樹齡，樹幹直徑達三英尺。事實上尚有許多巨大的蘋果樹都還未被發現。此外，森林裡也盛產梨子、榲桲[21]（quinces）、山楂、杏和李子等各式各樣的野果。

新疆野蘋果（Malus sieversii）的種子就是從這個與世隔絕的地方誕生，逐漸演變成人工栽培的蘋果（Malus domestica）。蘋果之所以能從這裡傳播出去，主要是因為有熊、馬和人類這三種動物幫忙散播種子。前述的理論認為，在數千年甚至數百萬年的時間裡，熊吃下了牠們在樹林裡所找到個頭最大、口味最好的蘋果。由於堅硬的淚珠狀蘋果核會在糞便中完整排出，於是這些蘋果就隨著熊的糞便到處播散，廣泛分布於天山周圍。不過，將這些蘋果傳播到更遠處的是馬，天山的野馬也跟熊一樣喜歡以又大又甜的蘋果為食，但牠們能把種子帶到更遠的地方，且行走時蹄子還會不經意地將種子推入土壤之中。人類最早在哈薩克將馬馴化，馴養的馬匹與蘋果便隨著人類開始了長途旅行。

蘋果籽沿著絲綢之路傳入波斯，再向北傳播到巴爾幹半島與希臘，這種水果在希臘神話中

21 又名木梨，果實為梨形或蘋果形，成熟為金黃色。

占有一席之地（金蘋果是女神赫拉與宙斯的結婚禮物）。羅馬人在果樹女神波莫納（Pomona）的守護下，讓果園繁榮發展，並遍布整個帝國。近幾個世紀以來，蘋果在殖民浪潮下進一步傳播，跟隨著英國、德國、法國和荷蘭的殖民者飄洋過海抵達北美。當時美國政府鼓勵民眾到西部拓荒，當地有些州甚至規定，新移民必須先種植五十棵蘋果樹與二十棵桃樹，證明自己是真的願意留下來發展，才能依法取得土地，而蘋果也成為早期移民的重要食物來源。十九世紀初，人稱「蘋果籽強尼」的約翰・查普曼（John Chapman）發現了其中的商機，他在預計會成為下一波新移民定居地的荒野大量栽種蘋果樹，並帶著一袋蘋果樹的種子在各地鄉間旅行，把樹苗與果核種子賣給前來定居的人。由於查普曼同時也是斯維登堡教會（Swedenborgian Church）的傳教士，該教會明確禁止嫁接（他們認為切割枝芽會導致植物受損），所以他都是直接種下蘋果種子，而每一粒種子都可能產生一個新品種，蘋果籽強尼可說是推動了蘋果多樣性的新一波浪潮。有些植物學家認為，查普曼的蘋果很多其實是比較酸的，農民不得不從中選擇更適合食用的甜美蘋果，這種水果因此在美國經歷了第二次馴化。

蘋果籽強尼在美國到處種蘋果樹的同時，荷蘭人和英國人也在南非的西開普省、澳洲南部及紐西蘭等地開墾果園，播下當今已全球化的蘋果產業的種子，紐西蘭霍克灣（Hawke's Bay）地區還因此被稱為「蘋果碗」。這些國家在二十世紀冷藏船與貨櫃出現後，成為國際水果貿易的重要推手。不過，所有蘋果都能追溯到天山的野果林。德國藥草植物學家席佛斯（Johann Sievers）於一七九三年的一趟遠征中，在哈薩克的森林裡發現了新疆野蘋果。席佛斯認為這裡就是蘋果的起源地，但他從遠征回來後不久就過世了，所以來不及做進一步研究。但他的觀點後來也得到了印證，因此這種野蘋果是以他的名字來命名，也被稱為席佛斯蘋果。

後來，尼科萊．瓦維洛夫跟隨席佛斯的腳步，於一九二九年騎著騾子穿越吉爾吉斯[22]（Kyrgyzstan），跋涉到哈薩克。他實地走訪後寫道：「事實證明這條路比我們想像中的困難許多，不幸的是，我們還為此失去了兩匹馬……當我們探險隊一行人好不容易來到這裡時，所有人渾身凍得僵硬，牙齒也直打顫，邊防警衛驚訝地看著我們。」親眼見到城市阿拉木圖（Almaty，舊稱阿爾瑪－阿塔 Alma-Ata，意思是「蘋果之父」）後，他描述：「城市周遭的山麓丘陵上可以看到綿延一大片的野生蘋果樹，形成真正的森林……有些野生蘋果樹結實纍纍且樹上的蘋果碩大飽滿，看起來與人工栽培的品種差異不大。」

瓦維洛夫在阿拉木圖認識了當時還是一名學生的年輕植物學家阿馬克．德讚嘎列夫（Aimak Dzangaliev），他們曾一起走訪鄉間。德讚嘎列夫回憶道：「瓦維洛夫一天之內就能把阿拉木圖周圍地區全部調查完畢……他天資聰穎，幾乎沒有什麼難得倒他。」經過調查，瓦維洛夫很肯定，天山就是蘋果的起源中心。德讚嘎列夫接著花費了七十年的時間勘測天山蘋果林的物種多樣性。他必須與時間賽跑完成這項工作，因為蘇聯在一九五零年代開始大規模砍伐原

22 吉爾吉斯共和國，通稱吉爾吉斯，為位於中亞的內陸國家。

始森林，推行棉花種植計畫，雖然最後仍以失敗告終，但已使數千英畝的蘋果樹遭到砍伐。到蘇聯末期，德讚嘎列夫計算出阿拉木圖周圍一半以上的野生蘋果多樣性已因森林砍伐而喪失。他在一九六零年代開闢了果園，種植和研究他從森林裡救出的一些獨特品種。即使這樣還是無法確保它們安然存活，蘇聯當局於一九七七年下令將這些蘋果樹連根拔起。德讚嘎列夫在去世前不久接受採訪時說：「那天，他們徹底摧毀了我。」

一九九零年代，哈薩克於蘇聯解體後宣布獨立，國家陷入長達十年的混亂，讓森林遭受更嚴重的破壞。燃料供應中斷，煤炭補貼終止，人們大量砍伐野生蘋果樹當柴用於生火取暖。也為了擴大牧場飼養牛羊、騰出更多的空地建造房屋而砍伐大片森林。即使是沒有被砍掉的野生樹木也面臨著風險，因為蘇聯政府在野果林附近開闢了大型的商業化蘋果園，稀釋了野生蘋果的遺傳基因。二零零七年，新疆野蘋果即被國際自然保育聯盟（IUCN）列入瀕危物種紅色名單中，屬於「易受傷害」的物種，其種群數量「正在減少」。如今，只剩阿拉木圖以東的克魯托（Krutoe）與陶圖根（Tauturgen）等幾處森林仍完好無損。

牛津大學的植物學家巴里．朱尼珀（Barrie Juniper）是在蘇聯解體後首批造訪野果林的西方科學家之一。他曾在一九九零年代初，在兩名武裝警衛的陪同下，多次前往天山，路途中以羊肉、稻米和蘋果為食，還必須買通哈薩克軍官才得以進入森林。他指出：「大片地區遭到大規模環境破壞的摧殘。」接下來的十五年間，他往返於天山與牛津大學兩地，盡可能完整地記錄野生蘋果物種。朱尼珀首度利用新的 DNA 技術進行實驗，研究結果證實了席佛斯與瓦維洛夫的預見：「所有的栽培蘋果都來自天山山脈，天山野果林確實是世界上所有蘋果的天然基因寶庫。」

朱尼珀不遺餘力地證明了這個論述，他不僅在後蘇聯時期動盪不安的哈薩克冒著生命危險深入山脈，還花了數年時間在牛津大學關建一座果園，作為他研究時可供參考的蘋果基因庫。朱尼珀陸續從世界各地收集古老的蘋果品種，並與天山野蘋果的基因進行比較。

在一個陽光明媚的秋日早晨，我來到朱尼珀位於威薩姆（Wytham）的果園，威薩姆是英國牛津郡一座風景如畫的村莊，村裡有修道院、茅草屋，還有間六百年歷史的酒吧。這座隱藏於高牆後的祕密花園裡種著上百棵蘋果樹，有些高達十五英尺，多數比較像是茂密的原始灌木叢。我們一棵棵地探索著，朱尼珀逐一向我介紹這些果樹：「牛頓奇蹟」（Newton Wonder）是在一八七零年代於英國德比郡（Derbyshire）一家酒吧旁偶然發現的品種，後來常用於烹製成眾多菜餚；有種細長圓錐形的蘋果名為「女士的手指」（Lady's Fingers）；「布朗利的枯葉色」（Brownlee's Russet）起源於一八四零年代，帶有強烈酸甜味的果肉隱藏在鱗片狀的粗糙表皮下。「這蘋果棒極了，」朱尼珀說道，他隨意地摘下蘋果並在夾克上擦拭後就啃了下去。「酸甜味平衡得恰到好處，外皮如此厚實，就算放到聖誕節都沒問題。」我們吃了帶有鳳梨味的蘋果（Ananas Reinette），也嘗到莎士比亞在《亨利六世：第二部》（Henry IV, Part 2）裡提到的小黃褐色品種。「『請你嘗嘗這一道皮衣蘋果，』」朱尼珀邊說著這部作品中的台詞，邊挑了一顆蘋果。「雖然看起來又醜又粗糙，但在十六世紀，倫敦每個水果攤上都有賣這種蘋果。」有些品種是偶然發現後就流行起來，有些則是由專業的苗圃園丁以異花授粉的方式創造出來。到了十九世紀末，英國人可以每天吃或喝不同種類的蘋果甜點、料理或蘋果酒，就算吃上四年多也不會重複。

朱尼珀果園裡的蘋果種類豐富，可以享受季節性採摘的樂趣，非常有吸引力。園藝師兼水果行家愛德華·邦亞德（Edward Bunyard）在一九二零年代撰寫的《甜點剖析》（The Anatomy of Dessert）為食客提供了美味指南，從草莓味的「伍斯特蘋果」（Worcester Pearmain），介紹到「果肉幾乎如骨髓般入口即化、多汁且香氣芬芳」的「詹姆斯·格里夫蘋果」（James Grieve）。然後是「布倫海姆橘蘋果」（Blenheim Orange），十八世紀時，被丟棄在牛津郡布倫海姆宮乾砌石牆旁的蘋果核長出這種蘋果，幸好一位名叫喬治·肯普斯特（George Kempster）的裁縫師發現了這棵樹及其果實（所以該品種也被稱為「肯普斯特」）。邦亞德說，這種蘋果帶有「堅果的溫暖香氣……在這種高貴的果實中，帶著一種醇厚的樸素，就如處於鼎盛時期的偉大港口一般」。

邦亞德的描述讓我們得以一窺已不復存在的豐富多樣性。到了一九七零年代，世界各地的蘋果愛好者都覺得少了點什麼。「蘋果，到處都是蘋果，卻都很難吃。」報紙登出的一篇文章稱：「那些紅色和黃色的大塑膠球，在市場上等著毫無戒心的人購買，它們是如此可疑，如此顯眼、皮厚且有光澤，很容易就讓人接受，但我們不能忘記真正好的蘋果嘗起來是什麼味道。」

全球冷鏈物流與貨櫃運輸興起之後，邦亞德品嘗過的大部分美味也漸漸消失。英國現在百分之九十的蘋果是由超市銷售，全年供應來自西班牙、義大利、法國和紐西蘭等國家的蘋果。而英國產的蘋果由於難以與之競爭，因此約有三分之二的果園在一九八零年代被迫關閉，果樹遭連根挖除，改為種植穀物或騰出土地用於建設，其中有些被關閉的果園還是一千年前由修道院僧侶所開闢。冷藏貨櫃讓世界變小了，在這全球化的市場中，規模化與專業化是商業成功的關鍵。許多英國果農紛紛放棄種植或面臨破產，所以如今在英國大部分超市所買到的都是進口的蘋果。我們享受著一年四季都吃得到的便利，卻忽略了我們的傳統。一旦果園遭到摧毀，我們不僅失去樹木，也失去了一種生活方式和物種多樣性。過去，蘋果與蘋果園對於英國風景和文化的象徵意義，就如同柑橘園對於西西里人或葡萄園對於法國人來說一樣重要。我們不斷追求經濟成長、滿足便利需求，卻忽視其對文化與生態帶來的長遠影響。

現在世界上大多數國家市面上流通的蘋果品種幾乎都有甜美、鬆脆和耐放等特性，符合這些標準的品種迅速占領了世界各地的超市貨架。五爪蘋果（一八七零年代愛荷華州的一位果農無意間發現）在長達一個世紀的時間裡，一直是美國最受歡迎的蘋果品種，到了最近才被加拉蘋果（Gala）取代。美國蘋果協會（U.S. Apple Association，USAA）總監馬克・西廷（Mark Seetin）表示：「消費者想吃到更脆甜的蘋果，業界也很喜歡加拉蘋果，因為只要把這種蘋果儲存在氮氣儲藏室，就算九個月後再取出，吃起來仍像剛從樹上摘下來的一樣。」

加拉蘋果也成為英國銷量第一的品種，緊隨其後的是金冠蘋果（Golden Delicious）、澳洲青蘋果（Granny Smith）和布雷本蘋果（Braeburn），還有粉紅佳人（Pink Lady）、爵士蘋果（Jazz）和富士蘋果（Fuji）等較新的品種，分別是二十世紀在澳洲、紐西蘭和日本育種計畫下的產物；這些蘋果的特性全是為了長途運輸而設計，也都是以一小群性狀優良的親本雜交育成。育種是一項漫長、複雜且昂貴的投資，故業界往往會選擇最理想的親本來進行調整，進而確保育種成功。例如，加拉蘋果是由金冠蘋果與布雷本蘋果雜交而成，而加拉蘋果又與布雷本蘋果雜交得到爵士蘋果；富士蘋果則是透過五爪蘋果培育出來。這些品種具有產量高、早採收及耐存放的優點，而且能在更多不同國家種植，還必須符合上架超市所需醒目、一致的外表。我們購買這些蘋果時，就已經確切知道會嘗到什麼味道；不論任何季節，也不論在世界上哪個角落偶然吃到，都不會有驚喜，味道或口感表現上幾乎毫無差異。富含單寧酸的「布朗利的枯葉色蘋果」和令人聯想到港口的「布倫海姆橘蘋果」反而能給予我們更複雜豐富的體驗。

創造這些新的商業品種是一門大生意，爵士蘋果與粉紅佳人等品種被授權為某些「行銷俱樂部」的專屬財產，這些俱樂部掌控了育種、種植和出口等供應鏈的各個環節，他們可以決定誰能在全球不同地區栽種、分銷和推廣特定「品牌」品種的蘋果。對超市來說，這樣也省去不少麻煩，他們只需要與少數幾家供應商打交道就好。

最近新加入這種俱樂部行銷行列的是在二零一九年十二月上市的「宇宙之脆」（Cosmic Crisp），比普通蘋果大顆一點，之所以被命名為「宇宙之脆」，是因為它深紅色果皮上的斑紋看起來有如浩瀚宇宙繁星的光輝一般，而「脆」字則是因為這款蘋果的質地非常清脆，咬下時所發出的脆響簡直無可匹敵。我們在超市貨架上看到時可能也不會多想，但這種水果可是斥資數千萬美元，經過二十年的規劃、繁育，以及對數百株實驗樹木的果實進行篩選、品嘗才研發出來的。就蘋果產業而言，其最大賣點是可以在冰箱冷藏存放一年不會壞。華盛頓州擁有宇宙之脆的專利權，果農也願意為購買的每棵樹和賣出的每箱蘋果支付權利金。他們共種下一千三百萬棵樹，耗資五億美元，投資規模相當可觀。也因為規模夠大不容易失敗，宇宙之脆很可能會在未來幾年甚至幾十年內，霸占蘋果市場的領導地位。

儘管有亞洲地區有許多本土產的蘋果，但中國消費者越來越傾向購買美國的五爪蘋果，這種蘋果能讓中國不斷壯大的新興中產階級滿足他們內心對西方食物的嚮往。中國東部還種植了數百萬棵加拉蘋果樹，以及一九三零年代在日本育種的富士蘋果。與此同時，北極蘋果透過基因改造技術，抑制蘋果的褐變特性，使其果肉就算長期接觸空氣也不會變黃，因此能以切片、袋裝方式銷售，這種品種在美國很受消費者歡迎。二十一世紀的蘋果世界也勉強稱得上是多種多樣了。

22 卡因賈香蕉 Kayinja Banana

烏干達

香蕉基因多樣性來源最豐富的地方並不在東南亞、非洲或拉丁美洲等主要產地，而是在比利時。魯汶大學（the University of Leuven）為國際芭蕉屬種原資源的基因庫中心（香蕉是芭蕉屬植物），收藏多達一千五百多種香蕉品種，其大小、顏色和口味多到讓人眼花撩亂。原產於印尼的爪哇藍蕉（Blue Java）口感滑順柔軟就像冰淇淋，還帶有一絲香草風味；而「夏威夷黑香蕉」（Ele Ele）這種香蕉是由南太平洋移民引進夏威夷，當果皮還是綠的就會採收，當作蔬菜烹煮後食用。有些香蕉嘗起來像草莓或蘋果；有些長著毛茸茸的表皮；還有一種中國香蕉帶有非常芳香的氣息，就算隔一座山也能聞到它的香氣，因此被命名為「過山香」（Go San Heong）。不過，雖然有各式各樣的種類，香蕉這種水果仍是單一品種大規模種植的典型例子。

二零一九年，全球生產超過兩百億噸香蕉，價值高達一百四十七億英鎊，使香蕉成為全世界最受歡迎的水果。其中有一半的生產量銷往國際市場，主要是香芽蕉這種價格較低、隨處可見且具抗病性的品種。香芽蕉之所以能在全球水果貿易中占據一席之地，不僅因為它的味道，也因為這種香蕉的生物學特性、大小、形狀、果皮厚度和成熟方式，適合種植、採摘並運往世界各地的港口，再運送到大大小小的城市與村莊。儘管路途遙遠、運輸成本不低，但它仍然能在超市陳列架上以相當便宜的價格銷售。

香芽蕉之所以能成為主流品種，是因為全世界每一根香芽蕉都是「複製蕉」。其種子已不具備自我繁殖能力（不同於野生香蕉），而是需要由果農將地下根狀莖長出的吸芽[23]切下，再種成新植株（從植物學的定義來說，香蕉是一種巨大的草本植物，而不是樹），因此能夠非常多產。但也因為這些複製體的基因完全一樣，無法透過遺傳變異發展出能適應新威脅的基因，所以這種擁有相同基因的香蕉只要一株植物受到感染，全世界同一品種的香蕉園都會受到威脅，而這樣的狀況正在發生。

有些地方的香芽蕉正在消亡，果園全遭到一種無可治癒的香蕉傳染病「黃葉病菌熱帶第四型」（Tropical Race 4，也稱為 TR4、巴拿馬病或鐮刀菌枯萎病）所摧殘。當今全球的糧食系統環環相扣，以至於病害已在世界各地的農場傳播開來。印度、澳洲、非洲和亞洲都受到影響，中國也難以倖免。最近連全球最大的香蕉出口產區拉丁美洲都淪陷了。這種真菌可能透過植

23 自植物主幹或是地面下主幹部位往上長出的芽苗。

物、鐵鍬或工人衣服上攜帶的土壤孢子汙染種植園，只要落地生根，就會導致那塊土地再也不能種植香芽蕉。儘管受到最多影響的是大面積栽培單一作物的商業農場，但這種疾病侵襲性很強，可以從這些果園蔓延開來，甚至感染小農種植的其他品種。如果TR4持續肆虐擴散，將使這種西方極受歡迎的水果出現短缺，但對於非洲、亞洲和拉丁美洲的五十億人來說，衝擊尤其嚴重，因為香蕉是這些地區人民獲取熱量的主要來源、糧食安全的重要組成部分、謀生方式及具有重要文化意義的食物。

香芽蕉不僅是大規模食物殖民主義的非凡例子，還展示了人類如何改變全球糧食體系，所以我們有必要了解它是怎麼一步步稱霸全世界香蕉市場（既然我們做到過，就有辦法再來一次）。故事始於一八二六年，愛爾蘭植物學家查理斯・戴斐爾（Charles Telfair）偶然發現了生長在中國南方庭院的一種香蕉，外型與嚐起來的味道都令他印象深刻，便帶著這種植物前往旅程的下一站——模里西斯（Mauritius）[24]。幾經輾轉後，由英國最重要的熱帶植物收藏家、第六代德文郡公爵威廉・卡文迪許（William Cavendish）購入收藏，並在他位於德比郡查茲沃斯莊園（Chatsworth House）的溫室裡種植了這種香蕉（這個品種就是從這裡發跡，並且一直延續到今天），後來也以公爵的名字正式將香芽蕉命名為「卡文迪許香蕉」。關於「這種原產於中

24　模里西斯共和國，位於馬達加斯加共和國東邊，為印度洋上的群島國。

國，非常有趣且極具價值的香蕉」的消息迅速流傳開來，而當英國傳教士約翰．威廉斯（John Williams）於一八三零年代帶著公爵給他的一些香芽蕉前往南太平洋群島時，只有一株植物在旅途中倖存下來，就這樣在接下來的一百年裡，薩摩亞、東加、斐濟和大溪地島嶼種植的所有香蕉都源自這個母株。

不過，這種香蕉並沒有馬上就成為世界第一。在香芽蕉從中國運往英國和南太平洋的同時，它的親戚「大米七香蕉」（Gros Michel，又稱作大麥克香蕉）也正在崛起。一名植物學家在中國南方發現了大麥克香蕉，而後有法國博物學家將其帶到法國殖民地馬提尼克（Martinique）的植物園種植，因此傳播到加勒比海與中美洲各地。一八六零年代隨著蒸汽船的出現，橫越大西洋與太平洋的航程時間大幅減少，誕生了更龐大的香蕉貿易網絡。一八六六年，第一批香蕉從南美洲哥倫比亞運抵紐約。一八七零年，美國科德角（Cape Cod）的羅倫素．道．貝克船長（Lorenzo Dow Baker）將金礦工人運送到委內瑞拉的奧里諾科河（Orinoco River），回程途中在牙買加靠港進行維修，並在當地市場初次品嘗大麥克香蕉。他看到這種熱帶水果的潛力，於是買了一百六十串帶回紐澤西販售。由於果皮夠厚，經得起兩週的運輸航程，抵達美國時香蕉的熟度剛剛好，在當地引起一陣轟動，也讓貝克大賺一筆，從此開啟了大麥克香蕉買賣的熱潮。

此時，二十五歲的批發商安德魯．普雷斯頓（Andrew Preston）告訴貝克，他可以讓不起眼的香蕉變得比蘋果更受歡迎。在普雷斯頓的遊說下，他們於一八八五年成立波士頓水果公司（後來與其他企業合併成立聯合水果公司 United Fruit Company，也就是現今的金吉達

Chiquita），在拉丁美洲購買土地以闢建香蕉園，並僱用當地便宜的工人進行生產。因為冷鏈模式也是在這時候逐漸成形，所以香蕉開始銷往世界各地。到了一九四零年代，中美洲及南美洲已經種植數千萬公頃的大麥克香蕉。這種單一的香蕉品種改變了當地的景觀和整個經濟局面。聯合水果公司在拉丁美洲不斷擴張事業版圖，因其張牙舞爪地壟斷而被稱為「章魚」（el pulpo）。一九三零和四零年代，當時的瓜地馬拉獨裁者豪爾赫．烏維科（Jorge Ubico）在美國的支持下成功掌權，於是他把許多土地讓渡給聯合水果公司，還提供了大量廉價勞動力。除了主導該國的香蕉生產外，聯合水果公司也大量修建鐵路、鋪設電報線並建造港口，這些都是讓香蕉貿易能夠順利進行的關鍵，在瓜地馬拉有效地發揮了「國中之國」的作用。

一九五零年代初期，哈科沃．阿本斯（Jacobo Arbenz Guzmán）總統上台後施行了改革，沒收聯合水果公司閒置的土地，重新分配給當地家庭。卻也因為損害到美國的利益，阿本斯不久後就在美國中央情報局（CIA）所策劃的政變中被推翻，並被迫流亡國外。在繼任軍官的統治下，瓜地馬拉陷入長達三十年的內戰，導致近二十五萬人死亡，其中大多是農民。這至今仍是食品公司能夠決定一個國家命運的鮮明例證，也由於當時栽種的全是單一品種的大麥克香蕉，因此難逃後來的滅頂之災。

野生香蕉與真菌病害（包括TR4的遠古祖先）在香蕉的起源地——東南亞的叢林裡共同進化。植物被這些快速演化的疾病追著跑時，也必須不停演化。宿主（香蕉）與病原體（真菌）都得盡可能地戰勝對方，以求不被消滅。然而，不能進行有性繁殖的複製蕉（如大麥克香蕉和後來的香芽蕉）失去了適應和改變的能力，無法參與這個進化過程，而病害仍會持續演化，這意味著遲早會爆發無法控制的疫情。若是在獨立的小型農場，還比較容易控制，但當十九世紀末開始大面積單一作物栽培，這些真菌病害有了快速傳播的媒介，數以百萬計的香蕉株遭到感染，摧毀了整個香蕉種植業。

早期農民在發現感染情形時，只能完全放棄現有的香蕉園，再開拓別的處女地（未罹患疫病的土地），這也是水果公司之所以會這麼想在拉丁美洲獲得更多土地的部分原因。第一個席捲全球的鐮刀菌致病菌種是「黃葉病熱帶第一型」（race 1）。染病初期，葉片會發黃且出現條斑，讓受害植物由內而外枯亡。到了一九五零年代，第一型菌種已經在許多只栽種大麥克香蕉的農園裡蔓延開來，影響經濟效益。香蕉產業需要一種能夠抵抗這種疾病、取代大麥克在全球供應的品種。香芽蕉趁勢而起，許多原本栽種大麥克香蕉的地方都改種香芽蕉。在二十世紀下半葉的大部分時間裡，香芽蕉成為國際香蕉貿易的主力品種。而如今歷史正在重演，我們又再次過於依賴單一品種的香蕉。目前第四型菌種（TR4）正在全球各地大流行，而且香芽蕉對這一型的病菌也沒有抵抗力。這種真菌引發的黃葉病在一九九零年代的中國首次大爆發，隨後傳遍世界。雖然拉丁美洲採取嚴格的檢疫管制措施，禁止外來者隨意進入果園，卻依然無法避免疫病發生。二零一九年八月，哥倫比亞農業研究所（ICA）證實他們在國內的香蕉園發現疫情，我們恐怕將面臨嚴重後果。

全球香蕉產業有以下兩種出路，一種是堅持採用單一栽培模式，但透過 DNA 技術改良出具有抗病力的基改香蕉，讓香芽蕉繼續存在於香蕉世界舞台。另一種則是放棄商業品種的單一種植方式，轉為利用現有的數百種香蕉來增加遺傳多樣性。這裡特別要提到烏干達這個東非國家，兩條路他們都在探索之中。香蕉不僅是可以生吃的香甜水果，還是許多烏干達人的主食，是當地約三分之二人口的碳水化合物來源，也就是說，有數百萬人需要仰賴這種水果來維持生計。在烏干達農村地區有四分之三的農民種植香蕉，種植種類繁多，品種高達四十多種。

許多研究認為非洲是香蕉的第二個馴化中心。這種水果大約在兩千多年前從東南亞來到非洲大陸，在適應當地環境後，經當地農民進一步的選育，出現了一個多樣化的新種群，統稱為東非高地香蕉。每個香蕉品種在烹飪與文化中都有不同的作用和用法，譬如他們會將「納基滕貝」（Nakitembe）這種紅黑色的香蕉蒸熟後搗碎，搭配蔬菜或肉一起吃；「恩迪布瓦巴蘭吉拉」（Ndibwabalangira）是一種亮綠色、甜度極高的香蕉，曾經只有烏干達最大的古老王國布干達（Buganda）的酋長與首領才吃得到；「穆薩卡拉」（Musakala）的果肉呈象牙色，質地光滑，切開後聞起來像黃瓜；「姆比德」（Mbidde）的果肉呈灰白色，味苦，常用於榨汁；還有一種藥用香蕉「納姆維齊」（Namwezi），這名字意思是「月亮女子香蕉」，女性有時會在月經期間食用；「波戈亞」（Bogoya）富含碳水化合物，味道濃郁，可以生吃或煮成燉菜（順帶一提，烏干達語稱大麥克香蕉為 Bogoya）。不過，最普遍的一種香蕉是生長在烏干達中部的「卡因賈」（Kayinja）。在傳統的婚禮儀式上，新郎會準備卡因賈汁液所釀造的啤酒送給新娘的家人。身兼蕉農、農學家及烏干達慢食組織主席的埃迪・穆基比（Edie Mukiibi）說道：「釀酒的過程相當費工，這份啤酒做成的禮物被視為新郎對另一半的承諾，代表著婚後養家活口的責任。」

烏干達的市場裡有整個專賣香蕉的區域。入口處就擺滿各種色澤深淺不一的黃色香蕉，因為正處於不同成熟階段，恰能滿足所有人的喜好。深入市場後，會看到一堆堆擺放的叫做「馬托克」（Matoke）的青香蕉；煮熟後的青香蕉是他們的主食，很多菜餚都會運用到這種食材。再往裡走，會來到充滿成熟香蕉甜美香氣的區域，人們聚集在這裡放鬆地用餐或暢飲，到了夜晚會點起篝火、烤青香蕉，大家盡情地跳舞、演奏音樂、啜飲卡因貫香蕉啤酒。而這種傳統的香蕉文化卻正在迅速地流失中，二零一四年，烏干達政府在比爾及梅琳達・蓋茲基金會（Bill and Melinda Gates Foundation）的資助下啟動了一項「香蕉品種改良計畫」（banana improvement programme），旨在培育出更高產、更抗病的新雜交種，烏干達也成為香蕉基因試驗的主要地區。

澳洲東北部昆士蘭科技大學（Queensland University of Technology）教授詹姆斯・戴爾（James Dale）身為「香蕉生物技術計畫」（Banana Biotechnology Program）負責人，也是分子農場農民，同時是位遺傳學家。他花了四十年的時間以基因轉殖技術，在某些香蕉品種的基因組中嵌入其他物種的基因片段來進行改造。戴爾在巴布亞紐幾內亞叢林（香蕉多樣性最為豐富的地區）的野生香蕉中發現能抵抗 TR4 的基因，於是抽取其基因並導入香芽蕉之中。然後團隊在澳洲北部進行實地試驗，將這些基因改造後的香芽蕉與基因未經修飾的對照組種植在受真菌汙染的土壤裡。結果顯示：一般的香芽蕉近乎枯亡，但植入野生基因的植株卻存活了下來，戴爾的研究因此有了重大突破。他還在烏干達研發出一種富含維生素A的基改香蕉，希望能解決非洲地區人民營養不良的問題。最近，戴爾正利用基因編輯技術喚醒香芽蕉原本就有，卻因為馴化而進入休眠狀態的抗病基因，他相信這個方法能拯救香芽蕉。「未來會有更多疾病爆發，我們必須透過這項新技術來讓它們的復原力變得更強。」

許多烏干達農民擔憂，這些科學技術發展與育種計畫會導致傳統作物品種喪失，而埃迪・穆基比就是其中一人。「最終，除了獲得專利的『超級香蕉』外，還會有某幾個品種將取代我們豐富多樣的作物和數千年的歷史。」他十分擔心這種「一體適用」（one-size-fits-all）的做法，「烏干達的香蕉品種已經越來越少。我們農民是物種多樣性的守護者，必須肩負起守護的責任。」穆基比如此說道。

費南多・加西亞－巴斯提達（Fernando García-Bastidas）博士也認同穆基比的看法。加西亞在香蕉研究領域表現傑出，社群媒體上有追蹤者叫他「香蕉人」，有時甚至稱他是「超級香蕉人」。他曾在荷蘭瓦赫寧恩大學（Wageningen University）研究香蕉多年，是TR4方面的權威專家，正持續監測追蹤香蕉傳染病的進展。加西亞在實驗室裡向我展示了香芽蕉植株受到TR4感染後的模樣。他從戒備森嚴的冷房中拿出一叢接種過真菌的植物，現在看起來正慢慢枯死，變成一團黑色的腐爛莖葉。上鎖的冷藏箱裡存有這種真菌的極少量樣本，光是一個瓶子裡的TR4菌種就足以摧毀整個拉丁美洲的果園。由於研究過程中會接觸到病菌，所以他每次參觀香蕉園時，都會盡可能減少隨身物品。當他去到一個國家，也會換上新衣服和新鞋子。他說道：

「我有遏止病害傳播的使命，絕不能成為把病菌帶進香蕉園的人。」

他工作的地方是一座巨大的玻璃溫室，裡面種滿各種野生香蕉樹，有的樹型高大，有的矮小，結出的香蕉顏色也不盡相同，有些果皮呈紅色，有些則略帶藍色。這些植株皆來自東南亞的叢林，也就是香蕉與 TR4 真菌的起源地。加西亞正在對它們進行研究，希望能找回一些失落的基因特性並將其導入香芽蕉，透過汲取過去的精華並融合現在的優勢，培育出具有抗病能力的新品種。

這項育種改造工作涉及尋找香芽蕉的種原，並評估數百種野生和人工栽培的香蕉特性，其中也包括烏干達地區的眾多品種（其中一些具有抗病性），他認為這項任務可能得花費至少二十年的功夫才能完成。「隱藏在叢林或小農場中的植物有著對我們未來有益的基因特性，」他說道。「我們已承受不起失去這些植物所造成的損失。」但即使加西亞正嘗試透過育種改造來拯救香芽蕉，他仍認為農民必須改變耕作模式。他與詹姆斯．戴爾在這一點上有志一同，雖然兩人用的科學方法有所不同，但他們都深信保護野生和栽培香蕉的多樣性至關重要，而單一品種的種植方式現在看來極其危險。香芽蕉儼然是「礦坑裡的金絲雀」，能對危機的來臨發出預警，它讓我們有機會藉由改善物種多樣性來增強作物抵抗風險的能力。放眼全球未來的糧食安全，我們不能過於依賴單一品種，從這次香芽蕉遭受病害，以及之前大麥克香蕉滅絕的危機中可以清楚地看到後果。若我們不能痛定思痛、汲取教訓，同樣的狀況勢必一再發生。大自然的生態系統不會僅由一種植物構成，必然有其運作的道理所在。

23 香草橙 Vanilla Orange

西西里島，里貝拉

我父親里波利歐・「波波」・薩拉迪諾（Liborio ‘Bobo’ Saladino）出生於義大利西西里島上西南邊一個名為「里貝拉」（Ribera）的小鎮，我童年常在這裡度過夏天。里貝拉是我接觸農耕、作物收成的起點，塑造了我對食物的看法。距離里貝拉不遠的阿格里真托（Agrigento）以古希臘建築遺跡聞名於世，而夏卡（Sciacca）則有許多遊客躺在沙灘上做日光浴、穿梭於狹窄的鵝卵石街道欣賞漁港風貌，或是從冰淇淋店五顏六色的冰淇淋中挑選想要的口味。里貝拉距海較遠，規模也比鄰近的繁榮市鎮來得小，很少會有遊客前來，自古以來一直是以農業生產為主的地區。小鎮外圍有個高聳又鮮豔的牌子，上面寫著「里貝拉：橘子之城」（Ribera: Città delle arance）。島上幾乎所有地方到了夏日時節都是豔陽高照，而里貝拉的優勢在於靠近西西里島河流長度排名前幾的普拉塔尼河（Platani），讓柑橘成了這裡的特產。如今在首府巴勒摩（Palermo）的傳統市場裡，說到本地盛產的上等水果，大家腦中仍會浮現這個小鎮的名字。

小時候來到里貝拉，就如同《綠野仙蹤》裡的桃樂絲首次意識到自己已經不在家鄉堪薩斯州了，這裡對我而言一切都是既陌生又新奇。一九七零年代的英國食物宛如黑白世界枯燥而無味，而西西里島的美食則彷彿彩色電影一般令我目眩神迷，尤其柑橘的味道最令人著迷。距離里貝拉鎮中心一小段車程的郊區可以看到裝有百葉窗的傳統屋舍和咖啡館，還有多條塵土飛揚的小徑通向數英里外的柑橘林與檸檬樹。生鏽的金屬大門及高大的黑色防風網將每一戶人家的柑橘園分隔開來。一走出車外，夏日有如烤箱般的熱氣迎面而來，我走在已經晒得乾透、易碎的土壤上，耳邊傳來陣陣蟋蟀的鳴聲。在這樣的高溫下，一切彷彿都慢了下來。那年早些時候，我們在復活節前後也曾來到這裡，當時我伸手從樹上摘下一個橘子，然後一瓣一瓣送入口中，嘴裡充滿春天暖陽輕撫過的甜美汁液。每餐飯後，我們都會在祖母家鋪著大理石地板的涼爽廚房裡享用橘子。我叔叔是以賣水果維生的農民，有次他想讓我見識橘子隱藏著的神奇力量，於是拿了一片橘子皮對著點燃的火柴擠壓，每次擠出汁液就會產生一陣劇烈火花。

里貝拉的一切生活似乎都圍繞著橘子展開，即使不是務農的親戚，譬如曾擔任教師和藥劑師的叔叔，或是當過交通警察和酒吧老闆的堂哥，也都會在週末耕種柑橘。里貝拉人的家裡不會有花園，但他們會在城郊開闢一處橘子園，打造屬於自己的一方天地。若是說里貝拉人血管裡流淌著的是果汁，我也會相信。

西西里島因柑橘而享譽全球的故事，是從更北邊、巴勒摩郊外的山谷農地「黃金礫」（Conca d'oro）開始。幾個世紀以來，這裡種植大量柑橘樹，因此有「金色貝殼」或「金碗」

之稱。十八世紀，英國皇家海軍開始讓船員服用柑橘屬水果，以免因長途航行而染上壞血病，而他們吃的這些水果很多都來自黃金礫。由於這個地區屬於火山地帶，火山灰形成的肥沃土壤非常適合水果生長，加上市場需求不斷增加，西西里島因此成為當時世界上最重要的水果產區。一八五零年代，每年有超過一百萬箱橘子與檸檬從港口城市墨西拿（Messina）運往歐洲各地（超過三億個水果）。到了十九世紀末，大西洋彼岸對水果的需求激增，出口到美國的水果可達每年八百萬箱。經過幾個世代，黃金礫搖身一變成了歐洲最賺錢的農業地區。柑橘的生產及買賣也促成黑手黨「柯薩諾斯特拉」（Cosa Nostra，意為「我們的事業」）的誕生，之後更開枝散葉，成為全球勢力最龐大的犯罪組織。

一名二十九歲的義大利托斯卡尼記者利奧波德．法藍蓋提（Leopoldo Franchetti）首先揭露了黑手黨與西西里柑橘產業之間的關聯。西西里島於一八六一年併入新成立的義大利王國，統一後僅僅十多年，法藍蓋提前往該島，深入了解這個北方觀察家眼中既神祕又麻煩不斷的新增領土。他們將西西里島視為農村貧困地區，因為在希臘神話中出現而聞名，但大多仍神祕而不為人知，部分原因在於當地的阿拉伯語方言對許多義大利人來說深不可測。法藍蓋提與他的政治家好友西德尼．桑尼諾（Sidney Sonnino）在騎馬穿越整個西西里島時，需隨身攜帶連發步槍用來威懾土匪。他了解到柑橘屬水果的種植者所要承擔的風險相當高，必須購買樹木、建造灌溉渠道，以及勤奮地修剪幼樹、施肥和澆水。還要預先投入不少資金，如果一切順利，就有可能獲得高額利潤。然而，巨大的經濟效益也讓這些農場更容易滋生犯罪，農作物可能被盜採、灌溉系統和樹木遭到蓄意破壞、水果小販受到恐嚇威脅，種種情事都會讓一切努力化為烏有。黑手黨既能教唆不法分子惹事生非，也能幫種植者保護他們的財產，於是他們就在黃金礫這塊肥沃的盆地，以暴力手段勒索保護費來壯大組織。

法蘭蓋提寫道：「初來乍到時可能會覺得……西西里島是世界上最輕鬆宜人的地方。但如果（旅行者）停留的時間更久一點，閱讀當地報紙並仔細觀察周遭的環境，就會慢慢發現周圍的一切並不如當初所想。」舉例來說，幫派分子可能因不滿農民僱用不合他們意的人就開槍射擊。「就在那裡，有個想擅自出租果園的地主聽到一聲槍響，子彈從他頭上呼嘯而過，警告意謂濃厚，而他也屈服了……極為誇張的暴力行為和謀殺事件……這類情事層出不窮，橙花與檸檬花散發的幽香也染上了屍體的血腥氣息。」

連黑手黨的入會儀式也少不了柑橘屬植物。首領會刺破入黨人的手指，讓血滴在聖像之上，再將那張染血的聖像點燃。有個說法是，他們是用苦橙樹枝上取下的刺來扎破手指。二十世紀時，黑手黨逐漸把更多重心放在其他生意上，主要是海洛因交易（有些海洛因是在巴勒摩郊區偏遠的柑橘園進行加工），但柑橘從未消失在黑手黨的人們心中。有「教宗」綽號的米歇爾．格雷科（Michele Greco）是惡名昭彰的黑手黨老大，曾犯下多起謀殺案，落網後，他依然向報社記者辯稱自己是清白的，指著自家鄉村莊園裡種的橘子說：「你看，這就是我的黑手黨：辛勤勞動並且信仰上帝。」那麼，西西里島盛產的究竟是什麼柑橘？那些有利可圖又十分危險的柑橘園裡生長的是什麼樣的橘子？

一九二零、三零年代，農業研究員多梅尼科・卡塞拉（Domenico Casella）嘗試替島上的水果進行編目。卡塞拉跟收集種子的瓦維洛夫有著同樣的精神，他所編寫的目錄展示了西西里島每個地區的農民如何選擇不同品種的橘子來栽培。有些是農民注意到的偶然突變結果，有些則是農民利用果實特別好吃或是長得特別大的果樹精心嫁接而來。卡塞拉在西部發現了「金黃色」的品種，是葡萄牙人於十六世紀引入西西里島的甜橙的後代。還有沉甸甸而多汁的「桶柑」（arancio barile）和多籽的「金色荊棘」（biondi di spina o di arridu，具有野生柑橘枝幹長刺的特性）。而在東岸的埃特納火山（Etna）附近，卡塞拉注意到水果的果肉從金黃色變成紅色，故名血橙。我們現在知道這是由基因突變所造成，火山附近的晝夜溫差很大，往往是白天酷熱、夜間涼爽，促使這些橙子產生花青素（也是讓石榴和藍莓呈現紅色、藍色的化合物），讓果肉呈現深紅色，果皮呈淡紅色。血橙也有不少變種，每個種類的顯色程度都不盡相同，卡塞拉也有將這些品種記錄下來，包括「糖血橙」（sanguigno zuccherino）、「奧瓦萊托」（ovaletto sanguino）和較晚成熟的「雙血橙」（sanguino doppio），以及「塔羅科」（tarroco）、「摩洛」（moro）和「桑吉內洛」（sanguinello）。在里貝拉，卡塞拉見到了「甜橙」（dolce o vaniglia，又稱香草橙）這個很特別的品種。雖然外觀像橘子，但吃起來又不像橘子。味道香甜，甚至沒有一絲酸味。他說這種水果「多汁、甜美且不酸，是在西西里島種植了很久的品種，還是當地的美食，而且價格是一般酸甜橙的兩倍」。

十八和十九世紀，卡塞拉目錄裡的大多數品種還在西西里島各地繁茂生長，但到了二十世紀中葉卻漸漸遭受淘汰，如今島上只剩少數幾種橘子仍有種植。目前巴勒摩植物園內有個區域專門培育那些失落的品種，包括最早被帶到歐洲的柑橘（這種橘子芳香撲鼻，據說，早上剝了橘子，睡前手上仍會留有餘香）、奇特的柑橘雜交種（其果心是香櫞，但外層是酸橙）、果皮像花椰菜表面一般凹凸不平的水果，以及長得像梨子的檸檬。在整個西西里島數以千計的農地上，大自然產生的雜交種與突變體果樹都曾是文化景觀的一部分。然而，到了一九七零年代，這種多樣性已經大量流失。貨櫃船的時代到來，島上的農民現在不得不與世界另一端的大規模農場競爭（還得先想辦法把水果運出島，處境更為不利），他們必須找到一種新型橘子品種才能生存下去。

植物偶爾會發生突變，產生性狀特別優良的變異體，並且有機會可以改變歷史進程。一八六零年代，在巴西巴伊亞州（Bahia）的一座修道院，農夫發現一棵甜橙樹上結出一個特大的橙子，果實底部有個看似肚臍的突起，彷彿橙子正在生下一個小果。這種芽變而來的橙子嘗起來香甜可口，果實無籽，果肉更容易一瓣瓣地剝開。在經過嫁接培育出更多這樣的橙子後，有位美國傳教士注意到這種水果且對此印象深刻，於是她在一八六九年寫信給美國農業部（USDA）。當時的美國農業部實驗園林總監、蘇格蘭人威廉・桑德斯（William Saunders）在收到了這封信後，便將這種橙子插枝引進溫室栽種。由於這種橙子有奇異的臍狀特徵，因此被稱為「臍橙」（Navel）。

當時正值美國西岸拓荒時期，政府想要提供農民可以養活多數人的作物，所以派了許多植物學家到世界各地，尋找新的作物和品種來給他們栽種。也許桑德斯看到了臍橙的潛力，隨後他把三棵樹苗寄給剛搬去加州的伊麗莎・蒂貝茨（Eliza Tibbets）。雖然其中一棵被她養的牛給踩死了，不過另外兩棵在前院順利成長茁壯，在她的辛勤澆灌下，終於結出了果實。隨後「臍橙」在當地大受歡迎，加州市民紛紛向蒂貝茨購買枝條回去嫁接。加州的柑橘產業於一八九零年代迅速發展起來，一切都是拜蒂貝茨最初所種的那兩棵臍橙樹所賜。如今，加州柑橘的年產量高達五千萬箱，為該州帶來約二十億美元的經濟收益。華盛頓臍橙（桑德斯任職的美國農業部位於華盛頓特區，故由此命名）目前仍是加州最重要的柑橘品種。然而，臍橙的產季是在每年十月到隔年六月之間，因此水果育種人員必須找到另一品種的橙子，來銜接臍橙產季的空窗期。佛羅里達州種植的晚崙西亞橙恰是首選。由於臍橙與晚崙西亞橙風味香甜、果實碩大且無籽，這樣的優點便引起了西西里人的注意。

一九零六年，一位義大利外交官形容他吃到的「臍橙比巴勒摩所見的任何橙子都還要大，非常多汁，一口咬下會噴濺得到處都是」。那時自加州引進西西里島的橙樹還不多。一九七零年代，義大利面臨更激烈的市場競爭，農學家認為臍橙很有前景，這種水果因此迅速取代了島上大部分原本栽種的果樹。但採用全球商業用品種的問題在於，其生產的果實還必須在國際市場上有足夠競爭力。隨著冷鏈及貨櫃運輸日益發展，西西里島的農民發現自己的競爭對手遍及西班牙、摩洛哥、埃及、南非和巴西，這些地方也大量種植臍橙與晚崙西亞橙。西西里島近年來確實撐得相當辛苦，到本世紀初，甚至連義大利本島的超市也自歐洲以外的地區進口橘子，而不是從自己國家「腳下」的這座小島進貨。甚至當地的水果市場因為不敵外來種的削價競爭陸續關閉，過去農民靠著小柑橘園致富的日子也已不復見，如今有更大規模的經營者主導著島上的柑橘貿易。西西里島在二零零零年至二零一零年間失去了四分之一的小農場，走在當地經常可以看到荒廢的柑橘園、水果熟成後掛在樹上無人採摘的情景。

我曾在那段時間遇到一位老農夫康塞托．費雷羅（Concetto Ferrero），他為了繼續在他的梯田上種橘子已花光積蓄。當時我在一旁看著他們進行最後一次採收，工人站在梯子上，拿小剪鉗從樹枝上剪下橘子，再扔進掛在背上的桶子裡，發出「砰、砰、隆隆、砰」的輕微聲響。費雷羅說：「農業陷入困境，土地遭到遺棄，幾個世紀的傳統就這樣沒了。」我那些在里貝拉長大的堂兄弟大多已離開西西里到義大利本島討生活，他們是二十個世代以來的第一批人，橘子園在他們的生活中不再扮演著舉足輕重的角色，家庭的結構也變得支離破碎，全球化的水果供應鏈永久地改變了他們的社群運作。

我確實在西西里島的柑橘林中找到了希望，而且（間接地）來自一個意想不到的源頭：黑手黨。巴勒摩以南二十英里處的聖朱塞佩－亞托（San Giuseppe Jato），是「自由土地」（Libera Terra）的總部所在，這個農業合作社致力於利用政府從黑手黨沒收的土地來種植農產品。他們的辦公室位於一棟不起眼的建築一樓。即使反黑手黨調查機構已進行多年調查，也將很多人捉拿歸案，但為了安全起見，我無法得知那天我見到的人是誰（他委婉解釋這是組織的政策）。過去三十年來，「自由土地」將曾被犯罪分子強占的數千公頃土地分配給新一代的農民，讓他們在這些遍布全島的麥田、橄欖園和葡萄園栽種作物，再加工生產義大利麵、橄欖油和葡萄酒，作為「自由土地」品牌的產品販售。合作社還推廣種植傳統品種的橘子，有助於保護西西里島的柑橘及其物種多樣性。在靠近東海岸的倫蒂尼（Lentini）郊區，一群年輕人正在古老的梯田上種植各種血橙，卡塞拉於一九三零年代進行編目時可能曾走訪過這裡。除了「自由土地」之外，「貝佩・蒙大拿」（Beppe Montana）合作社也是類似的組織，其名稱取自反黑手黨的英雄貝佩・蒙大拿，這名警察於卡塔尼亞（Catania）附近調查黑手黨家庭時，不幸在橘子林中慘遭殺害。

「自由土地」的負責人告訴我：「倫蒂尼曾有四萬人口，但現在剩不到兩萬人。年輕人看不到未來而紛紛移居外地，許多柑橘園就這樣被遺棄。」十年前，他在法庭上看著當地的黑手黨大老因殺人罪而被判處無期徒刑，原本被黑手黨控制的柑橘園也因此慢慢歸還給農民。從那時起，倫蒂尼的許多二十多歲的年輕人開始回到家鄉種植柑橘，並在「自由土地」的保護傘下，成功將柑橘銷往國外。這對於西西里島的年輕一代以及他們國家的柑橘種類來說，無疑是迎來希望的曙光。至於蒂貝茨流傳下來的柑橘品種，情況可就沒有這麼樂觀了。

二零一九年春天，加州河濱市（Riverside）的公園部門派工人封鎖了木蘭大道（Magnolia）與阿靈頓大道（Arlington）轉角處一棵孤零零的橘子樹。「我們會在樹幹的周圍加裝一種有機玻璃，」加州大學植物病理學教授喬治斯・達拉奇斯（Georgios Vidalakis）解釋說道。「不能讓這棵果樹在我們這一代消失。」這是蒂貝茨當初種下的華盛頓臍橙，已是碩果僅存的最後一棵果樹，他們擔心這棵樹會被黃龍病（HLB）摧毀，黃龍病是一種席捲全球柑橘園的不治之症（在單一栽培模式下迅速蔓延）。一旦這棵柑橘樹遭到感染，葉片會黃化斑駁，果實變得畸形、苦澀且無法被食用，而且最終難逃枯亡的命運。佛羅里達州於二零零五年發現疫情，這種病害已使得全州的柑橘類作物減產百分之七十五，當時的產量創下自第二次世界大戰以來新低。過去近十年，柑橘產業的工作機會減少了百分之六十，而巴西已領先全球成為最大宗的柳橙汁生產國。如今加州也紛紛出現黃龍病蹤跡，二零二零年一月，政府在河濱市、聖貝納迪諾（San Bernardino）、洛杉磯和橘郡（Orange County）各地設立占地一千平方英里的檢疫區，限制將柑橘水果及植物帶出檢疫區或在檢疫區內部移動。甚至還提供了熱線號碼，居民如果發現樹木有染病跡象，就能立即通報。「如果我們不迅速採取行動，可能會在接下來的十到十五年內失去所有新鮮柑橘，」加州大學戴維斯分校營養學教授卡羅琳．斯拉普斯基（Carolyn Slupsky）預測道。「這將會對人類健康和生計造成毀滅性的打擊。」這又是一個發人深省的例子，再度提醒我們，只種植單一橘子品種會產生的嚴重後果。

羅雷司

瑞秋．卡森於一九六二年出版《寂靜的春天》（Silent Spring）猶如暮鼓晨鐘般，喚醒了全世界的環保意識。書中所傳遞的訊息簡單卻又強而有力：人類若傷害大自然，終將被大自然反噬。她說：「我們漫不經心的破壞行為進入了地球的巨大循環，這些終究會對自己造成危害。」卡森在《寂靜的春天》中敘述到，自一九四零年代以來，科學家已研製出現逾二百種新的化學藥品「用來殺死昆蟲、雜草、囓齒動物和其他現代行話中被稱為害蟲的生物」就在綠色革命推展之際，她將目光投向現代食物生產過程中使用的化學物質，揭露人類對付自然所使用的暴力。卡森指出，我們濫用殺蟲劑企圖改變大自然，因而毒害了這片土地，讓鳥兒奄奄一息，變得很難在春天聽到鳥鳴，詭異的寂靜是給所有人的警世預言。

卡森在《寂靜的春天》快完成之際罹患癌症，還好她在過世前看到甘迺迪總統閱讀此書後所採取的行動，並成立委員會深入調查農藥的使用，最終立法禁用她認為對野生動物危害最大的化學物質DDT。自一九四零年代起，蘋果種植者大量使用DDT來消滅果園裡的蠹蛾幼蟲，卡森發現這種農藥不僅不利鳥類生存繁殖，也對人類有致癌性。卡森用她的科學專長，還有高超的說故事能力，以《寂靜的春天》這本著作改變了世界。

十年後，筆名蘇斯博士（Dr. Seuss）的美國作家希奧多・蓋索（Theodor Geisel）也成功讓數百萬人重新思考我們對大自然的破壞，以及物種多樣性的喪失。他所著的《羅雷司》（The Lorax）故事開篇是在美國中部如夢想世界般的小鎮，那裡長著稀稀落落的蓬蓬草，沒有鳥兒歌唱，只有老烏鴉嘎嘎叫。鎮上曾經有著充滿毛毛樹的美麗奇幻森林，但商人萬事樂（Once-ler）為了發展他的遠大事業，大肆砍伐樹木做成衣服布料。儘管愛樹的羅雷司盡力保護森林，最終仍敵不過萬事樂，最後一棵毛毛樹還是被砍掉了。而當最後一棵樹倒下，萬事樂事業垮盤，只能孤身一人面對自己製造出的無盡荒涼。蘇斯博士在《羅雷司》中探討了主流新聞報導裡不常出現，實際上卻非常急迫的問題，包括汙染、貪婪和森林砍伐等，這本書可謂兒童版的《寂靜的春天》。

美國農業部植物研究員，同時也是研究蘋果領域權威的蓋爾・福科（Gayle Volk）就是讀《羅雷司》長大的，如今她回想起這則故事，就會想到蘋果發源地天山遭砍伐的數千公頃森林。福科致力於為未來全球作物普遍會面臨到的問題尋找解方，她說：「這種水果遺傳基因的減少為我們帶來極大風險，而我們保護蘋果的方式之中，最有價值的就是天山野生蘋果林的多樣性。」在巴里・朱尼珀於一九九零年代初的首次探險後不久，美國農業部也派員進入森林，他們穿越哈薩克收集蘋果種子與嫁接材料。甚至會在燃料供應充足的情況下，乘坐直升機前往更偏遠的林區。

這些研究員從哈薩克收集的野生蘋果種子，隨後被種植在美國紐約州傑尼瓦市

（Geneva）的蘋果收藏園區。三十年來，水果業利用這些種子長成的樹木作為基因庫，「培育出一些野生古代作物，因為他們從中發現了新的抗病能力。」負責管理這些收藏的福科說道。不只蘋果，現今世界上所有水果都面臨更大的滅絕危機。「冬天變得越來越暖和，消滅不了昆蟲與疾病，世界各地的種植者都看到了更多病蟲害風險。」二零一八年春天，福科和美國農業部其他幾位同事一起前往天山，重回一九九零年代初研究員曾探索過的地點。「以前他們收集種子的地方不再有樹木。在過去二十五年的時間裡，大量樹木消失。一旦失去所有多樣性，就沒有退路了。」這讓福科想到《羅雷司》的故事，她說：

「人們沒有意識到自己擁有的寶藏，總要等到失去後才懂得珍惜。」

Part 7
乳酪

如果你不喜歡細菌，那你就來錯星球了。
——約翰．克萊格．凡特（J. Craig Venter）

自人類祖先開始馴養牛隻以來已有一萬零五百年，我們即將迎來轉折的時刻：全世界酪農生產的牛奶很快將超過每年十億噸。近年來，全球牛奶產量急劇增加（從二零零九年的六百九十噸增加到二零一九年的八億五千萬噸），但更不尋常的是推動大部分增長的國家。傳統上，喝牛奶跟吃乳酪是西方人的飲食習慣，但現在中國的乳牛養殖規模正急遽擴大，整個亞洲正逐漸變得「更奶」。這樣的趨勢讓我們能夠觀察人類演化適應牛奶的過程。我們是世界上唯一會飲用其他動物奶水的物種，但我們並非本來就能消化吸收動物奶水，人類祖先其實不具備乳糖耐受能力（當今三分之二的世界人口也是如此，大部分亞洲人都對乳糖不耐）。我們要喝動物奶，而且要達到現在的規模，首先需要聰明才智，其次是生物學上的改變。

當我們還在嬰兒時期，小腸內的細胞會產生一種叫做乳糖酶的酵素，能分解牛奶中的乳糖分子，使其易於消化吸收。在人類演化史的大部分時間裡，這種酵素會在嬰兒斷奶後停止，所以成年人飲用牛奶容易感到不適。然而，人類馴養牛、綿羊和山羊後，我們的基因開始發生突變，這些基因帶有突變的人終其一生都能分泌乳糖酶（稱作「乳糖酶續存性」），就算長大後也能從牛奶攝取鈣質、碳水化合物和微量營養素，賦予了他們演化上的優勢。牛奶不僅全年都買得到，而且還能儲存於乳牛的乳房當中，也便於攜帶。由於乳糖酶的續存性有利於人類生存，這種特性在幾千年內就在北歐、中歐、非洲與中東部分地區的人類種群中固定下來（在漫長的演化時序裡，這只是一眨眼的時間）。即便如此，從開始馴化動物到發生基因突變，還是隔了幾千年的時間，而這之間有個辦法能解決乳糖不耐受的問題，就是將牛奶製作成乳酪。

要將液態牛奶變成固態乳酪，主要會透過發酵和凝固這兩種製程改變其化學成分。其中的發酵過程，是存在於牛奶中的細菌（或作為發酵劑添加的細菌）分解消化乳糖後，將之轉變成乳酸。酸化後的環境可以抑制有害細菌的生長，有利於牛奶保存。當發酵時間越長，乳糖的含量就越低（像帕瑪森乳酪 parmesan 這種陳年硬質乳酪的含乳糖量就非常低）。而另一種方法是凝固，傳說我們的祖先屠宰幼年期的反芻動物時，曾在牠們的胃裡發現已經發酵凝固的牛奶凝塊，而這種結塊的牛奶吃起來味道卻鮮美且有易於人體消化。我們現在知道的是動物胃中的凝乳酶使得牛奶凝結，凝乳酶由新生反芻動物（例如小牛、羔羊和小山羊）的第四個胃分泌。乳中的蛋白質在遇到這種酵素時，會形成凝乳，再經過切塊、攪拌，壓榨瀝水等程序，去除更多液體（含有乳糖）後，就可以變成乳酪。總結來說，新石器時代的農民在對科學一無所知的情況下，藉由乳酪的製造解決了人體乳糖不耐受的問題。

古人製造乳酪的第一個證據來自中歐。考古學家於一九七零年代挖掘波蘭中部的維斯瓦河（Vistula River）河岸時，挖出數百個奇形怪狀、布滿小孔的陶質碎片，這些碎片可以追溯到公元前五千年。對於所發現的這件陶器，他們也無法確定其用途。十年後，一位美國考古學家認為，這可能是用來分離凝乳和乳清的容器（他在維多利亞時代乳酪製造者的古董篩子收藏中看過類似的圖案）。直到二零一二年，新的科學技術才證實了他的猜測，研究者在這些陶片中驗出了有七千年歷史的微小脂肪顆粒（脂質）。這一發現使得這件陶器成了世界上已知最早的乳酪製造證據（克羅埃西亞也有發現較新的注入牛奶的陶器，可追溯到公元前五千兩百年）。經過研究，科學家推論用這種陶器製成的乳酪看起來像塊狀的莫札瑞拉乳酪（mozzarella）（儘管史前乳酪其實比較類似瑞可塔乳酪 ricotta）。

幾千年來，牛奶的加工變得普遍，且程序也更加複雜。在古城烏爾（Ur）的遺跡中，供奉牛奶和牛隻的神廟中的橫飾帶[25]（Frieze）描繪了人們搖晃陶甕製作奶油的情景。在埃及，考古學家在古城孟菲斯市長塔米斯（Ptahmes）的墓穴裡發現一個破罐子，裡面裝著有五千年歷史的乳酪。這塊乳酪由牛奶和山羊、綿羊奶混合製成，是為了留待來世享用的食物。與此同時，近東地區的蘇美爾人對於製作乳酪已經相當熟練，他們描述了二十種不同類型的乳酪（依據顏色、新鮮度和口味來分類）。在羅馬帝國時期，硬質乳酪邁向大規模生產（很可能是帕馬森乳酪的起源），作為軍隊行軍的糧食。隨著帝國征服的腳步傳授各地人民製作乳酪的知識與技能，羅馬人因而成為乳酪技藝的傳播者。

乳酪改變了世界，使人類能夠發展並擴大生存範圍，可以有能力居住在山脈和高原這種地球上十分荒涼的角落。透過將牛奶做成乳酪，可以捕獲和儲存太陽賦予生命的能量，將春夏兩季的野草野花精華轉化為隆冬時節也能吃到的食物。世界各地的人利用牛奶這種原料，創造出無數獨特的乳酪。無論是在哪裡加工而成，乳酪的外觀與味道完全取決於其生產環境，包括土

25 又稱簷壁飾帶、梁上飾，為建築用語。位於建築正面的楣梁和簷口之間，也有些位於建築內部。

壤和牧場的類型、養殖動物的種類和品種、可以獲得的資源（例如鹽和木柴）；最重要的是，存在於牛奶及空氣中的微生物（細菌、黴菌和酵母）。乳酪與特定產地和季節的關聯，比起其他食物更為密切。

縱觀歷史，說法國是最能展現出乳酪豐富樣貌的地方也不為過。前法國總統夏爾．戴高樂（Charles de Gaulle）曾說過：「誰有辦法治理一個有兩百四十六種乳酪的國家？」這樣的感嘆是無比真實的。法國每個地區都有自己獨特的乳酪製作技藝和牛奶加工方式，因此我們能透過乳酪拼盤來了解法國的歷史與地理環境。像康提（Comté）、阿邦當斯（Abondance）和博福爾（Beaufort）這樣的硬質乳酪，訴說著阿爾卑斯山偏遠地區的艱難生活。農夫通常會在夏季將牛群趕往高處的牧場吃草。大家在高海拔的山上分工合作，為乳牛擠奶，然後製作出質地堅硬的乳酪，以便運送至山下的村莊，作為過冬的糧食。南邊溫暖的奧弗涅（Auvergne）和奧克西塔尼（Occitanie）地區，有洛克福（Roque Fort）、昂貝爾（Fourme d'Ambert）和奧弗涅藍紋乳酪（Bleu d'Auvergne）等儲藏於洞穴中的乳酪，微生物在涼爽潮濕的環境下大量繁殖，在乳酪上留下了鮮明的藍色黴菌紋路（這種乳酪現在遠近馳名）。

法國中部勃艮第（Burgundy）的修道院在幾個世紀以來一直有在製作乳酪，修道院陰暗又潮濕的地窖（最容易有黴菌孳生）很適合用來熟化乳酪。在熟成期間，僧侶會定期混合酒和鹽水擦拭表面，製作出埃普瓦斯（Époisses）這種氣味濃烈、外皮濕黏、內部豐厚的乳酪。北部的法蘭西島（Île-de-France）及諾曼第地區（Normandy），人們生活和耕種的土壤多為粉質砂土，在這種地方建造地窖來存放乳酪不太可行。所以他們會將乳酪放置於穀倉中熟成，空氣流動帶來了微生物，讓乳酪表面覆蓋著一層如天鵝絨般的黴菌外皮。因為這些農夫住得離城鎮近一些，乳酪不需要那麼堅硬、耐放，所以他們做的是布里（Brie）與卡門貝爾（Camembert）這種柔軟、表面遍布黴菌的乳酪。而法國西部的盧瓦爾河谷（Loire Valley）曾在八世紀被阿拉伯人占領，他們當時引進了山羊，因而發展出沙比舒（Chabichou du Poitou）和聖摩爾（Sainte-Maure de touraine）等用山羊奶製成的乳酪。品嘗傳統乳酪，也能嘗到其中所蘊含歷史、文化和生態環境的滋味。

我們無法確知世界上到底有幾種乳酪，有多少生態系統就有多少潛在的乳酪。就算是在同樣的環境，每個人在製作過程中也會加入各自的巧思。十九世紀的英國有數百個農家會自製蘭開夏乳酪（Lancashire），大家都致力於做出五花八門的質地和風味。但到了二十世紀末，這些傳統方法製作的農家乳酪只剩下一種。大部分生產乳酪的地區或多或少都發生了這種乳酪多樣性減少的情形。

都市化、戰爭、科技發展都能解釋為什麼會有這種情形發生。除了種種區域性原因，還有一些共同因素導致世界上許多種乳酪消失。其中最主要的影響是牛奶（最易變質腐壞的農產品）轉變為全球貿易產品。現在只有不到二十家跨國公司控制著世界三分之一的牛奶供應（每年價值約八百三十億美元）。企業為了能夠達到這樣的全球規模，讓牛奶的生產變得越來越標準化（工業革命推動了標準化進程）。一八零零年代初期，牛奶產量超過國內消費需求的國家紛紛將乳製品出口至世界各地。例如，愛爾蘭的牛奶很多都被拿去做加工製成高鹽奶油，再由位於科克（Cork）的奶油交易所遠銷至巴西、西印度群島、南非和印度等地。到了一八六零年代，北美製造的裹布切達乳酪（Clothbound Cheddar）透過船舶運送到英國。隨著冷藏船於一八七零年代逐漸到位，全球乳製品貿易開始擴張（一八八零年代，紐西蘭用船隻將奶油運往英國）。

由於城鎮規模增長，再加上能利用鐵路網從農村地區運輸新鮮牛奶到城鎮，因此城市裡喝牛奶的人口越來越多，乳製品的銷量也大幅增加。但這樣的運輸移動，以及工業化生產與大規模消費卻也引發更多疾病，特別是牛結核病的爆發。

因此，在二十世紀初期，歐洲和北美大部分地區的法律都要求進行巴氏殺菌（Pasteurization），將牛奶短暫加熱來殺滅微生物。這種殺菌方法不僅殺死害菌，也殺死了乳酪發酵熟成所需的益菌（生成乳酸的細菌），所以我們用經過殺菌的牛奶製作乳酪時，就得加入由專門製造微生物的工廠所研發的「菌種」。科學的力量讓乳酪不再受限於自然、地理和氣候條件。如今，無論身在何處、處在哪個季節，只要從郵購目錄中訂購菌種，就能製作切達、卡門貝爾或古岡左拉（Gorgonzola）等乳酪。產地與產品之間的連結從根本上斷裂，也越來越多人擔心從牧場、動物和農場（以前製作乳酪不可避免的部分）沾染到的各式各樣微生物。但到了今天，由於人體腸道微生物菌群的相關研究更臻成熟，我們才意識到，如果不去接觸這些微生物，反而對健康有害，還可能因此錯過了令人驚豔的風味。

國際牛奶貿易量在一九六零年至二零一零年間增長五倍。而同一時期，中國的牛奶消費量估計增加了十五倍，部分原因是隨著飲食西化，咖啡、外帶披薩和冰淇淋等西式餐飲迅速發展，中國各地對嬰兒配方奶粉與乳製品的消費急遽增加。但由於乳品產業的全球化，酪農的收入變得更加不穩定。二零一零年至二零一五年間，英國超市的牛奶平均價格下降了三分之一（一公升的牛奶比同樣容量的瓶裝水還要便宜）。酪農的生存壓力越來越大，他們只能擴大經營規模來降低成本。舉例來說，一九九零年代之前的美國，乳牛數超過兩百頭的農場並不多，而現在最大的乳牛場飼養達九千多頭。這時，為了追求更高的效率，荷蘭牛逐漸獨占乳牛產業。在一九六零年代至二零零零年代初之間，我們透過育種改良，使這種牛的基因發生巨大變化，產乳量幾乎翻倍。無論身在世界的哪個角落，我們今天吃的大部分乳酪，都是由少數幾家公司加工的牛奶製成，這些牛奶是同一品種的牛隻所產，使用的是固定幾間實驗室培養出來的菌種。眼看著數千年製作乳酪所創造出的多樣性就要化為烏有。

大多數的乳酪不再具有地方特色，在任何地方都複製得出來。藉由保存多樣化的乳酪，我們可以從源頭開始保有豐富多樣的土壤、草、動物品種和微生物。這不僅對物種多樣性有益，我們也能品嘗到更多有趣的味道。就這樣捨棄傳統的乳製品與乳酪製作技術實在太傻，這些在不同環境中將自然景物轉化為食物的知識已累積了數千年，很可能成為我們未來糧食危機的救命稻草。接下來介紹到的乳酪也代表了另一種多樣性，即人類經驗的多樣性。

24 薩勒乳酪 Salers

法國中部，奧弗涅

在我們與其他不同物種的關係中，最神祕又令人不安的也許是我們與微生物的關係。一方面，我們喜愛的食物與飲料大多都需要仰賴微生物的作用（巧克力、咖啡、葡萄酒和啤酒也跟乳酪一樣要進行發酵）。而且人類身體也承載著數萬億個微生物，如果體內和體表沒有細菌和酵母菌，我們就無法存活。但另一方面，科學研究卻告訴我們微生物也可能讓人生病，甚至死亡。二十世紀時，微生物會致命的觀點占了上風，我們因此對微生物正式宣戰，傾盡全力清潔消毒房屋與食物來確保安全。直到最近才逐漸了解到，我們在這過程中失去了一些其實可以促進健康的微生物。最新研究指出，食用富含菌種的食物（以德國酸菜、泡菜和傳統乳酪等發酵食品為特色的飲食方式）對身體有益。這些「活的」食物有助於滋養腸道微生物菌落，我們的腸道住滿數以萬億計的細菌與酵母菌，與人體健康也有著千絲萬縷的關聯。然而，這些恰好是上個世紀許多人拒絕並抱持懷疑的食物。我們想盡辦法將飲食中的微生物趕盡殺絕，轉而選擇工業化和過度加工的食品。過去五十年來，人類的腸道菌群多樣性已經喪失三分之一，這一變化在實際上比我們多數人所意識到的更為深刻。而讓微生物回到我們生活和腸胃中的最好方式就是吃未經殺菌的生乳所製成的乳酪，有一種乳酪或許特別能展現好菌運作的力量，那就是薩勒乳酪（Salers）。

薩勒不只是乳酪的名稱，也是一種乳牛和一座村莊的名字。這座村莊位於法國南部中央高地的奧弗涅（Auvergne）地區，農家以薩勒乳牛的牛奶為原料，生產擁有上千年歷史的薩勒乳酪。它算是現存乳酪中最古老的品項之一，也是歐洲少數人仍堅持傳統製法的乳酪，因為它製作起來十分費力。每年到了四月，隨著春天的腳步接近，山區農民便將牛群從山谷裡的村莊趕到山上（有時要走二十英里），以高山茂盛多汁的青草為食。在接下來六個月裡，他們住在一種叫「burons」的石砌小屋，過著修道院般與世隔絕、規律的生活，以擠奶開始與結束每一天，每天從清晨四點一路忙到晚上十點，用當天收集到的牛奶製作出一塊重達四十公斤的巨大輪狀乳酪。等到適合放牧的季節結束，他們就會用推車把這些乳酪運回村裡。現在以這種方式生產薩勒乳酪的酪農剩不到十人，而這項即將失傳的技藝所仰賴的薩勒牛群也已瀕臨絕種。

薩勒牛長著彎曲的長角和厚實、捲曲的赤褐色皮毛，看起來是一種非常古老的動物。牠們確實已經存在很久，在距離薩勒村僅五十英里的「拉斯科」（Lascaux）洞窟內，岩畫上就描繪了類似這種牛的形象。奧弗涅地區是由數百座死火山形成的山脈高原，這種地方根本沒辦法種植小麥，所以當地居民賴以為生的主要是將牧草轉化為牛奶，再製作成乳酪。而薩勒牛是讓這一切成為可能的關鍵，因為牠們身形輕巧、行動靈活，特別適應崎嶇且多岩石的地貌，能夠在高海拔山上遍嘗野草、青草和野花，是十足的山地覓食高手。當地人的擠奶技藝也相當古老。在現代畜牧場，小牛出生後不久就會被從母牛身邊帶走，好讓飼主榨取全部的牛奶，賣給人類飲用。而這裡的酪農在幫薩勒牛隻擠乳時，會先讓小牛吸吮母乳，從其中一邊乳頭吸出四分之一的量。這不僅讓乳汁容易流出，還能幫助清潔乳頭。接著將小牛從乳房旁拉開，和媽媽的前腿綁在一起，並在小牛的背上灑鹽，鼓勵牛媽媽舔舐和安撫寶寶。這種動物母親與孩子緊密的身體接觸也能讓奶水更順利地流出。然後酪農將頭貼靠在母牛溫暖的身體上，開始擠奶。擠出來的牛奶是屬於野生山景的產物，因為牛隻所吃的三葉草、龍膽草和茴芹、山金車、海棠和茴香等各式各樣植物都會透過牛奶表現出來，形成一種濃郁滑順的複雜微生物液體，因而能創造出風味獨特的乳酪。吃下一口，彷彿就能見到連綿不絕的山脈景色展現在眼前。

科學現在已經能解釋為什麼像奧弗涅這樣的高山牧場製作出的乳酪味道會如此獨特。原因在於，飼養乳牛的牧場物種多樣性越高，產出的牛奶就會充滿越多芳香化合物，稱為萜烯（Terpene），這是植物防禦機制的一種。乳牛透過牧草吸收萜烯化合物，再經由血液循環進入乳汁（以商業飼料餵養的牛隻產出的牛奶就不會有這種氣味）。隨著乳酪成熟，萜烯開始發揮作用，構成層層疊疊不同風味。讓原本看似不起眼的乳酪蛻變成真正令人難忘的滋味。不過，薩勒乳酪裡還有一股力量也默默地發揮自己的作用。酪農擠完奶後，會將溫熱的牛奶倒入高度齊腰的木桶「gerles」中。當牛奶接觸到木頭的那一剎那，乳酪的製作過程其實就已經開始了。

當已習慣乳牛場乾淨明亮的機械設備的衛生檢查員目睹這幅景象，可能會嚇得要死。因為木桶幾十年來從來沒有用清潔劑清洗過，只有用乳酪製作過程中分離出的液態乳清稍加沖洗。這是因為培養微生物也是製作薩勒乳酪很重要的一環，由於木桶裡裡外外布滿各種各樣充滿活力的細菌，會使牛奶自然變酸並且啟動發酵，所以不像其他乳酪還要再加入發酵菌種。微生物學家對此進行分析研究，發現倒入桶子裡的牛奶在幾秒鐘內就沾染了大量有益細菌。乳酸菌的含量如此之高，以至於危險的病原菌幾乎不可能生存在這種環境中，只要有任何病原菌存在，都會被健康、有用的微生物擊退，學者將此現象稱為「競爭排除」（competitive exclusion）。等待乳酪發酵成熟時，乳酸菌會持續抑制有害微生物滋長。由此看來，製作乳酪的酪農就是要盡可能為有益細菌提供適宜的棲息地。為了證明這一點，科學家曾經進行了一項實驗，他們將一定劑量的單核細胞增生性李斯特菌（Listeria monocytogenes）摻入木桶中。幾週後，研究人員對受汙染的桶子做出的乳酪進行檢測時，發現李斯特菌消失了，這種致命病菌在木桶這樣的菌種環境中很難存活。

切開熟成一年的薩勒乳酪，會看到斑駁顆粒感、濃郁的黃色糊狀乳酪體。每輪乳酪都有屬於自己的獨特風味。薩勒乳酪在理想情況下，可以品嘗到肉香味、奶油味和青草味，而在最糟糕的情況下，據觀察過山區農民工作的乳酪專家布隆溫．派西佛（Bronwen Percival）的說法，則是散發「狂野又難聞」的味道。我們可以從中體會多樣性的美妙之處，這種複雜的食物雖然有點難以預測，但絕不令人感到乏味。

25 史第奇頓乳酪 Stic@helton

英國，諾丁漢郡

某天早上六點，我拜訪位於英國雪伍德森林（Sherwood Forest）邊緣的一間乳品製造廠，參觀英國「乳酪之王」史提爾頓乳酪（Stilton）的製作過程。喬．施耐德（Joe Schneider）按照原始配方製作藍紋乳酪，但因為他用的是未經巴氏殺菌的牛奶，所以不能將其稱為史提爾頓乳酪。一九九零年代，歐洲法律規定這種著名的乳酪必須採用經由巴氏殺菌處理的牛奶製作。為避免遭到起訴，施耐德將他所做的乳酪命名為史第奇頓乳酪（Sticlelton），源自史提爾頓小鎮（這款乳酪的產地）的古英文名稱。

施耐德於一九九零年代末從美國來到英國，並且愛上了乳酪的製造，他形容這是「自然科學與煉金術的結合」。二十年後，他以東岸口音向我訴說他的使命：「我做的乳酪是英國文化的一部分，我們不該眼睜睜地看著它消失。儘管這不是我自己國家的文化遺產，但我不會讓這種事發生。」雖然用的是不同名字，但施耐德相信自己製作的是正宗的英國乳酪之王。透過保存這種乳酪的製作技藝，他保護了數千年來乳酪的精髓，也就是產品特色與產地條件間有直接的連結，而這種連結來自農場牛奶中的微生物。

施耐德於一九七零年代在紐約長大，那是加工食品方興未艾之際，在他們的認知裡，乳酪就是「卡夫起司片」（Kraft Singles）、「維爾韋塔起司」（Velveeta）和「卡夫起司抹醬」（Cheez Whiz）的各式加工產品。他成為工程師後就開始到處旅行，最終與當時的女友（現為妻子）搬到阿姆斯特丹。後來在某次聚會上認識了一位經營乳品店的土耳其人，於是開始投入菲達乳酪（Feta）的製作。當施耐德走進如今已成為傳奇的倫敦乳酪店「尼爾庭院乳品」（Neal's Yard Dairy）時，命運就此注定。他站在店中央瞠目結舌。「這些乳酪非常巨大，有的重達三十磅，」他回憶道。「每輪都很漂亮、渾圓飽滿，用布包裹且凹凸不平。」因乳酪具有非凡的迷人顏色、形狀、質地和氣味，帶給他強烈的多重感官體驗，從此改變了他的人生方向。「我暗自下定決心，我要製作出能在這家店販售的高品質乳酪。」

史提爾頓乳酪的起源是英國食品的一大謎團，其原產地和配方來源眾說紛紜。一七二二年，因研究巨石陣而著名的古物學家威廉・斯圖凱利（William Stukeley）寫道，這個位於劍橋郡的小鎮「以乳酪聞名……要不是離我們那麼近，我們可能還會以為這就是帕馬森乳酪」。兩年後，丹尼爾・笛福（Daniel Defoe）在他的《大不列顛全島遊記》（Tour Thro' the Whole Island of Great Britain）裡也提到：「史提爾頓小鎮的乳酪很有名，被稱為我們英國版的帕馬森乳酪。」不過接著又說了句倒人胃口的話：「端上桌時還爬滿蟎蟲或蛆蟲，人們會用湯匙吃這種乳酪。」事實上，史提爾頓乳酪從未在史提爾頓鎮生產，而是在更北邊、英國中部的德比郡、萊斯特郡和諾丁漢郡（Nottinghamshire，施耐德就是在這裡製造史第奇頓乳酪），小鎮只是販賣這種乳酪的地方。

史提爾頓乳酪最初是由農家自製自銷，但斯圖凱利和笛福嘗到的乳酪已深受啟蒙運動影響。當時，羊毛、煤礦和鐵資源使英國變成工業強國，農業革命如火如荼地進行著，家畜育種員羅伯特．貝克威爾（他就住在史提爾頓）正透過他的新方法增加英國的肉類和牛奶產量。隨著交通變得發達，包括連接倫敦、里茲（Leeds）、雪菲爾（Sheffield）和愛丁堡的大北路（Great North Road）得到改善，史提爾頓鎮正是因為這條公路，讓鎮上商人販售的乳酪聲名大噪。到了十八世紀末，乳酪已成為英國重要的出口產品，每年有數千噸從倫敦和利物浦的碼頭運出。與英國所有著名的乳酪一樣，史提爾頓乳酪是這個貿易興盛、科學進步和都市化時代的產物。十九世紀中葉，公路、鐵路和運河的擴張塑造了典型的英國乳酪風格：含水量低、酸度高且質地堅實。除了史提爾頓乳酪，切達、卡爾菲利（Caerphilly）、柴郡（Cheshire）、格洛斯特、蘭開夏和萊斯特等乳酪也都有這些適合運送的特性。隨著英國都市人口增長，乳酪的生產規模也不斷擴大。

這時，史提爾頓已經演變成一種奶油狀的藍紋乳酪。牛奶是用舀的，凝乳沒有經過擠壓，只會加鹽（因此質地易碎），外形為圓柱狀，至少要熟成一年，在此期間逐漸形成厚厚一層坑坑洞洞的金色外殼，製作起來耗時費力。根據十九世紀一位乳酪職人的說法：「史提爾頓乳酪比嬰兒還麻煩，只差在不會哭鬧。」因為每天都得轉動乳酪，讓凝乳在自身重量下慢慢瀝乾水分，然後用手揉搓以形成外皮。也許正因為如此繁瑣，這種乳酪才會如此著名，深受美食家喜愛，也成為聖誕節這類節慶活動中必備的食物。

二十世紀初，英國乳酪的生產作業漸漸由工廠取代農場，史提爾頓乳酪也不例外。到了二次世界大戰爆發，英國政府控制了乳製品生產，強制規定工廠一律改成生產切達乳酪（這種硬質乳酪可以保存較久）。一九三五年，農家生產的最後一輪史提爾頓乳酪售完，自此之後的十年之間就再也沒有這種乳酪。直到一九五零年代，人們才再次品嘗到史提爾頓的滋味，幸好仍保有傳統風味，也還是在同樣的三個郡生產，而且製作過程依舊漫長而費力，最重要的是，當時仍是用未經巴氏殺菌的生乳製作。然而歷史終究站到了巴氏殺菌的那一邊。

路易·巴斯德（Louis Pasteur）於一八六零年代為了幫助葡萄酒業解決酸化變質的問題，率先採用加熱的方式來殺死那些可能讓酒酸敗的微生物。隨後在一八八零年代，這種殺菌工藝也開始應用在牛奶保鮮上，但直到一次世界大戰後才變得更加普遍。新鮮牛奶採用巴氏殺菌法進行加工，讓我們在公共衛生方面也取得很大的進展。在一八五零至一九四零年代間，城鎮喝牛奶的人越來越多，造成超過五十萬英國人死於結核病。雖然巴氏殺菌法有助於控制疫情大流行，卻也有人持反對意見。有一派稱為「生機論」的反對陣營，宣稱高溫會破壞牛奶中的「活性」（life），從而影響國民的健康與活力。但加熱處理的方式最後還是成為主流，政府於一九二二年通過《牛奶和乳製品法》（Milk and Dairies Act），規定牛奶需經過巴氏滅菌法處理。而在乳酪產業方面，無論牛奶有沒有經過巴氏殺菌，都不會有太大的衛生安全疑慮，因為在乳酪製作過程中乳酸菌能抑制病原體。不過，牛奶經過殺菌（好壞菌通殺）後彷彿變成了一塊空白畫布，可以再加入人工培養的發酵菌種，更方便掌控製程並降低不可預測性。如此一來無論什麼季節，甚至是用來自多個不同農場的牛奶，都能週復一週、年復一年地生產出品質穩定的乳酪。這對業者來說確實相當有吸引力，於是也開始接受這樣的做法。多數史提爾頓乳酪製造商都順應潮流，轉而採用巴氏殺菌法，只有一九一三年開始生產這種乳酪的廠商「科爾斯頓．巴塞特」（Colston Bassett）仍堅持用生乳製作。但在一九八八年的聖誕節發生了一起食物中毒事件，很多人把原因歸咎於未經高溫殺菌的生乳製造的乳酪。儘管這之間的關聯從未得到證實，但還是在業界掀起波瀾，不久後科爾斯頓．巴塞特也開始採用高溫殺菌處理過的牛奶。

一九九六年，史提爾頓乳酪通過歐盟的受保護原產地名稱（PDO）食品認證（由史提爾頓乳酪職業協會 Stilton Cheesemakers' Association 提出申請）。這種保護制度（涵蓋歐洲數千種食品）可以保證產品是在特定地區使用傳統製法生產，因此史提爾頓乳酪必須生產於特定地區，且使用經巴氏殺菌的牛奶製成。由於歐洲法規的關係，最傳統用生乳製造的史提爾頓乳酪已經絕跡。英國很少有人會注意到這個細節，但對於乳酪愛好者來說，前述的作法無異於一種摧殘文化的行為，同時也是一場農業災難。

倫道夫．霍奇森（Randolph Hodgson）於一九七零年代後期創立的乳酪店「尼爾庭院乳品」曾帶給施耐德很大的啟發。這家店是商業冒險和反文化激進主義的綜合體，誕生於龐克精神盛行的時代。霍奇森曾在食品行業學習乳製品科學技術，但最終因為想挑戰在英國食品業及農業的同質化與企業控制現象，轉而專注於保存瀕臨消失的乳酪。在二十世紀，倖存下來的農家乳製品越來越少，為數不多特立獨行的新乳酪製造商也加入這一行列，希望重振失落的傳統。事實證明，霍奇森和他的店在這之中扮演了重要角色。霍奇森作為乳酪商販，能為那些沒有機會（也沒有興趣）透過超市銷售乳酪的生產商提供渠道。而他同時也是這些人所做的乳酪的擁護者與顧問。在八零年代的大部分時間裡，他都在拜訪乳酪製造商的農場，品嘗乳酪、提供意見並幫忙解決問題，因此將許多英國乳酪從失傳的邊緣挽救回來，也幫助保存了正迅速消失的知識與農業技能。他的首要任務是保護英國僅存的少數生乳乳酪，其中就包括科爾斯頓．巴塞特用生乳所製成的史提爾頓乳酪。「他們開始採用巴氏殺菌時，霍奇森為此難過不已。」施耐德說道。「他失去了他真正關心和相信的東西。」霍奇森甚至懇求科爾斯頓．巴塞特維持用生乳製作小批量的史提爾頓乳酪，並讓他在尼爾庭院乳品販售，但他們拒絕了。然後史提爾頓乳酪又得遵守PDO的規定。「霍奇森那時就說：『去他的，如果沒人願意做這種乳酪，那我來做。』」這個想法前後花了十年時間才實現，在這期間他和施耐德成為朋友，兩人決定一起完成這項任務。二零零六年十月，在我後來參觀的諾丁漢郡乳牛場，他們生產了第一批史第奇頓乳酪。

在現今的英國，經驗豐富的乳酪商販通常只認可少數幾種真正優質的農家乳酪，像是蒙哥馬利（Montgomery）的切達乳酪和柯克姆（Kirkham）的蘭開夏乳酪，這些乳酪背後都是歷經幾代人的經驗累積。施耐德卻能在十年之內，就從零開始讓史第奇頓乳酪躋身這樣的行列。然而，雖然這種乳酪秉持著傳統做法，而且在世界各地廣受歡迎，仍不能稱為史提爾頓乳酪。施耐德說：「依據PDO的規定，只要我使用巴氏殺菌後的牛奶製作，就算散上滿滿的蔓越莓果乾，再塞入香蕉，還是可以叫做史提爾頓，但如果我把我用生乳做的乳酪稱為史提爾頓，就會遭到起訴。」

我從史第奇頓乳品場的大窗戶望出去，看到牛群正在牧場上吃草。早晨剛擠好的牛奶裝在長方形的不鏽鋼大桶中，表面浮著一層散發著油亮光澤的脂肪。這是接下來二十四小時製程的第一步（農家切達乳酪只需六個小時）。雖然人們曾試圖加速製程，但都徒勞無功。製作史第奇頓乳酪是個漫長的物理過程，需加入極少量（施耐德說是「順勢」）菌種來促進乳酸發酵，確保每一步都像走鋼絲般的慢動作一樣輕柔地進行。施耐德無法保證每次都能維持品質一致，但多數時候做出的乳酪都相當出色，有時還會製作出無與倫比的夢幻逸品。

施耐德開始製作時，會先加入藍酪黴菌（Penicillium roqueforti），然後用長針在乳酪刺上幾個洞，讓空氣進入流通以促使黴菌生長。當菌絲漸漸深入乳酪，分解其中的脂肪及蛋白質時，乳酪會產生強烈刺鼻的味道，且質地會變得柔軟滑順，象牙色的乳酪因此滋長出獨特的靛藍色紋理。在藍酪黴菌這種商業菌種出現以前，據說史提爾頓乳酪師傅會將舊皮革掛在他們的乳酪坊外，直到皮革布滿密密麻麻的黴菌，再將皮革覆蓋在裝著牛奶的木桶之上，讓牛奶被皮革上的黴菌孢子自然接種。

那天經過五小時的發酵，牛奶凝結，也排掉了乳清。施耐德接著將高溫凝乳從桶子中轉移到長形的冷卻台上。現在大多數史提爾頓乳酪製造商都是以機械完成此步驟，但施耐德仍堅持手工製作，他拿勺子從右邊的桶子裡舀了一勺，甩到左邊的冷卻台上。接下來一個小時，他就這樣不斷彎腰、轉身，一勺一勺地將凝乳從一側轉移到另一側。工作間裡靜悄悄的，只有濕軟的凝乳掉在桌上發出隱約的啪嗒聲。他說：「用任何其他方式進行，都會損壞凝乳並改變乳酪的質地。」我感覺自己目睹了數百年前形成的鏈條中最後一個脆弱的環節，它讓人類、動物、草地和微生物之間產生美麗而自然的交錯連結。而科學卻切斷了這樣的聯繫，將大自然視為敵人，實驗室就像救星一般的存在。這個乳製品所涵蓋的世界仍讓我感到驚奇不已。我看著堆積的凝乳塊說道：「仔細一想，這東西幾個小時前還是牛奶。」

施耐德隨後說道：「就在兩天前，它還是片草地。」

26 米沙維納乳酪 Mishavinë

阿爾巴尼亞，被詛咒的山脈

「被詛咒的山脈」（Bjeshkët e Namuna）沿著阿爾巴尼亞北部邊界一路延伸，在這三千公尺高的崇山峻嶺之中隱藏著不少村落，如果連下幾天大雪，居民們可能就會與世隔絕長達數週。然而，即使過了雪季，他們與外界的距離仍然相當遙遠，目前對外的主幹道是直到近年才開通，這裡因此成為歐洲數一數二孤立且貧窮（以金錢來衡量）的地區。如今還是有許多村落必須穿越茂密森林中的崎嶇小路才能到達。阿爾巴尼亞的古老部落「斯克雷利」（Skreli）、「格魯達」（Gruda）、「凱爾門敵」（Kelmendi）、「卡斯特拉蒂」（Kastrati）和「霍蒂」（Hoti）曾居住於這片山區，這些族群之間有著許多世代血仇。不過若是沒有發展出製造乳酪的技術，他們根本無法在如此艱難困的環境中生存，也沒有產生衝突的機會。

由於阿爾巴尼亞北部高地幾乎與世隔絕，外界對其的了解並不多，直到一九零零年一位名叫伊迪絲．達勒姆（Edith Durham）的英國旅人展開探索，才讓世人對這個地區有更深的認識。達勒姆因為多年來照顧生病的母親而身心俱疲，醫生建議她去旅行，順道至山上呼吸新鮮空氣。於是她先前往蒙特內哥羅（Montenegro），然後進入阿爾巴尼亞和被詛咒的山脈。身穿博柏利（Burberry）防水裙子的她，用日記本與畫板將山間部落生活的見聞記錄下來。多年來，她數次重返此地，甚至在阿爾巴尼亞享有「高地女王」（Mbretëresha e Malësoreve）的盛名。由於達勒姆詳盡介紹了這個地方，許多外國記者於一九九八年被派去報導剛爆發的科索沃戰爭前，都是先透過她的書《至高的阿爾巴尼亞》（High Albania）來了解當地情況。她在書中描述這個殘酷的世界到處充斥著血腥復仇。「其他一切都建立在這件事上，」她寫道。「不斷用鮮血來覆蓋血跡。」她相信阿爾巴尼亞高地部落的當地人對事物的忠誠在過去幾代以來皆不曾改變，而他們的食物也是如此。她寫道：「午後昏暗的屋子裡，大家暢飲有益健康的『拉基亞』酒（rakia，用水果釀造的烈酒）、嚼著羊奶乳酪，同時手握步槍和左輪手槍恣意地玩著射擊遊戲……他們將帶有鹹味的羊奶乳酪切塊，放在『索夫拉』（sofra）這種低矮的圓桌中央，喝拉基亞酒時配著吃特別下酒……『科斯』（kos，羊奶優格）則是酸得讓人直咧嘴。」達勒姆經常是部落舉辦大型聚會的座上賓，藉此機會見證了許多烹飪奇觀。她曾看到一整隻塞滿香草的羊在大火上翻烤，然後與沾有融化乳酪的玉米麵包搭配食用。經過一個世紀之後，我動身前往阿爾巴尼亞地區的阿爾卑斯山，跟隨著達勒姆的足跡，尋找昔日的文化印記，還有那種適合下酒的鹹乳酪。

我的嚮導是一位六十多歲的義大利籍援助人員，名叫皮耶・保羅・安布羅西（Pier Paolo

Ambrosi）。一九九零年代初期，他曾站在義大利東海岸的一個港口，訝異地看著一艘艘船隻運載成千上萬的阿爾巴尼亞人穿越亞得里亞海（the Adriatic Sea）。伊迪絲．達勒姆那個時代的阿爾巴尼亞因地理條件很難與外界交流，但到了二十世紀後期，這個國家越發陷入孤立境地，而這次是政治原因。馬克思主義獨裁者恩維爾．霍查（Enver Hoxha）在阿爾巴尼亞掌權長達四十年之久，把這個夾在希臘和南斯拉夫殘餘勢力之間、約三百萬人口的小國推向極端的共產主義。迫使阿爾巴尼亞人處於孤立的狀態，除了限制出入境自由，宗教信仰也被禁止。阿爾巴尼亞當時是歐洲唯一禁止過聖誕節的國家，即使沒有這項禁令，人民也會因為過於窮困而無法好好慶祝。由於霍查的偏執妄想，擔心遭他國入侵，強制全國修建了七十萬座機槍堡壘，根據統計每四人就有一個堡壘。他試圖讓人們相信，敵人在外而不在內。霍查於一九八五年去世後，共產政權仍步履維艱地前進著，但國內經濟面臨崩潰，糧食供應嚴重不足。局勢在一九九零年冬天迎來轉折，一九九一年二月二十日，首都地拉那（Tirana）的示威者推倒了十七英尺高的霍查金箔雕像，標誌著史達林主義的終結。隨之而來的動盪不安導致數千人喪生，阿爾巴尼亞民眾紛紛逃離家園。到一九九零年代末，已有五分之一的人口遷移至其他國家。安布羅西當時致力於天主教慈善組織救援工作，看著一批批難民乘坐擁擠船隻抵達義大利，當所有人都想逃離時，他卻反其道而行地來到這裡。他說：「我們想知道這些人來自什麼樣的地方，又有誰被遺落在後頭，所以那時候就想說花個幾週時間來探索阿爾巴尼亞。」沒想到竟就此留在這裡將近三十年。

共產政權試圖控制人民日常生活的每一個細節，從工作分配到衣物鞋襪的供給，政府的一切配額都處於供不應求的狀態。安布羅西說：「有個地區，每人只能分到一點二隻襪子，另一個地區則是每人一點五隻襪子。」而食物也同樣由官僚掌握及壟斷，一個家庭可能在某個月拿到一公斤豬肉配給，接下來三個月就無肉可吃了。許多人天天到商店外頭排隊，就為了等待牛奶進貨。當共產政權垮台後，起初情況甚至變本加厲，迫使大量北部山區居民為了生計而到城市工作，十年間，首都地拉那的人口就增加了三倍，安布羅西發現阿爾巴尼亞高地上越來越多村莊因而荒廢。不過，在被詛咒的山脈極為偏遠的地區，還是有少數自給自足的部落倖存下來，自達勒姆所處時代以來幾乎沒有變化，依然保留著古老的飲食習慣，這就是我們要去的地方。

我們越往高處走，彷彿回到越久遠以前的過去。安布羅西說：「這條路是舊世界和新世界之間的紐帶。」他所說的是一條仍在建設中、逐漸收窄的礫石路。我們路過那些駕著馬車的人，馬車上堆滿了乾草，路上還有牧羊人正趕著羊群上山吃草，掛在羊脖子上的鈴鐺清脆作響，我們只能停下來讓牠們先過，吉普車被羊群團團圍住。「牠們在這裡有最大的路權。」安布羅西說道。最終我們到達目的地勒普什（Lepushe），此地位於壯闊的高原上，靠近蒙特內哥羅邊界，村子裡的房屋都是由木頭和石頭搭建而成。我們周圍是綿延數英里的古老牧草地，野草、野花遍布其上，遠處山頭積覆著皚皚白雪。正是在這裡，安布羅西在很久以前的一次探險中，發現了一種新石器時代農民可能也會認得的乳酪「米沙維納」（Mishavinë），這種食物與人類最早開始利用動物乳製作的乳酪類似。在獨裁統治之下，政府只批准「白乳酪」與「黃乳酪」這兩種乳酪，阿爾巴尼亞很多地方的飲食傳統都跟宗教習俗一樣被廢除了，但高地上有千年歷史的米沙維納卻沒有因此受到改變。雖然也失傳到只剩三位農民在做這種乳酪，其中一位是住在勒普什的路易傑・塞卡伊（Luigj Cekaj）。路易傑和他的妻子朗圖邁爾（Lumtumire）在這被詛咒的山脈上堅守著傳統工藝，因而讓歐洲這種幾近消失的食物得以傳承延續。

為了在山區生存，每年春天結束時，塞卡伊的祖先都會帶著牛羊跋涉到阿爾巴尼亞阿爾卑斯山的高山草原，在那裡放牧一整個夏天。這個地方擁有歐洲最茂盛肥沃、物種多樣性最豐富的牧草。牲畜能在這幾個月時間裡盡情享用上百種不同的野花、藥草和青草，其中有許多都是牧羊人會拿來作為藥用的植物。在這裡餵養的綿羊所產出的奶非常優質，富含微生物菌群和營養素（以及多種帶有氣味的萜烯化合物）。傳統上，牧羊人會直接在高山牧場製作乳酪。他們在火上溫和地加熱羊奶。跟薩勒乳酪一樣，生乳本身含有大量細菌，無需添加發酵菌種，乳酸發酵就會自然發生，從而使羊奶酸化並擁有防腐能力。接著用從羔羊胃部提取的凝乳酶來讓乳凝固，待凝乳冷卻後，再加鹽並用木棍攪拌，將凝乳打成豌豆大小的碎塊。然後把凝乳用布包裹，放到石頭下擠壓出乳清。當乳酪所含的水分越少，保存時間就越長。牧羊人用清洗乾淨的綿羊皮製成皮袋，將乳酪塞入其中，並在皮上塗抹奶油使其密封。他們把這些袋裝乳酪放在村莊附近的陰涼處（洞穴內或埋在地下）窖藏幾個月。隨著時序進入夏天，積雪逐漸消散，草原開始變得生機盎然，隨之而來的是以牛奶或羊奶製成的乳酪。路易傑說：「這種乳酪的強烈氣味讓人幾乎難以下嚥，但在咀嚼幾口之後會慢慢品嘗到醇厚的風味，讓人有如置身森林花海之中。」

世界上只剩下少數幾種以動物皮包覆熟成的乳酪，通常是用較為堅韌的山羊皮，這些古老的乳酪統稱為圖盧姆（tulum）。這種做法可以追溯到新月沃土，以及動物馴化和乳酪製作的起源。冬季即將到來之際，牧羊人就會帶著乳酪，從阿爾巴尼亞阿爾卑斯山的高地牧場返回村莊，這種乳酪能夠幫助他們度過冰天雪地的寒冬。有一天晚上，我與路易傑、朗圖邁爾和安布羅西一起吃了些米沙維納。它的外觀呈稻草色，質地緻密而易碎，味道濃郁而強烈（帶有一絲動物皮的味道），可作為調味品來增添其他食物的風味，這就是高山牧場的力量。隔天早餐吃了米沙維納搭配蒸餾烈酒拉基亞，達勒姆說的果然沒錯，這種鹹乳酪確實適合下酒。

安布羅西第一次來到這些山村時，發現有些以前曾住了百來戶人家的村落，現在只剩十多戶人家。他認為，或許可以鼓勵村民藉由製作米沙維納賺取生活所需的收入。他說：「這是當地特有的東西，如果能提高產量，他們就有機會留下來生活。」安布羅西找上當地一名女子德利塔・塔納茲（Drita Tanazi）幫忙，她是為數不多留在高地村莊的年輕人之一。塔納茲二十多歲時，看到她這一代人大多搬到了地拉那，然後再前往海外發展。「很多時候我們都不知道他們後來怎麼樣了，」她說道。「而且每年持續有房屋遭到廢棄。」安布羅西決定與塔納茲合力招集農民，並展開培訓課程，讓更多人得以成為乳酪製作者。做這種乳酪的人數很快就從僅存的三人增加到二十人，下一步則是要找到有興趣的買家。慶幸的是，他們在廚師阿爾廷・普倫加（Altin Prenga）開始購買乳酪後取得了重大進展。

普倫加跟近半數的阿爾巴尼亞同胞一樣，在一九九零年代初離開這個國家。兄弟倆一起逃上一艘開往義大利的船，在那裡找到了飯店和餐館廚房的工作。十年後，他們覺得是時候回家了。憑藉在義大利所學的一切，他們在地拉那以北五十英里處的家庭農場上打造了自己的農莊「仙女之影」（Mrizi i Zanave），坐落在廣闊的麥田、葡萄園和菜圃之間，這不僅僅是一家餐廳，還是可以幫助阿爾巴尼亞恢復共產主義前的食物歷史的廚房與作坊。

這裡也不可避免地會看到霍查政權留下的遺跡。田園景色中點綴著一排排外觀像巨大蘑菇的混凝土碉堡和機槍堡壘。有些保留了混凝土原本單調的灰色，但大多數都塗上了鮮豔的彩色塗鴉，形成了強烈的視覺反差，讓戶外用餐區的客人移不開目光。沿著農場旁的碎石路往上走，還會看到一堵高大的混凝土牆，上頭扎著生鏽的帶刺鐵絲網，牆內是一座廢棄的監獄。

這座監獄用於關押那些犯下輕罪的人，例如在祕密教堂做禮拜或囤積食品。我當時問普倫加：「反對派人士就是被送到這裡嗎？」他搖搖頭。霍查統治下沒有反對派，就算有也沒人能活下來，他一邊說一邊用手比出手槍形狀，作勢朝自己的腦袋開槍，解釋這些人的遭遇。我們站在一間小磚房旁，窄小的牢房內無法站立，也沒有躺臥的空間。「犯人被關押於此作為懲罰，」普倫加說道。「一旦被關進去，就得屈身蹲伏好幾天。」

普倫加正在將這座廢棄監獄改造成小型食品工廠，很多農民的農產品、牧羊人生產的羊奶，還有採集者在森林裡採摘的野草莓和蘑菇都會送來這裡，再由農莊的磨坊主、麵包師、屠夫和廚師將這些原料用於餐廳，或轉化為可在地拉那銷售的產品。「仙女之影」的使命是拯救那些仍有人居住的村莊保留下來的技能與知識。普倫加告訴我，老舊的懲戒牢房很快地重生為燻製室，有些牢房則被改建成廚房，可用來製作野莓果醬或果乾。為了尋找可採購的當地食材，普倫加展開一趟公路旅行，探訪隱藏在高地村落的農民，他在途中發現了米沙維納，同時也了解到塔納茲與安布羅西為留下這種乳酪所做的努力。

我在監獄附近的路邊看到一排茂密的灌木叢。在這幾十年前所種下的灌木叢中，隱藏著通往混凝土地道的路徑，其入口處佇立著一扇沉重的柵欄門。這條地道和碉堡一樣是在霍查時代修建起來的，作為應對敵國侵略的防衛工事。數以千計的祕密地道遍布全國，用以存放武器和躲避敵人襲擊。「靠近點看。」普倫加說道。我透過鐵欄杆凝視著裡頭一片漆黑。濃烈的乳酪氣味撲鼻而來，地道裡現在儲藏著準備讓仙女之影餐廳客人享用的米沙維納。他笑著說：「獨裁者留下了完美的乳酪洞穴。」

一九零八年，伊迪絲．達勒姆當時在《至高的阿爾巴尼亞》書中的結語寫道：「巴爾幹半島就和其他地方一樣，優勝劣敗，接下來幾年應該會很有意思。」後來，戰爭和獨裁統治接踵而至，但她在旅程中記錄的一些東西還是保留了下來，包括被詛咒的山脈上這種古老牧場的產物。

冰雪室

位於丹麥哥本哈根一個不起眼的郊區工廠，正為世界上大部分乳酪與優格製造發酵菌種。「工廠」這個詞可能會讓人產生誤解，這裡其實比較像是科幻電影裡那種巨大的化學實驗室。明亮的長廊分支成研發區與除汙區，透過長廊玻璃，能看到最嚴格保持無菌狀態的房間內，機械手臂移動著液體和粉末。因為空間很大，公司四千名員工常需要騎電動滑板車移動，隨時都可能有人從旁邊呼嘯而過。這是世界第一大乳酸菌生產商「科漢森」（Chr. Hansen），無數冷凍顆粒或小瓶液體菌種從這裡送至全球各地的乳酪製造商。

想製作熟成切達乳酪或蒙特利傑克乳酪（Monterey Jack）嗎？這些乳酪所採用的菌種在科漢森的目錄裡都找得到。還是想製造艾曼塔（Emmental）這種帶有孔洞的阿爾卑斯山乳酪？訂購菌種就能做得出來。卡門貝爾、莫札瑞拉、佩克里諾（Pecorino）或菲達乳酪也是如此。這家公司的產品涵蓋乳品業所使用的大部分菌種。有了這些現成的微生物，食品製造商只要從目錄中選擇種類和風味特徵，然後下訂單，想生產世界上哪種乳酪都不是問題。而這樣龐大的經營規模也是歷時一個多世紀才逐漸形成。

「Chr.」代表「Christian」，來自創始人克里斯汀・漢森（Christian Hansen）的名字。他是一名受過專業訓練的藥劑師，在一八七零年代創立了這家公司，志在讓乳酪的製作邁入工業時代。利用新科技將乳酪這種重要而古老的食物製程現代化，生產出品質更一致且更安全的產品。漢森的首項重大技術突破是分離凝乳酶，凝乳酶是乳酪製作過程中用來凝固牛奶的酵素。乳品廠現在可以購買人工製造的凝乳酶，而不必依賴動物胃壁。接著漢森將注意力轉向細菌，研發能促進發酵產生乳酸的菌種。在此之前，大多數乳酪製造者都是仰賴牛奶中天然存在的微生物（例如米沙維納乳酪）或他們的設備（例如製作薩勒乳酪所使用的木桶），或者在新鮮牛奶中加入一點之前製作時留下的乳清（例如傳統冰島優格 skyr）。漢森找到一種不會出錯的替代方案，他鑑定、分離並保存了各種不同的乳酸菌菌株。隨著巴氏殺菌法在二十世紀普及，乳品廠的規模也越來越大，漢森的產品成為乳酪製造商必不可少的原料。培養菌種需要極高的技術要求，時至今日全世界只有少數公司能做，而科漢森是第一家專注於這個領域的公司。

我在二零一八年曾赴科漢森參訪，當時的執行長是曾任醫師的塞斯．德容（Cees de Jong）。他告訴我：「製作乳酪需要三樣東西：牛奶、菌種和凝乳酶，只有牛奶不會在我們這裡生產。」除了微生物與酵素之外，科漢森還會提供乳酪製造商食譜和技術建議，協助他們依照自己的需求調整口味。「我們讓客戶能完全掌控生產出來的乳酪。」

科漢森最寶貴的資產是他們有約四萬種不同類型的微生物菌株。德容說他以前從醫時，深信死菌才是唯一的好菌。「這樣的觀念隨著科學發展而逐漸改變，越來越多人意識到微生物對我們的健康有多麼重要。」

這家公司也一直在尋找新的微生物菌株。幾年前，一位科學家從德容的辦公室外經過，手裡拿著一個密封的盒子，裡面裝有幾隻鳥屍。「他正在檢查這些鳥的胃腸道，看看有沒有我們還沒收集到的有趣微生物。」

不過，大多數研究都不會採取這麼原始的方式。科漢森派出微生物獵人到世界各地購買獨特的細菌收藏品。「可能是來自保加利亞一家乳酪製造商的發酵菌，或者希臘一家廠商製造優格所採用的菌種。」德容說道。科漢森隨後擴大規模培養這些傳統菌株，銷售至全球的乳製品公司。

在接下來參觀廠房的過程中，我看到牆上展示著公司暢銷微生物菌株的照片，放大過的圖片能夠看到菌株五顏六色、千變萬化、令人目眩神迷的結構。我們透過窗戶凝視著密閉的房間，裡面正在使用脫脂奶粉進行發酵。「當今全世界有一半乳酪和優格含有我們生產的原料。」德容對我說道。「無論是硬或軟、是一般的黃色還是藍色，每當你咬下一塊乳酪，它就有五成機會在製造過程中加入我們所生產的原料。」這些原料可能是科漢森出產的菌種或凝乳酶。

這些菌種在送去給乳酪製造商之前，被保存在世界上數一數二大的冷凍室，溫度保持在攝氏零下五十五度。德容說：「我們只能在裡面待三十秒，然後要像企鵝一樣小步走，才不容易滑倒。你即將進入一個全然不同的世界。」

進入冷凍室後，從我鼻子和嘴巴呼出的氣體化作一股股白煙。上方吹出冷空氣的巨型風扇發出極大噪音，我們得大喊大叫才聽得到彼此的聲音。室內環境極端，形成自己的一套天氣系統，天花板下起了雪，落在我的頭髮和外套上。冷凍室裡有他們捕獲、馴化和冷凍的多種微生物，這有點像微生物版的斯瓦爾巴全球種子庫，保存著來自世界各地的細菌樣本。

然而，多樣性不能只存在於儲藏庫內，世界上的細菌也同樣需要保護。從最早製作乳酪的時代起，人類就開始利用大自然蘊藏的力量，以牧草餵食乳牛，產出的牛奶再做成乳酪。乳酪在人類歷史發展中占有相當重要的部分，這種食物不僅能提供生存所需，還有助於文化的塑造。二十世紀科學技術進步，我們生產出比從前更多的糧食，而且安全、品質程度更高。雖然帶來諸多效益，但也因此失去一些無可取代的東西。薩勒乳酪、史第奇頓乳酪和米沙維納乳酪不僅僅是食物，製作這些乳酪能幫助維持一種生活方式，保存特殊的生態系統，也讓人類保有與大自然的聯繫，為我們日後應對未知挑戰提供更多選擇。阿爾巴尼亞阿爾卑斯山和法國南部中央高地的乳酪師逐漸凋零，像喬．施耐德這樣堅持傳統工藝的職人也日漸稀少，他們不只是製作美味的乳酪，還是微生物的看守者，負責提供它們喜歡的環境。這些珍貴的物種常被人忽略，但如果少了微生物，人類也會無法存活。

Part 8

酒類

葡萄酒、啤酒與烈酒跟所有美食一樣可以滋養和滿足身體，
不同之處在於其觸及心靈的方式非常直接。
——哈洛德．馬基（Harold McGee），
《食物與廚藝》（On Food and Cooking）

發酵是經由微生物作用將物質轉化的過程，釀酒和製作乳酪都須經過發酵程序。不過，乳酪是由牛奶經乳酸菌轉化而成，而酒精則是酵母菌發酵的產物。這些真菌家族的單細胞成員無處不在、微觀且不易察覺，存在於空氣、所有植物表面以及每一寸土壤中。自然界裡成熟的水果如果沒有馬上被吃掉，酵母菌就會開始分解水果裡的糖分子並產生酒精（乙醇），保護水果免受敵對細菌的侵害、延緩腐爛並抑制病原菌生長。酒精還會產出水氣，而這類氣味能吸引昆蟲與哺乳動物（包括人類）前來覓食，最終達到散播種子的目的。植物、人類和酵母菌相互連結交織，解釋了飲酒為什麼會成為世界上許多文化皆擁有的共同特色。生物學家羅伯特·杜德利（Robert Dudley）也因此提出「醉猴假說」（drunken monkey hypothesis），認為人類之所以喜歡喝酒，是因為我們的祖先在野外食用成熟發酵的果實時，就曾接觸低濃度的酒精。人類的發展與酒脫不了關係。

水果填補了早期人類飲食中的重要營養缺口，但他們的身體必須想辦法適應乙醇，才能攝取到足夠的水果養分。乙醇具有毒性，可能使人出現「醉醺醺」的酒精中毒症狀，並非所有靈長類動物都能耐受這種化學物質。正如我們演化出能消化牛奶的基因，人體也因為基因突變使代謝酒精的能力大增。這種突變讓人類可以在森林和大草原上覓食，吃掉大量掉落在地的發酵水果而不會生病，在演化上更具優勢。而且酒精不僅使人感覺到愉悅，還會促進食慾，所以我們容易在喝酒時不知不覺吃進更多食物，迅速增加熱量攝取，衍生出所謂的「開胃酒效應」（apéritif effect）。由於這種效應，水果發酵產生的乙醇能讓人類祖先胃口大開，趁其他動物到來之前趕快多吃一些，他們可是循著氣味好不容易才找到這些營養豐富的成熟水果。

如果這個理論是正確的，那麼我們對酒的喜愛早已刻畫在基因之中，提升代謝酒精能力的突變一直伴隨著我們，數百萬年後，人類祖先發現了製造酒精含量更高的飲料的巧妙方法。農民開始種植穀物與水果並用來釀酒，他們也在無意中馴化了酵母菌株。釀造者如果出產了一批味道鮮美的酒，就會保存一部分酵母菌用來釀新酒，這就是演化論裡的「人擇」機制。十九世紀時，路易斯・巴斯德（Louis Pasteur）發現一種分離特定酵母的方法，將釀造工藝變成一門更精確的科學。無論以何種形式出現，在數千年的過程中，酒深深地影響著人類文化的發展。人類歷史與酒密不可分，它形塑了我們的生活、愛情、爭論、創造、社交、哲學思考和農耕方式。

酒精飲料就跟乳酪一樣深受地方風土氣候的影響。在陽光充足的地區，含有糖分的水果是最好取得的發酵原料，這就是現今喬治亞所在的高加索山區和伊朗札格洛斯山脈（Zagros Mountains）出現葡萄酒文化的原因。這些地區炎熱乾燥，水資源經常短缺，但野生葡萄藤卻可以向深處扎根來汲取地下水。種植葡萄並用生長出來的葡萄釀酒是一種優雅的取水方法，而且葡萄皮上本來就存在著很多天然酵母菌，自然而然會導致發酵產生酒精。而在北歐這種較為涼爽的地區，小麥和大麥產量很高，因而發展出以穀物釀酒的文化。由於釀造會經過煮沸和發酵的過程，因此釀造出來的飲料比水還要更安全，富含能量、微量營養素以及有益的微生物，此外，也會加入香草、香料和啤酒花來增添風味並發揮防腐作用，啤酒又有「液體麵包」的之稱

（甚至可能是麵包製作的一個分支）。中國人將糯米發酵成米酒等酒精飲料，日本人則將之釀製成清酒。在非洲衣索比亞，當地人會採集蜂蜜來釀造蜂蜜酒（Tej），而在中非，正如前面所述，啤酒是用香蕉釀製而成。南美洲有些地方是以玉米、馬鈴薯為原料製造啤酒和烈酒，而中亞大草原上的庫梅克人（Kumyk）則會將馬奶發酵成馬奶酒。

也許因為酒精容易影響人的心智意識，無可避免地會與宗教相互交織，並植根於信仰體系之中。基督教有「變體論」（transubstantiation）之說，葡萄酒於神職人員祝聖後即成耶穌的聖血。日本人經常將清酒供奉於神社之內。前面也有提到在安地斯山脈，巫師將馬鈴薯烈酒倒在聖石上，獻祭給大地之母帕查嬤嬤來向她致敬。修道院自古就有釀造啤酒的傳統，啤酒釀造技法數千年來的發展很大部分都要歸功於修道士。儘管《古蘭經》經文中嚴加禁止飲酒，但掌握現代蒸餾科學的是九世紀的阿拉伯化學家。除了應用於醫學之外，蒸餾技術後來也用來製造有「生命之水」（aqua vitae）之稱的威士忌、伏特加、波本威士忌和白蘭地。

幾千年來，人跟酒的關係極具地域特色，取決於採用的葡萄品種、大麥種類以及釀酒師獨樹一幟的想像力與創造力。厄尼斯特．海明威（Ernest Hemingway）曾建議，如果想要真正了解一個地方的文化，別管什麼觀光景點，就去當地的酒吧坐坐吧。

這種地域特性在工業革命期間開始逐漸淡化，而隨著飲料貿易在二十世紀變得更加全球化，情況發生了徹底的變化。酒與牛奶差不多在同一時期發展為全球性商品，大部分生產和分銷都是由跨國企業所掌控。啤酒就是這一趨勢的例證，現今全世界有四分之一的啤酒都是由安海斯－布希英博集團（Anheuser-Busch InBev SA/NV，縮寫為A-B InBev，ABI）製造，旗下品牌包括百威（Budweiser）、時代（Stella Artois）和可樂娜（Corona），每年生產超過八百八十億品脫的啤酒（每小時的銷量可以填滿三座奧運規格的游泳池，超越三大競爭對手的總和）。這家公司透過收購策略壯大商業版圖，吞併了許多大品牌以及看似獨立的「精釀啤酒廠」，例如英國的卡姆登鎮啤酒廠（Camden town Brewery）和美國的鵝島啤酒廠（Goose Island）。葡萄酒市場則較為分散，業內巨頭較少，但據估計，葡萄酒業三大龍頭在二零一九年美國市場上的銷量，占當年全國銷售額的百分之六十，其中，全世界最大的家族經營酒莊「嘉露」（Gallo）每年可銷售約七千萬箱葡萄酒。

與此同時，全球各地的葡萄園也出現同質性增加、遺傳多樣性喪失的情勢。目前記錄在冊的葡萄品種有一千五百多種，其中不乏許多地方原產的古老品種，還有那些已經能適應當地環境的地方品種。但現在估計約百分之八十的葡萄園只種植十種左右在國際上盛行的品種，如夏多內（Chardonnay）、梅洛（Merlot）和希哈（Syrah）等，這些品種從一九六零年代開始逐漸成為釀酒業的主流。近年來躋身全球前幾大葡萄酒生產國的中國（張裕集團是規模世界第四的葡萄酒企業）也選擇種植這些國際品種。他們沒有選擇那些耐旱、適合其土壤或短生長季特性的葡萄，而是在面積廣大的葡萄園裡種滿世界上無處不在的赤霞珠葡萄（Cabernet Sauvignon）。

幾十年來，飲料業許多遺產與傳統日漸消亡，生物多樣性也不斷下降。不僅葡萄酒和啤酒面臨這樣的衝擊，其他多種飲料也是如此，包括類似蘋果酒的梨酒。幸好，酒精飲料不但吸引到大企業的注意，也激發了新一代生產商的靈感，他們都決心製作更多樣化、富含深刻故事的飲品。

27 喬治亞傳統陶甕葡萄酒 Qvevri Wine

喬治亞

我為了本書取材而遇到的人們大多有個共通點：他們往往有自己的堅持，且不會輕易向現實妥協。釀酒師拉馬茲．尼古拉澤（Ramaz Nikoladze）就表現了這樣的特點。在去喬治亞見他之前，認識他的人都要我有心理準備，可能會面臨三種情況。首先，得花很多時間吃東西以及喝他釀的酒。第二，尼古拉澤忙於葡萄園或地窖釀酒的工作時，很可能會一邊聽著震耳欲聾的吉他音樂。最讓我擔心的是第三種情況：他非常沉默寡言。他們跟我說，尼古拉澤是個深思熟慮且態度嚴肅的人，有點內向，不太愛說話。我認為這是可以理解的，因為他肩負著重大責任。雖然小麥和麵包起源於新月沃土，玉米文化始於墨西哥南部地區，但釀酒工藝的發源地是喬治亞這個橫跨歐亞的國家。像尼古拉澤這樣遵循古法釀製葡萄酒的釀酒師已經不多，維持這種古老傳統的重擔就落在了他肩上。大家提醒我的那三種情況，我後來通通經歷到了。

他家位於喬治亞西部的伊梅列季（Imereti）地區，這裡在古典時代稱為科爾基斯

（Colchis），是希臘神話中阿爾戈英雄（Argonauts）尋找金羊毛的所在地。喬治亞東部綿延開闊，西側是高加索山脈山腳下的丘陵地帶，北部是大高加索山脈，南部是小高加索山脈。喬治亞是葡萄馴化的中心，瓦維洛夫在一九二零年代指出，人類最早正是在這個地區開始栽種野生葡萄藤並釀造葡萄酒，多種適合種植的野生葡萄繁衍至今，品種極具多樣性。喬治亞的地質條件非常適合葡萄生長。被譽為「現代土壤科學之父」的十九世紀俄國地理學家瓦西里・多庫恰耶夫（Vasily Vasilyevich Dokuchaev）稱喬治亞為「露天土壤博物館」，擁有近五十種不同的土壤類型（對於這個比愛爾蘭還小的國家來說，已經算相當多種）。

直到今日，仍可在此見到形形色色的野生葡萄，除此之外，還有其他證據表明喬治亞與葡萄酒有著悠久的關係。考古學家在喬治亞東部的新石器時代遺址中，發現八千年前的葡萄花粉痕跡。二零一七年，在首都第比利斯（Tbilisi）南方的遺址出土了一批同樣古老、留有葡萄酒殘留物的陶罐。不過，喬治亞古老的葡萄酒歷史最有力的證據還是來自於人民。葡萄酒貫穿這個國家歷史的藝術、宗教、傳說與歌曲各層面。當地農民見面時會先說「你好嗎？」來打招呼，接著就問對方：「你的葡萄園還好嗎？」喬治亞人會滿臉自豪地對你說，他們的血液裡流淌著美酒。

尼古拉澤從小在這樣的文化下耳濡目染，在他之前已有無數世代的釀酒師，還可以從過去八千年的釀酒歷史中汲取經驗。現年四十多歲的他成長於蘇聯統治的最後幾十年，親眼見到布爾什維克黨（Bolshevik）在一九二零年代沒收了他曾祖父的葡萄園。一九九一年，喬治亞重獲獨立後，國家陷入混亂狀況，其葡萄酒（為蘇聯生產）的工業化程度極高，而且摻假情況十分嚴重。在某些人口稀少的地區，例如西部山谷裡和山腳下的偏遠村莊，還是有人採用古老的釀造工藝，在家自己釀酒供親朋好友喝，也因此保留了已經在喬治亞其他地區消失不見的多種葡萄品種。尼古拉澤十六歲時，依循曾祖父傳承下來的技術，在自家農場釀造了他人生第一批葡萄酒，維持著似乎注定將要消亡的傳統。如今已過了三十多年，尼古拉澤可謂為復興傳統釀造法的先鋒。

他帶我沿著他家的水泥階梯而下，來到酒窖所在的位置。起初似乎沒有看到酒，只有光禿禿的牆壁與石頭地板，地面上有一排蓋著蓋子的大圓孔，每個圓孔相距兩公尺，約為餐盤的大小。尼古拉澤掀開其中一個蓋子，我湊近一看，洞裡黑漆漆的，埋在地下的是四個大型蛋形黏土容器，器皿裡裝滿了正在發酵的葡萄汁。喬治亞傳統陶甕（Qvevri，發音為kwev-ri）是一種古老的釀酒陶甕，發明的時間比木桶早了幾千年。橢圓形結構有助於容器內的酒液形成對流，增加酵母與所有液體接觸的機會，進而產生均勻發酵的果汁。除此之外，陶甕在地底下被泥土緊緊包裹著，使其溫度保持穩定，有助葡萄酒無論在什麼季節都能慢慢發酵。

喬治亞傳統陶甕底部為有尖角突出的錐形，讓酒糟（死酵母細胞）與葡萄籽、葡萄梗（含有苦澀的單寧）在發酵結束後沉澱至底部，以便澄清酒液。歷經八千年的發展，喬治亞人認為這種陶甕的設計仍無出其右者。喬治亞傳統陶甕本身也是一種藝術品，由一圈圈黏土構成，一次往上增加一條黏土，經過幾個月的時間，將黏土塑造成巨大的蛋形，並研磨黏土使其變得平滑。然後放入窯中燒製，並在內壁塗上一層熱蜂蠟，藉此將陶甕的細小氣孔消毒乾淨（有助於防止葡萄酒變質的最終工序）。有些陶甕無比巨大，深三公尺，足以容納一千三百瓶葡萄酒的量。但就如同裡面釀造的傳統葡萄酒，製作陶甕這門工藝現已瀕臨失傳，如今掌握這項功夫（很耗體力）的人已經很少了。

尼古拉澤從隔壁的儲藏室裡取出一些他已經裝瓶的酒。他問道：「我們要嘗嘗味道還是盡情暢飲？」我思考個幾秒後回道：「暢飲。」感覺這樣的回答最能表示對他的敬意。離開酒窖後，我們圍坐在一張桌子旁。尼古拉澤的妻子內斯坦（Nestan）整天都在忙著做包著香料羊肉餡的水餃「卡里餃」（khinkali）、熱呼呼的豆餡麵包「洛比亞尼」（lobiani），以及溫熱香濃的乳酪麵餅「卡查普里」（khachapuri），讓我搭配他們傳統的陶甕酒享用。尼古拉澤倒了一杯用當地白葡萄品種索麗科里（Tsolikouri）釀造的酒，喝起來風味口感俱佳（清新、爽脆、酒體飽滿），但酒的顏色才是讓我著迷之處，不是紅色或白色，而是呈現清澈透光的橙黃色或是琥珀色。

廣義上來說，紅酒的顏色來自於葡萄皮，釀造時將紅葡萄壓榨成汁後，會讓葡萄皮浸泡在葡萄汁中（不僅增加顏色，果皮的單寧還能增添風味）。白葡萄酒通常是由去皮的白葡萄汁液發酵而成。而尼古拉澤倒給我的琥珀色葡萄酒則介於兩者之間，以白葡萄品種釀製，但也運用了釀紅酒的「浸皮」方法。傳統的喬治亞釀酒師還會連同葡萄莖梗一起裝進陶甕裡進行發酵，釀出的酒不僅有葡萄果粒的味道，更是蘊藏著整串葡萄的風味。

尼古拉澤還倒了另一瓶用卡胡娜葡萄（Krakhuna，在當地伊美利田 Imeretian 方言中意為「酥脆」）釀製的深琥珀色葡萄酒。他時不時進出儲藏室，拿出更多款酒。龐克樂團「衝擊合唱團」（The Clash）的音樂不斷自兩個高大的音響流瀉而出，越來越高昂響亮。我們接著試了一瓶用吉斯卡（Tsitska）葡萄製成的酒，這種葡萄同樣是伊美利田的原生品種，其汁液在陶甕發酵了八個月，倒出時閃耀著淡淡的金色光芒。內斯坦說：「這款酒就像我丈夫，每天性情都不一樣。我喜歡這種酒，不對……應該說我超愛這種酒，所以都用我丈夫的名字拉馬茲來稱呼它。」喝過九個酒款之後，我開始探究尼古拉澤的釀酒祕訣，試著了解他所奉行的宗旨。「真誠，」他說。「堅持對釀造過程不妥協。」他停頓了很長時間後補充道：「毫不妥協。」本土葡萄品種、傳統陶甕、尼古拉澤的釀酒技術都是造就這些葡萄酒的要素。不過在我看來，更重要的是他的態度。

尼古拉澤從種葡萄就展現了他「毫不妥協」的精神，他的葡萄園沒有排列整齊的葡萄藤，反而看起來更像一片森林。許多鳥巢坐落其中，蕁麻、豆類植物也在此生長。他堅持不使用化學藥劑，順應萬物自然生長。「也許我有點懶惰。」尼古拉澤說道，並解釋自己一年頂多除一次雜草，而這樣正好能生產出他品嘗過最好的葡萄酒。我好奇隨著葡萄園漸漸雜草叢生，葡萄酒是否會有所變化。「狂野，」他笑著說。「越來越充滿野性。」顯然他的工作是種植葡萄，但他同時也是在培養肉眼看不見的微生物。尼古拉澤藉由野生酵母菌將果汁發酵成酒，而這些菌株又取決於他葡萄園的生物多樣性。他在釀造過程中完全只使用自己種的葡萄，以及果皮上和空氣中存在的酵母菌，沒有額外添加任何東西。想要準確地描述這些葡萄酒並不容易，每一杯都能享有不同的體驗，難以歸納出一套品酒筆記。不過，對喬治亞很有研究的酒評作家卡拉．卡帕爾博（Carla Capalbo）的描述還是能讓我們更認識尼古拉澤釀的酒：「這些葡萄酒有我所渴望追求的生機、活力和野性。就像自由奔馳的野馬，而不是馬場訓練有素的賽駒。它無拘無束，沒有被壓抑或牽制。」這並不意味著它狂野到無法飲用的地步，而是比較像一種不同的語言，一種正逐漸被遺忘的語言。

喬治亞位於歐亞大陸交界要津，自古以來就是兵家必爭之地。異教國王遭到蒙古人廢黜，而後波斯人、皈依基督教的人、信奉伊斯蘭教的鄂圖曼人相繼征服，隨後是俄羅斯的入侵、吞併、集體化和冷戰。在這段動盪起伏的歷史中，只有少數事物能保持不變，而葡萄酒就是其中之一。據說，喬治亞戰士會從他們的葡萄樹取下小枝條，放入盔甲裡帶上戰場。這麼做不僅具有象徵意義，更發揮實際作用。這些戰士回到家鄉後若是發現村莊被毀，農園被燒毀或侵占，還能將隨身攜帶的枝條插入土裡重新種植。他們的枝條可能來自迄今為止在喬治亞發現的五百多種本土葡萄的其中一種，這些品種占全世界葡萄多樣性很大一部分，很多在其他地方都找不到。瓦維洛夫也許會說，如果沒有這樣的野生與栽培種原基因庫，就不會存在黑皮諾（Pinot Noir）、內比歐露（Nebbiolo）和希哈等葡萄品種。

喬治亞的飲酒禮儀反映出該國血腥的過去，他們舉起酒杯（有時是牛角杯）互相碰杯時會說「Gaumarjos !」，意思是「為你的勝利喝采！」。釀酒師的工作也展現了精神層面的力量，葡萄酒被視為以液態形式存在的陽光，並且飲酒是一種與上帝交流的方式。該國農業地區多數的房屋都建在葡萄園周圍，屋裡有地窖和喬治亞傳統陶甕葡萄酒。以前這些葡萄酒是釀來自家喝的酒，並不會裝入瓶中，農家會用獸皮將陶甕移到餐桌，再直接倒出來喝（尼古拉澤直到快四十歲才開始將葡萄酒裝瓶）。一連串對葡萄酒本質的探討就在這樣的文化背景下應運而生。按照這個世界的常理，釀酒就跟養孩子一樣。即使是「釀酒師」這個詞也讓人無法苟同，酒不是人類釀的，而是大自然。生產者不過是葡萄的引路人，這些葡萄注定會遇到野生酵母菌，自然發酵成酒。將葡萄放入陶甕是一種干預較少的手法，任其自行發展形成。喬治亞人形容埋在地裡的陶甕酒就像包裹在母親的懷抱裡，把大地比喻為母親。果農若是用心照料葡萄園，生產出結實的葡萄，也不需要在陶甕內加入其他東西。自美國移居喬治亞東部的釀酒師約翰・沃德曼（John Wurdeman）曾說：「糟糕的果樹種植及釀造方法就像撒謊的孩子，後面要以更多的謊言來圓第一個謊，就這樣一直說謊下去。」他的這段話有助於解釋這種對自然的信念，如果土壤健康，就不需要使用大量肥料；如果作物健康且多樣化，就不需要噴灑農藥；釀酒廠也不需要以任何工業製程來「校正」葡萄酒。然而，在北邊巨大鄰國俄羅斯的掌控下，喬治亞這種古老釀造（和看待）葡萄酒的方式於二十世紀發生了變化。

一九一八年，沙皇垮台後，喬治亞宣布獨立，但隨後不久，又在一九二一年被蘇聯併吞。熟悉喬治亞的英國記者亨利・內文森（Henry Nevinson）敘述紅軍入侵之後蘇聯統治的情形。他寫道：「這個國家正在被那些在沙皇時代擔任間諜與祕密警察的『流氓』所接管，但這些人現在自稱布爾什維克……官員輕視喬治亞人對於建立獨立國家地位的訴求，而蘇聯士兵一個接一個村莊掃蕩，掠奪農民生產的一切；喬治亞不僅是我見過最美麗的國家，也是少見得天獨厚擁有極肥沃土地的國家。」他在寫這段話的幾年前曾拜訪當地釀酒師，看見「他們將葡萄放入用紫杉樹枝清洗過的原始壓榨機裡榨出汁，葡萄汁流入深埋在地下的巨大陶罐中……大到可以容納一個人」。在內文森記述之後的七十年裡，特別是在史達林（喬治亞是他的故鄉）領導下，蘇聯的目標是把「工業效率」引入農村，並根除很多原有的事物，也因此衝擊喬治亞生產葡萄酒的方式。山坡上的小葡萄園因生產效率太低而遭廢棄，工人搬到東部平坦開闊的卡赫季地區（Kakheti）。新開闢的葡萄園主要栽種六個品種（全都是由共產黨中央計畫者選出），導致許多本土葡萄品種面臨滅絕。政府掌握了工廠生產的葡萄酒，風味特徵、酒精濃度、糖度與酸度都有規定。酒瓶的標籤上沒有標明葡萄園，只會看到國有壟斷企業「薩姆特雷斯特」（Samtrest）的標誌。

到一九五零年代，從七世紀開始釀造葡萄酒的阿拉韋爾迪修道院（Alaverdi Monastery）幾乎被徹底摧毀，用來做為蘇聯軍事基地，院內許多歷史悠久的陶甕被用來儲存汽油而毀壞。一九六零年代之後情況變得更糟，不論豐收或歉收，配額都逐年增加，導致有人開始賣「假」葡萄酒，這種假酒僅使用濃縮葡萄汁、單寧、糖和水調配而成。然後在一九八五年，蘇聯領袖戈巴契夫（Mikhail Gorbachev）頒布一系列嚴厲的禁酒措施，試圖縮減酒類飲料的生產規模，造成數千公頃的葡萄園被夷為平地。一九九一年重獲獨立後，喬治亞隨即陷入混亂內戰，經濟崩潰，大型葡萄酒合作社倒閉。大面積的葡萄園多半都被拔根，改種人民日常所需的蔬菜、水果。

但並非一切都丟失了。在該國較偏遠的地區，儘管政府對葡萄酒實施嚴格的控制，在自家後院栽種葡萄的小農和私釀葡萄酒的農家仍保留了許多古老的葡萄品種，並將製作陶甕葡萄酒的傳統堅持下去。在葡萄酒品質每下愈況的幾十年裡，酒品黑市在第比利斯和其他城市中心發展起來，有些農家不想把葡萄賣給中央釀品質不好的酒，就會在家私釀傳統陶甕酒，再偷偷拿去黑市交易。一位名叫索利科·蔡什維利（Soliko Tsaishvili）的學者在了解喬治亞葡萄酒的歷史，並喝到這種非法私釀的稀有珍寶之後深受啟發，隨即在一九八九年開始自己釀造傳統的喬治亞葡萄酒。他從卡赫季州的村莊購買卡斯泰利葡萄（Rkatsiteli，喬治亞古老的高貴品種），並在第比利斯的一處地窖裡釀酒。二零零三年，他搬到東邊的卡赫季州，買下自己的葡萄園，在此展開復興陶甕酒和種植更多本土葡萄品種的志業。他曾說過：「用別人種的葡萄釀酒無法找到真理，不能稱之為你的酒，真理在於自己種植葡萄。」

消息傳開，人在西部的尼古拉澤也聽聞此事，最終連結起一群志同道合的釀酒師。義大利酒商、慢食組織成員盧克·加爾加諾（Luca Gargano）偶然發現他們的陶甕酒，並帶了一些回義大利，自此之後，喬治亞這個稱為「我們的葡萄酒」（Our Wine）的小小計畫開始獲得外界的認可。加爾加諾了解到，蔡什維利與尼古拉澤不僅在保護喬治亞傳統的精髓，還代表著一種更古老、或許更純粹的釀酒技法，而這種釀酒法正逐漸失傳。

喬治亞釀酒傳統被共產黨強力破壞的同時，資本主義也在改變其他地方的釀酒業。直到一九五零年代前，歐洲大部分葡萄園的規模都還很小，農作一向是以手工進行，栽種多種本土葡萄品種。葡萄酒的品質仍深受大自然影響，葡萄園的土壤和天氣是左右該年份葡萄酒風味好壞的關鍵。不過，這一切在一九六零年代產生了變化。正如布勞格等育種家對小麥與水稻進行品種改良，並隨著食品系統工業化程度不斷提升，釀酒業即將經歷一場大革命。

埃米爾．佩諾（Émile Peynaud）是這場葡萄酒革命的關鍵人物。這位才華橫溢的科學家、釀酒師和教授任教於波爾多大學釀酒學院時，著手鑽研如何提高法國葡萄酒的品質。在佩諾看來，釀酒的成敗好像大多是靠運氣。葡萄酒普遍稀薄而酸澀，並且遭受汙染而產生變質。他想以嚴謹的科學方法讓釀酒不再那麼變幻莫測，法國也可藉此釀造出更多品質優良的葡萄酒。他勸說酒莊剔除不夠好的果實，採摘更成熟、單寧更柔和的葡萄來釀酒，講究酒窖衛生，丟掉骯髒的橡木桶。除了這些似乎顯而易見的建議，佩諾也彌合了實驗室科學研究與地窖實踐之間的鴻溝，提出測試葡萄酒酸鹼值、含糖量和酒精濃度的方法，有助於釀酒師將葡萄酒捉摸不定的釀造過程控制得更好。酒莊在佩諾的指導下有了具體的目標參數，法國葡萄酒因此變得更加一致。在選擇和製造較少量酵母菌株方面也取得了進展，能幫助降低葡萄栽培的不可預測性。到一九七零年代末，法國的葡萄酒出口量增加了十倍，超過義大利、西班牙和葡萄牙的總產量。佩諾如今被譽為現代釀酒學之父。儘管他重視多樣性並相信釀造好酒沒有一定的公式，但在波爾多葡萄酒界「佩諾化」（Peynaudisation）之後，世界各地的釀酒方法開始更趨近同質化，全球對於怎麼樣的酒才稱得上是真正的佳釀也越來越有共識。

基於佩諾成功使法國葡萄酒出口大增，遂出現不少釀酒顧問（許多是佩諾的學生）前往世界各國分享波爾多成功的祕訣。其中最受追捧的米歇爾・羅蘭（Michel Rolland）曾在一九七零年代初師從佩諾，並於一九八零年代為五大洲的酒莊提供建議。羅蘭等顧問能協助酒莊成功釀造出在市場上聲名大噪的葡萄酒，而形塑市場的則是更具影響力的葡萄酒評論家。最有影響力的酒評家就是來自美國加州的羅伯・帕克（Robert Parker），他以一百分制來評分，被評高分的酒款身價馬上水漲船高，拿到低分的酒款銷量就會驟然下滑。透過更嚴格的釀酒技術控制，結合足跡跨越全球的顧問以及呼風喚雨的酒評家，共同打造出國際上流行的風格，譬如更加濃烈、成熟、橡木桶味重、酒精濃度高的葡萄酒。儘管帕克否認自己偏愛某種特定風格，而羅蘭則表示他會依照各個酒莊的情況給予建言，但許多專家還是認為他們影響了葡萄酒的風格走向。

酒瓶標籤的變化也推動了主流風格的興起。在一九六零年代以前，葡萄酒通常只標明葡萄產地（勃根地、巴羅洛 Barolo、里奧哈 Rioja 等等），後來漸漸開始在酒標上標註葡萄品種（從赤霞珠、夏多內和梅洛等品種開始）。這股潮流是由新世界一位美國酒商弗蘭克・尚馬克（Frank Schoonmaker）發起，而在加州釀酒師羅伯・蒙岱維（Robert Mondavi）的創新行銷手法下逐漸成為風氣（蒙岱維酒莊名列最暢銷葡萄酒品牌的前五名）。該策略的目的是讓酒標變得較為淺顯易懂，方便消費者選購自己喜愛的口味，並將少數葡萄品種發揚光大（除了赤霞珠、夏多內和梅洛外，還有白梢楠 Chenin Blanc、黑比諾、麗絲玲 Riesling、白蘇維濃 Sauvignon

Blanc、榭蜜雍 Semillon 和希哈）。

隨著市場需求的轉變，世界各地成千上萬的酒農紛紛改種這些知名品種。波爾多的白蘇維濃與梅洛走向世界舞台。從阿根廷到澳大利亞，許多已有數百年歷史的葡萄園大幅改種更為流行的名種。義大利原生葡萄品種的數量在一九七零年代減少了一半，而葡萄牙的杜羅河（Douro）地區就是一個很好的例子。長久以來，那裡的葡萄園混合種植各種不同原生葡萄（可能超過一百種），稱為「地塊混種」（field blend）。就如同農民在同一塊田種植多樣化的地方小麥品種能降低風險，在同一塊葡萄園中混種多個品種也能抵禦災難，保障在某些葡萄樹歉收時，還有其他的葡萄能夠收成。然而在一九七零年代，該地區決定只聚焦於五個主要品種，希望藉此獲得更大的國際市場占有率，而這個市場本身正在經歷著翻天覆地的變化。

新的貨物運輸方式能將大量葡萄酒輸往世界各地。數萬升的酒被泵入巨大的貨櫃容器並裝載上船，同時人們也發明了一種塑膠容器「液袋」（flexi-tanks），可以容納相當於三萬瓶酒的量。花費數千美元就能將大規模生產的葡萄酒運送到各大洲，然後到目的地再裝瓶並貼上瓶身標籤，最終往往會擺放在超市不斷擴增的葡萄酒貨架上。瞄準大眾市場的釀酒商也爭相追逐新的主流風格與口味，帕克的影響力就這樣慢慢滲透到世界各個角落。

隨著技術的演進，無論葡萄原本是什麼樣的狀態，釀酒師都能將葡萄酒釀成能獲得高分的風格。他們有時候會添加著色劑、甜味劑、酵素和單寧粉來改變酒的外觀與口感，還可以透過奈米過濾、微米過濾、超過濾和逆滲透等創新技術去除極微小的顆粒，使酒清澈透亮，以及利用微氧化技術來消除任何被認為太有挑戰性的味道。即使這些面向大眾市場的葡萄酒剛開始釀造時還隱約可看出地域特色，到了裝瓶時也已消失殆盡。但有作用力必生反作用力，法國出現了對釀酒過度依賴科技的反抗運動。

薄酒萊產區的酒商、受過專業訓練的化學家和著名的釀酒專家朱爾斯・肖維（Jules Chauvet）是這個運動的其中一員。肖維堅信葡萄園本身是個複雜的生態系統，裡面有多種多樣的野生酵母菌種群生活在葡萄表面及周圍空氣中，而葡萄酒業卻嚴重低估了這個物種的作用。他不相信商業酵母菌是釀造優質葡萄酒的唯一途徑，同時他認為應避免在釀造過程中添加大劑量的亞硫酸鹽，這會殺死那些釀酒需要的微生物。肖維的作法並不是要聽天由命，他相信使用自然方法釀酒需要具備高超的技巧與良好的科學知識，就跟透過傳統工法以生乳製作乳酪一樣。就葡萄酒而言，必須從葡萄園開始打好基礎，採用有機方法種植，使園子能出產強壯健康的葡萄，並產生平衡的酵母菌種群，進而釀出絕妙的葡萄酒。每一道工序都要做到緩慢、溫和且嚴謹，不僅是為了避免任何汙染，也是為了保護葡萄園所遺留下來的微生物群落。如果說埃米爾・佩諾是現代釀酒學之父，那麼肖維就是自然派葡萄酒之父，後來世界各地葡萄酒產區有許多釀酒師都深受他的啟發。

二零二零年，負責監管法國產地認證標章的法國國家原產地和質量研究院（Institut National de l'Origine et de la Qualité，INAO）對自然酒做出明確定義，大致上指的是必須使用手工摘採的葡萄，酵母菌只能來自葡萄園或釀酒廠環境，沒有另外添加商業酵母。「自然釀造法酒」（Vin

Méthode Nature）的定義是由自然派釀酒師所提出，因為自然酒越來越熱門，他們擔心大型酒商也會紛紛標榜為自然酒，但賣的其實並不是真正的自然酒。

而在喬治亞，致力於復興陶甕酒的尼古拉澤、蔡什維利與志同道合的釀酒師無意中參與了這樣的全球運動，成為自然派釀酒的典範。由於他們獨特的歷史——流傳千年的古法釀酒工藝曾因共產主義一度差點消失，這些喬治亞釀酒師清楚知道葡萄酒可以是什麼模樣。

常規釀造與自然派釀造這兩種方法一直是釀酒界幾代人爭論的焦點。批評者認為自然酒有「一種刺鼻、可怕的酸味，酸到讓人想哭」，嘗起來像「壞掉的蘋果酒」或「變質的雪利酒」。更糟的是，自然酒運動還被一些酒評家稱為是會干擾酒界秩序的「騙局」。他們未能理解對於葡萄酒愛好者及其他所有人來說，自然酒運動提出了許多本書探索的大哉問：我們的食物和飲料產生什麼改變？不同農業系統對我們的星球有什麼影響？為什麼多樣性很重要？同質性是如何傳播的？

在喬治亞，結合食物、飲料和音樂的傳統宴席「supra」（即「盛宴」之意）與葡萄酒息息相關。約翰．史坦貝克（John Steinbeck）在戰後縱貫蘇聯之行中，將喬治亞人描繪成近乎超自然的存在，一舉一動都充滿了風采，散發著一種似乎牢不可破的獨立精神。他認為他們在飲酒、飲食、舞蹈和唱歌方面都勝過其他民族。我自己參與宴席的經驗中也有如此感受，餐桌上擺滿大量食物（多到吃不完的卡里餃與卡查普里烤餅），當地人跳起傳統舞蹈，演唱充滿低沉持續音的複調歌曲，房間隨著音樂振動著，同時大家互相傳遞著酒壺。酒司令（tamada）坐在餐桌首位引領宴會，職責是將飲酒和飲食提升為近乎神聖的行為。那次宴會的酒司令名叫盧薩布．托戈尼澤（Luarsab Togonidze），留著鬍子、身材魁梧。他端起大酒壺開始發表祝酒詞，房間裡安靜了下來。「這就是愛，愛永不過時，愛永不讓人厭煩。我們一起為所有層面的愛舉杯。沒有愛的每一刻都是浪費，就讓我們用美酒、美食和音樂盡情地表達愛。」他一邊把琥珀色的酒液倒進眾人的酒杯，一邊又提高了嗓音：「去愛吧。無止盡、無條件地去愛！」每輪倒酒或一首歌結束時，托戈尼澤都會再次充滿詩意地祝酒，有時兩分鐘，有時則長達十分鐘，所有內容都涉及生活中各種重要的主題，包括死亡、戰爭、愛、美、歷史、傳統和葡萄酒。

九歲時，托戈尼澤第一次舉杯祝酒。他告訴我，好的酒司令要能讓人感受到酒並非只是普通的飲料。「喬治亞的過去充滿悲劇，多次遭受外敵入侵，爆發過無數戰爭。人們把每一天都當作生命的最後一天來過，學會慶祝、擁抱生活、發現其中的美……並且珍惜自己所擁有的，包括神聖的葡萄酒。」托戈尼澤收藏了各種酒具、精雕細琢的木杯、寶石製成的高腳杯，以及鑲銀的牛角杯。宴席的最後一輪祝酒，我們用最樸素、不起眼的器皿喝酒，這是個有三千年歷史的陶杯。當酒杯接觸到嘴唇時，我想像著曾經也有人像我這樣用它盛裝喬治亞葡萄酒舉杯祝酒。「敬我們的傳統，」托戈尼澤說。「這些傳統造就了今天的我們，Gaumarjos（為勝利喝采）！」

28 蘭比克啤酒 Lambic Beer

比利時，帕傑坦倫地區

往往有那麼一小群英雄畢生致力於拯救瀕臨絕跡的食物或飲料，而「啤酒獵人」麥可·傑克森（Michael Jackson）就是這樣一位人物。傑克森原本是一名報社記者，他認為啤酒應該要跟其他精心製作的食物一樣受到重視，葡萄酒如此備受關注，那為什麼啤酒沒有獲得同樣待遇？於是他開始寫作，希望藉此讓情況有所轉變，這也是第一次有人用嚴謹的新聞專業書寫世界各地變化多樣的啤酒文化。他發現無論是風味微妙的英國桶裝啤酒，還是黑拉格啤酒、波羅的海波特啤酒和芳香的芬蘭薩赫蒂（sahti），每種啤酒都有自己的歷史、繁複的生產工藝與特殊的用料。然而，他於一九七零和八零年代走遍歐洲各地記錄和品飲時，眼見許多幾個世紀以來深受喜愛的啤酒廠（曾經能讓周圍社區繁榮起來）紛紛歇業，他們獨特的酒款也隨之消失，他感覺到事態緊迫，自己不得不加緊腳步。

傑克森撰寫的書籍與廣播文稿陶醉於千奇百怪的釀造世界，就彷彿是寫給柏林白啤酒

（Berliner Weisse）和波希米亞皮爾森啤酒（Bohemian Pilsner）的情書。不過最讓他熱衷且著迷的是來自比利時的酒，傑克森相信只有在這裡才能品嘗到最多種類的啤酒，有些是用水果釀造，有些加入香料調味，還有農家和修道院釀製的啤酒。這些酒分別裝在形狀各異的玻璃瓶中，但無論在味道、外觀上都是酒沒錯。

比利時因其悠久而完整的釀造歷史而成為啤酒的「多樣性中心」，這地方釀出的啤酒擁有最迷人的風格及風味，他們很早以前就開始釀造啤酒，所以就像已經在某個地方存在數百甚至數千年的作物一樣，啤酒也適應了當地環境並發展出多樣面貌。比利時的啤酒文化根深蒂固，一九七零年代，小朋友的學校午餐甚至還會供應低酒精濃度的「佐餐啤酒」。在這個人口約一千萬的小國，各地都發展出屬於自己在地的釀造文化，每個小村莊和城鎮對於何謂好啤酒也有自己的一番見解。傑克森於二零零七年去世前，已在書和文章中把這些多到近乎混亂的釀造手法與原料慢慢釐清出來，並繪製出啤酒風格地圖。在眾多比利時酒款中，最令他感興趣的莫過於布魯塞爾西南方農業地區帕傑坦倫（Pajottenland）出產的蘭比克啤酒（Lambic）。他將這種啤酒形容為「穀物釀成的香檳」和「比利時的勃根地」。傑克森在其著作《啤酒指南》（Beer Companion）中寫道：「品嘗蘭比克是世界上數一數二複雜的品飲體驗，也能從中感受到五百年前的生活況味。目前還沒有其他商業釀造啤酒的歷史可以追溯到這麼久以前，而且釀造工法幾乎沒有什麼太大的變化。」

這種啤酒之所以如此引人入勝，是因為儘管每一桶都是經過數年精心釀製而成，但很多過程其實都是訴諸大自然的造化，因此在釀造者看來是偶然產生的。釀造蘭比克能展現出啤酒狂野的一面，猶如風味極為特殊的乳酪，空氣中的酵母菌與細菌也會在最終成品表現出來。這種啤酒並不是一開始就有明顯的野性，製作工序跟其他啤酒一樣要先將穀物轉變成麥汁，通常是用發芽的大麥（讓大麥發芽，然後烘烤使其停止發芽，將能產生更多糖分，可供酵母菌發酵產生酒精）。第一步是碾碎麥芽，接著將碎麥芽浸泡在熱水中，均勻攪拌讓麥芽釋放出天然的糖分（此工序稱為糖化），使液體變甜並得到「麥汁」。再將麥汁注入大型銅質容器（銅鍋）中煮沸幾個小時。大約一千年前，有些釀造者開始在煮沸期間加入從爬藤類植物藤蔓採摘並經過乾燥處理的花，我們現在稱之為啤酒花（蛇麻，學名 Humulus lupulus，lupulus 有「狼」的意思）。這些花富含苦味化合物，不僅能增添風味，還能發揮防腐作用。一般而言，世界上大多數啤酒的釀造過程都會遵循這些基本步驟，帕傑坦倫地區的蘭比克啤酒釀造者也不例外，但有兩個不一樣的地方。一個是他們也會加入小麥釀造，使得酒體帶有清爽解渴的酸味。另一個不同之處在於，雖然大多數釀造者不斷尋找最新鮮、芳香的啤酒花（啤酒花的苦味能跟麥汁的甜味達到平衡），但在帕傑坦倫地區，蘭比克啤酒釀造者使用的啤酒花必須乾燥大約三年，失去了大部分的香氣和味道，他們只希望能使啤酒具有這些乾燥花的防腐能力。

不過，蘭比克啤酒最大的特點是在關鍵的微生物發酵階段。釀啤酒通常會在麥汁中添加（也有人說是「投入」）酵母菌。這些酵母菌就像和乳酪製作所用的發酵菌種一樣，現在幾乎完全是在實驗室條件下分離出來的精選菌株。對於釀造特定風格啤酒的釀造者來說，他們需要特定的微生物來控制發酵過程。酵母菌消耗麥汁的糖分時，會釋放出酒精與二氧化碳（會發出嘶嘶聲）。但所選的酵母菌株也將決定該啤酒的主要風味走向，以及會釀出愛爾啤酒（Ale）還是拉格啤酒（Lager）。蘭比克釀造者選擇放棄這種控制發酵的機會。他們沒有投入任何酵母，而是將麥汁倒入啤酒廠內的大型金屬容器「冷卻船」（koelschip），看起來像個超大的金屬戲水池。讓麥汁冷卻並暴露於神祕的微生物世界，野生酵母漂浮在空氣中，無形地遍布在釀酒廠的所有表面。特殊的板條窗可以讓外面的空氣進來，使更多的野生酵母菌與微生物自然落到麥汁裡進行發酵。其他啤酒釀造者多半會覺得這很可怕，他們通常把野生酵母視為敵人、不可預測的麻煩根源、製造混亂的因子和引起腐敗的兇手。但經過幾個世代後，蘭比克啤酒釀造者已經找到與這些微生物和諧共處並稍微控制、馴服它們（做得恰到好處）的方法。

由於是自然發酵，蘭比克有其適合釀造的季節，往往只能在一年中較涼爽的月份釀造，因為在寒冷的環境下製造啤酒時，有害病原體處於休眠狀態，就能由理想的微生物發揮作用。在冷卻船靜置一晚後，再將麥汁移至橡木桶中進行後續發酵。英國桶裝啤酒會在熟成桶內發酵大約一週，德國啤酒會發酵兩個月，但蘭比克啤酒陳至少得放在橡木桶中三年。在此期間，桶中殘留的各種酵母菌與細菌有機會對啤酒所含的糖分產生作用，進而形成越來越複雜的風味。有些啤酒會直接從木桶中取出裝瓶，但大部分都會經過混釀。混釀就像多彩多姿的繪畫藝術，釀酒師選擇不同木桶中的啤酒來創作出和諧的樣貌。透過調和不同年份及風味的蘭比克製成貴茲啤酒（gueuze，又稱香檳啤酒），最終的成果完全取決於釀酒師的風格。貴茲啤酒並不適合欠缺冒險精神的人飲用，世世代代的釀酒師持續精進這種混釀技術，有些人須耗時多年才學得會，而飲用者可能要花一輩子的時間才懂得享受其味道。蘭比克啤酒的狂野特性在於能夠感受到千變萬化的風味，可能是檸檬明顯的酸味或蜂蜜的花香甜味，在一杯啤酒中就能同時嘗到香料的辛辣感和黑巧克力的苦澀味。蘭比克提供的樂趣或創意靈感是其他啤酒所無法比擬的，「舊書店」、「馬廄」和「菸袋」只是其中三種風味描述。這些啤酒神祕莫測、難以明確定義，氣味如此，歷史也是如此。蘭比克啤酒的起源依然成謎，始終無法真正確定，不過倒是有些線索值得玩味。

畫家布勒哲爾（Bruegel）在他一五六五年的傑作《收割者》（The Harvesters）中，描繪了一群比利時農家男女在炎熱乾燥的日子裡於收割麥田的間隙休息，有人躺在樹蔭下，有人在切麵包、端著碗吃東西或是拿陶罐往嘴裡倒。某些熱愛啤酒的藝術史學家（或熱愛藝術的啤酒愛好者）認為罐子裡的液體就是蘭比克啤酒。他們的推論不無道理。那時，釀造蘭比克啤酒是帕傑坦倫地區農業生產季節性規律的一部分，在這個處於登德爾河（Dender）與諧納河（Senne）之間緩緩起伏的丘陵地區，隨著夏秋交替，進入大麥和小麥收割時節，也即將迎來最理想的發酵溫度，釀造過程不會因為天氣太熱而失控，微生物也不會因為太冷而停止活動。農民在這段時間成了臨時的釀酒師，釀造出一種既安全又好保存的提神飲料（未來數月和數年在樹下休息時可以喝的飲料）。

這種農村收穫後釀製的啤酒也漸漸成為布魯塞爾附近不斷增長的城市人口的飲品。從十六世紀末的稅收統計可以看出，具有蘭比克特色的啤酒當時已經在城市流通。隨著布魯塞爾不斷擴展，開始有許多精緻咖啡館，供應帕傑坦倫地區數百個不同農場釀造的啤酒。很快也出現了一種新興職業，侍酒師不僅熟悉優質蘭比克啤酒的採購工作，同時也擅長將裝在不同木桶裡的啤酒調配在一起，創造出獨具一格的口味。過去提供這些獨特飲品的咖啡館與其說是酒吧，更像是私人起居室，今日仍舊如此。

最終，許多釀酒廠都遷入了這座城市，因此到十九世紀末，布魯塞爾市中心及郊區有數百家蘭比克啤酒廠。但不到一個世紀後，蘭比克啤酒幾乎絕跡。第一次和第二次世界大戰期間，因為燃料、木材和人力不得不投入戰爭前線，冷卻船和釀造煮沸鍋等金屬也被拆除用於軍事製造，導致多家蘭比克啤酒廠紛紛關閉。戰爭結束後，美國推動馬歇爾計畫（Marshall Plan）來幫助西歐國家實現經濟復甦，將大量糧食輸往歐洲，改變了人們的飲食習慣和口味，使蘭比克酸啤酒得面對來自可口可樂的競爭。綠色革命帶來的新品種小麥與大麥，則改變了釀造者幾個世紀以來所使用的原料。由於戰後在食物與農業方面出現的這些轉變，僅存的幾家啤酒廠也陸續結束營業。隨後，風味平易近人的皮爾森拉格啤酒（Pilsner lager）逐漸在歐洲流行開來，這股新風潮始於一九六零年代，盛行於一九七零年代。而這個啤酒界相對年輕的後起之秀很快就排擠掉傑克森所鍾愛的多樣性。

清澈金黃的皮爾森啤酒先是在工業時代的熱潮中，開始成為歐洲人解渴的選擇。皮爾森啤酒誕生於捷克波希米亞地區、靠近德國邊境的重要貿易城鎮皮爾森（Plzeň），這款擁有綿密泡沫的淡色啤酒在一八四零年代推出後隨即掀起一陣旋風（在那之前，大部分拉格啤酒都是深色的）。而且剛好這時候啤酒釀造轉向科學化生產，皮爾森就在釀造科學革新的推波助瀾之下，得以成為目前世界上最主要的啤酒風格。拉格啤酒（名稱源自於德文的「Lagern」，有儲藏的意思）廣受歡迎的其中一個原因在於能保存較長時間，皮爾森拉格啤酒的保存期限已經比其他啤酒長，冷藏保存的話還能保存更久。後來，就像前面說到的，路易斯．巴斯德在一八七零年代成功分離出酵母菌株。這讓釀酒師可以更精準地控制發酵，避免異味產生，因此皮爾森啤酒能獲得比愛爾啤酒更細膩的風味，這種純淨的口感使其更加令人嚮往。再者，皮爾森啤酒的興起正值玻璃器皿變得越來越便宜之際，這種啤酒在玻璃中呈現出美麗的金黃色澤，顏色清澈無比，必定讓當時的飲者深深著迷。新建造的鐵路網將這種新穎的啤酒風格廣泛傳播開來。二十世紀技術的進步加快了釀造啤酒的過程，幾週就能將穀物製成啤酒裝瓶販售。儘管比利時有著悠久的釀造歷史與多樣的風格，但即使是這樣的地方也免不了屈服於席捲歐洲的新啤酒口味。到了一九八零年代，比利時有四分之三的啤酒是拉格啤酒，大部分都是由英博（Interbrew）這間公司所生產。而如今，皮爾森啤酒占了全球啤酒銷量的百分之九十五。

拉格啤酒和規模越來越大的啤酒廠對於少數僅存的蘭比克啤酒釀造商而言，堪稱是近乎致命的打擊。由三位美國年輕啤酒愛好者彙編的線上計畫「Lambic.Info」列出了二十世紀關閉的蘭比克啤酒廠，包括「貝卡斯．斯特佩」（Bécasse-Steppé）這家於一八七七年開業的咖啡館，逐漸發展成著名的混釀啤酒商，結果卻在一九七零年代遭收購，然後於一九九零年代併入英博公司。還有一七九二年於布魯塞爾西部創立的「得納夫」（De Neve，意為「雪的」），先是在一九七零年代被競爭對手收購，接著也同樣在一九九零年代由英博公司接管，其建築後來改建為豪華公寓。「拉摩特渴望」（Désiré Lamot）成立於一八三七年，他們的蘭比克啤酒還在一八八五年的世界博覽會上展示，但於一九九一年倒閉。名單上的其他三百二十家啤酒廠也有類似的故事。啤酒廠關閉後，數百款無可取代的啤酒與混釀啤酒也跟著消失，讓人們再也品嘗不到。到了一九九零年代中期，帕傑坦倫地區僅剩十家蘭比克啤酒廠，布魯塞爾也只剩下一家，就是康迪龍酒廠（Cantillon）。傑克森在一九九零年代初期形容這家酒廠「比較像個車庫，其內部既是一所運作中的博物館，也是一處釀酒廠」。當時內裡有古舊的木樑、石地板、充滿銅製設備的黑暗空間和塵土飛揚的酒窖，裡面裝有配備飛輪的蒸汽動力機械，旁邊是一排排裝滿啤酒的堅固木桶。將近三十年後，我跟隨傑克森的腳步走進康迪龍酒廠時，這一切依然如昔，唯一不同的是，這家有兩百多年歷史的家族啤酒廠已經從第四代傳承到第五代。

帶領我參觀的人是康迪龍酒廠內部的歷史學家阿爾貝托．卡多佐（Alberto Cardoso），他是位口齒伶俐的蘭比克啤酒布道者。順著嘎吱作響的樓梯往上爬了三層，啤酒廠頂樓是個會引發幽閉恐懼症的閣樓空間，天花板很低，地板都被冷卻船占據。這個容器呈矩形，大小約為網球場的四分之一，邊緣的高度約和膝蓋同高。「在這個房間裡，一切都交給了大自然，」卡多佐說道。「大自然每天帶給我們的都不盡相同。」這是建築物中最冷的部分，因此當熱麥汁從下面的銅鍋透過管道輸送到冷卻船時，麥汁冷卻所釋放出源源不絕的蒸氣讓房間彷彿變成啤酒三溫暖房。我們盡可能減少對周圍一切（鑲木板的牆壁、橫梁、天花板）的干擾，這是為了保持酒廠的常駐微生物群落完好無損。清掃時不使用任何化學藥劑，還會留下蜘蛛網（蜘蛛能讓其他昆蟲遠離，這些昆蟲常會帶有不太友好的微生物）。整修屋頂時，也會把舊屋頂沾滿灰塵的瓷磚再貼回去，為的就是保留原本的菌叢生態。

冷卻船下方的樓層排列著數以百計的木桶，有些已有百年歷史，所有都寄生著康迪龍酒廠獨特的微生物種群。在這些木桶裡，野生酵母菌與乳酸菌一起施展發酵魔法，主要是酒香酵母（Brettanomyces，意為英國真菌）菌株，之所以有這樣的名稱，是因為在十九世紀的英國，酒香酵母常會讓啤酒產生難聞的異味，在啤酒廠被認為是災難性的存在。在蘭比克釀造廣闊的微生物世界中，酒香酵母為啤酒帶來了強烈、前衛、檸檬的味道。

混釀工藝也在康迪龍酒廠得到實踐和保護。現任首席釀酒師尚－皮耶・范・羅伊（Jean-Pierre Van Roy）運用多種不同橡木桶釀造的酒液混合調配，打造出康迪龍具有代表性的酒款。卡多佐說：「大自然展現了一種模樣，而尚－皮耶則能創造出另一種風貌。」仍在發酵的年輕啤酒能為陳放三年、較為醇厚的啤酒增添鮮活口感，而成熟的啤酒則能讓年輕、帶有狂野酸味的酒柔和一些。混合後的最終結果不僅是一款近乎滅絕的啤酒，還是一種瀕臨消失的風味。「糖和甜味曾經是稀有的奢侈品，現在已無處不在，」卡多佐說道：「我們的啤酒能讓人憶起那些更複雜的味道，像是酸味和苦味。」

布魯塞爾以西的帕傑坦倫地區僅剩少數幾間生產蘭比克的酒廠，其中「吉哈丹」

（Girardin）是家族經營的啤酒廠，以自家農場種植的原料來釀製，啤酒廠與農場目前都是由第四代保羅．吉哈丹（Paul Girardin）接手管理。啤酒作家提姆．魏普（Tim Webb）在他編寫的《比利時好啤酒指南》（Good Beer Guide Belgium）中提到：「（吉哈丹）家族肯定知道他們的啤酒得到世界各地許多素不相識之人的高度讚賞，但他們仍鮮少與外界接觸，一如既往地做好日常工作，釀造的啤酒只提供給當地居民。」那些好不容易看到保羅．吉哈丹工作情形的人說，釀製好酒始於農場的小麥和大麥。隨著收穫季節臨近，他會在田間漫步，隨手從秸稈摘下麥粒，小口小口地品嘗。當他發現某一區麥田的味道恰到好處，那年就會用這個區域的麥子釀造，並將其餘的作物出售。我離參觀啤酒廠最接近的一次是與他的夫人海蒂通了電話，但就跟許許多多想前往一探究竟的蘭比克啤酒愛好者一樣，我也遭到婉拒，她說保羅太忙了，有很多重要工作要做，而且有點害羞。不過在帕傑坦倫有一家小酒吧，那裡一定能找到幾瓶吉哈丹釀的蘭比克啤酒（和其他珍稀酒款），這是位於艾澤林根村（Eizeringen）的傳統咖啡館「In de Verzekering tegen de Grote Dorst」，多年來並沒有太多改變。

這一長串名字在法蘭德斯語（Flemish）裡是「以防極度口渴」（In the Insurance Against Great thirst）的意思。店主寇特．潘尼爾斯（Kurt Panneels）在前任女店主於一九九零年代末退休時，從她手中接下這間咖啡館。他現在就和家人住在店面上面，而在如隧道般的地窖裡，收藏了比利時極為稀有的蘭比克啤酒。一樓壁爐架上有一九三零年代的時鐘，似乎暗示著時間彷彿就靜止在那一刻。這裡可以感受到比利時咖啡館過往的歷史氛圍，當時許多咖啡館都是女性在自己家中經營的小型私密空間。這些地方往往是比利時社會的十字路口，無論貧富老少，各個社會階層的人皆可在這裡相遇及交流。

平日裡，潘尼爾斯從事建築師工作，但每個星期天他都會在咖啡館從早上十點營業到晚上八點。唯一一次沒有在這個時間開門是因為村裡在舉行葬禮。這是全世界首屈一指的酒吧，許多來自日本、美國和歐洲各地的遊客都慕名而來。「來到這裡的人原本互不認識，」潘尼爾斯說道。「但最後大家都能一起喝酒，互相分享不同的蘭比克酒款。」

蘭比克啤酒在二十世紀差點消失，現在因為有二十一世紀的忠實追隨者對這種啤酒懷抱熱情，而得以延續下去。許多人用「啤酒獵人」麥可．傑克森的著作與電視節目作為他們進入這個迷人世界的指引。康迪龍酒廠如今也在廠中開設酒吧，來自世界各地的精釀啤酒愛好者絡繹不絕，他們一邊喝著蘭比克啤酒，一邊等著參加有三種語言可選擇的導覽行程。也許他們在這種狂野強勁的啤酒中找到了不願屈服的味道、不徇流俗的精神、嘗試不同事物的機會，這些都是目前很多酒所缺少的。正如傑克森所說，蘭比克啤酒「有著五百年前的生活況味」。

29 梨酒 Perry

英國的三個郡

若說蘭比克啤酒是比利時的勃根地，那麼梨酒（Perry）就是英國的香檳。梨酒的製作方式與蘋果酒類似，不過原料是梨而不是蘋果。這種酒精飲料也同樣面臨消失的危機，僅靠著少數人的知識技術與倔強精神才得以存續。就如同拉馬茲・尼古拉澤的喬治亞傳統陶甕葡萄酒一般，梨酒既是關於古老景觀、堅韌樹木和稀有水果的故事，也跟食譜與工藝息息相關。如果這種飲料徹底消失，我們失去的不僅是一種快樂源泉，還有世界上更多的生物多樣性。

釀酒梨（perry pear）比食用梨（table pear）更難以預測，儘管有些釀酒梨的果肉也是細脆多汁，但大多都很小顆、果肉堅硬且不適合食用。這種梨子和蘋果一樣起源於哈薩克的天山山脈，最終隨著羅馬人來到英國。種植這些梨樹的農民一定得很有耐心又富有遠見，因為整個生長過程從頭到尾都十分惱人。首先，梨樹的生長速度非常緩慢，十七世紀有句話說：「前人為後人種梨樹[26]」，這句諺語適用於所有梨子種類，但這種用來釀酒的梨子尤其如此。梨樹需要長年栽種，往往等到下一代才會有豐碩的收成。其次，這種梨樹通常一年會結果，然後隔年（或是再下一年）就不結果。果實成熟後的採收期非常短暫，若未及時採收，果實很快就會熟透爆裂。而且也不是把梨子拿來榨汁，事情就會變得簡單，因為美麗清澈的梨汁並不穩定，稍有不慎就會腐敗變質，這是常有的現象。相較之下，將蘋果做成蘋果酒就簡單許多，跟釀製葡萄酒一樣，只要讓天然存在水果表皮上的酵母菌自然將糖分轉化為酒精，不像製作梨酒需要花更多心思，因此還有這麼一句諺語：「蘋果酒是一位嚴厲的主人，而梨酒則是美麗而善變的女主人。」

勇於迎接這些挑戰的人不多，但也只有這群人才能得到那令人驚嘆的收穫。優質的梨酒呈蜂蜜色，散發著秋季潮濕森林或老式糖果店的濃郁麝香甜味，比起葡萄酒更輕盈，口感也比蘋果酒優雅。啜飲一口，嘴裡就會充滿果園成熟水果的苦甜味，略帶檸檬糖的酸味、茶葉的單寧澀味和棉花糖的甜感，伴隨著輕微的氣泡，這是釀好的基酒裝瓶後經過二次發酵而產生的氣泡。在喬治時期（Georgian）的英國，梨酒已經是一種備受推崇的酒，當時位於英國西部的梨酒生產商開創了氣泡酒製作技術，後來法國香檳地區的釀酒商也學會這種技術，用香檳區種植

26 原文為「you plant pears for your heirs」，有「前人栽樹，後人乘涼」之意。

的葡萄釀造氣泡酒，並以該地區的名字命名。

就如同香檳區的葡萄種植，釀酒梨也有專門栽培的產區，就在伍斯特郡（Worcestershire）、格洛斯特郡（Gloucestershire）和赫瑞福郡（Herefordshire），這三個郡曾經有全世界最大、最多樣化的果園。在十八和十九世紀梨酒的鼎盛時期，最好的釀酒梨都是從這裡的參天大樹上長出來，再由經驗豐富的梨酒釀造者施展他們的魔法。如今只有極少數生產商繼承這一傳統，其中數一數二厲害（或者說是堅持不懈）的就屬湯姆．奧利佛（Tom Oliver）。

奧利佛的職業生涯之路有兩個熱情所在。他是一名音樂製作人，擔任樂團「普羅克萊門兄弟」（The Proclaimers）的巡演經理，這份工作讓他走遍了世界各地，將不同的聲音軌跡混合在一起。如果不在巡迴的路上，他就會在赫瑞福郡的農場生活和工作，製作蘋果酒與梨酒，混合調配出各種風味。我去拜訪他時是九月下旬，秋天已然來臨。那天，奧利佛邀請我和他一起採收水果，如果有足夠的收成，還能釀製梨酒。我來的時候，正好碰上多年不開花結果的科比梨樹（Coppy，英國極為稀有的梨樹）終於結出了果實。他說：「這棵樹非常珍貴，應該被視為一座活紀念碑，對內行人而言……它就跟巨石陣或金字塔一樣重要。」奧利佛開車載我去一處廢棄果園去找那棵樹，他沒有透露果園的位置。在這個赫瑞福郡的鄉村地區，所有農民都曾擁有一片果園，或者至少有一叢蘋果樹，甚至可能有一兩棵梨樹，可用來釀造自己的蘋果酒和梨酒。到了一九七零年代，由於梨酒逐漸沒落，且蘋果酒生產走向工業化，這些果園大多都被剷平。因此多年來，奧利佛利用空閒時間探索這個郡，閒逛於田野間、登門拜訪農民，也到訪許多廢棄果園看看是否還留下什麼特別的東西。二零一零年，他在我們所在的廢棄果園裡有了千載難逢的發現。十九世紀末時，這裡種植了十二英畝的科比梨樹。到二十世紀中葉，隨著梨酒在英國失寵，除了我們現在看到的這棵，這些科比梨樹和這三個郡的數千棵其他品種梨樹全都從景觀中消失了。他們把這些巨樹砍掉，改種玉米、馬鈴薯和草莓等更有商業利益的作物，科比梨在梨酒釀造者眼中幾乎成了神話般的存在（過去用這種梨釀出的梨酒在口耳相傳之下越顯可口）。從遠處望去，我感受到最後僅存這棵科比梨樹的巨大，高度和寬度有六十英尺。走近之後，可以見到梨子散落滿地，彷彿鋪上一層紅黃相間的地毯。樹枝上掛著無數栗子大小的紅色小果實。奧利佛抬頭看著這棵有兩百五十年樹齡的樹上掛滿一簇簇的梨子，說道：「想像一下這一切的重量，唯一會導致這棵樹死亡的就是它自己，總有一年會因為果實過多而不堪負重。」

我們開始撿拾掉落在地面上的梨子，果實會從樹上掉下來，就表示已經夠成熟，可以用來釀造梨酒了。樹下的的落果聞起來甜美而令人陶醉，混合著焦糖香甜與醉人的酒感氣息。奧利佛說：「那是梨子正在軟化（bletting）。」並解釋果實是如何因為多糖分解而變軟。他補充說，軟化是好的，腐爛就不行了，我們來得正是時候。我們繼續收集果實，伴隨著越來越成熟的梨子落地發出的砰砰聲，同時還有鳥兒的歌聲環繞耳畔。這天早晨有露水形成，被晨露沾濕的果實閃閃發光，這一切的色彩及光影可能是藝術家也很難捕捉到的境界。裝滿五桶後，我感覺到腰痠背痛。「別擔心，」奧利佛說道。「這會值得的。」

如果你傻傻地咬了一口梨子，嘴裡很可能會先爆發短暫的甜味，其後極為強烈的酸味和單寧的苦澀味便會席捲而來，感覺嘴裡的水分都要被吸光了。「有點像是在嚼茶包。」奧利佛如此形容。但透過釀酒師的巧手，梨子便能展現出截然不同的風貌。科比梨可以說是梨酒界的大牌明星，不過演員陣容也少不了一群有趣的配角，而這些品種（同樣瀕臨滅絕）也都有著迷人的名字，包括「阿林厄姆瓜梨」（Arlingham Squash），形狀宛如淚珠，莖末端有稍微凸起。這個品種跟科比梨一樣，也是在偶然發現一棵樹後被保存了下來。還有「布萊克尼紅梨」（Blakeney Red），這種梨子曾經非常多產，其汁液還在第一次世界大戰期間被用來作為士兵卡其色制服的染料。「棕貝絲梨」（Brown Bess）這種果皮堅韌、粗糙的品種，是為數不多甜度足以直接料理食用的釀酒梨。沿著塞文河（River Severn）兩側河岸，過去曾種植成排的「綠滾梨」（Green Roller）梨樹，結出的果實神似迷你版的展會梨（Conference），而這些樹也只有少數倖存下來。「霍姆萊西梨」（Holme Lacy）最初發現於魏伊河（River Wye）岸邊的教堂附近，當時這棵梨樹一年可以結出五噸果實，創下新高紀錄，如今卻只剩下一簇樹枝能結出果實。「快樂腳」（Merrylegs）和「咕噥頭」（Mumblehead）等釀酒梨品種則是因其發酵果汁讓人感受到的酒醉效力而得其名。

有些品種古老到在中世紀時代就已經有人用這些梨子釀製梨酒，當時的文獻紀錄首次出現這種水果和飲料。十四世紀中古英詩《農夫皮爾斯》（Piers Plowman）裡有一句是「梨酒……為勞動者和窮人斟滿」，而十七世紀的描述則暗示了釀酒梨的藥用特性，園藝家拉爾夫・奧斯汀

（Ralph Austen）寫道這種水果是「補腎聖品，必能使其愛好者延年益壽」，而且還能製作「佳釀，不遜於法國葡萄酒，有提神醒腦之效」，所以無論國王還是勞動者都會喝梨酒。當時流行的品種有「巴蘭德」（Barland）這種非常澀口的梨子，據說連豬都不肯吃，但這能讓梨酒釀造時「快速變得濃烈且色彩鮮豔」。

梨酒於一六三零年代開始從這三個郡走了出去。那時英國人發明了高溫煤爐，得以燒製更為堅韌的玻璃瓶，能夠承受發酵所產生的壓力。在桶內完成一次發酵之後，能再裝入瓶中進行二次發酵，從而使傳奇的氣泡酒傳統釀造法（後來香檳就是採用這種方法釀製）得以發展。另一個推動梨酒發展的力量來自一七七零年代的英法戰爭，當時法國不再向英國出售葡萄酒，英國人便開始以梨酒作為替代品。

然而，進入二十世紀以後世界加速發展，梨酒因梨樹種植過程耗時費力而被遺落在後頭。蘋果酒相對容易擴大生產規模，但梨酒並不適合以工廠規模生產釀造。隨著兩次世界大戰接連爆發，農場工人都被徵召上戰場，勞動密集型的梨酒製作成了遙不可及的奢侈。時至一九七零年代，古老的梨樹果園大多都已消失，知道如何將梨子釀成酒的人也所剩無幾。就是差不多這個時候，奧利佛和他那一代許多人一樣，選擇離開家族農園。他的祖父過去在農園種植梨樹與蘋果樹，但到他這個時候，種水果已經看不到什麼前景，因此他搬到倫敦發展音樂事業，釀酒（和喝酒）就當成興趣愛好。後來他遇到同樣也是利用業餘時間釀酒的劍橋大學教授羅傑．弗倫奇（Roger French）。弗倫奇是個古怪的人，會自己釀製蘋果酒和梨酒，他住在一間以前也曾住著蘋果酒釀造者的老舊小屋，他還在廚房下方挖了地窖來存放所釀的酒。「那裡一片混亂，」奧利佛回憶道。「地窖裡積了一英尺深的水，羅傑得穿著雨靴進入。」只見他手裡抓著幾瓶酒從地下倉庫走了上來，酒瓶被黴菌覆蓋、瓶蓋生鏽且沒有標籤。弗倫奇開瓶時，能聽到氣泡發出細微的嘶嘶聲。「那些酒改變了我的生活。」奧利佛說道，他當時邊啜飲邊想著：「我想要釀出這樣的酒。」感覺好像找到了自己的人生目標。「我至今仍在尋找那些味道。」於是奧利佛在一九九零年代重新打理起一片梨園，並深入走訪赫瑞福郡，尋找那些被遺忘的梨樹。

製作梨酒時，會先將梨子碾碎，然後將磨碎的梨塊浸泡二十四小時以減少單寧的苦澀味。將其盡可能壓榨出汁，榨出的梨汁再放入發酵桶中。秋天的第一波發酵作用力旺盛，但冬天由於氣溫較低，發酵會變成幾乎停止的狀態。春天來臨時，微生物也開始甦醒繁殖，產生又一波發酵，可以把尖銳、濃烈的蘋果酸轉化為口感比較柔和的乳酸。奧利佛（就跟比利時的蘭比克啤酒釀造者一樣）把這整個過程交給大自然，只靠著野生酵母菌自然發酵。他說：「好的梨酒釀造方法是與酵母菌打好關係，接著放手讓大自然去做。這個過程是這麼簡單，所以才會如此可怕。如果正確發酵，就是無懈可擊；如果出了問題，就無法銷售，完全是場災難。」

有些酵母菌來自水果本身，其餘則來自農園空氣中，或附著在建築石牆、屋梁木條和桶子表面上的孢子。等酵母菌將耗盡果汁中大部分的糖分時，奧利佛才能接手進行混釀。經過發酵後，每桶酒都自有其獨特個性，奧利佛會品嘗每一桶所展現出的特性並與之「對話」。「某一桶梨酒可能對我說：『我已經呈現出絕妙滋味了，你應該讓我保持原樣裝瓶。』我會回答：『你說得對，你已經很完美，棒極了。』」這些梨酒就會以桶中原酒直接裝瓶。但另一桶梨酒可能會責備他，說他在果園或壓榨室應該更加留心，「這些酒說：『你會替我想想辦法吧？』而有些則說：『我就跟周遭世界一樣無聊又平凡，為我打氣，給我一些目標，讓我有機會歌唱。』」奧利佛會將這些梨酒調配在一起，創造出獨具超凡的風味。當他從事音樂工作時，他會對低音、中音和高音的頻率做調整，來創造出和諧的層次感。「梨酒也是如此，」他說道。「一桶一桶的梨酒就宛如混音控制台。」對奧利佛而言，一款成功的梨酒與其說是一種口味，更像是一種感覺。他說：「從桶裡倒出來後，我喝了一小口，我希望它能讓我好像需要去咀嚼它一樣，理想的梨酒口感耐嚼。」

我幫忙把我們那天早上收集的科比梨，還有幾袋奧利佛農園栽種的其他梨子壓碎、榨汁。到傍晚時，我們榨出的梨汁已裝滿兩個酒桶。一年後我重返此地，我們坐下來喝了些自己釀的酒。「梨子美妙的滋味在口中縈繞不去，」奧利佛在我們啜飲時說，「好似天鵝絨般柔軟的酒。」不知不覺就要把酒杯裡的酒喝見底了。他咂著嘴微笑說道：「這就對了，很耐嚼。」

就在不久之前，無論我們在世界哪個地方，幾乎都會有啤酒釀酒師、蒸餾師、葡萄酒釀造者或果園主將周圍景觀的生物多樣性轉化為一瓶瓶醉人的酒。在帕傑坦倫、伊梅列季和英國的那三個郡，酒與產地風土環境的關聯仍然勉強存在，但我們大多數的人都已經感受不到這種聯繫了。幸好還有查爾斯・馬爾泰（Charles Martell）將維繫產地與產品之間的連結作為他畢生的志業。

馬爾泰住在格洛斯特郡的戴莫克村（Dymock），鄰近湯姆・奧利佛所在的赫瑞福郡。一九七零年代初，他參與拍攝BBC一部關於瀕危食物的電視節目《舌尖上的英國》（A Taste of Britain），節目中可以看到馬爾泰嘗試生產自戰後第一個真正的傳統農家雙倍格洛斯特乳酪（Double Gloucester）。我們一起回顧節目片段時，他說：「我當時還年輕，滿腦子都是夢想，他們來拍我是因為這種乳酪快消失了，但我說：『不行，不能就這樣消逝，我不會讓這種事發生。』」事實上，製作乳酪只是一種手段，他真正的目的是為了拯救老格洛斯特（Old Gloucester）這種牛，當時只剩下九頭公牛和七十頭母牛。不論馬爾泰去到英國哪裡，看到的都是「荷蘭牛」這種黑白花色的乳牛。「幾個世紀以來，許多地方都發展出自己的品種，但這些品種正逐漸消失。」馬爾泰認為他所居住的格洛斯特郡應該要保有自己的牛種。「我不會坐視不管。」因此他開始透過製作乳酪來保護這個種群，逐漸成為了他那一代非常重要的農家生產者。

然後在二零零零年，馬爾泰在農場的一區打造出一片果園，他稱之為「梨酒園地」（Perry Croft）。我曾在一年秋天去過那裡，那時樹上覆蓋著紅棕、金黃和赤褐色的葉子，又紅又圓的小梨子掛滿枝頭。籬笆那邊是他的老格洛斯特牛群，幾英里外的一叢綠樹是梅山（May Hill）所在，對所有種植梨樹的人來說，那座山丘就彷彿是宇宙的中心，傳說只有自山上眺望的視野所及之處，梨樹才會茁壯成長。而這一切的中心是馬爾泰，他與這塊土地產生了緊密連結，覺得自己屬於這個地方，但這一切得來不易。

農場在一九七零年代初曾一度陷入困境，為了維持生計，馬爾泰當時身兼卡車司機，從各農場將動物載運到市場上。這些農場大多都在梅山的視野所及之處，而且通常能看到壯觀的巨大梨樹，農場主也會跟他介紹自己種的梨樹品種。但隨著歲月的推移，他漸漸注意到許多梨樹被砍倒或遭遺棄，任其自生自滅。到那時，梨酒已經是只存在於記憶中的味道，所以人們自然不認為有必要保留梨樹。

馬爾泰現在正在為未來植樹造林，試圖扭轉頹勢。他從地上撿起一顆梨子，呈金字塔形，果皮上點綴著深紅色的斑點，大約有高爾夫球大小。這是以附近村莊來命名的梨子品種「戴莫克紅梨」（Dymock Red），曾經被認為已經絕跡，馬爾泰對此感到沮喪，很想做些什麼。他告訴妻子他要去找這種梨子，找到才會回來。他開車去到一座農場，一九五零年代人們最後一次在這裡見到這種梨樹，接著他以這座農場為圓心，往外查看了每一個有梨樹的農場與果園。他花了兩週時間（他承認自己在這段時間還是有回家）終於找到戴莫克紅梨。如今馬爾泰的果園裡種著九棵這種梨樹。「世界上可能僅存這些了。」馬爾泰說他的梨園是為期三百年的計畫。我問：「為什麼是三百年？」他答道：「因為這樣的時間剛好，」一百年後，蘋果樹走到生命盡頭該被砍除，而梨樹將在接下來的兩個世紀填滿這個空間。「它們屆時會長成大樹，能釀造出很好的梨酒，與這個地方有著如此緊密的聯繫。它們屬於這裡。」

附近的穀倉裡存放著許多沉甸甸的酒瓶，有用軟木塞封瓶，但沒有貼上標籤，馬泰爾會以這些二十年前釀造的梨酒，來洗浸他所製作的臭主教乳酪（Stinking Bishop）。穀倉旁邊是一座蒸餾廠，廠內有高大、優美的梨形銅製蒸餾器，馬爾泰將他釀製的部分梨酒拿來蒸餾成烈酒，也就是所謂的「生命之水」。蒸餾器上方懸掛了一個用繩子繫著的小鈴鐺，繩子用蠟固定在木樑上。在過去，如果工人睡著了，蒸餾器過熱會使蠟熔化，繩子鬆脫，鈴鐺發出聲響，便能及時喚醒蒸餾師以防蒸餾器爆炸。馬爾泰說：「他們多年前採用的許多作法都是這樣，簡單卻有效。」我們啜飲了一些在桶中陳釀過、濃烈的橙黃色酒液。「敬釀酒梨，」馬爾泰在我們喝酒時說道，似乎有幾分醉意。我們望向種著梨樹的梨酒園地。「走在那些巨大的樹木之間，就好像置身於恢宏的大教堂中，讓人感覺到自己的渺小。」

Part 9

提神飲料

他們有一種特別出色的飲品……黑如墨汁，對治病非常有好處……一大早，他們聚集在空曠的地方，一群人輪流喝著這種飲料，對於瓷杯裡的熱飲不帶任何恐懼或顧忌……盡可能趁熱喝，他們經常把杯子放在嘴唇邊，不過每回只啜飲一小口。

——里昂哈德．羅沃夫（Leonhard Rauwolf），

阿勒頗（Aleppo），一五七三年

當人們談論法國文豪普魯斯特（Marcel Proust）輕嘗一口瑪德蓮蛋糕而勾起他一連串兒時回憶，出現非比尋常的現象時，通常不會提到那甜蜜的小糕點有先放到「溫熱的茶水」裡沾浸一下，這為人所忽視的茶水其實是椴花茶（椴樹花晒乾製成的茶）。也許是因為熱飲在我們生活中無處不在，所以才讓搭配瑪德蓮的熱茶受到較少關注。自從人類有辦法把水加熱以來，就開始會沖泡熱飲，有些純粹是當作藥物來治病強身，有些則是有鎮靜安神的作用（包括普魯斯特的椴花茶），但大多數是為了刺激感官提神醒腦。

以「卡西納黑飲料」（cassina）為例。數千年來，美國南部地區原住民卡托巴人（Catawba）與蒂穆夸人（Timucua）用烤過的代茶冬青（yaupon）樹葉和樹皮混合製作出這種「黑色飲料」。西班牙探險家記載過原住民以這種植物製茶並作為導吐藥物（代茶冬青學名為「Ilex vomitoria」，這個字的字根是「嘔吐」（vomit））。但卡西納黑飲料不僅可用來淨化身體，它的高咖啡因含量還能令人感到興奮刺激，所以成為卡托巴人和蒂穆夸人生活中不可或缺的飲料，在宗教儀式、戰爭等各種重要場合上都會飲用。

世界各地自古至今有無數的沖泡飲品，卡西納黑飲料只是其中一個例子。只要是有人類的地方，那裡就能找到刺激性飲料，即使是在幾乎沒有植物生長的地方。冰島有一種用仙女木（Dryas octopetala，生長在北極高山地帶）花泡的茶，而瑞典北部的游牧民族薩米人則會將白樺菌菇（Piptoporus betulinus）沖泡飲用。人類還發現沖泡飲品有許多功效，如：增強體力、使思維敏捷、抑制食慾、緩解疼痛、減輕疲勞和增加欣快感。不過，所有可用來沖泡的植物之中，為地球上所有宜居大陸的人類帶來刺激的只有茶樹（Camellia sinensis）和咖啡樹（Coffea arabica）這兩種植物。早期中國的佛教徒打坐時會喝茶以保持清醒，而阿拉伯半島的蘇非教派（Sufi）僧侶則藉由喝咖啡來幫助自己在禱告的過程中更加專注，他們賦予了這兩種飲料神聖的地位。咖啡與茶都含有精神活性藥物咖啡因，這種苦味生物鹼是自然界十分有效的防禦機制。咖啡因集中在這兩種植物的葉子中，作為一種天然殺蟲劑，能夠驅趕昆蟲，並防止被飢餓的草食動物吃掉。當茶樹或咖啡樹的葉子掉落分解到土壤之中，咖啡因就會隨之滲入，抑制其他植物的生長，發揮除草劑的作用。也不只人類對咖啡因情有獨鍾，有些植物花蜜中含有咖啡因，能吸引蜜蜂等授粉昆蟲一再回訪，達到傳播花粉的目的。

在野生茶葉和咖啡的發源地（茶葉在中國西南部，咖啡在東非），狩獵採集者意識到這些植物對中樞神經具刺激興奮作用，他們先是咀嚼其葉子和種子（就咖啡而言），後來出現了發酵和其他加工技術，這些技術不僅可以保存植物原料，還能讓植物的能量更完整釋放。人類大約在兩萬年前開始製造陶器，在那之後（我們不知道確切時間點）便將葉子和種子加以發酵、乾燥製成飲品。茶與咖啡從各自的起源中心傳遍至世界各地，無論到了哪裡都深受人們的喜愛，也很有可能已經成癮。一六一零年，荷蘭東印度公司將第一批茶葉從中國運往歐洲，不久之後，威尼斯商人也在一六一五年將咖啡引進歐陸。咖啡因逐漸成為世界上最受歡迎的提神藥物。喝下一杯咖啡後的十五分鐘左右，咖啡因就會刺激中樞神經系統，使我們心跳加快、神經元活躍起來並促進多巴胺分泌，而大多數人都不會只喝一杯。我們很依賴這兩種飲料，它們能為我們的生活增添其他事物所無可比擬的日常儀式感。茶樹和咖啡樹這兩種植物改變了整個經濟體系（巴西的咖啡出口貿易額高達近五十億美元，而在印度約有一百二十萬人從事茶葉生產相關工作）。既然到處都有人飲用茶和咖啡，那為什麼這本關於瀕危食品的書還會提到它們呢？

這個問題的答案在於這兩種飲料的起源。我們目前所面臨的緊迫問題，如氣候變遷、森林砍伐和生物多樣性喪失等，正對源自熱帶森林的野生茶與野生咖啡造成衝擊。茶和咖啡提供了一個視角，讓我們能從中了解地球上正在發生的事。

30 古林普洱茶 Ancient Forest Pu-Erh Tea

中國，西雙版納

二零一九年夏天，香港一場拍賣會上售出一筒極為珍貴的茶葉收藏，創下史上新高價。這一筒裡有幾個壓縮成圓餅狀的茶餅，用發黃、磨損的竹箬包成一包，以麻繩捆綁。茶餅上附有幾乎快看不見的內票，上面的文字能證明這是一九二零年代由雲南同興號公司生產的茶葉，雲南地處中國西南，是茶葉的發源地。這筒百年古董茶的成交價為一百零八萬美元，之所以如此搶手、身價不凡，是中國傳承千年的匠心工藝和短短幾十年經濟變革所造成的結果。

這種茶餅叫做普洱茶。早在十四世紀明朝逐漸改以散茶直接沖泡之前，人們大多是把採來的茶葉經萎凋、晒乾，再壓製成磚或餅。多虧酵母菌與細菌的幫忙，這些茶餅經過多年（有時是數十年）發酵而有了自己的生命，風味就跟葡萄酒在陳釀過程中一樣會不斷發展變化。現在世界上大部分的茶葉都是在大片只種植單一品種的茶園內，從齊腰高的一壟壟茶樹採摘的，這是目前在中國大部分地區和全世界六十多個產茶國都存在的模式。但就如同衣索比亞西南部高原還生長著野生咖啡樹，中國雲南南部山中也遍布著許多野生茶林，這是中國與緬甸、寮國和越南交界處，泰國北部也近在咫尺。這裡的茶樹可自由生長，枝葉蔓延開展，長得瘦高挺拔，大到可以攀爬，有些高達十五公尺，葉型寬闊。這個地區居住著傣族、布朗族、瑤族和拉祜族等少數民族，從過去到現在一直都與中國其他地區截然不同。在被茂密森林包圍的偏僻山村裡，這些族人的祖先很可能是世界上最早的飲茶者。

在世界上大多數廣闊的種植園裡，茶葉都會經過加工處理、烘乾和混合以創造出特殊的風味，但珍稀的普洱茶（所謂的普洱生茶）更像將人工干預降到最低的自然酒，以極簡的方式處理，讓人透過喝這種茶，就好像去了一趟茶鄉旅行。也就是說，飲上一杯彷彿就身處雲南普洱茶三大產區的村莊與森林裡。最北的是臨滄地區，離緬甸邊境最近。臨滄以東是普洱地區（普洱市），還有與寮國接壤的西雙版納。西雙版納是全球生物多樣性極其豐富的熱點地區，儘管其面積僅占中國陸地面積的百分之零點二，卻承載著全國四分之一的哺乳動物、三分之一的鳥類和近五分之一的植物。

這種多樣性有助於解釋為什麼人們著迷於用古老茶樹葉子製成的普洱茶。每個茶餅都含有森林某個特定部分的精髓，可能是樹木自土壤吸收的養分、周圍生長的植物，或是古樹幾百上千年來所經歷的一切。這就是科學家所提出的「植物顯著性」（plant apparency），樹木每遭受一次創傷（乾旱、疾病和害蟲侵襲）都會影響這株植物的化學物質（產生用以防禦的萜烯、酚酸化合物等「次級代謝物」），而這些物質也能賦予古老茶樹獨特的風味。或者用西雙版納原住民的話說：樹就像人，苦難經歷得多了，才能琢磨出深沉的內涵。山區村民有自己一套採摘、加工和保存茶葉的方式，也為普洱茶的獨特性增添了文化維度。普洱茶專家唐梅（Don Mei）形容這是一種「頌揚無常」的飲品。在某個層面上來說，它只是有提神興奮作用的飲料，「但如果自己沖泡普洱茶飲用，就能體驗到無常，因為我們絕不可能泡出兩次味道一樣的茶。」

普洱茶餅的製作方式，是將鮮葉採摘後，放在長木架上晒乾，使其萎凋變黑（有助於香氣形成）。接著放入鐵鍋高溫殺青以制止氧化。然後藉由揉捻使其外形捲曲成條索狀（這會排出更多水分、破壞葉肉細胞，促使芳香化合物釋出）。壓製成茶餅後，再經過多年發酵讓茶的味道變得更加複雜，有的普洱茶帶有木質、皮革味，有的帶有淡淡的果乾味，有的則是泥土、蘑菇般的味道。

普洱茶餅外觀令人賞心悅目。圓形的茶餅通常比餐盤小，但比碟子大，而且有幾公分厚。還有些茶餅是正方形或長方形，跟平裝書一般大小。質地有點像是集結成塊的深色秋葉與斷枝，或者像是以棕色、黃色和橙色植物材料混合而成的百花香（potpourri）經過壓製之後的樣子。就如同藝術家在作品上留下簽名般，有些普洱茶製造商會在茶餅上嵌入一張小紙片，有些則是以模具壓出凹凸的花紋圖案，作為茶葉的識別商標，然後再用紙將茶餅包裹起來。

我們一般想喝點普洱茶，就是把茶餅撬下一小塊沖泡。然而，有些普洱茶（例如創下最貴成交紀錄的一九二零年代雲南普洱茶）價值連城，它們像藝術品一樣被收藏起來，可能永遠也沒有人喝得到。人們深受這些普洱茶的風味及其背後的故事所吸引，價值不斐的陳年茶大多出自勐海、下關、福元昌和同興號等成立於革命前時代的知名茶廠。這些茶廠好比是茶界的庫克酒廠（Krug）、泰廷爵酒廠（Taittinger）或保羅傑酒廠（Pol Roger）。如今，投資者以及許多極其富有的品茶愛好者推動著全球新舊茶餅交易，普洱茶的價格現在被炒得很高，這項古老的原住民傳統已變成全球商機無限的食品產業。

由二零一九年香港拍賣會上創新高價，可見市場對普洱茶的需求正蓬勃發展，大部分來自中國內銷市場需求。自一九九零年代以來，隨著中國經濟不斷發展、民眾更加富裕，普洱茶從原住民與農民工飲用的、相對默默無聞的茶，搖身一變成了身分地位的象徵，現在西雙版納等地區生產的普洱茶每公斤可以賣到數萬美元。市場交易無可避免地會對山村產生正面及負面影響，雖然當地原住民保留了對森林、古樹和普洱茶製作的崇敬之情，但外來者已經進入，並開始將茶葉變成一種大規模生產的商品。透過合併村莊來擴大普洱茶生產規模，導致獨特的自然風味漸漸消失。唐梅說：「我們製作出品質更穩定的茶，卻也逐漸失去較原始、小批量生產的茶所帶來的風味變化。」普洱茶就要失去其各自擁有的獨特個性。

村寨也發生翻天覆地的變化，包括老班章等頗負盛名的普洱茶產區。老班章村因地處偏遠深山，在本世紀初需要多天的路程才能抵達。進村道路交通不便，每逢雨季就幾乎無法通行，但儘管路途險阻，還是會有愛茶成痴之人冒著生命危險去尋找其特有的普洱茶。這個村寨海拔高（將近兩千公尺）、樹齡長，造就茶香帶有醉人的氣息，茶中含有的精神活性物質令人難以抗拒。由於普洱茶熱潮興起，政府修建了新的連外道路，吸引無數遊客前來朝聖，茶產業為當地村民帶來了經濟收益，老班章因此成為農村發展的成功案例。但也因為老班章的名氣很大，開始有人夾帶其他地方的茶葉進村，冒充本地茶葉圖利，所以茶區許多知名的村寨口均有設立哨卡，負責檢查外來車輛是否帶了茶葉。與此同時，在西雙版納的另一個普洱茶產區南糯山，村民在一棵有一千八百年歷史的茶樹周圍築起一道屏障。「當初是為了保護樹木不受大量湧入的遊客所傷害，」唐梅說道。「但他們以混凝土建造的防護設施最終毀掉了這棵樹。」還有無數像這樣令人悲傷的故事，我們可以從中看到文化與生態系統正在承受前所未有的壓力，所有這一切都與普洱茶的起源相去甚遠。

關於飲茶最早的可信記載，出自成書於西漢公元前五十九年（距今二千多年前）的《僮約》，而其作者王褒在文中記錄了家僮每天要做的事，其中包括幫他買茶烹茶，就如同煎煮藥飲一般。當時西雙版納所產的茶餅已作為「貢茶」向北送達中國古都長安（兵馬俑的故鄉），進貢給西漢皇室。這方面的證據來自一九九零年代進行考古發掘的陽陵所出土的普洱茶葉，陽陵為公元前二世紀漢景帝及其皇后合葬的陵園。這種茶沿著從雲南茶葉產區輻射出去的貿易路線向外傳播。茶馬古道雖不如絲綢之路廣為人知，但它讓普洱市成了貿易中心（因此以普洱來命名這種茶），以此為起點伸向四面八方，其中一條路線為官馬大道，將茶葉帶到北方（包括長安）和西方，再接上絲綢之路；南路是勐臘茶道，經雲南勐臘到寮國，再進入現今的越南與柬埔寨。不過幾個世紀以來，茶馬古道中最重要的一條是關藏，這條路會一直延伸到西藏。

這條古老的貿易路線是全亞洲數一數二崎嶇艱險的道路，從普洱市延伸近一千五百英里到西藏首府拉薩，海拔有一萬兩千英尺（使其成為世界上海拔最高的城市之一）。在這個山地王國的極端條件下，不管是國王還是強盜，所有人都仰賴於茶葉的貿易運輸。茶葉背夫從雲南的亞熱帶山谷一路跋涉，沿著風雪凜冽的青藏高原，跨越冰封的長江、湄公河和薩爾溫江，穿過四百英里長的念青唐古拉山（Nyainqêntangha），翻越三英哩山隘，最後來到西藏聖城。一路上，他們得在暴風雪、豪雨、懸崖壁架坍塌和強盜襲擊等各種危機中倖存下來。背夫一人大約能背九十公斤的茶葉（搬運越多，也會得到越多報酬），沿著那些積雪可能齊腰高、頭上岩石垂掛著六英尺長冰柱的通道行走，走上一趟往往需要好幾個月，這可能是歷史上任何商人或旅行家所經歷過最艱辛的旅程，由此可見普洱茶的力量與威望。

西藏人自古至今喜愛將發酵茶餅沖泡飲用，這種熱飲的抗寒、提神作用有助於生存（在有茶喝之前，就只能喝融化的雪水、犛牛奶或大麥發酵飲料）。由於藏族地區缺乏蔬菜，喝茶正可以補充維生素及礦物質，避免罹患壞血病。商人也將鹽和穀物經由茶道運往西藏，成為藏族人製作酥油茶的原料，酥油茶是一種富含脂肪、略帶鹹味、味道鮮美的飲品，酥油茶壺從早到晚都放在火塘上加熱，隨時可以飲用一碗又一碗熱酥油茶，一天最多還能喝上六十碗。一八九零年代，英國探險家兼畫家阿諾德・亨利・薩維奇・蘭多（Arnold Henry Savage Landor）曾與一幫土匪共享酥油茶與糌粑（由炒青稞製成的麵團），他寫道：「他們用骯髒的手指把碗裡的混合物攪和成麵團，再捏成小球吃掉。」

到了八世紀，西雙版納開始出現一種外觀和口味更接近現代普洱茶的飲品。那時製茶與品飲變得比以前複雜講究得多，茶聖陸羽鑽研茶學寫下了《茶經》，這是一本關於茶的著作，從神話傳說到茶道技法皆有記載。陸羽在書中介紹了不同地區特有的製茶方法，江東淮南用竹篾來貫串茶餅，而長江上游一帶則是用構樹皮做成的細條來穿串。

一千年後，普洱茶的製作已經從在地工藝轉變成工廠製程。一七零零年代，西雙版納和普洱市大大小小的家族經營茶廠林立，房屋宅院所形成的獨特風格享譽全國，同興號（生產香港拍賣會上那塊天價茶餅的廠家）也是那時開設的茶莊，茶廠所用的茶葉是由世代居住在野生茶林中的民族採摘。可惜普洱茶這樣輝煌的「古董茶時代」結束於二十世紀中葉，當時不僅普洱茶文化幾近消失，野生古茶樹資源也瀕臨滅絕。一九四九年中國共產主義革命勝利後，許多茶廠歇業，使得革命前產製的茶餅至今身價不菲。在毛澤東的領導下，普洱茶回歸到默默無聞的狀態，更接近一種農村傳統的存續，以生產散茶的大型茶園為主。中共在一九五零年代大躍進運動時期，動員雲南村民建造煉鋼爐來實現農村工業化，大量野生茶樹都被砍了當作柴火。到了一九八零年代，普洱茶的收購價每公斤只有幾美分。正如來自美國的普洱茶商保羅．默里（Paul Murray）所說：「普洱茶變成那些再平凡不過的普通人會喝的茶，譬如在青藏高原上剪犛牛毛的藏民，這種茶可以讓他們一整天工作時沖泡來喝。」默里有這一時期的普洱茶餅，裡頭參雜著碎玻璃片和小石頭，反映出當時的品質水準也隨著價格一起下跌。

一九九零年代，野生茶林面臨嚴重的生存威脅。隨著中國變得更加富裕，人們陸續將自行車換成了汽車，導致對橡膠的需求激增。橡膠傳統種植地區為印尼等赤道附近的地區，但由於食品業的棕櫚油需求量日益增加，促使那些地區的橡膠農民改種棕櫚樹。二零零一年至二零一零年間，全球橡膠價格上漲了兩倍，因此中國政府向農民發放補貼來實現自給自足，鼓勵他們將傳統作物轉種植橡膠。這項計畫就這麼在西雙版納如火如荼地進行，以至於該地區近四分之一的森林變成單一栽培的橡膠林。橡膠價格來到高峰時，甚至連高海拔、易霜凍的村莊（不適合種植橡膠）也有大量茶農砍除古老的茶樹種植橡膠樹。但橡膠並沒有為茶農帶來他們所希望的巨大財富，不少人的橡膠園最後都以失敗告終。

近年掀起的普洱熱潮，本應為西雙版納的林木帶來無比希望，但實際情況並非如此。在二千年代初，當地許多茶農為增加茶葉產量，不惜砍掉原本生長緩慢的古茶樹，種植單一高產的灌木型茶樹。就算西雙版納還有僅存的古茶樹，幾個世紀以來一直照料著古茶樹林的少數民族也幾乎喝不到古樹茶，這些茶葉甚至沒有進入市場，而是由每年拍賣會上出價最高者購得。有這麼一棵樹在如此多的破壞中倖存下來，生長於雲南西端的邦東村，樹齡四百多年，樹高三層樓，高處的葉子必須爬梯而上才採收得到。據當地普洱茶商稱，這棵樹產製的的茶很可能都是直供北京的政府官員或商界領袖飲用。就像陽陵出土的漢代茶葉一樣，採摘古樹鮮葉製成的普洱茶再次被當成貢品，送往二十一世紀的菁英階層手中。

31 原野咖啡 Wild Forest Coffee

衣索比亞，哈倫納

我第一次見到咖啡樹，是在離咖啡發源地十分遙遠的玻利維亞拉巴斯（La Paz）北邊一片樹蔭茂密的森林裡。我和六十多歲的咖啡農唐・費爾南多・希拉基塔（Don Fernando Hilaquita）相約在由幾處房屋與農園組成的小村落丘丘卡（Chu-chuca）。那時已是傍晚，當地環境又熱又濕，參與黃昏合唱的鳥兒歌聲此起彼落不絕於耳。鸚鵡、巨嘴鳥和蜂鳥忙著安頓下來過夜。希拉基塔戴了一頂帽沿寬大的草帽，領著我走在佇立高大雪松與參天月桂樹的小徑上。他邊走邊指給我看可以吃的野生蘑菇以及樹洞裡的鳥巢，我們踩在枯枝落葉上，嘎吱作響。我們在這片半自然的荒野中，找到了生長於樹蔭林間的咖啡樹，樹齡年輕而枝幹細長。在那堅韌綠葉的映襯下，彈珠大小的鮮紅色漿果格外醒目。我伸手摘了一把像櫻桃般艷紅欲滴的咖啡果實，取一顆放入口中，咬進又甜又黏的果肉，直到牙齒咬到種子，更準確地說是一對種子，橢圓形的兩半在果實裡面對面貼在一起。二粒半圓形種子對生而成的形狀很容易辨認，但它們不是深棕色，而是灰綠色，吃起來的口味也讓人想不到，這居然可以做成使人精神振奮的濃縮黑咖啡。

在我看來，森林美麗而充滿生機，但在咖啡樹的世界並非如此美好。一種被農民命名為咖啡葉鏽病（la roya）的疫病在該地區蔓延，對咖啡樹造成嚴重破壞，農民的生計也大受影響。這並不是新出現的疾病，但損害的規模卻是前所未見。自十九世紀中葉以來，咖啡種植者不斷在對抗咖啡駝孢鏽菌（Hemileia vastatrix）這種真菌，一位維多利亞時代的植物學家將其描述為「植物界的吸血鬼」。而在二十一世紀，隨著全球化，氣候變得更溫暖潮濕，咖啡樹更容易患上咖啡葉鏽病。現代咖啡園密集種植、樹形低矮的環境也有利於病害發生。這種真菌會導致葉子上出現小斑點，每個病斑含有大約兩百個孢子，真菌最終會散播孢子到空氣中，傳播感染周圍的植株。

感染初期，葉子背面會長出橙色的粉狀物，接著漸漸轉為黃色，真菌孢子最後覆蓋整片葉子，使葉片無法進行光合作用，嚴重時會導致整株植物枯死。即使受感染的咖啡樹存活下來並結出果實，也會是無法銷售的瑕疵豆。目前並沒有非常有效的治療方法。二零一二年，因冬季高溫及高濕，促使中南美洲疫情爆發，造成哥倫比亞的咖啡收成下降了百分之三十，薩爾瓦多的咖啡產量則減收至少五成。到了二零一七年，疫情對咖啡農作的影響已造成高達三十億美元的損失，近兩百萬農民離開這片土地，因為種咖啡已經不能維持生計。咖啡這種商品是在金融市場上透過期貨來進行交易，因此巴西咖啡盛產可能會使得全球價格暴跌。再加上疫病肆虐，咖啡產業工作機會銳減。大批移民穿越拉丁美洲進入墨西哥並前往美國邊境，這些咖啡農北漂的原因有很多，但當記者問他們為什麼選擇離開家園時，有不少人簡短地答道：「葉鏽病。」

這種病害也影響了希拉基塔的生活，他就是在玻利維亞帶我去看咖啡樹的那位農民。二零一四年，葉鏽病摧毀了他大部分的咖啡樹，他告訴我：「我們不想放棄，所以又重新種植。」但大多數咖啡農都苦撐不下去，他們不得不離開，到別處尋求謀生機會。希拉基塔是為數不多留下來的人，但他還是擔心有更多問題接踵而至。「如果氣候不斷變化或疾病捲土重來，將會有更多的樹木死亡，我們可能也會隨著它們一起死去。」

咖啡的過去或許能夠引導我們找到解方，但那也是問題的一部分。現今咖啡產地多分布在北回歸線和南回歸線之間的環狀地帶，包括中美洲的哥斯大黎加與尼加拉瓜、南美洲的玻利維亞和巴西、撒哈拉以南非洲地區（西抵喀麥隆，東至索馬利亞）、南亞（印度南部）、東南亞（越南、印尼和巴布亞紐幾內亞）以及加勒比海地區的牙買加和多米尼加共和國。這個地帶是在十九世紀，東南亞和其他熱帶地區的一些國家開始建立種植園後才漸漸成形，不過這些種植園的所有咖啡都可以追溯到衣索比亞南部高原的野生森林。我們能從咖啡是如何走出東非並最終形成這個「咖啡帶」，來了解為什麼咖啡物種正面臨威脅，而這威脅不僅僅是來自葉鏽病。最大的問題在於當今世界上種植的咖啡樹絕大多數都是十八世紀遍布世界的少數幾個品種的後代。

早在一百萬年前，衣索比亞西南部涼爽的高原森林中發生了一場罕見的生物事件。加納弗拉（Canephora）及歐基尼奧伊德斯（Eugenioides）這兩種咖啡偶然結合，創造出新的物種。幸運的是，這個雜交種的性狀成功穩定了下來，阿拉比卡咖啡（Arabica）就此誕生。咖啡帶大多種植阿拉比卡種，其餘則栽種阿拉比卡的親本加納弗拉，通常稱作羅布斯塔（Robusta）。阿拉比卡咖啡是兩者中更精緻細膩的一種，占據了世界咖啡飲用歷史的大部分時間。羅布斯塔多做為即溶咖啡之用，這個品種直到十九世紀末才被科學界發現，二十世紀才成為重要的咖啡商品。但咖啡早在成為飲品之前，就已經是一種食物。

在咖啡的起源中心衣索比亞，狩獵採集者很早就開始食用野生阿拉比卡咖啡的果實。有時，他們會吃掉漿果甜甜的果肉後將種子吐出，有時也會把生咖啡豆直接咀嚼著吃。如今，衣索比亞南部的歐若默人（Oromo）仍保留著從野樹上採摘成熟咖啡漿果的傳統，他們用石臼將其搗碎，再與奶油混合製成小球，作為長途旅行的提神能量零食。後來在某個時間點（我們無法確切知道是什麼時候），人們開始將咖啡種子經晒乾後再烘烤，然後沖泡製成飲料。

衣索比亞高原森林與鄰國南蘇丹一小部分地區的野生咖啡樹是阿拉比卡咖啡遺傳多樣性的主要寶庫（正如哈薩克天山野果林是蘋果的基因寶庫）。這些森林大致可分為東非大裂谷東側和西側兩個主要區域，西部產區有瓦列加（Wellega）、伊路巴博（Illubabor）、鐵比（Tepi）、班奇馬吉（Bench Maji）、卡法（Kaffa）和吉馬－利姆（Jimma-Limu），大裂谷以東則有西達摩（Sidamo）、貝爾（Bale）和哈拉（Harar）。在這些地區的森林裡，都有基因組成不同的阿拉比卡咖啡種群。每個產區的咖啡豆都有獨特的風味特徵。咖啡也很重視「產地」，就像葡萄酒講究「風土」一樣，不同產地的風土條件會帶來風味上的差異。幾十萬年來，各個野生咖啡樹種群都已經演化並適應了自己所處的環境，這也就是為什麼在西部吉馬－利姆區域內的阿格魯（Agaro）產區，咖啡香甜而細緻，帶有柑橘、熱帶花香和核果（如桃子）的味道，而產自貝爾山（Bale Mountains）的咖啡通常帶有果味與花香，還帶點香草和香料的氣味。各個咖啡產區也居住著不同部族。

哈萊納（Harenna）是鮮為人知、極難到達的一處野生咖啡林，位於首都阿迪斯阿貝巴（Addis Ababa）東南兩百五十英里處，坐落在有著東非最高山峰的貝爾山國家公園內。這裡為生物多樣性熱點，可以找到數千種植物，還有瀕臨滅絕、頂著「龐克頭」般髮型的貝爾山綠猴（Bale monkeys）、獅子及稀有的衣索比亞狼（Ethiopian wolf）。這裡絕大部分山林人跡罕至，以至於在二十世紀末之前，這種生物多樣性在很大程度上都未得到紀錄。哈萊納在海拔超過四千公尺的貝爾山巒之中顯得相對低矮，但即便如此，在咖啡生長的茂密森林中（海拔一千五百至一千八百公尺），高高的樹冠上方還是時常籠罩著一層薄霧。哈萊納感覺應該是個完全原始自然的地方，但咖啡林中卻有著許多村莊、村子和小農地，目前居住著大約三千人，對大多數人來說，咖啡就是他們的生活。村民得靠採集完全野生或半野生（給予照料而使收穫更容易）的咖啡豆來維持生計。他們從高大細長的野生咖啡樹上，摘下如櫻桃般紅豔的果實，扔進背在肩上的長圓柱形草籃中。有些野生咖啡賣給了貿易商，但大部分都留在森林裡。在出生、結婚、死亡等場合上都少不了咖啡，甚至豆子的加工處理和沖泡也是一種儀式。他們將豆子晒乾，然後烘烤到顏色轉變成褐色，表面有光澤。豆子內部殘留的水分在受熱時會生成大量水蒸氣，使豆子漸漸地膨脹裂開，空氣中瀰漫著濃郁的烘焙咖啡香氣。咖啡豆冷卻後，用木杵搗碎研磨，然後將粉末倒進特製的伊索比亞細頸陶壺（Jebena）裡加水慢煮。賓客一邊看著這整個過程，一邊分享食物、閒聊，聞著咖啡豆烘焙後散發出的香味。

我們無法確知這些傳統能追溯到多久以前。曾在一七六零年代深入衣索比亞探險（目的在於尋找尼羅河源頭）的蘇格蘭旅行作家詹姆士・布魯斯（James Bruce）描述了野生咖啡林、當地人製作和飲用咖啡的情形。但在人們喝咖啡已有一個多世紀的歐洲，布魯斯提出咖啡原產於衣索比亞的說法卻未被當時的主流意見接受。當時歐洲人普遍認為位於阿拉伯半島的葉門是咖啡的發源地，他們喝到的商業咖啡多是在葉門種植並出口到歐洲。一七三零年代，瑞典植物學家、分類學之父卡爾・林奈（Carl Linnaeus）將咖啡命名為阿拉比卡（意為來自阿拉伯的咖啡）。一直到十九世紀，有更多旅行者提出與布魯斯類似的觀察，咖啡源自衣索比亞的說法才獲得認同。咖啡在幾個世紀前就已經從衣索比亞穿過紅海距離短卻很危險的曼德海峽（Bab-el-Mandeb，在阿拉伯文中意為「眼淚之門」），傳入葉門西海岸。一說是成千上萬的朝聖者行經衣索比亞前往麥加時把咖啡帶了過去。比較有可能的說法是，咖啡是透過阿拉伯商人由東非的哈拉引進。（早在新石器時代，便已有運輸衣索比亞黑曜石（火山玻璃）的貿易路線。）

在葉門，這種飲料因其功效而有著神聖的地位，阿拉伯人稱之為「咖瓦」（qahwa），這個詞最初指的是崇尚神祕主義的蘇非派信徒為了在夜間禱告時保持頭腦清醒或讓自己達到入神狀態會喝的阿拉伯茶。十五世紀時，咖啡成為新的宗教飲品首選。有說法把這個轉變歸功於蘇非派學者格馬雷丁·阿布穆罕默德·本賽義德（Gemaleddin Abou Muhammad Bensaid），據說他准許了僧侶飲用咖啡，「這些虔誠的穆斯林就能在夜間祈禱及其他宗教儀式中更加專注和沉著」。還有一說是穆罕默德·達巴尼（Muhammad al-Dhabani）讓咖啡流行起來，這位伊斯蘭教領袖在咖啡幫助他從疾病中康復後，意識到了咖啡的力量。到了十六世紀初，咖啡種植園已遍布葉門西部沿岸地區，咖啡豆也從摩卡港（port of Mocha）出口到整個伊斯蘭世界。

十六世紀末，在開羅、阿勒頗和大馬士革等城市，以及君士坦丁堡的有頂大市集（Grand Bazaar）裡都有咖啡店。咖啡於一六一五年傳入威尼斯，一六五零年英國第一家咖啡館開張（到本世紀末，已有六百家）。紐約人在一六九六年第一次品嘗到咖啡。從時間上來看，很可能是這種新的刺激性飲料激發塑造現代世界的創意與靈感，而不是酒精這種較古老的飲料（帶來鎮靜效果）。咖啡因推動了啟蒙運動的開展。

在幾個世紀的時間裡，阿拉伯半島嚴格禁止任何鮮活的種子或咖啡樹苗出口，藉以維持葉門對於咖啡種植業的壟斷。這樣的情況在一六九零年代開始有所改變，當時有極少量咖啡植株被運到其他國家，並漸漸成為現今世界咖啡帶所栽種大部分咖啡的基因遺傳基礎。從長遠來看，缺乏遺傳多樣性從來都不是一件好事，正如我們從小麥與香蕉的故事中了解到的那樣。這些植株主要透過兩條不同的路徑從葉門輸出至全球。荷蘭東印度公司首先帶了一批到數千英里外的印尼爪哇島（當時是荷蘭的領土）。接著在一七零六年，荷蘭人把在爪哇種植園的一株咖啡樹苗帶回荷蘭，種在阿姆斯特丹植物園裡。六年後，阿姆斯特丹市長把植物園的一棵咖啡樹贈給法國太陽王路易十四，而國王將這棵樹種在巴黎御花園（Jardin du Roi）中的法國第一座溫室裡。十年後，法國海軍軍官加布里埃爾．德克魯（Gabriel Mathieu de Clieu）把皇家溫室的一些咖啡樹苗帶上開往加勒比海的船，最後只有一株在這次航程中倖存，而且是歷經波折才好不容易存活下來。船上一名乘客看到德克魯用他們僅有的一點淡水照料這株樹苗，於是試圖將其摧毀，但他並沒有成功，德克魯讓樹苗活了下來，最終於一七二零年種植在加勒比海的馬丁尼克島（Martinique）。由於咖啡樹被看守得很嚴謹，直到一七二七年，德克魯這株樹苗的後代才又展開了一趟漫長而重要的旅程，這次是由葡萄牙中尉帕赫塔（Francisco de Melo Palheta）偷運到巴西。據說，他受命前往法屬圭亞那調節領土紛爭時，魅惑了當地的總督夫人，在離開前收到夫人送的花束，裡面藏有咖啡樹苗和種子。

另一條路徑則是在一七一八年，法國商人將咖啡植株從葉門帶到位於馬達加斯加東面的留尼旺島（Réunion Island）。從這裡開始，這些咖啡樹先是被送到東非的殖民地栽種，在肯亞及坦尚尼亞建立大規模種植園，隨後向西運往巴西。由此可見，世界上大部分的咖啡都產自兩批植物，一批來自法國植物園，另一批來自印度洋上的一座島嶼。這兩個阿拉比卡種咖啡各有其不同特徵，德克魯那株樹苗的祖先名為鐵比卡（typica），另一品種稱做波旁（Bourbon），口感較為細緻，甜度更高。而且因為阿拉比卡咖啡為自花授粉，也就是不必與其他植株的基因混合就能產生果實，這種生物學特性使其狹窄的基因選擇成為未來一大隱憂。由於其歷史及狹窄的遺傳基礎，現今栽培的阿拉比卡咖啡只有野生種的一小部分基因變異（等位基因）。面對氣候變遷、水資源短缺和日益嚴重的疾病問題，人們擔心阿拉比卡咖啡可能沒有足夠的基因工具組來快速因應改變，甚至根本毫無招架之力。

於是有人嘗試增加全球咖啡作物的多樣性。一個世紀前，咖啡產業就開始透過植物育種創造多樣性，來應對葉鏽病的侵擾。與其他許多作物一樣，農民在他們的咖啡種植園發現某些環境適應能力較強的基因突變，然後由育種家選擇這些突變的植物留種繁育，例如「象豆」（Maragogype）是一八七零年在巴西發現的鐵比卡變種，果實是其他咖啡的兩倍大，而且豆型巨大。還有「維拉薩奇」（Villa Sarchi）這種在哥斯大黎加發現的波旁變種，因為樹型矮小，較易於採收，對於咖啡農來說很有吸引力。育種家也利用突變種進行雜交，培育出新的品種，例如「薩奇摩」（Sarchimor）就是將「維拉薩奇」和「帝汶混種」（Timor Hybrid）雜交後得到的品種。從好的方面來看，新品種更能抵抗葉鏽病，但不利的一面是，大多數品種都還是從巴黎和爪哇傳來的樹苗繁殖出來，全都來自同一個基因庫。

另一種應對疾病威脅的方法，是從衣索比亞的森林引進擁有抗病能力的阿拉比卡咖啡樹種，其中最著名的是藝妓（Geisha）。這個品種最初源自衣索比亞西南方、靠近南蘇丹邊境的瑰夏村（Gesha，與日文的「藝妓」發音相似）附近的原始森林，隨後送往肯亞栽種，再輾轉被帶到中美洲哥斯大黎加的研究中心。之後巴拿馬的翡翠莊園（Hacienda Esmeralda）對此產生了興趣並開始種植，但多年來並沒有受到太多關注，後來莊園主人的兒子為了參加咖啡大賽，便拿藝妓咖啡豆來嘗試，一嘗之後驚為天人，並以此參賽一舉奪冠，藝妓品種從此一炮而紅，在二零零四年拍賣會上，以每磅一百三十美元創下當時史上最高價紀錄，比商品級阿拉比卡咖啡高出約一百倍。由於競標價格屢創新高，引發中南美洲農民一窩蜂搶種，現在全世界各產區都陸續栽種藝妓咖啡。該品種展示了保存野生咖啡多樣性的好處，其絕佳的風味和基因對於未來的咖啡植物育種至關重要。但就在我們意識到衣索比亞高地咖啡基因的價值時，野生咖啡樹正面臨滅絕威脅。

要產出優質阿拉比卡咖啡豆需要白天溫暖（但不炎熱）的日照和夜晚涼爽的氣候，滿足這樣條件的地方通常分布於高海拔地區。若溫度和降雨量偏離適當條件太多，會使果實的數量和品質降低，咖啡樹可能也會變得衰弱，更容易感染疾病。倫敦皇家植物園（邱園）的科學家預測，受到氣候變遷影響，到二十一世紀末，衣索比亞超過百分之六十五的阿拉比卡咖啡產地可能變得不再適合栽種。研究指出，世界其他地區也面臨類似的情況。現在的氣候對理想的咖啡生產環境來說太熱、太乾燥了。咖啡農的一種因應之道是往海拔更高（氣溫較低）的地方種植，尤其是衣索比亞還有把咖啡樹移到高處的條件。但貝爾山脈的哈萊納森林已經接近適宜栽植地的極限，很難再往更高海拔遷移。邱園的科學家表示，最壞情況是，在本世紀結束前，光是氣候變遷這一項就可能導致衣索比亞高達百分之八十的野生咖啡種群滅絕。這樣的前景非常可怕，不僅影響愛喝咖啡的人，也關乎全世界一億兩千五百萬農場工人的生計。如果預測成真，我們將失去大部分阿拉比卡咖啡的野生基因庫。除了氣候變遷外，衣索比亞的野生咖啡生態系統也遭受森林砍伐的威脅，許多遭到砍伐的森林都是為了提供放牧牛群所需的土地。所有這一切都發生在人們全面了解野生咖啡多樣性之前。科學家正在與時間賽跑，趕在更多咖啡物種消失之前找出它們並加以鑑定。

如果阿拉比卡咖啡的未來岌岌可危，也許我們可以改喝羅布斯塔，現在全球咖啡產量中約有百分之四十五是這種咖啡。由植物學家於一八九七年在比屬剛果（今剛果民主共和國）的森林首次發現，而後在一九二零年代因為葉鏽病而開始大規模種植。相較於阿拉比卡種容易受到病蟲害侵襲，羅布斯塔種有更強的抗病力，而且可以在比阿拉比卡更低的海拔高度、高溫多濕環境下種植，因而得其名，「Robusta」有「強壯」（Robust）的意思。一九七零年代到八零年代，亞洲（尤其是越南）大量生產羅布斯塔，占全球咖啡產量的比例顯著增加。不過，羅布斯塔的咖啡因含量雖然比阿拉比卡咖啡高，口感卻遜色不少。阿拉比卡咖啡的風味通常甜美、細膩、清新、帶有花香和果味，而羅布斯塔咖啡則較為苦澀強烈，有著木質、菸草甚至橡膠的味道。如果你曾在法國或義大利的咖啡吧花一歐元在吧台喝杯濃縮咖啡，那你很可能已經品嘗過羅布斯塔，因為濃縮咖啡通常是用羅布斯塔與阿拉比卡咖啡混合調配，來增加咖啡的醇厚度與咖啡脂。即溶咖啡大多也都是以羅布斯塔豆製成。但它不會因此取代阿拉比卡咖啡。

在玻利維亞，希拉基塔向我展示了他拯救阿拉比卡咖啡的方法。丘丘卡村落在遭受葉鏽病侵襲後沒有更換種植的咖啡品種，而是改變耕作模式。希拉基塔捨棄以往的種植園模式，也就是根除其他所有生命的單一密集種植型態。他幫助村莊周圍的森林恢復，並在野生樹冠和其他植物的遮蔭下種植阿拉比卡咖啡樹。隨著我們深入他的咖啡林，天色越來越暗，鳥兒也逐漸安靜了下來。白天還很溫暖、陽光明媚，入夜後星光燦爛、十分涼爽。他遞給我更多咖啡果實，告訴我這是一種較少人為干擾的耕作方式。他說：「葉鏽病可能還是會蔓延到這裡，但至少我沒有為了種咖啡而與大自然為敵，也許她會比較友善一點吧。」

狹葉咖啡

咖啡不像穀類作物可以把種子儲藏在斯瓦爾巴群島或世界上任何冷藏庫內，這個物種必須作為活體在植物園、研究站或實驗室條件下進行維護。一旦咖啡的棲地消失，就很難將其重新復育。二零一九年，邱園植物學家、咖啡多樣性專家亞倫·戴維斯（Aaron Davis）與同事發表了一篇論文，研究分析一百二十四種咖啡品種（阿拉比卡和羅布斯塔只是其中兩種）的保育狀況，發現至少有六成面臨滅絕風險。

由於時間緊迫，戴維斯正積極發掘和嘗試更多瀕危品種，尤其是我們知之甚少的品種，他希望在不斷變化的世界中找到可考慮大量栽種的咖啡種類，為未來的咖啡多樣性帶來新的可能。團隊在非洲上西部、澳洲最北端等世界各地都有發現，其中大約三十種新發現的品種還是由戴維斯來命名。他們盡可能把這些咖啡都品嘗過一遍，看看有沒有哪些適合飲用。他說：「全都非常迷人，但大部分的味道都只是差強人意，其中一些甚至令人作嘔。」有些品種的咖啡因含量很少或根本不含咖啡因，沖泡出的咖啡酸到讓人難以忍受。

不過戴維斯相信，還有更多特別的咖啡等待被發現或重新發現，最好是跟羅布斯塔一樣體質強壯，又能像阿拉比卡一樣好喝。一種被寄予重望的瀕危品種叫做狹葉咖啡（Stenophylla），曾被稱為高原咖啡，原生於獅子山共和國、幾內亞和象牙海岸，其細長的樹木可以長到三十英尺高，結出的果實呈紫黑色。戴維斯的團隊查找邱園標本館保存的乾燥植物標本紀錄，得知最後一次有人見過這種咖啡樹是一九五四年在獅子山共和國，人們懷疑它已經在該國所謂的「發展十年」中被消滅，當時大片森林遭砍伐，改種植經濟作物。戴維斯還從邱園的資料庫與圖書館中，發現這個品種在味道方面享有盛譽。對於獅子山共和國極少數品嘗過它的人來說，狹葉咖啡的風味比羅布斯塔好得多，甚至超越阿拉比卡咖啡。儘管二十世紀初曾在獅子山共和國種植和出口，但後來就逐漸消失，二十一世紀初還一度被認為已經絕種。二零一八年，獅子山共和國政府在多次尋找未果後，邀請戴維斯及格林威治大學的咖啡學者傑里米．哈格（Jeremy Haggar）進行最後一次嘗試，他們的團隊從邱園標本館與圖書館拿了一些資料副本，在找尋途中張貼「懸賞咖啡」的海報。

他們來到狹葉咖啡樹最後一次被發現的地點，然後以同心圓的方式從這裡一圈一圈擴大尋找（就像查爾斯．馬爾泰在尋找梨樹時所做的那樣）。經過幾次錯誤線索及奔波跋涉之後，他們終於找到一株狹葉咖啡。雖然這是一項了不起的成就，但就如同只找到一隻孤伶伶的熊貓一樣，無法繁衍出後代。因為狹葉咖啡與阿拉比卡不同，需要另一株植物授粉才能結出種子。所以他們繼續尋找，穿過茂密的森林到達靠近賴比瑞亞邊境的山頂時，發現了更多狹葉咖啡樹。周圍地區的森林已經遭到嚴重砍伐，幸好他們及時趕到。二零二零年夏天，戴維斯與倫敦的一群咖啡鑑賞家烘焙了一小批狹葉咖啡豆（僅九克），這是近一個世紀以來第一次有人品嘗到它。戴維斯說：「它芬芳、果香、甜美，是深具潛力的咖啡。」這種咖啡還能承受比阿拉比卡更高的氣溫，也有較好的葉鏽病抗性，幸運的是，不像其他品種可能還來不及被發現和保存就消失了。

Part 10
甜食

故敵佚能勞之，飽能饑之。

——孫子兵法

一場美食饗宴的最後幾乎都會以甜點當作結尾，那些快樂、歡聚慶祝的時刻也總少不了甜食。然而，這部分的三種食物都有個共通點，就是它們瀕臨消失的原因都與人類社會的衝突有關。本書談到的其他食物大多是因為農業模式改變、棲息地喪失、疾病或經濟因素而走向滅絕，而接著要介紹的這些食物則是受到衝突事件的影響。

據說羅馬在公元前一百四十六年攻破迦太基這座位於今突尼斯的繁榮城市之後，羅馬將軍西比奧．艾米里亞努斯（Scipio Aemilianus）用犁將鹽撒在了迦太基的土地之上，為的是徹底摧毀這個地方，使其肥沃的土壤變得像沙漠一樣貧瘠，無法生長任何植物。雖然十九世紀的歷史學家是這樣說的，但撒鹽這回事純粹是謠言。若真要讓迦太基的土地變得貧瘠，大概會需要一萬艘羅馬船艦，才運送得了這麼大量的鹽。

不過，這個謠言確實巧妙地概括了糧食（或缺乏食物）可以作為一種戰爭武器來使用。一八六四年九月，聯邦軍將領謝爾曼（Sherman）與謝里登（Sheridan）為了更快結束美國內戰，命令士兵毀壞莊稼、襲擊食品店和殺死牲畜，讓南方的非戰鬥人員感受到「戰爭的強硬手段」，平民百姓在即將來臨的冬季幾乎沒有食物可吃。

第一次世界大戰期間，因為英國在大西洋實施海上封鎖，使德國糧食供應減少，人民度過了一九一六年到一九一七年的「蕪菁冬天」（Turnip Winter），當時幾乎只有蕪菁可供果腹。不到三十年後，在第二次世界大戰期間，納粹德國糧食及農業部部長赫伯特．巴克（Herbert Backe）制定了「飢餓計畫」（der Hungerplan），旨在掠奪蘇聯的糧食，供給德國平民及其在歐洲前線的士兵。如果這項計畫順利實施，將導致東歐三千萬人餓死。儘管該計畫在蘇聯紅軍的抵抗下未如預期進行，但仍展示了飢餓有可能成為任何衝突中的致命武器。

在二十一世紀，糧食與農業依舊是戰爭中首當其衝的犧牲品，而衝突也是讓某種食物滅絕最快的方式。在接下來的故事中，我們會看到經過數千年演變的飲食文化如何在短時間內因衝突而被迫根除，也會看到食物（和食物記憶）如何在困難時期成為希望的源泉，原料與食譜能幫助我們了解自己在這個世界上的位置。對於在戰爭中失去一切的人來說，家鄉的飲食傳統或口味可能也有了新的含義。

32 甜乳酪捲 Halawet el Jibn

敘利亞，霍姆斯

敘利亞位於新月沃土內，是世界上農業發展最早的地區，也因為在絲綢之路沿線而發展出十分精緻、多樣化的美食。然而，近年來的戰爭破壞了土地，造成農民流離失所，摧毀獨特的作物，並使傳統食材與食物知識面臨消失危機。殘酷真相是，糧食正是爆發戰爭的其中一個原因。二零零七年至二零一零年間，敘利亞發生該國歷史上最嚴重的一場旱災。由於政府設定的小麥生產政策目標過於好高騖遠，導致蓄水層、湖泊和河流逐漸枯竭，農業生產遭受重創，約有一百萬人被迫從農村地區逃離到貧困的城市郊區生活。而在二零一一年春天，由於敘利亞總統巴夏爾．阿賽德（Bashar al-Assad）下令武力鎮壓示威民眾，致使緊張局勢達到高潮，內戰隨後爆發。

十年過去了，聯合國估計已有七十萬人喪生，五百萬人逃往國外成為難民，居住在土耳其、約旦、黎巴嫩和埃及，還有六百萬人在國內流離失所，敘利亞境內有百分之九十的人口處於糧食缺乏的狀態，食品價格飛漲（二零一九年至二零二零年價格翻漲了一倍）也無濟於事。

二零一五年，全世界驚恐地看著敘利亞（和世界）文化遺產遭到襲擊。伊斯蘭國（ISIS）武裝分子在敘利亞沙漠中古老的綠洲城市帕米拉（Palmyra）大肆摧殘，炸毀一座有近兩千年歷史的貝爾神廟（Temple of Bel），還摧毀了許多世界上保存最完好的羅馬古蹟。而戰爭對該國糧食系統造成的破壞雖然沒有那麼明顯，但會長久影響戰後敘利亞人的生活。許多前線戰場都在農業區內或周邊地區，造成農業社區傷亡慘重，土地被交戰各方沒收。據估計，在衝突開始前，農業為百分之五十的人口提供了就業機會。敘利亞一直是該地區主要的糧食出口國，向鄰國及海灣國家供應穀物、水果和蔬菜。戰爭初期，農田成為蓄意襲擊的目標，果園樹木被縱火燒毀，城鎮的市場遭到轟炸。數百萬敘利亞人糧食極度缺乏，瀕臨餓死，完全得依賴糧食援助，但在許多遭圍困的地區，各方武裝勢力限制人道救援組織運送物資進入，糧食援助通通被切斷，處境更加艱難。

隨著這一切發生，阿勒頗附近有一小群科學家正默默耕耘，拚命想辦法拯救不僅對敘利亞，也對全世界都有價值的糧食資源。阿勒頗以西二十五英里處的特拉哈迪亞（Tel Hadya）有世界上相當重要的種子收藏，為策略性分布於全球的十二座種子庫網絡的一部分，每座種子庫都有其專門的作物。坐落在特拉哈迪亞的種子庫由國際乾旱地區農業研究中心（International Centre for Agricultural Research in the Dry Areas，ICARDA）營運，保存了全世界最多樣的小麥、大麥、扁豆和鷹嘴豆，代表著一萬兩千年的農業歷史。因為其中有些種子具有抗旱和抗病的基因特性，可以確保我們未來遭遇災難時，仍有能力生產糧食，但這些遺傳資源現在正面臨著被戰火摧毀的危險。

二零一二年，民兵組織襲擊研究站，偷走了車輛；後來隨著衝突加劇，還有研究人員遭到綁架。而剩下的人則留守在種子庫，暫時用柴油發電機維持冷卻系統，讓庫內溫度保持在足以保存種子的低溫。正如瓦維洛夫的同事在列寧格勒圍城期間冒著生命危險保護種子一樣，ICARDA團隊也著手確保儲存在特拉哈迪亞的十五萬份種子樣本的安全。

科學家曾一度被迫與叛亂分子達成協議，戰士同意保護種子庫並保持發電機運轉，作為交換，科學家則向他們提供在該中心實驗花園種植的食物。這筆交易一直持續到二零一六年春天，阿賽德政權轟炸阿勒頗與附近的城鎮，特拉哈迪亞也遭受襲擊。研究人員知道他們只能將種子轉移到安全的地方，除此之外已別無選擇。守在那裡的最後一批民用卡車裝滿一箱箱種子，然後向南行駛，越過邊境逃往黎巴嫩。

幸好，他們幾年前有將大部分收藏的備份種子送至斯瓦爾巴群島建在北極冰層中的種子庫保存。ICARDA在黎巴嫩重建了敘利亞於戰爭期間受損的種子庫，並且借助備份在斯瓦爾巴的種子來繼續研究。隨著黎巴嫩深陷經濟和政治危機，這些種子再度面臨動盪風險。更悲慘的是，原本伊拉克阿布格萊布（Abu Ghraib）有一個國家種子庫，但遭到第二次海灣戰爭的戰火摧毀，從中搶救出來的種子被移至敘利亞的儲存庫，當時普遍認為那裡是該地區存放種子最安全的地方。

敘利亞國家種子庫所代表的不僅僅是植物遺傳學，還有著許多對敘利亞人而言非常重要的地方品種種子。幾千年來，該國吸收融合了其複雜多元的鄰國及居民的飲食特點與食材，包括亞述人（Assyrians）、土耳其人、阿拉維人（Alawis）、德魯茲人（Druze）和雅茲迪人（Yazidi），對無數種傳統敘利亞食譜產生深遠影響。這段文化歷史中有一種從荷姆斯（Homs）附近農民那裡收集來的硬粒小麥「胡朗尼」（Hourani）。由於其獨特的特性，這種小麥非常適合製作精緻的粗麥粉糕點，比如「甜乳酪捲」（Halawet El Jibn）。這種點心製作時，麵包師會在麵團中加入糖漿和「馬吉杜利」（majdouli，一種鹹味、黏稠的乳酪，能使麵團具有彈性）製成超薄酥皮，然後抹上一種叫做「奇什塔」（qoshta 或 ashta）的奶油內餡，捲起來，切成一口大小，淋上玫瑰花瓣糖漿，最後撒上開心果碎粒。

甜乳酪捲是整個黎凡特[27]（Levant）地區甜點中的一大類別，其中最著名的果仁蜜餅（baklava）也是用粗麥粉製成。這些食物的起源可以追溯至羅馬帝國，受拜占庭的烹飪方式以及後來在鄂圖曼帝國流傳的烘焙技術所影響。這類點心在敘利亞具有凝聚社會的力量，有些人會自己在家動手做，有些人則是去麵包糕點店（因研發創新口味而廣受歡迎的知名店家）買現成的，再分享給親朋好友彼此交流，但戰爭毫不留情地破壞了這種把大家凝聚在一起的傳統。

27 地中海東部諸地的古稱。

為什麼要擔心糕點在戰爭期間的命運？其實只要拆解甜乳酪捲的組成食材，就能看出敘利亞糧食系統遭受破壞的規模。譬如說胡朗尼小麥，就像土耳其東部的卡沃加小麥一樣，已經在敘利亞的土壤環境適應了數千年，現在卻因為許多農民逃離家園而消失了。還有曾位於特拉哈迪亞的國家種子庫，如今也已搬離阿勒頗。與此同時，數千英畝的開心果田被毀，樹木成為武裝分子的目標，農場遭到轟炸、開採和縱火，軍事武力不斷攻擊農村社區，目的是破壞其農業生產。

這些襲擊也觸及敘利亞人身分認同的核心。公元一世紀時，開心果是敘利亞農業與美食的典型特徵，博物學家普林尼因此認為敘利亞是這種堅果的發源地。開心果實際上源自更東部的伊朗和阿富汗，但對羅馬人來說，很顯然這種堅果的烹飪用途是在阿勒頗、大馬士革和荷姆斯的廚房得到發揚光大。敘利亞後來成為中東與歐洲最大的開心果產地。一位因戰爭被迫離開自己土地的農民說：「開心果樹是讓我們村莊能夠呼吸維生的肺，只有我的果園好，我才會好。」戰前，荷姆斯北部城鎮莫瑞克（Morek）周圍的農地每年可收穫四萬噸開心果，約占敘利亞開心果總產量的一半。但在二零一一年爆發內戰之後，種植這些果樹變得太過危險，農民無奈之下只能把無數樹木砍掉，拿來做燃料和柴火。

莫瑞克以北、鄰近土耳其邊境的城鎮科巴尼（Kobani）也是重要的開心果產地，居民大多為庫爾德人。聖戰組織 ISIS 攻占科巴尼大部分城市及周邊的村莊後，這座城鎮被圍困了將近一年。數百人遭殺害或綁架，還有大批難民逃到土耳其境內。自從以美國為首的聯軍在當地庫爾德民兵的後援下發動空襲，ISIS 戰士開始慢慢從科巴尼撤退，沿途放火燒毀了一片又一片的開心果樹。「這些樹全部都燒得焦黑，」正在協助重建科巴尼的救援人員萊拉・阿斯曼（Leyla Asmen）說道。「ISIS 武裝分子於撤退前，已經用炸藥炸毀古老的水井和灌溉渠道。」他們還在土裡到處埋設地雷，所以即使當地人回到自己的農園，也無法從倖存的樹上收穫開心果。

如果食品的原料來源（比如農場）遭到破壞，很容易使其瀕臨滅絕，而如果準備和加工食品的地方，以及擁有製作技能的人都受到攻擊，那麼這種食品更是岌岌可危。在敘利亞，麵包店常成為襲擊的目標，即使民眾只是聚集在麵包店外排隊等買麵包和糕點，也被視為一種威脅。阿勒頗原本有一間麵包店「薩洛拉」（Salloura），一百五十年來，這間家族經營的老店一直以其各種糕點而聞名，像是以乳酪及開心果製作的甜乳酪捲。戰爭爆發兩年後，隨著戰火越演越烈，糖、麵粉和開心果供應短缺，這家人被迫關門歇業，越過邊境逃到土耳其，最後落腳於伊斯坦堡，該國已經有約五十萬敘利亞難民，阿克薩賴（Aksaray）地區為伊斯坦堡收容敘利亞難民的大本營，現有「小敘利亞」之稱，薩洛拉家族的麵包店在這裡重新開張，繼續製作甜乳酪捲等傳統糕點。在一個名為「流亡敘利亞人」的 WhatsApp 群組中，散居世界各地的難民分享自己在薩洛拉麵包店買的甜點照片，也有人會發表評論。「你讓我感覺彷彿回到家鄉，」一位現居北美的敘利亞人寫道。「看著照片就讓我感到如火灼傷般椎心刺骨的疼痛。」

二零二零年夏天，敘利亞的開心果果農開始拿著修枝剪回到果園。許多田地已經荒蕪八年，無人照管，有些樹已乾枯，枝條枯萎，還要把地雷清除。不過，製作甜乳酪捲所需的其他敘利亞文化特徵仍在世界各地開枝散葉，擁有「恰到好處」小麥品種的種子庫依然在黎巴嫩，麵包師薩洛拉一家還在伊斯坦堡的臨時住所，而來買麵包的客人幾乎都是逃到國外的數百萬敘利亞難民。敘利亞飲食文化深植在身處異鄉的敘利亞人心中，會一直伴隨著他們，直到和平降臨、重返家園的那一天。

33 依扎餅 Qizha Cake

巴勒斯坦約旦河西岸，納布盧斯

「納布盧斯（Nablus）有最好的麵包師、最美味的蛋糕，當然還有絕佳的中東芝麻醬（Tahini）。」薇薇安．桑蘇爾（Vivien Sansour）向我簡單介紹她試圖保存的各種巴勒斯坦種子與風味時說。桑蘇爾在伯利恆（Bethlehem）附近的貝德加拉（Beit Jala）長大，從小與祖母一起種菜，也跟母親、阿姨和祖父母學煮飯，她說自己「指甲縫裡總是沾滿泥土」。作為生長於一九八零年代約旦河西岸（West Bank）的孩子，桑蘇爾經歷過領土被占領、目睹非法定居者的到來，並看著巴勒斯坦人展開第二次大起義[28]（Second Intifada）。這些衝突導致土地與傳統作物不斷流失，包括各種水果、蔬菜和穀物，許多都是農民世代種植的地方品種。桑蘇爾當時自

28 即阿克薩群眾起義，為巴勒斯坦與以色列之間的衝突，於二零零零年九月開始爆發。

問：「人們在戰亂中生命飽受威脅，怎麼可能還有辦法耕種糧食？」

她離開約旦河西岸到美國念人類學，後來因為前往墨西哥進行研究工作，認識了自行留種來種植傳統玉米和南瓜的農民，聽到他們發起「沒有玉米，就沒有國家」的運動，令她想起家鄉所失去的一切，於是她決定回去保存自己家鄉的農業遺產。回到約旦河西岸後，她獨自創立了巴勒斯坦傳家寶種子圖書館（Palestine Heirloom Seed Library），致力於尋找和保育在衝突期間消失的農作物品種。

桑蘇爾從自己小時候愛吃的櫛瓜、番茄和豆子開始找起，她在Facebook上發布多罐種子的照片後，引來如潮水般的留言，大家都希望她能找到這些他們祖父母種過和母親煮過的蔬菜。「我碰觸到了他們的痛處，他們明白某些東西消失了，所以幾乎是在向我求助。」她開始深入探索約旦河西岸地區，從南部的希伯崙（Hebron）到北部的哲寧（Jenin），這些地方的農業歷史都可以追溯到將近一萬兩千年前。

她走訪社區時遇到的每個農民都有各自想要分享的種子故事，他們拿出早已不復存在的農場的照片給她看、講述過去會用如今已絕跡的蔬菜做出什麼樣的菜餚，還唱了傳統上每逢收穫季節會唱的歌曲。她說，這麼做不僅是為了挽救約旦河西岸的生物多樣性，也是為了保存巴勒斯坦文化。這份使命在她去到哲寧後越發清晰了起來。當地長者不斷提到一種他們以前很愛吃但現在卻不見蹤影的水果「賈杜伊西瓜」（Jadu'i）。哲寧周圍的田野曾經到處可見這種又大又綠的水果。人們告訴她，一九六零年代前，許多巴勒斯坦農民都以種植這種西瓜為生，這種作物當時在整個黎凡特地區從貝魯特到大馬士革都很受歡迎。婦女講了她們在收成季節，忙到在賈杜伊西瓜田裡分娩的經過。但當桑蘇爾問說能不能讓她嘗嘗這種為人珍愛的西瓜時，總是得到一樣的答案。「這種西瓜絕跡了，就像恐龍一樣。」她到處向約旦河西岸的農民詢問是否有賈杜伊西瓜，他們的回答總是「沒有」。直到有一天她遇到曾是農民的店主阿布・加塔斯（Abu Ghattas），加塔斯把她帶到商店後面的一個抽屜前。「抽屜裡擺滿了螺絲和釘子。」桑蘇爾說道，不過更裡面有一包西瓜子。加塔斯告訴她：「這是賈杜伊西瓜。」他以為人們不再記得這種水果，更別說關心，但他還是把種子留了下來，以防萬一。桑蘇爾說：「一直以來，他都捨不得把它們扔掉。」她用這些種子來種植及保種，將賈杜伊西瓜種了回來。

小麥的復育也相當成功。位於伯利恆東南方的村莊沙瓦瓦拉（Shawawra），農民保存了他們的傳統種子，其中有一種名為阿布桑拉（Abu Samra，字面意思是「英俊的那個」）的瀕危二粒小麥。這種小麥的芒（像鬍鬚一樣）幾乎是黑色的，其穀物有獨特的風味。最重要的是，種植時不太需要灌溉。桑蘇爾說：「它能有效吸收利用雨水。」如今對約旦河西岸的農民來說，這一特徵變得比以往任何時候都還重要，因為自從被以色列占領以來，許多人失去了種子、土地和穩定的供水。

以阿衝突與爭奪土地有關，但水資源也是引發爭端的重要因素。發生於一九六七年的六日戰爭，部分原因就是為了爭奪約旦河的水源（以色列飲用水的主要來源）。以色列贏得這場戰爭後，國土面積擴大四倍之多，並開始在占領的土地上擴張農業範圍（種橘子、香蕉、小麥和棉花等）。從那以後，以色列及其在占領區建立的定居點（後者被視為違反國際法）一直控制著約旦河西岸的大部分水權，他們能享用這些珍貴的水源，卻限制巴勒斯坦人取用，成為更大的衝突根源。巴勒斯坦農民控訴這扼殺了他們的農業經濟。二零一四年，世界銀行對於該地區許多人無法得到水資源合理分配深感擔憂。

供水短缺導致約旦河西岸的作物減產，其他包括當地品種的芝麻。過去約旦河西岸地區種有許多這種種子，尤其是在納布盧斯周圍肥沃的平原上。芝麻根植於巴勒斯坦文化之中，有民歌提到了這種種子，譬如他們常在婚禮上演唱的歌曲〈種芝麻的人們啊〉（Ya Zarain El Semsem），歌詞裡新郎承諾會一直為新娘及她的家人種芝麻。有些傳統舞蹈甚至以農民在田裡收割芝麻時的手部動作為特色。這種作物跟阿布桑拉小麥一樣，在乾旱氣候下靠雨水澆灌就能茁壯成長。巴勒斯坦麵包師過去多是把深色在地品種芝麻製作成醬和糕餅，兩者都叫依扎（qizha），也都顏色漆黑。

在城市的小工廠裡，他們把芝麻與黑種草籽（nigella seeds）一起研磨製作成濃稠的依扎醬。這是一種如墨水般黑得發亮的醬，看起來像糖漿，帶有泥土味和淡淡的薄荷味（芝麻所含油脂可使其質地光滑）。麵包師將這種黑醬與粗麥粉、糖和堅果混合，製成香甜、濕潤、漆黑的依扎餅。如今最好的依扎餅仍出產於納布盧斯，但本來是以巴勒斯坦的本土種子製作，現已改用從衣索比亞和蘇丹進口的芝麻。

對於拉馬拉（Ramallah）西部的年輕農民穆哈布．阿拉米（Muhab Alami）來說，把傳統芝麻種回約旦河西岸並賣給麵包師傅是他的長遠抱負，但實踐的道路困難重重。他說：「水源被控制，土地也被控制，一直有種不確定感。在這裡當農民壓力很大，只能眼睜睜地看著我們的傳統食物不斷消失。」即使是作物收成後，在販售過程也會面臨許多新的挑戰。「以色列軍方新設立的定居點是個阻礙，由於種種限制，我們有時無法通過檢查站。」

約旦河西岸（及其大部分農業用地）有超過一半地區被劃為「C區」。阿拉米說，自一九九零年代初以來，這裡一直處於以色列的軍事控制之下，嚴格限制巴勒斯坦人進入土地和市場。而且種植芝麻需要大片的土地，採收也需耗費大量人力，本來就充滿挑戰，再加上衝突帶來的額外壓力，使生產芝麻的經濟價值越來越低。許多農民無法與較便宜的進口芝麻競爭，因而轉種其他更有經濟價值的作物，像是菸草。

而阿拉米想盡一己之力保護古老的瀕危品種，即使只是透過尋找和保存其種子。「它們是我身分認同的一部分，是在這片土地屹立數千年的作物。」他解釋道。在我見到他的三年前，他曾在銀行從事資訊科技（IT）系統相關的工作。「我覺得自己好像在跟空氣工作，」他邊說邊用手比劃著，像要去摸索某個不存在的東西。「我現在務農，生產的東西看得見、摸得著。」對他而言，成為農夫並努力恢復失去的巴勒斯坦作物是一種和平的抵抗行動。「雖然錢變少了，但我卻感覺自己更加富有。」

桑蘇爾持續對阿拉米這樣的農民及巴勒斯坦傳統美食給予強力支持。走訪約旦河西岸各地時，她帶著由兩個附輪子的木箱組成的行動廚房，箱子長幾公尺，寬一公尺。她就在這上面切菜、備料和烹調。她說：「人們嘗到如今很難找到的童年味道時，常會感動得流下眼淚，這讓他們想起了生活沒有那麼艱難的時代。」她還幫助當地居民在社區園圃栽種自己的食物。「甚至在土壤中都能看到暴力行為留下的痕跡，我們挖掘新園圃時，經常會發現玻璃碎片與催淚瓦斯空罐。」她說，總有一天她會讓其他丟失的芝麻品種重回約旦河西岸。「說我們的種子不值得保存和播種，就等於說我們的人民沒有價值也沒有未來。」

最後要分別前，桑蘇爾與我分享了巴勒斯坦的一句古老諺語：「不自己用鋅鋤（農具）種東西吃，就無法有自己的思想。」這就是為什麼西瓜、麥粒或小小一粒芝麻卻蘊藏著如此強大力量，每一種都能讓人感受到自由的滋味。

34 克里奧羅可可 Criollo Cacao

委內瑞拉，庫馬納科阿

歐洲人在三百多年前開始愛上巧克力時，有一種叫做「克里奧羅」（Criollo）的中美洲本土可可，因其能製作出最上乘的巧克力而聞名。這種可可樹與其他品種相比較為脆弱，育種家幾個世紀以來已經透過雜交育種創造更多新品種，使得純種的克里奧羅越來越珍貴稀有（如今占全球可可產量的不到百分之五）。這個品種特別盛產於南美洲的委內瑞拉，很多都是從該國輸往舊世界。這種頂級可可多年來一直是委內瑞拉的主要出口商品，然而在二十世紀，該國的政策讓可可種植業停擺，並將目光轉向另一種自然資源「石油」，因當地原油蘊藏量居全球之冠。有一段時間，委內瑞拉可可產業的衰落似乎無關緊要，石油讓這裡成為拉丁美洲最富裕、經濟最發達的國家。但由於國際石油價格暴跌和政府貪汙腐敗，委內瑞拉的經濟一落千丈，使數百萬人民陷入水深火熱之中。我正是在這一切發生之際，來到委內瑞拉尋找當地的可可。

那是二零一七年春天，我乘坐一架幾乎空無一人的飛機前往首都卡拉卡斯（Caracas）（大多數人都是往相反方向搭乘）。街頭抗議四起，超市貨架上空空如也，這座城市的謀殺率位居世界前列。犯罪集團綁架勒索日益猖獗。因為經濟不斷惡化，導致該國接近崩潰邊緣，三千萬人口有四分之一急需糧食與民生用品，另有五百萬人已遠走他國。這一切都發生在尼古拉斯・馬杜洛（Nicolás Maduro）擔任總統期間，他領導的社會黨成員視他為英雄，但對許多委內瑞拉民眾來說，他只不過是個獨裁者，美國和許多國家都不再承認他是委內瑞拉的合法領袖。

由於糧食短缺，許多人必須在商店排隊購買食物，排隊人群常因為搶奪物資引爆衝突。一位關注這種狀況的委內瑞拉人告訴我，有人甚至為了幾包米不惜殺人。約莫是從二零一四年開始出現食物短缺，人們對下一餐在哪裡的焦慮感不斷上升，一開始要等幾天才會有運貨車抵達超市，再來是幾週，現在得等上幾個月。民眾甚至買不到玉米粉來製作委內瑞拉的主食阿瑞巴玉米餅（arepa），也讓地下交易的黑市越來越興盛，一種新型職業「黑市商人」（bachaqueros）開始流行，他們透過特殊管道拿到貨品，再以高昂價格轉售牟取暴利。大家都在挨餓，委國人均體重驟降，許多人用黑色幽默來描述這種情況，稱之為馬杜洛減重法（Maduro Diet）。

我去卡拉卡斯特別是為了見一位女士，瑪麗亞・費爾南達・迪・雅各（Maria Fernanda Di Giacobbe），她原本是餐廳老闆和廚師，但在經濟崩潰期間投身倡議行動。她告訴委內瑞拉同胞，巧克力是化解經濟危機的出路，也能夠幫助國家重拾自尊，尤其是委內瑞拉稀有且珍貴的克里奧羅可可。在她的公司待了一個星期後，我覺得她說得很有道理。

我們約在卡拉卡斯的一家劇院，裡面聚集數百人（大多是女性）在聽迪・雅各描繪她的願景（她獲得農民和巧克力製造商的支持）、了解委內瑞拉的巧克力歷史，並想出巧克力未來能為他們帶來什麼樣的可能性。許多人花了幾天時間從南邊的偏遠村莊搭公車來到卡拉卡斯，他們都想來尋找希望。他們所居住的城鎮充斥著暴力事件，有人家裡曾遭竊賊侵入，有人遇過搶匪持槍搶劫，而所有人都經歷過買不到食物的絕望。我當時在靠近劇院的一家超市裡親眼看到糧食短缺的慘況，貨架上並非空無一物，例如有一整條走道擺滿了瓶裝番茄醬，另一個通道則全放著洗髮精，乍看之下物資豐富，但當我問店員有沒有麵包、麵粉或糖時，店員回我：「沒了，沒了。」鄉村地區情況更糟，曾爆發白喉[29]疫情。我還在街頭市場的攤位看到商販倒了一點嬰兒配方奶粉到藥瓶裡。委內瑞拉的糧食系統已經崩壞，人民只能善用他們所能找到的少量食物。

迪・雅各走上劇院的舞台，五十多歲的她有一頭銀色短髮，雙眼炯炯有神，臉龐精緻立體，面露燦爛笑容。她帶領觀眾回顧幾個世紀的巧克力歷史，而委內瑞拉在這段歷史中扮演著舉足輕重的角色。在發展石油業（以及一九一四年發現「黑金」蘊含量豐富）之前，巧克力曾為委內瑞拉帶來經濟上的豐厚利潤。迪・雅各告訴聽眾，可可能夠再次做到這點，幫助人民開創更美好的未來。儘管國家局勢動盪不安，但作為委內瑞拉人，他們擁有克里奧羅可可，這種

29 一種急性呼吸道傳染病，由白喉棒狀桿菌引起。

可可豆能製作成世界一流、令人垂涎的巧克力。

石油繁榮使得農民轉往石油產業發展，造成委內瑞拉眾多土地遭荒廢，而那些繼續種植克里奧羅可可樹的人，又因為經濟危機而面臨更大的農業生產風險。常有盜賊闖入農莊，從樹上摘走可可豆莢。有些農民僱用了警衛來避免被盜採，有些人則會在豆莢還沒達到適合的熟度之前就先行採收，藉此避開小偷並降低損失作物的風險。「但也因為品質不太好而賣不到好價錢。」迪．雅各解釋道。

這樣的情況迫使更多農民離開土地，十年內可可豆產量減半。更糟的是，很多曾遭綁架的人都受到太大創傷，不敢回到他們的農場，即使是那些代代種植可可樹的人家也被迫放棄農場。一位生產製造巧克力的七十多歲可可農向我描述了劫匪如何五度襲擊她的農場。「上次，全都被搜刮一空。」她說到這裡，不禁想起當時情景，眼淚便潰堤了。他們拿走她的可可豆及加工設備。「但我們得繼續前進，我們的文化與生計都圍繞著可可。委內瑞拉是頂級可可原產地，所以我們是可可之王。」

即使農民好不容易收穫了可可豆，在這樣的情勢下，也無法保證出貨後能順利運送到目的地。另一位農民告訴我：「卡車在去卡拉卡斯的路上可能會被攔下三十到四十次，司機被迫行賄。」有時卡車會在攔檢點被扣押數日後才放行，有時就再也不見蹤影。政府告訴媒體，向農民徵收可可豆是要協助他們償還積欠已久的稅款債務。但對農民而言，這簡直就是「搶劫」。

如今，該國石油出口的情形變得很不穩定，迪．雅各認為是時候記住可可在他們國家過去與未來的重要意義了。她從小在廚師家庭中長大，接受過專業廚藝訓練，但當經濟危機襲來，經營的餐廳被迫歇業，於是她開始製作巧克力。委內瑞拉歷來都是出口全球頂級的可可豆給外國人（主要是歐洲人）加工成巧克力棒和糖果，從而獲得巨大利潤。迪．雅各從家裡借來設備和冰箱，打造DIY巧克力工廠來進行實驗。為了尋找極品可可豆，她踏上旅途，走了數千英里，尋訪僅存少數種植優質原生種克里奧羅的農民，了解他們如何經由發酵和乾燥，讓可可豆產生迷人風味。

她少量販售自己做的巧克力，主要是在卡拉卡斯，同時也將一些巧克力裹在衣服裡裝進手提箱私運出國。透過這種方式，全世界開始注意到她所做的事和她製作的珍貴巧克力。而迪．雅各不僅專注於自己的事業，也鼓勵其他委內瑞拉人加入她一同達成目標。她的小工廠變身為培訓中心，來自全國各地的婦女得以在這裡學習巧克力製作技術：烘烤可可豆，將烘好的可可豆壓碎去殼，再把碎粒研磨並「精煉」成滑順細緻的膏狀，然後調製成閃閃發亮的巧克力棒。經濟危機造成許多婦女失業，她們的丈夫常常也飯碗難保，因此來學的人很多。新技能使這些婦女恢復了活力，她們分散到各個農村社區，將所學知識傳授給更多女性。

消息傳開後，我在二零一七年見到迪．雅各時，已有八千名巧克力製造商加入這個生產網絡，大部分都是在家製作小本經營。那年，她榮獲著名的巴斯克烹飪世界獎（Basque Culinary World Prize），該獎項會頒發給透過美食發揮更廣泛社會影響力的廚師。擔任評審的美食作家哈洛德．馬基（Harold McGee）說：「迪．雅各為委內瑞拉可可與巧克力的各個層面帶來改變，她協助農民照料可可樹，改善他們的加工處理方式，讓社區有機會藉由巧克力來獲利。」這是一場根本性的變革行動，不僅因為是在危機期間發起，還因為可可豆轉化為巧克力的過程通常掌握在大公司手中。迪．雅各的行動一直持續到經濟危機最嚴重的時期，面臨糧食短缺，要找到糖這種巧克力棒的基本成分變得很困難（甚至連可口可樂在委內瑞拉的工廠都難以取得足夠的糖），迪．雅各的巧克力製造商網絡因此建立了替代供應鏈來共享資源。

一群新入職的員工坐在卡拉卡斯的劇院裡聽這個故事，詳細了解如何開始在當地社區製作巧克力、建立自己的事業、把克里奧羅可可豆加工成巧克力棒。這是個難得的機會，可以讓委內瑞拉重獲獨立性並幫助更多可可農場恢復生產。乍看之下不會覺得製作巧克力能改變生活，但據迪．雅各所述，這件事確實能帶來改變。她說：「可可讓我們有機會找到國家經濟新定位，並贏回一些尊嚴。」

我採訪了其中一位追隨迪．雅各願景並實際行動的委內瑞拉婦女。她告訴我：「工作讓我們可以暫時忘卻眼前的問題，可可是我們可以實際觸摸、品嘗和聞到的東西，石油則非如此。」如果迪．雅各真的成功透過巧克力幫助她的國家變得更好，那將重演歷史，委內瑞拉可可以前也曾是一種革命性的食物。

委內瑞拉於十六世紀淪為西班牙殖民地，西班牙人抵達時，該國估計居住著五十萬原住民。有些人逃到與世隔絕的偏遠地區躲避殖民者，還有許多原住民不是被殺害、就是因為感染歐洲人帶來的疾病死亡。由於需要勞動力，西班牙人將十萬名非洲男人、女人及兒童販運到委內瑞拉，第一批運奴船於一五二零年代抵達。大部分奴隸被送往北部海岸，在新建立的農莊工作，那裡已開始大規模商業種植可可。這些種植園改變了委內瑞拉的地貌，隨著成千上萬非洲奴隸的到來，其人口結構也發生轉變。

一五八零年代，可可豆被運往西班牙塞維亞（Sevilla），進一步加工製成巧克力飲品，後來在一六二零年代成為委內瑞拉的主要出口產品。隨著人們對可可豆的需求日益增加，殖民者利用非洲奴隸大量開闢種植園。到十七世紀中葉，該國超過墨西哥成為全球領先的可可豆生產國。

甜甜的巧克力在義大利、法國和英國廣受歡迎，當中添加的糖則來自加勒比海地區與巴西的甘蔗種植園，由數百萬非洲奴工種植和加工。十八世紀初，歐洲有百分之九十的可可豆來自委內瑞拉。巧克力歷史學家蘇菲（Sophie）和麥克·科（Michael Coe）說：「無論是身處倫敦的政治家佩皮斯（Pepys），還是佛羅倫斯的柯西莫三世（Cosimo III），歐洲人喝的巧克力大多來自卡拉卡斯使用奴隸勞動的可可種植園。」

隨著貿易持續繁榮，委內瑞拉的可可種植者對遠在歐洲的統治者越發不滿。西班牙王室阻撓農民自主銷售可可豆，並成立吉普喬納公司（Compañía Guipuzcoana）壟斷該殖民地的可可貿易。農民不堪殖民者蠻橫剝削，因此引發由可可農胡安·弗朗西斯科·德萊昂（Juan Francisco de León）領導的反動。不過後來是同樣出身可可種植園的另一革命領袖西蒙·玻利瓦（Simón Bolívar），於一八二三年將委內瑞拉從西班牙及其可可壟斷地位下解放出來，成為獨立的民族國家，這可說是建立在巧克力之上。

迪·雅各逐漸意識到，儘管委內瑞拉的可可豆貿易急劇下滑，但在許多歷史悠久的農莊和大片土地上倖存下來的都是世界最頂級的可可。如果委內瑞拉失去這種寶貴資源，那麼所有人都會失去它，但如果能將其復興，就可以創造無數的工作機會。

克里奧羅可可種群為馬雅人和阿茲特克人所珍視，這種可可也讓巧克力獲得全世界的關注。與另外兩大可可種群弗拉斯特羅（Forastero）及特里尼塔里歐（Trinitario）不同，克里奧羅幾乎沒有任何苦味，而且因為含有更多的咖啡因，所以刺激性也較強。隨著克里奧羅在委內瑞拉不同地區的莊園種植，逐漸演化出適應當地環境的獨特品種，其中有些以其產區命名，例如偏遠村莊楚奧（Chuao）生產的楚奧可可（被譽為委內瑞拉最珍貴的可可），有些則以其外表命名，像是白瓷可可（Porcelana），此種可可豆剝除外皮後，表面透著如白瓷般晶瑩的光澤，因而得名。

委內瑞拉在石油繁榮時期可可產量減少，克里奧羅的種植量也隨之下降，巧克力產業的原料供應轉移至非洲和其他可可種類。十九世紀末，西班牙殖民地赤道幾內亞已開始種植可可，並從這裡傳播到迦納與象牙海岸（這兩個國家現在占世界可可產量的近四分之三）。到了一九六零年代，可可育種家研發出新的第一代雜交種，其中 CCN51 品種雖然沒有克里奧羅的精緻風味，但產量更高且更具商業價值，中美洲許多農民便以此取代本土品種。委內瑞拉當時因專注於石油產業而未完全接受這一現代化進程，世界上最瀕危的可可克里奧羅因而得以倖存。

迪・雅各不希望再失去任何一棵倖存的克里奧羅可可樹。她走遍委內瑞拉各城鎮鄉村傳播理念，並為農民提供支持。有一次我跟著她一起前往庫馬納科亞（Cumanacoa）附近的可可農場，從卡拉卡斯開去要十二小時的車程。十八世紀時，一位在該城市定居的西班牙人注意到當地的土壤非常肥沃，他說：「果實的風味跟味道在其他地方相當少見。」更多殖民者於一七九零年代到來，有一位來自西班牙加泰隆尼亞（Catalan）地區的水手轉換跑道成為農民，和二十名非洲奴隸開闢了一處莊園。接下來的兩個世紀時間裡，他們栽種的可可讓委內瑞拉這座小城市在巧克力業界享有盛名。

沿途我們經過一個又一個軍事檢查哨，迎面而來的是大批全副武裝的軍人，他們用冷酷嚴厲的目光透過車窗盯著我們，這樣的景象讓我神經緊繃了起來。到第五個檢查哨時，我了解到最好的方法是避免所有眼神接觸並直視前方。經過每個城鎮，都還會有另一種監視的目光落在我們身上——來自已故總統烏戈・查維茲（Hugo Chávez）的眼睛。牆壁和廣告牌上似乎到處都有他的畫像，時時提醒著群眾保持忠誠，國家正在看著。

到達目的地後，我們走進了可可樹林中，這是一片生機勃勃的美麗荒野，蟲鳴鳥叫充斥林間，比較像在叢林而不是農場。空氣溫暖而潮濕，我們腳下鋪滿腐爛的深色落葉，好似一層厚厚的地毯。上方香蕉樹寬闊的革質葉子形成樹冠。在其遮蔽下，半明半暗的光線之中可以看到可可樹，看起來超凡脫俗又神祕迷人。奇異卻美麗的豆莢（果實）呈紫色、紅色和黃色，形狀像迷你橄欖球。它們不是從樹枝上長出來，而是直接生長在樹幹上，每個都小到可以用雙手張開合握，果面有延伸到上下兩端的稜溝。這些豆莢的尖端還會微微捲曲，可由此看出是克里奧羅可可。

知道何時可以採摘是一門藝術，甚至可說是一種音樂技能。「可以透過聲音來判斷。」迪．雅各一邊對我說，一邊用手指敲擊豆莢，發出空心的叩叩聲，代表種子及果肉已經跟殼分離，成熟度足夠。她向站在一旁的農民點點頭，那位農民便拿起砍刀砍斷了幾乎看不見的莖。豆莢裡有一排排種子，約有三十顆可可豆，每顆都有拇指尖那麼大，其外面包覆著濕潤軟黏的白色果肉，嘗起來清爽可口，揉合荔枝、柑橘和蜂蜜的酸甜滋味。我吃了一顆可可豆，味道很平淡，略帶一絲苦澀，跟香甜的巧克力相去甚遠。

我們隨著收成來到附近的一棟農場建築，準備進行發酵來釋放可可的風味。豆粒取出後會放進木箱中，豆子上的酵母菌和乳酸菌開始把糖類分解成酒精與醋酸。微生物繼續在箱子裡作用著，產生熱量使溫度持續升高至接近攝氏五十度。這時，醋酸會滲入可可豆的硬殼並破壞其細胞壁，讓原本分離的成分互相混合、產生更具巧克力特色的風味和香氣。接下來再透過乾燥和烘烤，讓這些香味更為突顯。每個步驟皆相當重要與講究，都會影響到巧克力最終的口味，而迪．雅各也在教小農如何加工他們的作物，確保能製作出品質絕佳的巧克力。

回到卡拉卡斯，我認識了幾位與迪．雅各一起工作的農民。有一對兄弟經過多年努力，才從政府手中奪回被非法沒收的莊園。他們曾是工程師，但在危機期間失去工作。「我們正在學習重新成為農民，」他們告訴我。「委內瑞拉擁有全世界都需要的東西，可可是我們僅存的機會。」

我品嘗了迪・雅各在她位於卡拉卡斯的「巧克力實驗室」製作的巧克力，這是用她在庫馬納科亞附近的農場協助種植的克里奧羅可可製成，嘗起來有成熟水果的味道。巧克力隨著口腔裡的溫度慢慢融化，散發出鮮明的風味。當我們又再掰了一塊時，她說：「巧克力象徵著幸福快樂，而且是一種充滿希望的食物。」

冷戰與可口可樂化

對於商業觀察家來說，二零一三年出現一項重大變化，蘋果公司打敗可口可樂成為全球最有價值品牌。自二零零零年首次發表該排行榜以來，可口可樂一直位居榜首，到二零二零年已跌至第五（排在前面的是亞馬遜、微軟、蘋果和Google），科技巨頭如今成為推動我們星球共享體驗的新力量。

我們都知道，全世界食物與飲食的同質化遠遠不只「可口可樂化[30]」（Coca-Colonisation，該詞於一九五零年代的法國首次出現），還有用來做麵包的小麥、餵養雞隻的大豆以及支撐全球種子產業的遺傳基因都是如此。不過，無處不在的可口可樂仍是個顯而易見的代表，很好用來說明世界是如何變得一致。不僅飲食趨於同質化，我們的味覺也逐漸形成同樣的偏好。

以俄羅斯的「克瓦斯」（kvass）為例。這是一種解渴但非常酸的發酵氣泡飲料，過去俄羅斯許多家庭都會用吃剩的麵包和水來製作，經過幾天時間發酵，會自然地產生二氧化

30 由跨國飲料製造商Coca-Cola（可口可樂）和colonization（殖民化）這兩個詞縮合而成，又稱為可樂殖民。指由可口可樂等美國品牌推動的美國文化全球化。

碳，並且帶有強烈的酸味（kvass在斯拉夫語意為「酸」）。如果經濟條件允許，還會加入蜂蜜、葡萄乾或莓果來增添風味並加速發酵，這就是為什麼俄羅斯、波蘭、拉脫維亞、立陶宛和烏克蘭各地都有不同版本的克瓦斯。幾個世紀以來，這一直是人們的日常飲料，俄羅斯有一句俗諺說：「我們有麵包，也有克瓦斯，這就是我們所需的一切。」酸味也代表有害細菌已被消滅，所以在沒有純淨飲用水的情況下，克瓦斯比水還安全，就像西歐人以喝啤酒取代喝水來避免生病，還有句諺語是這麼說的：「就算是糟糕的克瓦斯也比好的水好。」

托爾斯泰在《戰爭與和平》書中描述一個繁忙的街道場景，小販正在兜售克瓦斯（以及薑餅和罌粟籽糖果）。他還寫道，俄羅斯士兵在軍營裡喝克瓦斯來增強體力並提振士氣。俄羅斯版的比頓夫人[31]（Mrs. Beeton）、作家葉蓮娜．莫洛霍韋茨（Elena Molokhovets）是克瓦斯的忠實擁護者，她為此收集了大約一千種配方，例如「蘋果莫斯科克瓦斯」，這種飲料會在夏天用木桶釀造、冬天存放到地窖裡，可以喝一整年；還有「覆盆子草莓克瓦斯」，製作方法是把原料放在埋入冰裡的小桶中發酵。她的食譜讀起來像對酸味和民族自豪感的頌揚，喝克瓦斯在她看來「是一種負載有文化意涵的行為，有助

31 曾出版暢銷書《比頓夫人家務管理書》（Mrs. Beeton's Book of Household Management），不僅收錄烹飪食譜，也提供英國維多利亞時代的中產階級家庭各種家政建議。

於定義一個人的俄羅斯性。」

可口可樂於冷戰期間進入俄羅斯市場，但直到蘇聯解體後，才在普希金廣場（Pushkin Square）上首次出現可口可樂的廣告牌。一九九五年，可口可樂公司在聖彼得堡（離瓦維洛夫研究所不遠）開設了一家裝瓶廠。然而，這種飲料在俄羅斯並不像其他國家那樣很快流行起來，或至少一開始是如此。俄羅斯電視上經常播出克瓦斯的愛國宣傳廣告，其廣告詞是「拒絕可樂化，為國民的健康喝克瓦斯！」甚至有廠商把深色的克瓦斯裝成像大瓶可樂一樣販售，這個品牌叫做「尼可樂」（Ni-Kola），俄語發音聽起來像「非可樂」（NOT cola）。但隨著可口可樂和其他西方含糖飲料品牌進駐，糖正逐漸侵占俄羅斯人的味覺，克瓦斯廠商為了與其競爭，生產的克瓦斯也越來越甜。

由於國民變得偏好甜味食物，有些口味較酸的克瓦斯幾乎絕跡，包括白克瓦斯（kislie shchi，大致意思是「酸湯」）這種比黑色版本更顯優雅的蜂蜜色克瓦斯。白克瓦斯不是用家裡剩下的麵包製作，而是以小麥芽、黑麥發酵，幾天後就會變成這種閃閃發光的白色飲料，不只能直接飲用解渴，許多人也會拿來熬煮雞湯，為整道湯帶來一絲酸味，天然發酵產生的氣泡亦更添清爽。曾經大家都有珍藏的白克瓦斯菌種，會與親朋好友分享並代代相傳。而如今人們不再在家製作克瓦斯，尤其白克瓦斯漸漸只存在於記憶之中。

二零一三年，俄羅斯一家飲料製造商著手恢復克瓦斯文化，工廠的工藝師斯韋特拉娜．戈盧別娃（Svetlana Golubeva）想按照古老製法生產白克瓦斯，在莫斯科販售。為了找到傳統家傳配方，她在往返一千五百英里的旅行中，走遍俄羅斯南部坦波夫（Tambov）、梁贊（Ryazan）和佛洛尼斯（Voronezh）等地區的偏遠村莊，登門拜訪所能找到的年長居民。

她偶然發現一個農村還有人在製作白克瓦斯，也拿到了一些酵母菌種，接著就是要了解詳細做法，於是她問：「白克瓦斯應該發酵多長時間？」得到的答案卻是「等它好了自然就會知道」。

戈盧別娃能否讓白克瓦斯再次流行起來？這不太可能，但至少當同質化的甜蜜洪流湧向世界並流入俄羅斯時，戈盧別娃敢於逆流而上。

結語

像哈扎人一樣思考

我們會是好祖先嗎？

——喬納斯·沙克（Jonas Salk）

回憶起在哈扎部落的種種，獵殺豪豬後的畫面與聲音不斷在腦海裡重播。哈扎獵人西格瓦茲去除豪豬身上尖銳的刺，把內臟於火上煮熟後分食。吃完後，西格瓦茲一肩背著弓，一肩扛著豪豬的軀體要抬回部落。我們走出茂密的灌木叢，來到一片空地時，他突然停了下來，慢慢擺動身體，像是被催眠般地跳起舞來，同時唱著歌。我聽不懂歌詞，但我感覺得出來這不是一首勝利之歌，聽起來像對周圍樹林及獵場的獻祭。我記得自己當時心生羨慕，不過我並非想要過西格瓦茲的生活，而是羨慕他與周圍環境的聯繫。

哈扎族孩童五歲就能識別周圍動物發出的聲音，了解各物種的生命週期，甚至知道其交配習性。他們必須是生物多樣性方面的專家，才能覓尋到生存所需的食物。在這個不僅食物且整個人類經驗都匯聚成高度同質性的時代，哈扎人提醒著我們，生活和存在於世界上的方式有很多種。

我在本書中回顧了食物的起源與歷史，可以幫助我們了解人類改變世界的速度。環境快速變化是現在這個時代的故事，我們都得積極參與決定這個故事的下一步走向。一萬兩千年前，遠古人類祖先巧妙地馴化了第一批作物，而二十世紀的科學家、植物育種家和食品工業家也致力於改良作物，建立起可養活世界人口的糧食系統。而如今我們了解到，並沒有一種方法是十全十美的。如果繼續以嚴重違反大自然運作的方式種植作物和生產糧食，其後果我們承受不起。我們不能再這樣讓地球屈服，控制、主宰並恣意破壞生態系統。當世上有這麼多人要嘛挨餓要嘛肥胖，而且地球正在蒙受苦難，怎麼還有人聲稱這行得通？

哈扎人也有對環境造成影響，但他們知道何時會越界，如果過度取用，就是預先透支未來的食物。也許這就是為什麼西格瓦茲要扛著獵物對樹木大聲歌唱，他或許是在向所在的世界道謝，他知道自己那天收穫了一份特別的贈禮。返家後，我感覺很難將在哈扎部落學得的知識運用到生活當中，我住的地方並沒有猴麵包樹或嚮蜜鴷。

一位朋友邁爾斯・歐文（Miles Irving）在這方面提供了幫助，他熱衷於將自然環境與我們所吃的食物連結起來。作為一名專業採集家，他的工作促使他開始研究世界各地的狩獵採集社會，包括哈扎族。對歐文而言，吃野生食物也是一種生活方式。年紀五十出頭的他留著長髮，身材瘦削，走遍樹林、路邊和海灘，到處尋找樺樹汁、野韭菜（wild garlic）、酢漿草、海藻和蘑菇。他認為我們都應該讓野生食材回到生活和廚房，即使只是「吃一株長在花園草坪上的蒲公英，」他曾告訴我。「也具有重大意義。」

一個秋日的早晨，我們在肯特郡他家附近的海灘上碰面。潮水退去後，海岸露出一層白堊岩，白色石灰岩周圍長滿綠色、紫色和巧克力棕色的海藻。歐文說：「大多數人都不知道這是海藻，而它每個部分都能食用。」成堆的食物就在我們眼前。我們繼續往外走，來到潮水退去露出沙子與岩石的灘地，走在海藻鋪成的地毯上。先是看見生長在潮池中的石蓴（sea lettuce），很像厚厚的綠色塑膠布，這種綠藻「非常適合做沙拉」。接著是他很愛的紅皮藻（dulse），呈紅棕色的扁平帶狀。「吃吃看吧……」咀嚼後發覺它又甜又鹹，慢慢散發出新鮮螃蟹的味道。他還讓我嘗試了齒緣墨角藻（toothed wrack），除了脆弱的尖端外，其他部分如橡膠般有彈性。「但你可以把它們烤成脆片。」最後他從岩石上摘下鹿角菜（Irish moss），摘取時保留了完整基部，讓它們還能再次生長。我把鹿角菜放在手掌心上，看起來就像一棵冬日樹木的輪廓，很小的紫色細枝從莖幹放射出來。它的口感醇厚，回味悠長，讓我想起了消化餅乾。歐文解釋，這些海藻和其他五百種可食用的海藻都是大自然所提供的絕佳食物，富含現代飲食中早已絕跡的營養物質，以及我們大多數人從未攝取到的胺基酸和碘含量，這是我們身體與大腦需要的食物。「這是一份禮物，就像海灘在對我們說：『拿去吧，你需要這個。』」野外採集改變了歐文與大自然的關係。「我感覺自己想得更透澈，採集食物提醒了我要對這個世界心懷信任與感激。」

隨著潮水慢慢漲起，他回頭看了看大海。「並不是說我們必須退回採集狩獵的生活模式，但我們大家都能從恢復與大自然的和諧關係中受益。」他最近給自己設個挑戰：要在一天內吃二十種不同的野生植物。「我最多吃到十八種，還得加把勁。」他說，並為自己沒有達到目標找理由：「這是一輩子的功課。」這時他注意到紅皮藻，彎下身準備採摘時，發現自己忘了帶小刀，於是他拿一塊燧石往另一塊石頭砸，再用具有鋒利邊緣的碎石作為臨時的刀片。我問他：「你在尋找野生食物時，有時會覺得自己像個哈扎人嗎？」他回答道：「沒有那些人的根，那種可以追溯到幾千年前的完整文化，肯定無法像他們一樣。但我知道自己如果生活在那樣的世界也沒有問題，因為我屬於那裡，而你也是……所有人都是如此。」

我們都必須以自己的方式成為生物多樣性方面的專家，並且在決定吃什麼時，對於人類不斷挑戰的自然界限更為敏銳。沒有什麼比這更重要，我們的選擇攸關後代子孫的生活。我們需要學會承認多樣性的存在，唯有我們知道它在那裡，才有拯救的可能。瀕危食物就跟指標物種大西洋鮭魚一樣，其在河流和海洋中的數量不斷減少，代表著我們的世界出了問題。

如果我們想拯救書中和其他各種瀕危食物，需要做兩件事。第一是改變我們對食物的想法和行動，因為這是個人能掌控的部分，所以較容易做到。透過像哈扎人一樣思考，我們可以將飲食與我們所處的生態環境連結起來。第二則是重新思考全球糧食系統，雖然這看似不可能，但我們別無選擇，非這麼做不可，而且也並非毫無可能。過去諾曼・布勞格的研究及綠色革命向我們展示了透過人類的努力與才智，糧食系統是可以改變的。正如我們所見，這種變革只是短期的權宜之計，是在特定時間點養活全球人口的巧妙解方。布勞格自己認為這種方式只能維持二十五到三十年，但全世界已深陷其中。如今該農業體系早已過時，靠大量化石燃料勉強撐著，但這種做法無法永續，因此我們必須重新設計。

我們也花很多錢在這個糧食系統上，全球每分鐘就有花費一百萬美元用於農業補貼，無論是補助塞拉多草原生產大豆、北美單一栽培玉米、歐洲種植同質小麥，還是讓更多船隻駛往已經過度捕撈的西非水域。這是公共資金，我們正在用這些錢支撐一個不具韌性、健康或永續性的系統。每年七千億至一萬億美元的補貼能輕易扭曲全世界種植什麼和吃什麼的決定，讓本書提到的瀕危食物無法有公平競爭的環境，對這些食物以及生產它們的社區很不利。該系統（無論我們是否意識到）塑造了你我的飲食方式，支配著圍繞食物的各種行為，這些都是人類近期才習得的行為。

我並不是說書中（以及其他成千上萬種）的瀕危食物與飲料可以作為我們未來的盤中餐，這些食物大多數應該只能餵飽生產或收穫它們的社區。不過我確實相信，我們需要（也是地球需要）的是讓這些食物得以存續並且不再面臨滅絕風險的糧食系統，而且這個系統必須含括所有形式的多樣性：生物、文化、飲食和經濟。

我們的確需要依賴最新的科技，但我們也需要借鑑使人類走這麼遠的方法，不僅是上個世紀，還有數千年來累積的智慧。我們未來的食物有賴於多種農業體系，有些將高度工業化與機械化，有些則規模較小，農作物和動物種類更豐富，而多樣性讓每一種體系都可以更成功且強韌。正如我們所見，已經有人在朝這樣的方向努力，無論是重現地方品種小麥田還是育種家培育抗病害香蕉品種，人們開始利用野生遺傳基因並重新思考單一栽培模式。拯救多樣性為我們提供了選擇。

從政府到個人，每個人都能發揮作用。國家及城市的創新理念可促進多樣性並拯救瀕危食物。例如，巴西推行一項國家政策，要求至少百分之三十的學校供餐必須採用當地農場食材。在哥本哈根，學校與蘋果供應業者簽訂的合約不僅約定數量，還訂定不同蘋果品種的供應量，推動了當地果園的復興。新科技可幫助減輕碾磨卡沃加小麥等作物的工作負荷，而數位網路可以為孫文祥這樣的人創造市場，透過微信（WeChat）銷售他的紅嘴糯米。並且讓更多人能像賽亞・利維一樣藉由播種和分享種子來改變現狀。我們也要效法查爾斯・馬爾泰（和哈扎人）

探索周遭環境，尋找離家較近的食材，成為自己所在地區瀕危食物的救星。

我對未來仍保持樂觀，因為有本書提到的那些人，還有許多跟他們一樣致力守護世界食物多樣性的留種者、創新者、宏觀科學家和激進的廚師。在飛雅特汽車（Fiat）舊工廠（現在是義大利北部工業中心的大型展覽館），每兩年一次的「大地母親」（Terra Madre）盛會讓來自近一百五十個國家的數千人齊聚一堂。他們是全球慢食網絡的一分子，前來分享種子與故事並展示自己生產的食物。展場內有約五十顆大小、形狀和顏色各異的南瓜堆疊得搖搖欲墜，旁邊是堆成尖塔狀的各式柑橘品種、五彩繽紛的各種豆類，以及來自偏遠山村的輪狀乳酪。還有各色各樣令人眼花撩亂的稻米、玉米、食用昆蟲、魚乾、水果和蔬菜，這即使不是有史以來最大規模的食物市場，也是最多樣化的。

農夫、漁夫、麵包師、乳酪師、牧羊人、釀酒師、磨坊主、發酵師、煙燻師和廚師皆前來共襄盛舉。許多人穿著他們的傳統服飾，喬治亞釀酒師身穿chokha（高領羊毛軍裝），印度北部梅加拉雅邦的卡西人穿上紅色與金色交織的絲綢披肩，象徵他們是守護傳統的「火的保存者」。我在這次盛會上首次品嘗到哈萊納森林的衣索比亞野生咖啡和相當少見的依扎餅，也是在那裡認識了在美國南部種植吉奇紅豆的農夫馬修．雷福德，他的故事是最初激發我寫這本書的其中一個原因。

慢食運動的標誌是隻蝸牛，明顯象徵著一種較為緩慢、沉靜的飲食態度。不過這個圖標還有另一種解釋：蝸牛的殼起初是朝一個方向螺旋生長，但如果結構過於脆弱，就會變成朝著相反方向長，從而為牠的家增加強度與穩定性。我們讓這顆星球——我們的家園變得太脆弱、不堪一擊，我們需要像蝸牛一樣增強居住地的韌性。我們無法回到過去的生活模式，但與其糟蹋世代傳承下來的一切，不如將這些作為力量的源泉，以及重建的資源。本書中的瀕危食物幫助我們走到今天，而我們也可以從這些食物了解到下一步該怎麼走。

謝辭

這本書因為三個人而存在，一個是我的文學經紀人克萊爾・康拉德（Claire Conrad），她聽到我在廣播節目中講故事後，確信我是個具有潛力的作家。另一個是我的編輯，喬納森・凱普出版社（Jonathan Cape）的碧・海明（Bea Hemming），她耐心地聽取我的想法、看到整體輪廓，並擘劃出一部比我想像中更大的作品。非常感謝他們倆，而第三個人就留待最後再提。

選擇要在本書提到哪些瀕危食物並不難，但講述這些故事並將它們編織在一起需要許多善良聰明的人的幫助，其中包括幾位學術顧問。我要特別感謝：多利安・富勒（Dorian Fuller）教授在我二零一八年開始寫這本書時，向我介紹了倫敦大學學院的種子庫，還有世界上最早的農民的奇蹟與奧祕；英國皇家國際事務研究所（Chatham House）的蒂姆・本頓（Tim Benton）教授在全球糧食系統和我們所面臨挑戰的緊迫性方面的專業知識非常寶貴；瓊・摩根（Joan Morgan）博士給予的回饋及鼓勵一直是我靈感的源泉；約翰・迪克（John Dickie）教授在我開始撰寫初稿時提供所需的幫助與建議；哈利・韋斯特（Harry West）教授提醒我瀕危食物的文化層面非常重要；以及朱爾斯・普雷第（Jules Pretty）教授分享了他對野生食物和原住民社會的非凡見解。

如果沒有義大利普拉小鎮慢食團隊的幫助，我不可能找到許多這樣的故事和能夠講述這些故事的人。我衷心感謝保拉・納諾（Paola Nano）、朱莉婭・卡帕爾迪（Giulia Capaldi）、保羅・迪・克羅齊（Paolo di Croce）、瑟琳娜・米蘭（Serena Milano）、米歇爾・魯米茲（Michele Rumiz）、拿撒勒納・蘭薩（Nazarena Lanzà）、查爾斯・巴斯托（Charles Barstow），當然還有卡羅・佩屈尼（Carlo Petrini）。世界各地不同領域的專家都非常慷慨地貢獻他們的時間和知識，幫助我讓想法慢慢成形。書中若存在任何誤解或錯誤，無疑是我的責任。

針對「野生」部分，我要感謝哈扎族專家艾莉莎・克里頓登（Alyssa Crittenden）教授，在我有機會拜訪這些狩獵採集者很久之後，加深了我對他們的敬意。感謝在澳洲幫過我的班・舒里（Ben Shewry）、布魯斯・帕斯科（Bruce Pascoe）、樂卓博大學（La Trobe University）的約翰・摩根（John Morgan）教授和戴夫・萬丁（Dave Wandin）。英國皇家植物園邱園的蒙妮克・西蒙茲（Monique Simmonds）教授在野生食物的藥用價值方面給予悉心指導，而帕朗・羅伊（Phrang Roy）則教了我很多關於梅加拉雅邦食物與人民的事。

針對「穀物」部分，我要感謝：克萊爾・卡尼亞（Claire Kanja）總是願意放下她在英國洛桑研究所（Rothamsted Research）的博士研究，為我解說作物病害潛伏感染的複雜性；阿普替金・卡拉戈茲（Alptekin Karagöz）在土耳其向我介紹米爾扎・格格爾的故事；傑里米・丘法斯（Jeremy Churfass）、路易吉・瓜里諾（Luigi Guarino）和他在作物信託基金（Crop Trust）的同事分享他們對植物多樣性的熱情。也要感謝約翰・萊茨（John Letts）和馬克・內斯比特（Mark

Nesbitt）在一粒小麥與二粒小麥方面提供寶貴的幫助。我的稻米顧問魯萊德・薩克維爾・漢密爾頓（Ruaraidh Sackville Hamilton）和德巴・戴博（Debal Deb）讓我體會到水稻的多樣性。史密森尼學會的洛根・奇斯勒（Logan Kistler）在玉米方面幫了大忙。還要感謝凱瑞・佛勒（Cary Fowler）和科林・庫里（Colin Khoury）和我談論斯瓦爾巴全球種子庫與瓦維洛夫。

針對「蔬菜」部分，我要感謝艾利斯・福勒（Alys Fowler）、密西根州立大學的菲爾・霍華德（Phil H. Howard）、科林・圖奇（Colin Tudge）、傑夫・坦西（Geoff Tansey）、潔西卡・哈里斯（Jessica Harris）和伊芙・艾姆希勒（Eve Emshwiller）。還要感謝尼克・海南（Nik Heynen）讓我知道吉奇紅豇豆的最新情況。也非常感謝霍德梅多德（Hodmedod's）公司的約西亞・梅爾德倫（Josiah Meldrum）及其團隊和瑞典的托瑪斯・厄藍森（Tomas Erlandsson）提供我所需的小扁豆相關資訊。

針對「肉類」部分，我要感謝牛津大學的格雷格・拉森（Greger Larson）教授對動物馴化的指導，感謝西門・費爾利（Simon Fairlie）常與我討論農業和畜牧業，感謝鮑伯・肯納德（Bob Kennard）對綿羊歷史及羊肉的深刻見解。在美國時，感謝傑克・萊恩（Jack Rhyan）幫助我了解野牛的歷史，也謝謝科羅拉多州的珍妮佛・巴特利特（Jennifer Bartlett）帶我去找野牛（和玉米）。

針對「海鮮」部分，我很幸運能得到卡魯姆・羅伯茨（Callum Roberts）和克里斯・威廉斯（Chris Williams）的幫助，他們多年的魚類和漁業研究對本書這一部分的寫作至關重要。還要感謝大藍海洋（Sea Around Us）計畫的丹尼爾．保利（Daniel Pauly）、美威集團的伊恩．羅伯茲（Ian Roberts），以及大西洋鮭魚信託基金（Atlantic Salmon Trust）的馬克．比爾斯比（Mark Bilsby）與肯．韋倫（Ken Whelan）教授。

針對「水果」部分，感謝同為記者的邁克．諾爾斯（Mike Knowles）對水果產業的獨特理解以及荷蘭合作銀行（Rabobank）的辛迪．雷斯威克（Cindy Rijswick）；感謝弗雷德．格米特（Fred Gmitter）、馬可．卡魯索（Marco Caruso）和朱塞佩．雷福賈托（Giuseppe Reforgiato）的柑橘知識；費爾南多．加西亞（Fernando A. García）的香蕉學問；弗拉基米爾．萊文（Vladimir Levin）講述天山森林的蘋果歷史；也謝謝巴里．朱尼珀（Barrie Juniper）讓我在牛津郡的果園採摘蘋果度過難忘的一天。

針對「乳酪」部分，感謝庭院乳品（The Courtyard Dairy）乳酪專賣店的安迪．斯溫斯科（Andy Swinscoe）、尼爾庭院（Neal's Yard）的布朗溫．珀西瓦爾（Bronwyn Percival）、史第奇頓乳品（Stichelton Dairy）的喬．施耐德（Joe Schneider），還有亞伯里斯威大學（Aberystwyth University）的邁克爾．伍德（Michael Wood）教授。

針對「酒類」部分，感謝傑西斯．羅賓遜（Jancis Robinson）、莎拉．艾伯特（Sarah Abbott）、傑米．古德（Jamie Goode）、提姆．魏普（Tim Webb）、皮特．布朗（Pete Brown）、卡拉．卡帕爾博（Carla Capalbo）和帕特里克．博徹（Patrick Boettcher）、湯姆．奧利佛（Tom Oliver）和查爾斯．馬爾泰（Charles Martell），他們都非常樂於分享自己對啤酒、葡萄酒和梨酒的熱愛與理解。

針對「提神飲料」部分，感謝邱園的亞倫・戴維斯（Aaron Davis），他是世界一流的瀕危咖啡品種專家；也謝謝梅茶葉（Mei Leaf）的唐梅為我打開了普洱茶世界的門。

針對「甜食」部分，感謝巧克力專家坎塔爾・科阿迪（Chantal Coady）、克蘿伊・杜特－魯塞爾（Chloé Doutre-Roussel）和胡安・莫塔梅爾（Juan C. Motamayor）。

針對結語部分，感謝邁爾斯・厄文（Miles Irving）、經濟學家傑瑞米・歐朋海姆（Jeremy Oppenheim）以及蒂姆・本頓（Tim Benton）教授的見解與建議。

感謝所有幫助我去到偏遠地方並在到達後詳細講解的旅行夥伴，這些人多到不勝枚舉，而其中有土耳其的法提赫・塔塔里（Fatih Tatari）、法羅群島的史蒂芬・哈爾（Stephen Harr）、玻利維亞的羅伯・華萊士（Rob Wallace）和野生生物保護學會（Wildlife Conservation Society），以及沖繩的蕾米（Remi Ie）。

我也要感謝 BBC 的許多人，包括多年來與我在《食物計畫》（The Food Programme）節目合作過的記者、製作人和撰稿人。特別感謝我的編輯克萊爾・麥金（Clare McGinn）、迪米特里・胡塔爾（Dimitri Houtart），以及製作總監格雷厄姆・埃利斯（Graham Ellis）多年來對我工作的支持，讓我能夠從 BBC 的職業生涯中抽身來寫這本書。衷心感謝希拉・狄龍（Sheila Dillon），她是一位偉大的導師、親愛的朋友和鼓舞人心的同事。另外，很感謝我父母依蓮（Elaine）和里波利歐・薩拉迪諾（Liborio Saladino）的鼓勵。

特別要感謝我的妻子安娜貝爾（Annabel），她是第三個讓《消失的餐盤》得以問世的重要推手，是我寫這本書最親密的合作者。致我的兒子哈利（Harry）與查理（Charlie），希望我讓你們感到驕傲，也希望有一天你們會喜愛這本書，只要有我對你們倆的愛的那麼一點點就好。最後要謝謝狗狗史考特（Scout），二零一八年秋冬帶牠在萊恩奧弗伍德林地（Lineover Woods）散步的過程中，我的許多想法開始成形。

延伸閱讀

前言、人類食物發展簡史

- Jennifer Clapp, Food (Polity Press, 2016)
- Ruth DeFries, The Big Ratchet: How Humanity Thrives in the Face of Natural Crisis (Basic Books, 2014)
- 賈德・戴蒙，《槍炮、病菌與鋼鐵：人類社會的命運》（時報出版）Jared Diamond, Guns, Germs and Steel (Vintage, 1998)
- Anya Fernald, Serena Milano and Piero Sardo, A World of Presidia (Slow Food Editore, 2004)
- Cary Fowler and Pat Moony, Shattering (University of Arizona Press,1990)
- Jack R. Harlan, Crops and Man (American Society of Agronomy, 1992)
- Philip H. Howard, Concentration and Power in the Food System (Bloomsbury, 2017)
- John Spicer, Biodiversity (Oneworld, 2006)
- 碧・威爾森，《吃的抉擇：翻轉全球化飲食浪潮，從個人生活打造純淨健康、在地美味的聰明擇食指南》（常常生活文創）Bee Wilson, The Way We Eat Now (Fourth Estate, 2019)
- E.O. Wilson, The Diversity of Life (Penguin, 2001)

- Richard Wrangham, Catching Fire (Profile Books, 2009)

Part 1. 野生

- Hugh Brody, The Other Side of Eden (Faber & Faber, 2001)
- Eva Crane, The World History of Bee Keeping and Honey Hunting (Routledge, 1999)
- 賈德．戴蒙，《昨日世界：找回文明新命脈》（時報出版）Jared Diamond, The World Until Yesterday (Allen Lane, 2012)
- 哈拉瑞，《人類大歷史：從野獸到扮演上帝》（天下文化）Yuval Noah Harari, Sapiens: A Brief History of Humankind (Vintage, 2015)
- Robert Hughes, The Fatal Shore (Vintage, 2003)
- E. Barrie Kavasch, Native Harvests (Dover Publications, 2005)
- Frank Marlowe, The Hadza: Hunter-Gatherers of Tanzania (University of California Press, 2010)
- Bruce Pascoe, Dark Emu (Scribe US, 2019)
- 麥可．波倫，《食物無罪：揭穿營養學神話，找回吃的樂趣！》（平安文化）Michael Pollan, In Defence of Food (Penguin, 2009)
- Jules Pretty, The Edge of Extinction (Cornell University Press, 2014)
- Tiziana Ulian et al., Wild Plants for a Sustainable Future: 110 Multipurpose Species (Kew Publishing, 2019)

Part 2. 穀物

- Liz Ashworth, The Book of Bere: Orkney's Ancient Grain (Birlinn Ltd, 2017)
- Michael Blake, Maize for the Gods (University of California Press, 2015)
- Betty Fussell, The Story of Corn (North Point, 1992)
- Jack R. Harlan, The Living Fields (Cambridge University Press, 1995)
- Noel Kingsbury, Hybrid: The History and Science of Plant Breeding (University of Chicago Press, 2011)
- 哈洛德．馬基，《食物與廚藝》（大家出版）Harold McGee, McGee on Food and Cooking: An Encyclopaedia of Kitchen Science (Hodder & Stoughton, 2004)
- 尼爾．麥葛瑞格，《看得到的世界史：九十九樣物品的故事 你對未來會有一個答案》（大是文化）Neil MacGregor, A History of the World in 100 Objects (Allen Lane, 2010)
- Charles C. Mann, The Wizard and the Prophet: Science and the Future of our Planet (Picador, 2019)
- 查爾斯．C．曼恩，《一四九一：前哥倫布時代美洲啟示錄》（中信出版社）Charles C. Mann, 1491: The Americas Before Columbus (Granta, 2006)
- Francisco Migoya and Nathan Myhrvold, Modernist Bread (The Cooking Lab, 2017)
- Magnus Nilsson, The Nordic Baking Book (Phaidon Press, 2018)
- 麥可．波倫，《雜食者的兩難（新版）：速食、有機和野生食物的自然史》（大家出版）Michael Pollan, The Omnivore's Dilemma (Bloomsbury, 2011)

Catherine Zabinsky, Amber Waves (University of Chicago Press, 2020)

Part 3. 蔬菜

- 丹・巴柏，《第三餐盤》（商周出版）Dan Barber, The Third Plate (Penguin Press, 2014)
- Christine M. Du Bois, The Story of Soy (Reaktion Books, 2018)
- John Reader, Propitious Esculent (William Heinemann, 2008)
- Mark Schapiro, Seeds of Resistance: The Fight to Save Our Food Supply (Hot Books, 2018)
- David Shields, Southern Provisions: The Creation and Revival of a Cuisine (University of Chicago Press, 2016)
- Geoff Tansey and Tamsin Rajotte (eds), The Future Control of Food (Earthscan, 2008)
- Michael W. Twitty, The Cooking Gene: A Journey Through African American Culinary History in the Old South (Amistad Press, 2013)

Part 4. 肉類

- Mark Essig, Lesser Beasts: A Snout-to-Tail History of the Humble Pig (Basic Books, 2015)
- Dan Flores, American Serengeti: The Last Big Animals of the Great Plains (University Press of Kansas, 2017)
- Bob Kennard, Much Ado About Mutton (Merlin Unwin Books, 2014)

- 安德魯．勞勒，《雞冠天下：一部自然史，雞如何壯闊世界，和人類共創文明》（左岸文化）Andrew Lawler, *Why Did the Chicken Cross the World?* (Atria Books, 2014)
- Robert Malcolmson and Stephanos Mastoris, The English Pig: A History (Hambledon Continuum, 1998)
- 瑪琳．麥肯納，《大危雞：抗生素如何造就現代畜牧工廠，改變全球飲食方式？》（大石國際文化）Maryn McKenna, Plucked, The Truth About Chicken, (Little Brown, 2018)
- Harriet Ritvo, The Animal Estate: The English and Other Creatures in the Victorian Age (Harvard University Press, 1989)
- Upton Sinclair, The Jungle (Penguin, 2002)
- Joshua Specht, Red Meat Republic (Princeton University Press, 2019)

Part 5. 海鮮

- 瑞秋．卡森，《大藍海洋（生態環保之母瑞秋．卡森出版65週年紀念版）》（柿子文化）Rachel Carson, The Sea Around Us (Oxford University Press, 2018)
- 保羅．葛林伯格，《人．魚．海的兩種未來：從餐桌的盛宴到海洋的盡頭，一位漁夫作家從魚市出發的溯源之旅》（臉譜）Paul Greenberg, Four Fish: The Future of the Last Wild Food (Penguin Group, 2011)
- Naomichi Ishige, History of Japanese Food (Routledge, 2011)

- Mark Kurlansky, Salmon: A Fish, the Earth, and a History of a Common Fate (Oneworld, 2020)
- Daniel Pauly, Vanishing Fish, Shifting Baselines and the Future of Global Fisheries (Greystone Books, 2019)
- Fred Pearce, When the Rivers Run Dry (Granta, 2018)
- 卡魯姆・羅伯茨，《獵殺海洋：一部自我毀滅的人類文明史》（我們出版）Callum Roberts, The Unnatural History of the Sea (Gaia, 2007)
- 德魯・史密斯《牡蠣：征服世界的美食》（華中科技大學出版社）Drew Smith, Oyster: A Gastronomic History (with Recipes) (Abrams, 2015)

Part 6. 水果

- Helena Attlee, The Land Where the Lemons Grow (Penguin, 2015)
- Rachel Carson, Silent Spring (Penguin Classics, 2000)
- Barrie Juniper and David Mabberley, The Story of the Apple (Timber Press, 2006)
- 丹恩・凱波，《香蕉密碼：改變世界的水果》（馥林文化）Dan Koeppel, Banana: The Fate of the Fruit That Changed the World (Plume Books, 2009)
- John Mcphee, Oranges (Daunt Books, 2016)
- Joan Morgan, The New Book of Apples (Ebury Press, 2010)
- Joan Morgan, The Book of Pears (Ebury Press, 2015)

· Gary Paul Nabhan, Where Our Food Comes From (Island Press, 2011)
· 麥可・波倫，《慾望植物園》（時報出版）Michael Pollan, The Botany of Desire (Bloomsbury, 2002)
· Christopher Stocks, Forgotten Fruits (Random House, 2009)
· Daniel Stone, The Food Explorer (Dutton, 2018)
· Mary Taylor Simeti, Pomp and Sustenance (Alfred A. Knopf, 1989)

Part 7. 乳酪

· Peter Atkins, Liquid Materialities (Routledge, 2016)
· Trevor Hickman, Stilton Cheese: A History (Amberley Publishing, 2012)
· 山鐸・卡茲，《發酵聖經》（大家出版）Sandor Ellix Katz, The Art of Fermentation (Chelsea Green Publishing, 2012)
· Mateo Kehler (ed.), The Oxford Companion to Cheese (OUP, 2016)
· Mark Kurlansky, Milk! A 10,000-Year Food Fracas (Bloomsbury, 2019)
· Harold McGee, Nose Dive: A Field Guide to the World's Smells (John Murray, 2020)
· Bronwen Percival and Francis Percival, Reinventing the Wheel: Milk, Microbes and the Fight for Real Cheese (Bloomsbury Sigma, 2019)

- 麥可・波倫，《烹：火、水、風、土，開啟千百年手工美味的祕鑰》（大家出版）Michael Pollan, Cooked (Allen Lane, 2013)
- Patrick Rance, The Great British Cheese Book (Pan Macmillan, 1988)
- Michael Tunick, The Science of Cheese (OUP, 2014)

Part 8. 酒類

- Carla Capalbo, Tasting Georgia (Pallas Athene, 2017)
- James Crowden, Ciderland (Birlinn, 2008)
- Alice Feiring, For the Love of Wine (Potomac Books, 2016)
- Lisa Granik, The Wines of Georgia (Infinite Ideas, 2019)
- Garrett Oliver (ed.), The Oxford Companion to Beer (OUP, 2011)
- Jancis Robinson (ed.), The Oxford Companion to Wine (OUP, 2015)
- Jancis Robinson, Julia Harding and Jose Vouillamoz, Wine Grapes (Allen Lane, 2012)
- 提姆・魏普、史提芬・波蒙，《國家地理：世界啤酒地圖》（大石國際文化）Tim Webb and Stephen Beaumont, World Atlas of Beer (Mitchell Beazley, 2012)
- Tim Webb and Joe Strange, CAMRA's Good Beer Guide Belgium (CAMRA Books, 2018)
- 賽門・J・沃爾夫，《橘酒時代：反璞歸真的葡萄酒革命之路》（積木文化）Simon J. Woolf,

Amber Revolution (Interlink Books, 2018)

Part 9. 提神飲料

- Will Battle, The World Tea Encyclopaedia (Matador, 2017)
- Aaron Davis et al., Coffee Atlas of Ethiopia (Kew Publishing, 2018)
- 詹姆斯・霍夫曼，《世界咖啡地圖》（積木文化）James Hoffman, The World Atlas of Coffee (Mitchell Beazley, 2018)
- Jeff Koehler, Where the Wild Coffee Grows (Bloomsbury USA, 2018)
- Stuart McCook, Coffee Is Not Forever (Ohio University Press, 2019)
- Jonathan Morris, Coffee: A Global History (Reaktion Books, 2018)

Part 10. 甜食

- Sophie D. Coe and Michael D. Coe, The True History of Chocolate (Thames & Hudson, 2013)
- Chloe Doutre-Roussel, The Chocolate Connoisseur (Tarcherperigree, 2006)
- Louis E. Grivetti and Howard-Yana Shapiro (eds), Chocolate: History, Culture and Heritage (Wiley-Interscience, 2009)
- Marcos Patchett, The Secret Life of Chocolate (Aeon Books, 2020)

· Simran Sethi, Bread, Wine, Chocolate: The Slow Loss of Foods We Love (Harperone, 2016)

結語

· Miles Irving, The Forager Handbook (Ebury Press, 2009)

備注

5 大自然創造出：瑞秋・卡森，《寂靜的春天》Rachel Carson, *Silent Spring*. Copyright © 1962 by Rachel L. Carson, Copyright © renewed 1990 by Roger Christie. Reprinted by permission of Abner Stein.

前言

15 大同小異：Colin K. Khoury et al., 'Increasing homogeneity in global food supplies', *Proceedings of the National Academy of Sciences*, 111(11), March 2014, 4001–6, DOI: 10.1073/pnas.1313490111.

15 由四大企業掌控：See Philip H. Howard, *Concentration and Power in the Food System* (Bloomsbury, 2017). Also see Howard's website https://philhoward.net/ for a visual guide to concentration of power in the food system.

16 過去一百萬年（約歷經四萬代人）：This is an argument set out by denis Burkitt, an Irish-born surgeon who worked in hospitals in East Africa in the 1960s. On his return to the UK, he realised the high levels of obesity, heart disease, cancer and stroke there were all absent in his African patients who consumed more traditional, less processed food. These so-called 'Western diseases', he concluded, were diet-related (and due to lack of fibre in particular). See also Michael Pollan, *In Defence of Food* (Penguin, 2009).

17 報導過許多食物背後的故事：The programme is BBC Radio 4's *The Food Programme*, founded in 1979 by a

former foreign correspondent, Derek Cooper, and presented since 2000 by Sheila dillon.

17 小麥、稻米及玉米：I use the word maize instead of corn. The former is indigenous in origin whereas the latter is European.

17 阿拉伯之春：Most Arab countries buy 50 per cent of their food from abroad. Between 2007 and 2010, imports of cereals including wheat to the region increased by nearly 15 per cent. This was also a time of rapid food price inflation, and so in 2007–8 some staple crops doubled in price. In Egypt, food prices increased by more than a third between 2008 and 2010. See 'Food and the Arab spring, Let them eat baklava', *The Economist,* 17 March 2012.

17 到了二〇五〇年數量將達到一百億：Food and Agriculture Organisation (Fao), 'How to Feed the World in 2050', October 2009, http://www.fao.org/fileadmin/templates/wsfs/docs/expert_paper/how_to_Feed_the_World_in_2050.pdf.

18 我們一直在殘害各種作物的生命：Launch of op2B, a coalition for biodiversity, United Nations General assembly, new York, 23 September 2019, https://www.youtube.com/watch?v=hplzGVaqEZ0&t=1s.

18 現在的全球食物體系過於單一：Corinne Gretler and Emily Chasan, 'Big Food Rethinks Farming to Fight a Lack of Crop diversity', Bloomberg, 23 September 2019.

19 二十一萬三千種：Exact numbers of varieties (and cultivated varieties, cultivars) are extremely problematic: many are yet to be recorded whereas others might have been catalogued by a seed bank under two different names. Most of the figures I use come from the Crop diversity trust (which oversees the collection inside the Svalbard Seed Vault).

21 引起的小麥赤黴病：A.J. Hilton et al., 'Relationship between cultivar height and severity of Fusarium ear blight in wheat', *Plant pathology*, 48 (2), 1999, 202–8, and see Chapter 6, for a more detailed description of how the disease

attacks wheat. See also Stuart McCook and John Vandermeer, 'the Big Rust and the Red Queen: Long-term perspectives on Coffee rust Research', *Phytopathology Review*, May 2015, on how in our race against crop diseases, just like Alice's Red Queen, we are having to run faster and faster, just to stand still.

22 物理學家：Albert-Laszlo Barabasi, *Linked: The New Science of Networks* (Plume Books, 2003). Barabasi's ideas in *Linked* are referred to by Henry Dimbleby in the UK's *National Food Strategy* published in July 2020, https://www.nationalfoodstrategy.org/partone/. Barabasi has also investigated the interaction between the biochemistry of what we eat and our health (the so called 'dark matter of nutrition'). In this he continues to highlight how much more complexity there is for us to understand about food. See Albert- Laszlo Barabasi, 'the unmapped chemical complexity of our diet', *Nature food*, 1, 33–37, 9 December, 2019.

23 更多精製穀物、植物油：Scientist Colin Khoury used fifty years' worth of data sourced from the FAO to measure the increasing homogenisation of diets. In an interview with the author, he summed up the process as follows: 'the Vietnamese diet is becoming more like a European diet, an African diet more like a north American one. Nutritious traditional foods are becoming marginalised, day by day, bite by bite.'

24 大麥、亞麻等四十種植物種子熬煮成的粥：Karin Sanders, *Bodies in the Bog and the Archaeological imagination* (University of Chicago Press, 2009).

25 四分之一的地表：IPBES, 'Nature's Dangerous Decline "Unprecedented"; Species Extinction Rates "Accelerating"', 6 May 2019, https://www.un.org/sustainabledevelopment/blog/2019/05/nature-decline-unprecedented-report/.

25 基因改造和基因編輯：One example is the Gates Foundation support for genetically modified fruit in Uganda

(see Chapter 22). The desirable genetic traits being added to future 'super-bananas' are often sourced from crop wild relatives. See Bill Gates, 'Building Better Bananas', Gatesnotes, https://www.gatesnotes.com/development/building-betterbananas.

26 紅色名錄：The list was started in 1964 by the International Union for conservation of nature and has evolved to become the world's most comprehensive information source on the global extinction risk status of animal, fungus and plant species, https://www.iucnredlist.org/. This list is a critical indicator of the health of the world's biodiversity.

26 單調乏味的『速食』：Quoted from the Slow Food Manifesto, November 1989.

人類食物發展簡史

27 將其融入基因：My thanks to Professor E.O. Wilson for permission to use this extract from his book, *The Diversity of Life* (Penguin, 2001).

28 十億年後：Michael Marshall, 'timeline: the Evolution of life', *New Scientist*, 14 July 2009.

29 岩石表面：For a good summary of how soil was formed and how earth went from the Big Bang to the first crops, see Catherine Zabinsky, *Amber Waves* (University of Chicago Press, 2020).

30 八十萬至三十萬年：In his book *Catching Fire*, anthropologist Richard Wrangham argues the use of fire by early humans began much earlier, possibly 1.7 million years ago. See also Rachel N. Carmody et al., 'Cooking shapes the structure and function of the gut microbiome', *Nature Microbiology*, 4, 2019, 2052–63.

30 人類到達澳洲大陸：S. Anna Florin et al., 'the first Australian plant foods at Madjedbebe, 65,000–53,000 years

ago', *Nature Communications*, 11, 2020, 924.

30 黑沙漠地區：Helen Briggs, 'prehistoric bake-off: Scientists discover oldest evidence of bread', BBC News, 17 July 2018, https://www.bbc.co.uk/news/science-environment-44846874.

31 我們的唾液和腸道微生物群：Jens Walter et al., 'the human gut Microbiome: Ecology and Recent Evolutionary Changes', *Annual Review of Microbiology*, 65 (1), June 2011, 411–29, DOI: 10.1146/annurev-micro-090110-102830.

32 為何還要自己耗時費力：Professor Dorian Fuller, Inaugural Lecture, 'Growing Societies: the Archaeobotany of Food Production and Globalization of Agriculture', UCL, 2014, available on Soundcloud: https://soundcloud.com/ucl-arts-social-science/growing-societies-professor-dorian-fuller.

32 古代世界的全球化：There are important exceptions, including *Coffea arabica* (coffee) and Camellia sinensis (tea). Both were (and still are) harvested from wild forests. Tea cultivation began around 3,000 years ago, for arabica coffee it was probably less than 1,000 years ago. See Muditha Meegahakumbura et al., 'Domestication Origin and Breeding History of the Tea Plant (Camellia sinensis) in China and India', *Frontiers in Plant Science*, 8, 2270, January 2018, DOI: 10.3389/fpls.2017.02270.

32 吞食了風暴：E.O. Wilson, *The Diversity of Life* (Penguin, 2001).

32 有毒的塊莖植物木薯：Andri Frediansyah, 'Microbial Fermentation as means of Improving *Cassava* production in Indonesia', in Cassava, Viduranga waisundara (ed.), Intech open, 20 December 2017, DOI: 10.5772/intechopen.71966.

Part 1. 野生

33 這是個值得思考的問題：My thanks to Harry Harlan for permission to use this extract from Jack R. Harlan, *Crops and Man* (American Society of Agronomy, 1992).

34 在現代工業社會裡工作和生活：The colonial (and Hobbesian view) of pre-agricultural societies as being nasty, brutish and short continued well into the twentieth century. Helping to change mainstream thinking was a late-1960s landmark conference and book (Richard B. Lee and Irven DeVore, *symposium on Man the Hunter*, Aldine Pub. Co., 1966), which demonstrated how hunter-gatherer societies were knowledgeable, sophisticated and, above all, different from one another.

34 只有幾千人繼續：Nutritional anthropologists and human ecologists who work with hunting and gathering communities argue there are no populations left who source 100 per cent of their diet from wild, hunted or gathered foods, all year long. One reason is that most populations are in some way integrated into the global economy. Also, when GIS remote sensing has been used to track isolated populations in the amazon, the imagery often shows the existence of garden plots, so these groups are subsistence farmers who forage wild foods.

34 三百多種：For a good overview of the different roles of wild food in traditional societies, see Zareen Bharucha and Jules pretty, 'the roles and values of wild foods in agricultural systems', *Philosophical Transactions of the Royal Society*, 2010, B3652913–26, DOI: 10.1098/rstb.2010.0123.

34 印度各地農村的飲食中有一千四百種野生植物：A. Ray et al., 'How Many Wild Edible Plants Do We Eat – Their diversity, Use, and Implications for Sustainable food System: An Exploratory Analysis in India', *Frontiers in*

Sustainable Food Systems, 4 (56), 2020, DOI: 10.3389/fsufs.2020.00056.

35 叢林肉：The growing trade in wild meat (legal and illegal) and the increasing consumption of this meat in Asia has been linked to the covid-19 outbreak of late 2019/early 2020. For more on this, see 'Spillover' in Part Four.

36 砍掉大面積的森林，然後大規模種植：For causes of habitat loss and the loss of food, See FAO Commission on Genetic Resources for Food and agriculture, 'Wild Foods: the State of the World's Biodiversity for Food and Agriculture', 2019, p. 160, section 4.4, 'Wild Foods', http://www.fao.org/3/Ca3129En/Ca3129En.pdf.

36 世界各地的原住民：According to the World Bank there are approximately 476 million indigenous peoples worldwide, in over ninety countries. World Bank, 'Understanding Poverty: Indigenous Peoples' (updated 1 October 2020), https://www.worldbank.org/en/topic/indigenouspeoples.

36 自然界托管者：John Fa, a Professor of biodiversity and human development, calculates more than one-third of the world's remaining pristine forests are within land that's either managed or owned by indigenous peoples. John E. Fa et al., 'Importance of Indigenous peoples' lands for the conservation of Intact Forest Landscapes', *Frontiers in Ecology and the Environment*, 18 (3), 2020, 135–40, DOI: 10.1002/fee.2148. See also the World Bank, 'The Role of Indigenous Peoples in Biodiversity Conservation: The Natural but Often Forgotten Partners', 2008, https://siteresources.worldbank.org/intBIodIVERSItY/Resources/RoleofIndigenouspeoplesinBiodiversityconservation.pdf.

36 極高比例的營養素：Mongabay interview with Chris Kettle of Biodiversity International: 'Making Room for Wild Foods in Forest Conservation', 22 July 2019, https://news.mongabay.com/2019/07/making-roomfor-wild-foods-in-forest-conservation/. See also d. Rowland et al., 'Forest foods and healthy diets: Quantifying the contributions', *Environmental Conservation*, 44 (2), 2017, 102–14, DOI: 10.1017/S0376892916000151.

36 幾乎沒有人：Herman Pontzer et al., 'hunter-gatherers as models in public health', *Obesity Reviews*, 19: 24– 35, 2018, DOI: 10.1111/obr.12785.

38 時間縮短許多：On the value of the honeyguide in finding concealed bees' nests, see Brian Wood et al., 'Mutualism and manipulation in hadza–honeyguide interaction', *Evolution and Human Behavior*, 35, 2014, DOI: 10.1016/j.evolhumbehav.2014.07.007.

39 供其他族人享用：The Hadza are an egalitarian society. If a hunter has a run of bad luck and has weeks without a kill, others will share their meat with him. Attempts to preserve and store meat away for private consumption are regarded as immoral, and all members of the group consider it their right to have a piece of an animal once it's butchered. See frank Marlowe, *Why the Hadza are Still Hunter-Gatherers, Ethnicity, hunter-Gatherers in Africa* (Smithsonian Institution Press, 2002), pp. 247–75.

39 哈扎人最愛的食物：When a team of anthropologists surveyed a large number of the Hadza and asked them to list their most preferred foods, honey came out on top. Honey ranked well above meat, berries and tubers for both men and women (meat came second for men, for women it was berries). See J. Berbesque and F.W. Marlowe, 'Sex differences in Food preferences of Hadza hunter-Gatherers', *Evolutionary Psychology* 7 (4), 2009, 601–16, DOI: 10.1177/147470490900700409.

40 有助於人類大腦生長：Alyssa N. Crittenden, 'the Importance of Honey Consumption in Human Evolution', *Food and Foodways*, 19 (4), 2011, 257–73, DOI: 10.1080/07409710.2011.630618.

42 等待獵人離開後能分一杯羹：Some researchers have described the Hadza burying or hiding honeycomb, to keep them 'hungry and thus more eager to guide them'. This is not what I witnessed.

44 地表的三分之一：United Nations report, 'nature's dangerous decline "Unprecedented"; Species Extinction Rates "accelerating"', 6 May 2019, https://www.un.org/sustainabledevelopment/blog/2019/05/nature-decline-unprecedented-report/. See also, Global Forest Watch, 'We Lost a Football Pitch of Primary Rainforest Every 6 Seconds in 2019', 2 June 2020, https://blog.globalforestwatch.org/data-and-research/global-treecover-loss-data-2019/.

44 數萬公頃：Carbon Tanzania, a forest conservation scheme which runs projects in Hadza country, says as much as 160,000 hectares a year were being deforested in the part of Tanzania occupied by the Hadza. Author interview with Marc Baker, December 2018.

44 牛群湧入更靠近哈扎人營地：Ann Gibbons, 'Farmers, tourists, and cattle threaten to wipe out some of the world's last hunter-gatherers', *Science*, may 2018 https://www.sciencemag.org/news/2018/05/farmers-touristsand-cattle-threaten-wipe-out-some-world-s-last-hunter-gatherers.

44 大幅退化：ELD Initiative & UNEP, 'the Economics of Land Degradation in Africa: Benefits of Action Outweigh the Costs', 2015, www.eld-initiative.org.

45 人與鳥的互動越來越少：The work of evolutionary biologist Claire Spottiswoode is important here. Spottiswoode recorded the sounds of the honeyguide and their human callers in Zambia and Mozambique and reported on the decline in the interaction in 'Natural Histories: Honeyguide', BBC radio documentary, 2016. See also Claire Spottiswoode et al., 'Reciprocal communication in human-honeyguide mutualism', *Science*, 353, 2016, 387–9.

46 墓地：Author interview with Bruce Pascoe, October 2018.

47 沙漠原住民：Michael Symons, *One Continuous Picnic* (Melbourne University Press, 2007), Introduction.

48 獲得的肉類：Most of the historical references to murnong cited here are from Beth Gott's groundbreaking paper,

'Ecology of Root Use by the Aborigines of Southern Australia', *Archaeology in Oceania*, 17, no. 1, 1982, 59–67. See also Bruce Pascoe, *Dark Emu* (Scribe US, 2019), which also draws on the diaries and journals of settlers to argue that aboriginal people were agriculturalists. A blog on the subject of murnong by Australian botanist John Morgan is also worth reading, 'Where have all the Yamfields gone?', morgan, plant Ecology, April 2016, http://morganvegdynamics.blogspot.Com/2016/04/where-have-all-yamfields-gone.html.

51 一八二八年在新南威爾士麥阿爾溪：Robert Hughes, *The Fatal Shore* (Vintage, 2003), Chapter 8.

52 最初接觸原住民時：ABC News, 'Watershed moments in Indigenous australia's struggle to be heard', 3 July 2018. Also author interview with Bruce Pascoe, October 2018, and Dave Wandin, Wurundjeri elder, July 2020.

52 糖尿病的症狀也有所改善：Kerin O'dea, 'Marked improvement in carbohydrate and lipid metabolism in diabetic Australian aborigines after temporary reversion to traditional lifestyle', *Diabetes*, 33(6), June 1984, DOI: 10.2337/diab.33.6.596. See also, Michael Pollan, *In Defence of Food* (Penguin, 2009), Part II.

53 山藥雛菊正慢慢重新被澳洲人重視：Author interview with Dave Wandin, Wurundjeri elder, July 2020.

54 我則在一旁觀看：The author's field trip was in September 2018.

54 阿帕契族 Apache、納瓦荷族 Navajo 和普埃布羅族 Pueblo：According to the department of the Interior bureau of Indian affairs, in 2018 there were 573 federally recognised native American tribes. See United States department of the Interior, 'Indian Entities Recognized and Eligible to Receive Services from the United States Bureau of Indian Affairs', https://www.govinfo.gov/content/pkg/FR-2018-07-23/pdf/2018-15679.pdf.

59 沒有人能栽種：Karlos Baca told me he remembers his grandfather having some success growing bear root outside his porch at home.

60 價值數十億美元的草藥市場：There's a long history of traditional medicines becoming global drugs. Salicylic acid is one of the most famous examples. Found in dried willow and myrtle leaves it was used by ancient Egyptians and native Americans, and then later by nineteenth-century European chemists who synthesised the compound into the drug we know today as aspirin.

61 糖尿病人口比例幾乎是全美最高：Centres for Disease Control and Prevention, 'Native Americans with Diabetes', January 2017, https://www.cdc.gov/vitalsigns/aian-diabetes/index.html.

61 各個部落原本都擁有主權：Author interview with Elizabeth Hoover, July 2018.

62 湖泊的氣味：Author interview with Winona La Duke, January 2021

65 十億棵柑橘樹：Pierre Laszlo, *Citrus: A History* (University of Chicago Press, 2007).

66 世界上最古老的柑橘祖先：Author interview with Albert Wu, September 2018, and see G.a. Wu et al., 'Genomics of the origin and evolution of Citrus', *Nature*, 554, 2018, 311–16, DOI: 10.1038/nature25447.

66 八百萬年前的柑橘葉：In 1931 Nikolai Vavilov identified the origins of citrus in 'Eastern Asia . . . The upper course and the valleys of the great rivers of China, Hun-ho and Yangtze-Kian'. More recent research into the genetics of citrus placed the birthplace closer to the south-east foothills of the Himalayas, the eastern area of Assam, northern Myanmar and western Yunnan.

68 靈魂的果實：Author interview with Kalkame Momin, an ethnobotanist who has researched traditional uses of citrus in the Garo Hills, and see Kalkame Momin et al., 'an ethno-botanical study of wild plants in Garo Hills region of Meghalaya and their usage', *International Journal of minor Fruits, Medicinal and Aromatic Plants*, 2 (1), 2016, 47–53. See also Anamika Upadhaya et al., 'Utilization of wild Citrus by Khasi and Garo tribes of Meghalaya', Indian

Journal of Traditional Knowledge, 15 (1), January 2016, 121–7.

68 避免昆蟲接近屍體︰ My thanks to Professor Monique Simmonds, deputy director of Science, Royal Botanic Gardens, Kew, for her insights into the possible uses of citrus in traditional medicine.

69 非法採伐、道路建設和農業︰ In the most recent surveys, plant geneticists were still able to find more than twenty different citrus species in the region and sixty-eight different varieties, confirming the area's status still as a 'treasure house of citrus'. A Biosphere Reserve as well as a citrus Gene Sanctuary have been founded to protect biodiversity. However, India's National Bureau of Plant Genetic Resources found populations of species have been reduced by illegal logging and deforestation to make way for other food crops.

71 野生柑橘的基因組︰ Author interview with Fred Gmitter, Professor Horticultural Sciences, University of Florida, November 2018, and also author interview with Tracy Kahn, curator of the Citrus Variety Collection, California Riverside University, October 2018.

72 多樣性中心︰ It should be noted that archaeologists have revised (and continue to revise) Vavilov's 'centres of origin' (because of more recent excavations and new analytical techniques). However, Vavilov's maps remain an important guide to genetic diversity historically, i.e. What was growing wild and cultivated in different parts of the world in the first half of the twentieth century.

73 在保護種子庫方面幾乎毫無作為︰ An important exploration of Vavilov's work and legacy is Gary Paul Nabhan, *Where Our Food Comes From* (Island Press, 2011).

73 瓦維洛夫的學生︰ Author interview with Cary Fowler, January 2021.

Part 2. 穀物

78 倫敦大學學院：The thousands of seeds I was surrounded by (both ancient and modern) make up the archaeobotany reference collection at University College London. This record of thousands of years of wild food, domestication and farming was established by Gordon Hillman, a pivotal figure in the development of archaeobotany.
78 就像是游蛙式一樣：'Wild wheat shows its muscles', Phys.org, 10 May 2007, https://phys.org/news/2007-05-wild-wheat-muscles.html.
78 遺傳學上真實的神奇故事：Jacob Bronowski, *The Ascent of Man* (BBC Books, 1973).
80 地方品種：The term is used in different ways by different people. The approach I am taking is to regard a landrace as a local population of a particular crop that has been selected over many years for its particular ability to thrive in that particular place. They have a narrower gene base than the species as a whole (because they have been 'selected') but are still genetically diverse. Varieties are bred more formally: selected not only for their ability to survive but also for special characteristics, such as high protein, colour and flavour. These are also referred to as 'cultivars', and are usually at some point crossed with other varieties to gain new features.
83 有如海灘的沙粒：A more ancient technique (used in Turkey and Egypt) was to moisten the spikelets (the packets of grain) and then pound these by hand in a mortar as explained by Mark Nesbitt, Senior Research leader at the Royal Botanic Gardens, Kew, who, like me, had travelled in the Kars region in search of emmer wheat.
83 讓油脂滴落來煮熟穀物：Compared with the modern bread wheats that followed emmer in wheat's evolution, Kavilca has low levels of gluten, so it is a grain for making flatbreads rather than fluffy loaves but most often it is cooked

into a pilaf or added to soups or stews.

85 我彷彿重溫了多年前打開鞋盒時的那份感動：Author interview with John Letts at his farm near Oxford, August 2018.

85 堅硬的玄武岩：Even older evidence of humans eating grain in the fertile Crescent came from a cave in northern Iraq, south of the Karacadag mountains, thought to have been the resting place of a Neanderthal man. Tartar found on his 45,000-year-old teeth showed his diet had included a porridge made from cooked grains. How this was done before the invention of pottery remains a mystery. See Amanda Henry et al., 'Microfossils in calculus demonstrate consumption of plants and cooked foods in Neanderthal diets', *PNAS*, January 2011.

85 燒焦的麵包殘骸：Amaia Arranz-Otaegui et al., 'Archaeobotanical evidence reveals the origins of bread 14,400 years ago in northeastern Jordan', *PNAS*, 115 (31), July 2018, 7925–30, DOI: 10.1073/pnas.1801071115.

85 以狩獵採集的方式生活：Jack R. Harlan, *The Living Fields* (Cambridge university Press, 2010).

86 產出的麥粒數量是其兩倍：Emmer also had twice the number of chromosomes as einkorn, which gave it far more genetic diversity, i.e. A bigger genetic 'toolkit' to adapt to a wider range of environmental conditions.

86 就這樣延續：Emmer also evolved into Triticum *turgidum*, what we now call durum (pasta wheat), and after a hybridisation with a goat grass (*Aegilops tauschii*) it also developed into spelt wheat.

87 麵包小麥最終才得以取代二粒小麥：The persistence of emmer in ancient Egypt, long after the spread of bread wheat (and the development of sophisticated grain stores), puzzled archaeobotanists for generations. The reason might be as simple as they loved the grain, and had a cultural preference for the way it made their food (and beer) taste.

87 這種小麥的化學結構也不太一樣：Bread wheat also had an extra set of chromosomes. As with emmer's

advantage over einkorn, this increased wheat's abilities to adapt.

88 五十六萬份種子樣本：These are the number of accessions recorded by the Genesys database of plant Genetic Resources. See https://www.genesys-pgr.org/c/wheat

88 全球分布最為廣泛的作物：Wheat is grown on 215 million hectares of the Earth's surface – an area the size of Greenland and distributed from Scandinavia to South America and across Asia. See the CGIaR Research programme on Wheat, https://wheat.org/.

88 追求夢想：Charles C. Mann, *The Wizard and the Prophet: Science and the Future of our Planet* (Picador, 2019), which also provides the best (and most balanced) account of the Green Revolution.

89 與傳統的墨西哥小麥雜交：At the time Mexico was coming out of years of revolution and civil war. The Roosevelt administration and the Rockefeller Foundation, a wealthy philanthropic organisation with white house connections, offered to help. They funded research to improve the crops in the hope this would in turn improve the lives of rural peasant farmers. Because of the Green Revolution's dependence on fertilisers and irrigation, it's argued the main beneficiaries were instead large landowners.

89 擴展到全世界：Thomas Lumpkin, 'How a Gene from Japan Revolutionized the World of Wheat', *Advances in Wheat Genetics*, 2015.

90 農業有近一半：Charles C. Mann, *The Wizard and the Prophet: Science and the Future of our Planet* (Picador, 2019).

91 為了培育出高產和同質性更高的品種：Endashaw Girma, 'Genetic Erosion of Wheat (Triticum spp.)', *Journal of Natural Sciences*, 7 (23), 2017.

92 導致植物枯死：I was lucky to have numerous discussions about FHB with Claire Kanja of Rothamsted Research who helped me to better understand the sneaky ways of the fungus. Also recommended (not least for its clever title): K. Kazan et al., 'on the trail of a cereal killer: recent advances in Fusarium graminearum pathogenomics and host resistance', *Molecular Plant Pathology*, 13 (4), 2012, 399–413.

92 數十億美元：Research points to crops facing bigger risks in the future, mostly because of climate change. For each 1°C increase in global temperature, yields of wheat are forecast to fall by 6 per cent, just as the world's population is growing. See 'Climate change will cut crop yields: study', Phys.org, 15 August 2017, https://phys.org/news/2017-08-climate-crop-yields.html.

92 抵禦病害的祕方：Einkorn has been found to have the greatest resistance to FHB, but types of wild emmer also have resistance. See Tomasz Goral, 'Fusarium head blight resistance and mycotoxin profiles of four Triticum species genotypes', *Phytopathologia Mediterranea*, 56, 1, 2017, 175 86, DOI: 10.14601/phytopathol_Mediterr-20288.

93 植物學家亞瑟・沃特金斯：R.J. Gutteridge et al., 'assessment of the A.E. Watkins wheat collection in 2008 for resistance to foliar, stem base and root diseases', department for Environment, Food and Rural Affairs (DEFRA), 2008, https://repository.rothamsted.ac.uk/download/c01d7f443f9fd97538d1ca48f79bbda3e6d06122e186c67f1ccc9ee0c3ad387e/3931418/WGInStakeholdernewsletterOctober2008.pdf.

94 植物學家米爾扎・格格爾：Nusret Zencirci et al., 'Mirza (Hacızade) Gokgol (1897–1981): the great explorer of wheat genetic resources in Turkey', *genetic Resources and Crop Evolution*, 65, 2018, 693–711, DOI: 10.1007/s10722-018-0606-9.

95 僅剩百分之一：United Nations FAO, 'traditional wheat varieties of Tajikistan, Turkey, Uzbekistan are subject of

research', Regional office for Europe and Central Asia, 28 January 2016, http://www.fao.org/europe/news/detail-news/en/c/381431/.

97 鋅和鐵等礦物質含量：Peter R. Shewry et al., 'do "ancient" wheat species differ from modern bread wheat in their contents of bioactive components?', *Journal of Cereal Science*, 65, 2015, 236–43, DOI: 10.1016/j.jcs.2015.07.014.

98 畢爾（Bere，在盎格魯－撒克遜語中的意思即為大麥）：For a good overview of the grain, its history and recipes, see Liz Ashworth, *The Book of Bere: Orkney's Ancient Grain* (Birlinn Ltd, 2017).

99 從長出劍葉：In the wild, barley grows in pairs of grains, one either side of the ear, a 'two-row barley'. Another mutation created barley with six rows. It was the six-row variety, which is also a more resilient crop, that arrived on Orkney, and gives the island its bere. Brewers prefer two-row barley because it is easier to work with, and so when beer culture spread across Europe from the fourteenth century, six-row barley fell out of favour but not on Orkney.

100 麵餅和脆餅：Author interview with Magnus Nilsson, April 2019. See also *The Nordic Baking Book* (Phaidon Press, 2018).

101 大麥磨粉，加些熱茶：Dry-roasted barley grains are also a common snack in Ethiopia, eaten when having a drink particularly in the southern highlands (Gamo-Baroda region).

102 正在消失的地方品種：'Bere Barley (*Hordeum Vulgare L*)', Scottish landrace protection Scheme, https://www.sasa.gov.uk/variety-testing/scottish-landraces/scottish-landrace-protection-scheme-slps/bere-barley.

102 都是人類飲食中必須攝取的營養素：H.E. Theobald et al., 'the nutritional properties of flours derived from Orkney grown bere barley', *Nutrition bulletin*, 31(1), 2006, 8–14, DOI: 10.1111/j.1467-3010.2006.00528.x.

105 一千三百多個品種：Liu Xu, 'China moves to protect its crop biodiversity', *China Dialogue*, 18 June 2019.

106 從紅色變為以白色為主：A second trait in the domestication syndrome is loss of seed dormancy. A wild plant all of whose seeds sprouted at the first shower or warm spell would risk disaster, so most wild species hedge their bets and stagger the germination of seeds. But in the more controlled agricultural environment, where the seeds are sown all at once and reaped all at once, there is strong selection against seeds with this trait.

106 三十億人填飽肚皮的主要食物：20 per cent of the world's calories also come from rice, and across South Asia it provides more than half of all protein consumed. See Bienvenido O. Juliano (ed.), *Rice in human nutrition* (International Rice Research Institute and Fao, 1993), Chapter 2. The contribution of rice to protein in traditional diets is 70 per cent in South Asia and 51 per cent in South East Asia. These percentages are higher than the contribution of any other cereal protein in any region of the world.

107 建造濕地：The birth of the paddy system (based on current archaeological evidence) took place around modern Hunan and Zhejiang, when the foragers began managing the wetlands to cultivate rice. In Hunan this happened mostly around river tributaries both to the north and south of the main Yangtze. In Zhejiang it happened in the smaller upland valleys south of Hangzhou.

107 產生了最初的稻田系統：Author interview with Susan McCouch, November 2018. See also M. Sweeney and S. McCouch, 'the complex history of the domestication of rice', *Annals of Botany*, 100 (5), 2007, 951–7, DOI: 10.1093/aob/mcm128.

107 稻田系統的生產力如此之高：While only 50 per cent of rice farming today happens in paddies, they produce 70 per cent of all the world's rice.

108 全世界最大的稻米種子儲藏庫‥ International Rice Research Institute (IRRI), International Rice Genebank, https://www.irri.org/international-rice-genebank.

109 大量的化肥‥ China's farmers pour more fertiliser onto every hectare of land than farmers anywhere else; twice as much as their European counterparts and more than fifty times the amount being applied in China in the early 1960s. This adds up to about 30 per cent of all global fertiliser use and, because of inefficient practices, vast amounts of that fertiliser never reach crops but wash into drains, rivers and ultimately the ocean.

109 IR8 並不美味‥ Author interview with Ruaraidh Sackville Hamilton, December 2018, former head of the seed bank at IRRI, who explained that it was perhaps the poor eating quality of IR8 that led so many farmers to keep growing their old varieties on tiny parcels of land. At their local markets, they made money by selling the new, approved varieties they cultivated, but at home they preferred to eat their traditional rice. They also knew from experience that if something went wrong and the modern crop failed, the traditional varieties provided a reassuring safety net.

109 IR64 ‥ Gurdev Khush, 'Green Revolution: the Way forward', *Nature Review Genetics*, 2, 815–822 (2001), DOI: 10.1038/35093585

110〈遺傳學的災難〉‥ Jack Harlan, 'Genetics of Disaster', *Journal of Environmental Quality*, 1(3), 1972

112 顯得特立獨行‥ King was convinced soil was a living organism crucial to the productivity of farming. This was at odds with a prevailing view within USDA at the time that nutrients in soil would last indefinitely without the need for them to be replenished. He is now considered to be one of the pioneering thinkers of what would become the organic movement. See John Paull, 'the making of an agricultural classic: Farmers of Forty centuries or permanent agriculture in China, Korea and Japan, 1911–2011', *agricultural Sciences*, 2, 2011, 175–80, DOI: 10.4236/as.2011.23024.

113 減少化肥：The target date set was 2020 (the Ministry of agriculture and Rural affairs reported this had been achieved in 2018). See OECD agricultural policy Monitoring and Evalution, Section 8, China, https://www.oecd-ilibrary.org/sites/049d4bd3-en/index.html?itemId=/content/component/049d4bd3-en.

115 美國農業科學家：Allen Van Deynze et al., 'Nitrogen fixation in a landrace of maize is supported by a mucilage-associated diazotrophic microbiota', *PLoS Biology*, 16(8) 2018.

115 驍勇善戰、裝備精良：Hernan Cortes, *Letters from Mexico*, trans. Anthony Pagden (Yale University Press, 1986), p. 318.

116 極大的經濟價值：Eric Triplett, 'Diazotrophic endophytes: progress and prospects for nitrogen fixation in monocots', *Plant Soil*, 186, 29–38 (1996), DOI: 10.1007/BF00035052.

117 一口咬下恐造成牙齒崩裂：Author interview with Logan Kistler, December 2019, curator of archaeobotany and archaeogenomics at the Smithsonian national Museum of natural history. See also Logan Kistler, 'Multiproxy evidence highlights a complex evolutionary legacy of maize in South America', *Science*, 14 December 2018, 1309–13, https://science.sciencemag.org/content/362/6420/1309.

117 採小群體方式（二十至五十人）生活：We have no hard evidence of the exact size of the groups the early maize-eating hunter-gatherers lived in, but based on our understanding of how these societies operate, small groups of around fifty seems likely.

118 非常依賴玉米這種作物：There are parts of the Americas in which maize stayed as a minor crop or part of a highly diversified crop system, for example in the eastern amazon from about 4,000 years ago onward.

118 你們做出了正確選擇：Author interview with Paul Ermigiotti, Crow Canyon Archeological Centre, Colorado.

118 將新生兒的頭部綁起來：尼爾．麥葛瑞格，《看得到的世界史：九十九樣物品的故事 你對未來會有一個答案》（大是文化）This has been suggested by meso-american expert Karl taube, see Neil MacGregor, *A History of the world in 100 Objects* (Allen Lane, 2010).

119 變成爆米花：As was found in Paredones, an archaeological site on Peru's northern coast dated 2500 BCE. This was a pre-ceramic age, so the maize would have been popped using clay-lined baskets placed in the embers of fires.

119 一千零七十八種：Botanist Flaviane Malaquias Costa discovered this huge diversity after visiting 2,049 farms in seventy rural communities in far western Santa Catarina, southern Brazil. Santa Catarina, she concluded, was a 'microcenter of diversity of Zea mays L'. See F.M. Costa et al., 'Maize diversity in southern Brazil: indication of a microcenter of Zea mays L', *Genetic Resources and Crop Evolution*, 64, 2017, 681–700, DOI: 10.1007/s10722-016-0391-2.

119 兩萬四千份玉米種原：H. Perales et al., 'Mapping the diversity of maize Races in Mexico', PLoS ONE 9 (12), 2014, e114657, DOI: 10.1371/journal. Pone.0114657.

120 人類有史以來最成功的發明之一：Charles C. Mann, *1491: The Americas Before Columbus* (Granta, 2006).

121 缺乏這種人體必需的維生素：Pellagra was a huge problem particularly among poor US Southerners in the early twentieth century. Farmers were under pressure to grow cotton which crowded out more balanced foodproduction regimes and unmodified corn made up the majority of the diet.

122 如枕頭般柔軟：Author interview with Martha Willcox, Senior Scientist, Maize Landrace Coordinator at CIMMYT, November 2018.

122 兩種玉米：Joanne A. Labate et al., 'Molecular and Historical Aspects of Corn Belt Dent Diversity', *Crop*

Science 43, no. 1, 2003, DOI: 10.2135/cropsci2003.8000.

123 俗稱的「玉米帶」：Based on the author's interview with expert in corn genetics, Dr John Doebley of the University of Wisconsin, October 2018. 96 '50 per cent of globally traded maize：Karen Braun, 'how the 19th century boosted America to the top of the world corn market: a history of US grain trade', *Reuters*, 12 June 2020.

124 拿房屋的基石來修補屋頂：Betty Fussell, *The Story of Corn* (Knopf, 1992).

124 塑造得如此單一：Arnold Ullstrup, 'the effects of the southern corn leaf blight epidemic of 1970–1971', *Annual Review of Phytopathology*, 1972, 10:37–50, DOI: 10.1146/annurev.py.10.090172.000345.

125 玉米的發源地：'Where does United States export Corn to?', observatory of Economic Complexity, 2016, https://oec.world/en/visualize/tree_map/hs92/export/USA/show/21005/2016/.

125 近一千萬人：Author interview with alyshia Galvez, October 2018. See also alyshia Galvez, *Eating NAFTA: Trade, Food Policies, and the destruction of Mexico* (University of California, 2018).

125 農業補助：The US government paid out a record $46 billion to farmers in 2020. See Allen Rappeport, 'Trump Funnels Record Subsidies to Farmers Ahead of Election Day', *New York Times*, 12 October 2020, https://www.nytimes.com/2020/10/12/us/politics/trump-farmerssubsidies.html. The primary beneficiaries are the largest producers of commodities like maize, soybeans, wheat, cotton and rice.

126 只有五分之一的農民保存了這些地方品種的種子：Francis Denisse McLean-Rodriguez et al., 'the abandonment of maize landraces over the last 50 years in Morelos, Mexico', *Agriculture and Human Values*, March 2019, DOI: 10.1007/s10460-019-09932-3. See also, : George a. Dyer et al., 'Genetic erosion of maize', *PNAS*, Sep 2014, DOI: 10.1073/pnas.1407033111.

127 我們不用馬齒玉米來做料理：Author interview with Enrique Olvera, December 2019.

128 數百種不同的複合醣類：Author interview with Alan Bennett, Professor of plant Sciences at UC Davis, December 2019. See also, *Nitrogen Fixing and corn*, talking Biotech podcast (154), hosted by Dr Kevin Folta, October 6 2018, http://www.talkingbiotechpodcast.com/154-nitrogen-fixing-and-corn/. And see Allen Van Deynze et al., 'nitrogen Fixation in a landrace of maize is supported by a mucilage-associated diazotrophic microbiota', *PLoS Biology*, 16(8), August 2018, DOI: 10.1371/journal.pbio.2006352.

128 雙贏：The Davis team has involved the Sierra Mixe community in the research project. The legal agreement ensuring that any future benefits from this research will be shared with the community has been praised by Mexico's environmental agency, as a 'win–win solution'. See also Ed Yong, 'the Wonder plant that Could Slash Fertilizer Use', *The Atlantic*, 9 August 2018.

128 賽拉米黑村世世代代的農民：There is a debate in Mexico about who should benefit from any future application of the maize. For more on this see, Martha Pskowski, 'Indigenous Maize: Who Owns the Rights to Mexico's "Wonder" Plant?', *Yale Environment 360*, Yale School of Environment, 16 July 2019.

129 美國植物學家：Author interview with Cary Fowler, January 2021.

Part 3. 蔬菜

131 遭受ㄧ點苦難：My thanks to Diana Kennedy for permission to use this quote.

132 這樣的生產模式：As we know from corn and pellagra, cereals provide plenty of energy but lack many

micronutrients, and only some of the essential amino acid called lysine that our bodies need but can't make. Legumes contain an abundance of lysine. This is why, on every level, these two plant species complement each other.

133 混合種植是一大法則： Sir Albert Howard, *An Agricultural Testament* (Benediction Classics, 2010).

133 維持作物基因之純度： Alys Fowler, ‘prepare for Brexit with home-grown seeds', Guardian, 17 November 2018.

134 為尋常之事： Thomas Tusser, *Five Hundred Pointes of Good Husbandrie*, W. Payne and Sidney J. Herrtage (eds), (Leopold Classic Library, 2016).

134 十分之一的品種倖存下來： There are several reasons for a decline in the diversity of the world's vegetables, including farms becoming increasingly mechanised and so uniformity becoming a higher priority. As we'll see later in the book (part Six), refrigeration and the rise of the ‘cool chain', also favoured a smaller number of varieties. But in this section I'm going to focus more on other factors.

134 四大企業： James M. Macdonald, ‘Mergers in Seeds and agricultural Chemicals: What happened?', United States department of agriculture, Economic Research Service, February 2019, https://www.ers.usda.gov/amber-waves/2019/February/mergers-in-seeds-and-agriculturalchemicals- what-happened/. BASF, is also a major player, and took over one of Bayer's seed divisions in 2017 for $7 billion. See also Geoff Tansey and Tamsin Rajotte (eds), *The Future Control of Food* (Earthscan, 2008).

135 收購小型種子企業： See a visual representation of this process, care of Philip h. Howard, https://philhoward.net/2018/12/31/global-seed-industry-changes-since-2013/.

137 吉薩金字塔： Author's conversation with seed expert and trader of heirloom crops, Glenn Roberts of Anson Mills, September 2018.

138 古董婚戒：Author interview with David Shields, June 2018. See also, David Shields, *Southern Provisions: The Creation and Revival of a cuisine* (University of Chicago Press, 2016).

138 奴隸的食物：John Ranby, *Observations on the evidence given before the committees of the Privy Council and House of Commons in support of the bill for abolishing the slave trade* (1791) (Gale ECCO, 2010). See also Thomas Clarkson, *The History of the Rise, Progress and Accomplishment of the Abolition of the African Slave-Trade, by the British Parliament* (1839) (Palala Press, 2016).

139 白人農場主願意多付些錢：Michael Twitty, *The Cooking Gene: A Journey Through African American Culinary History in the Old South* (Amistad Press, 2018) p. 239, quoting historian Walter Edgar.

141 花園裡絕對會有：Author interview with Jessica Harris.

142 染上了一圈紅色：Author interview with Glenn Roberts.

142 深受西非獅子山、迦納和塞內加爾文化的影響：In some parts of the South, Gullah is also used, and Geechee-Gullah words can be heard on some of the other Sea islands as well as a few pockets of South Carolina and Georgia.

143 不要當農民：Author's interview with Matthew Raiford, September 2018.

143 美國農業人口的百分之十四：Emily Moon, 'African-American farmers make up less than 2 per cent of all US Farmers', *Pacific Standard*, April 2019.

145 獅子人：Harald Floss, 'The Oldest Portable Art: the Aurignacian Ivory Figurines from the Swabian Jura (Southwest Germany)', *Palethnologie*, 7, 2015, DOI: 10.4000/palethnologie.888.

146 加拿大薩斯喀徹溫省（Saskatchewan）政府開始推廣：Wheat prices there were falling and the

Canadians were looking for alternative, higher-value crops.

147 更龐大系統的一部分：My thanks to Professor Dr Peter Poschlod, Chair of Ecology and Conservation Biology at the University of Regensburg for explaining the loss (and recovery) of the Alb-linse.

148 法蘭許提洞穴：D. Natalie et al., 'Zooarchaeological Evidence for early Neolithic Colonization at Franchthi Cave (Peloponnese, Greece)', *current Anthropology*, 56 (4), August 2015, 596–603.

152 運用祖傳醫術行醫：The Kallawaya are identified as an endangered culture by UNESCO, and because they live in one of the most ecologically diverse places on Earth and can recall the medicinal and nutritional properties of as many as nine hundred different species, they are regarded as a precious resource for the world. UNESCO, 'Intangible Cultural heritage of humanity, Andean cosmovision of the Kallawaya Bolivia', nomination file no. 00048, 2008, https://ich.UNESCO.org/en/RL/andean-cosmovision-ofthe-kallawaya-00048.

155 有害生物的侵襲：The toxic compounds are solanine and tomatine.

156 沒有馬鈴薯：W. Mcneill, 'How the Potato Changed the World's History', *Social Research*, 66 (1), 1999, 67–83.

157 許多西班牙人靠著把這些丘紐拿去礦山販售而致富：Clements R. Markham, *The Travels of Pedro de Cieza de Leon* (Hakluyt Society, 1864).

158 白天如夏，夜晚如冬：All environments are diurnal by their nature, but the Andes are particularly marked at either end of the spectrum.

158 紐西蘭是個例外：It is the only other country which has managed to replicate these conditions and produce an important commercial crop of oca which is exported around the world. Elsewhere oca remains in the hands and gardens

of amateur growers. See Alys Fowler, 'Ocas', Guardian, 14 March 2015.

161 伊芙・艾姆希勒：Author's interview with Eve Emshwiller, December 2018.

161 鄉村地區則是人去樓空：I travelled to the Andes with the Wildlife conservation Society which is finding ways to create economic opportunities for villagers using food.

162 氣溫異常溫暖：Ben Walker, 'Climate Change Is Making this Bolivian Village a Ghost Town', *Inside Climate News*, August 2017.

165 潮濕悶熱的雨季：The earliest classification of soybeans by botanists was based on how quickly they matured (early, medium or late). For domestication, see E.J. Sedivy, F. Wu and Y. Hanzawa, 'Soybean domestication: the origin, genetic architecture and molecular bases', *New Phytologist*, 214 (2), April 2017, 539–53, DOI: 10.1111/nph.14418.

165 被農民馴化成為栽培作物：Like lentils and cowpeas, this plant grows as a creeper. In the wild, it produces small pods containing tiny black seeds. Gradually, through selection, these became bigger and easier to harvest.

165 利用微生物加以分解：The bitterness of soy in its uncooked form is why edamame – steamed soybeans, salted and eaten straight from the pod – have to be picked when they are very young and tender.

165 調味醬：This became *koch'ujang* in Korea with the addition of hot pepper.

165 壓製成塊：In Indonesia, a different technique for making tofu was developed where the spores of a mould sourced from the hibiscus tree were added to soybeans. As the mould grows, it knits the legumes together, forming a solid, wrinkly block of food called tempeh.

166 島豆腐：On Okinawa as in China, the hard, dried yellow beans are soaked overnight making them elongated and plump. Fresh water is added and the beans are ground into a frothy, milky white liquid. The cold liquid is ladled through

a piece of muslin placed over a sieve and the soya milk is heated at a later stage. With Japanese tofu the heating is done before the filtering happens. The approach on Okinawa is said to result in a firmer style of tofu. In both cases, after the seawater is added and the milk coagulates, it is passed through a muslin cloth and the solids left over are pressed together to make tofu.

166 健康且壽命悠長：In 2005, in a *National Geographic* article, explorer and writer Dan Buettner coined the term 'Blue Zone'. This referred to five different regions around the world which had a much higher than average number of centenarians: Ogliastra in Sardinia; Ikaria in Greece; Okinawa in japan; Loma Linda in California; and the Nicoya peninsula in Costa Rica. See also Hiroko Sho, 'history and characteristics of Okinawan longevity food', Asia *Pacific Journal of Clinical Nutrition*, 10 (2), 2001, 159–164.

167 約有四十種獲得美國農業部批准：Christine M. Du Bois, *The Story of Soy* (Reaktion Books, 2018). This is essential reading for the history, culture and science of soy.

168 美國的午餐肉罐頭：Sarah Crago, 'Born in the USA, eaten in Okinawa', *Japan Times*, 23 October 2015, https://www.japantimes.co.jp/life/2015/10/23/food/born-u-s-eaten-okinawa/.

168 鯷魚產量下降：This also contributed to one of the most infamous events in British food and farming history. The lack of fishmeal for livestock led the beef industry to look to slaughterhouse waste and the use of meat and bonemeal as a protein source, a decision that led to the appearance of BSE or 'mad cow disease' in British cattle. After the shock of this crisis abated, the industry turned instead to a protein source that was safe and plentiful: soy meal.

169 大豆之中有百分之九十：Christine M. Du Bois, The Story of Soy (Reaktion books, 2018).

169 複雜、全球化和金融化：Oxfam Research Reports, 'Cereal secrets: the world's largest grain traders and global

agriculture', August 2012, https://www-cdn.oxfam.org/s3fs-public/file_attachments/rr-cerealsecrets-grain-traders-agriculture-30082012-en_4.pdf.

169 各項產品的定價、森林砍伐：Cargill, along with adM, Bunge, CoFCo and Louis dreyfus Company are all members of the Soft Commodities forum, which has pledged to eliminate deforestation from their supply chains worldwide.

169 情況開始有所轉變：Gustavo Bonato, 'new titans on the block: ABCDs lose top Brazil grains spot to Asian rivals', Reuters, 23 March 2016.

170 巴西塞拉多草原的未來：Kenneth Rapoza, 'In Brazil, Bolsonaro's deforestation might as Well Be China's', *Forbes*, 6 June 2019.

171 隨著大豆產量日益增加：See our World in data, 'Meat and Dairy Production', article by Hannah Ritchie and Max Roser first published in August 2017, last revision in November 2019, https://ourworldindata.org/meatproduction.

171 只有百分之二十：Aline C. Soterroni et al., 'Expanding the Soy Moratorium to Brazil's Cerrado', Science Advances, Vol 5, no. 7, 03 July 2019.

175 盡一份心力：My thanks to the documentary-maker Jason Taylor who produced a film about Esiah Levy and seed collecting for the Gaia Foundation.

Part 4. 肉類

178 五種動物為主：Jared Diamond points out that most domestic animals, including even recently domesticated

trout (and presumably salmon), have smaller brains and less acute sense organs than do their wild ancestors. Powerful brains and sharp eyes are essential to survival in the wild, but on a farm or inside a barn this represents a significant waste of energy as far as humans are concerned. Gerald Crabtree, a geneticist at Stanford University, has also claimed the same applies to humans (i.e. We are all less intelligent today than our hunter-gatherer ancestors). Jared Diamond, 'Evolution, consequences and future of plant and animal domestication', *Nature*, 418 (6898), 8 August 2002, 700–7.

179 體型更大、生長更迅速的動物品種：It is worth considering that Robert Bakewell was running his experiments in animal genetics two hundred years before Norman Borlaug fundamentally changed wheat in the Green Revolution and a century before Darwin completed *On the Origin of Species* and Mendel had carried out his experiments with peas. See David L. Wykes, 'Robert Bakewell (1725–1795) of Dishley: Farmer and Livestock Improver', Agricultural History *Review*, 52 (1), 2004, 38–55.

179 在貝克威爾有系統地選育之前：In many parts of Britain and France one of the main reasons for keeping sheep was to add fertility to arable land. Pigs not only ate surplus food but also waste (which would otherwise attract vermin) and in some places, e.g. China, human faeces. The animals helped to keep the place clean. Simply put, the pig was the preferred animal of settled people, whereas ruminants (sheep and cattle) worked best for more nomadic populations.

179 他透過這種方法對古老的肉牛品種進行改良：Robert Bakewell's innovative ideas need to be seen in the context of wider changes in British agriculture; the conversion of arable land to pasture and enclosure both encouraged improvements in livestock breeding.

179 盡可能短的時間：H Cecil Pawson, Rober*t Bakewell, Pioneer Livestock Breeder* (London Crosby Lockwood

& Son, 1957).

179 後來達爾文引用：Selective breeding as practised by Robert Bakewell, and its demonstration of variation under domestication, was an important source of inspiration for the theory of natural selection set out by Darwin in On the Origin of Species (Darwin described selective breeding as artificial selection). See David L. Wykes.

180 全球肉類產量在這段時間內增加了三倍：Hannah Ritchie and Max Roser, 'Meat and Dairy Production', *OurWorldInData.org*., https://ourworldindata.org/meat-production.

181 還有更多物種可能處於危險之中：In 2000 the UNFAO announced that one thousand animal breeds had gone extinct in the last hundred years. 'as much as novel biotechnology may attempt to improve breeds, it is not possible to replace lost diversity,' said the organisation's head of Animal Genetic Resources. 'Extinction is forever. Biotechnology will not be able to regenerate breeds if they are lost.' See: FAO, 'one third of farm animal breeds face extinction', http://www.fao.org/news/2000/001201-e.htm. See also UN news, 'World "off track" to meet most Sustainable development Goals on hunger, food security and nutrition', July 2019, https://news.un.org/en/story/2019/07/1042781.

184 風勢非常猛烈：Peter Ludwig Panum, *observations Made During The Epidemic Of Measles On The Faroe Islands In The Year 1846* (Franklin Classics Trade Press, 2018).

186 一層厚厚的皮下脂肪：In the sixteenth century, the Faroese sheep were crossed with an equally hardy sheep from the Scottish Isles, and so the 80,000 sheep on the island today are hybrids.

187 烹飪大師弗格斯・亨德森：Nose to tail eating is also referred to as the practice of eating 'everything but the squeal', i.e. The complete animal and not just the prime cuts.

187 待宰羔羊：For the history of mutton, its rise and fall (and recipes), see Bob Kennard, *Much Ado About Mutton*

(Merlin Unwin Books, 2014).
189 帕馬森乳酪與死亡腐爛的氣味：Rebecca Mead, 'Koks, The World's Most Remote Foodie Destination', *New Yorker*, June 2018.
190 對這些飲食傳統抱持懷疑的態度：A Danish priest visiting the island in the 1670s set out an outsider's perspective of Faroese food: 'other parts of the world have been blessed with great wealth, precious stones, grains or wine but God and nature have denied all of these things to the Faroese.'
192 鯨血：It is legal for islanders to catch pilot whales. Of the estimated 380,000 animals in the eastern North Atlantic, around 600 are caught and killed around the Faroes each year.
195 屠宰近十億隻雞：Department for Environment Food and Rural affairs, 'Latest poultry and poultry meat statistics: Monthly statistics on the activity of UK hatcheries and UK poultry slaughterhouses' (figures from November 2019), https://assets.publishing.service.gov.uk/government/uploads/system/uploads/attachment_data/file/928469/poultrystatsnotice-22oct20.pdf.
195 把肉雞視作我們這一代文明的指標：Carys E. Bennett et al., 'the broiler chicken as a signal of a human reconfigured biosphere', *Royal Society Open science*, 5:180325, DOI: 10.1098/rsos.180325.
195 重達一百五十二公斤：'a Growing problem, Selective Breeding in the chicken Industry: the Case for Slower Growth', ASPCA report, Nov 2015.
196 在公元前七千五百年左右：Ming-Shan Wang et al., '863 genomes reveal the origin and domestication of chicken', *Cell Research*, 30 July 2020, 693–70, DOI: 10.1038/s41422-020-0349-y.
196 在夏威夷群島，人們認為這些羽毛飾物：尼爾．麥葛瑞格，《看得到的世界史：九十九樣物品

的故事 你對未來會有一個答案》（大是文化）Neil MacGregor, *A History of The World In 100 Objects* (Allen Lane, 2010).

196 行走的藥房：For the full story on chicken domestication and of the Chicken of tomorrow, see Andrew Lawler, Why Did the Chicken Cross the World? (Atria Books, 2014).

197 都是黑色的：Jang-il Sohn et al., 'Whole genome and transcriptome maps of the entirely black native Korean chicken breed *yeonsan Ogye', GigaScience*, 7 (7), July 2018, giy086, DOI: 10.1093/gigascience/giy086.

197 連雞糞都能用來治病：Author correspondence with Lee Seung Sook in yeonsan with thanks to journalist Yolanta Siu for help with translation.

199 白色單冠來亨雞：*American Poultry Journal* (online archive), vol. 51, 1920, https://babel.hathitrust.org/cgi/pt?id=uc1.c2578787&view=1up&seq=20.

200 到了一九五零年代初期：H L Shrader, the Chicken of tomorrow program; its Influence on "Meat-type", poultry production', poultry Science, Vol 1 (1), January 1952.

201 年復一年地向商業育種業者購買：Maryn McKenna, *Plucked, The Truth About Chicken* (Little Brown, 2018).

201 數千萬英鎊：Competition and Markets authority, 'decision on relevant merger situation', February 13 2018. Https://assets. Publishing.service.gov.uk/media/5a9592ec40f0b67aa5087b04/aviagen-hubbarddecision.pdf.

201 約三十五天就能成熟，體重可達到兩公斤左右：Eat, Sit, Suffer, Repeat: the Life of a typical meat Chicken, RSPCA report, March 2020. This is not the same as the slaughter weight. For chickens in the US this is typically 42 days.

201 只能蹣跚而行： As well as the RSPCA report see also ann rayner et al., 'Slow-growing broilers are healthier and express more behavioural indicators of positive welfare', *Scientific Reports*, September 2020, DOI: 10.1038/s41598-020-72198-x.

202 穿尿布： The claim comes from oxfam's 2016 report 'No Relief: Denial of Bathroom Breaks in the Poultry Industry', https://s3.amazonaws.Com/oxfam-us/www/static/media/files/no_Relief_Embargo.pdf. At the time of the report the industry denied the problem existed. See also Roberto ferdman, ' "I had to wear pampers" : the cruel reality the people who bring you cheap chicken allegedly endure', *Washington Post*, 11 May 2016.

204 為了自己的利益，讓雞長得更快更大隻，現在甚至還要讓牠們失明： Ahmed Ali et al., 'Early Egg Production in Genetically Blind Chickens in Comparison with Sighted Controls', *Poultry Science*, 64 (5), May 1985, 789–94. See also Peter Sandoe et al., 'the Blind hens' Challenge: does It Undermine the View that only welfare Matters in our dealings with animals?', *Environmental Values*, 23, 2014, DOI: 10.3197/096327114X13947900181950.

206 不能讓豬隻四處遊蕩： Essential reading on pig history and the story of how the two main lines of pig domestication crossed paths is sam White, 'From Globalised pig Breeds to Capitalist pigs: a Study in animal cultures and Evolutionary history', *Environmental History*, 16 (1), January 2011, 94–120. See also Robert Malcolmson and Stephanos Mastoris, *The English pig: A History* (hambledon Continuum, 1998).

207 中國文字也表現出： Qiu Gui Su, 'What does the Chinese Character 家 Mean?', *ThoughtCo*, 04 December 2017. My thanks also to Fuchsia Dunlop for her help with Chinese characters.

207 其中梅山豬是世界上數一數二古老的家豬品種： Steven Mcorist and Rex Walters, 'Native Pig Breeds of China', *Pig Progress*, 25 (3), 2009.

207 養豬主要是為了生產肥料：Mindi Schneider, Brian Lander and Katherine brunson, 'how the pig became a 'pork factory' in China', *China Dialogue*, 23 July 2019.

209 小而低腹的豬：Both quotes feature in Sam White, *Environmental history*.

213 懷孕的母豬被圈養在長兩公尺、寬六十公分的妊娠定位欄內：The humane Society of the united States, 'Scientists and Experts on Gestation Crates and Sow Welfare', October 2012, https://www.humanesociety.org/sites/default/files/docs/hsus-expert-synopsis-gestation-crates-and-sow-welfare.pdf.

213 使用抗生素作為生長促進劑：Melinda Wenner Moyer, 'How Drug-Resistant Bacteria Travel from the Farm to Your Table', *Scientific American*, 1 December 2016.

214 幾天之內就會死亡：As with avian flu, all pigs in all systems are vulnerable. However, the scale of some intensive systems means that when swine fever hits thousands of animals can quickly become infected.

215 五百萬頭豬隻死亡：Detailed breakdowns of these pig mortalities don't exist, but many deaths are likely to be the result of a slaughter policy introduced by the government as an emergency measure.

215 空運了四千多頭母豬：Kees Van Dooren, 'Planes Full of Breeding Pigs Head to China', *Pig Progress*, 6 May 2020.

216 大規模血腥屠殺：*American Serengeti: The Last Big Animals of the Great Plains* (University Press of Kansas, 2017).

216 三千萬頭野牛：Hanna Rose Shell, 'Last of the Wild Buffalo', *smithsonian Magazine*, February 2000.

216 野牛群的規模十分龐大：One theory is that bison numbers had boomed at the start of the nineteenth century, because the population of indigenous hunters had been decimated by smallpox introduced by Europeans.

217 一隊獵人：Dan Flores, 'On the History of Bison in the American West', symposium talk, 'Albert Bierstadt: Witness to a Changing west,' 16 June 2018.

217 待我化為塵土後：Quoted from Smithsonian Institution archives, https://siarchives.si.edu/collections/siris_sic_14832.

217 同年，霍納迪出版專書：*The Extermination of the American Bison* was written in 1889 by William temple hornaday.

219 征服者：Joshua Specht, *Red Meat Republic* (princeton University Press, 2019).

219 另一種對北美生態和環境造成如此巨大影響的物種：Nicholas St Fleur, 'A Start Date for the Bison Invasion of North America,' *New York Times*, 13 March 2017.

220 家園在戰爭中被燒毀：Author interview with bison historian Jack Rhylan, October 2020.

221 我想瞄準公眾的心：Quoted in A.F. Kantor, 'Upton Sinclair and the Pure Food and Drugs Act of 1906, "I aimed at the public's heart and by accident I hit it in the stomach" ', American *Journal of Public Health*, 66 (12), 1976, 1202–5, DOI:10.2105/ajph.66.12.1202.

223 率先朝著避免這種大型哺乳動物滅絕的方向而努力：The effort to save the bison became more concerted in 1905 when William hornaday, theodore Roosevelt and others launched the American Bison Society (aBS), a national campaign to create wild bison reserves.

224 紛紛感動落淚：Author interview with Jennifer Barfield, October 2020.

225 白山（White Mountains）山腳下：Elliott Coues, *The Expeditions of Zebulon Montgomery Pike* (Harper, 1810) (Palala Press, 2018).

225 閃閃發光、微微顫動：Theodore Roosevelt, *Ranch Life and the Hunting trail* (Cosimo Classics, 2008).
228 許多動物屠宰前都被關在密閉空間：Someone who has studied wet markets is Professor Andrew Cunningham, an expert in zoonotic diseases (diseases that can jump from animals to humans) at the Zoological Society, London. He identified a cultural preference for fresh, so-called 'warm meat' in some parts of China. This makes it possible for humans to come into contact with blood and other bodily fluids at markets.
229 一百零五人死亡：L.M. Looi, 'Lessons from the Nipah Virus Outbreak in Malaysia', *Malaysian Journal of Pathology*, 29 (2), December 2007, 63–7, PMID: 19108397.
229 將病毒從原本的自然宿主中釋放出來：David Quammen, 'Why Weren't We Ready for the Coronavirus?', *New Yorker*, 11 May 2020.

Part 5. 海鮮

231 有些淺灘跟城鎮一樣寬廣且深：Jane Grigson, *The Best of Jane Grigson: The Enjoyment of Food* (Grub Street, 2015). My thanks to Sophie Grigson for permission to use this quotation.
232 自從漁業進入工業化時代以來：Any collapse in the population of a fish species will involve numerous contributory factors, e.g. Climatic conditions and water quality (both of course influenced by humans), but in the case of the Pacific bluefin tuna and sardine, and the Mediterranean swordfish, overfishing is a major contributory factor. The figures given refer to biomass and include data sourced from the International Scientific Committee for Tuna and Tuna-like Species in the North Pacific Ocean (ISC).

233 南美擬沙丁魚（Pacific sardine）等關鍵物種︰Oceana, 'the Modern Day Pacific Sardine Collapse: How to Prevent a Future Crisis', https://usa.oceana.org/responsible-fishing/modern-day-Pacific-sardine-collapse-how-prevent-futurecrisis. A keystone species is an organism that helps define an entire ecosystem. Without its keystone species, the ecosystem would be dramatically different or cease to exist altogether. In the case of the Pacific sardine (which for humans is high in omega-3 fatty acids), they are a critical source of food for many larger species including whales, sea lions, salmon, brown pelicans and terns.

233 全球漁業︰David Agnew et al., 'Estimating the Worldwide Extent of Illegal Fishing', *PLoS ONE*, 4(2): e4570, 2009, DOI: 10.1371/journal. Pone.0004570.

233 產生劇變︰United Nations, 'UN Report: Nature's Dangerous Decline "Unprecedented"; Species Extinction Rates "Accelerating"', https://www.un.org/sustainabledevelopment/blog/2019/05/nature-decline-unprecedentedreport/.

233 光是中國︰Ian Urbina, 'How China's Expanding Fishing Fleet Is Depleting the World's Oceans', *Yale Environment 360*, 17 August 2020, https://e360.yale.edu/features/how-chinas-expanding-fishing-fleet-is-depleting-worldsoceans. See also Miren Gutierrez et al., *China's Distant-Water Fishing Fleet*, Overseas Development Institute, June 2020, https://www.odi.org/sites/odi.org.uk/files/resource-documents/chinesedistantwaterfishing_web_1.pdf.

234 三十三億人口︰For some of the most authoritative data available on fish stocks and consumption trends, see *The State of World Fisheries and aquaculture 2020*, UNFAO, 2020, DOI: 10.4060/ca9229en.

234 捕魚很可能是人類歷史上取得食物最古老︰One school of human evolution believes we became bipedal as it helped us find food more efficiently in estuarine environments. This also explains, so the theory goes, our loss of body hair. If you look at where civilisations started (along estuaries, rivers and coasts) the theory starts to make

sense. See Carsten Niemitz, 'the evolution of the upright posture and gait – a review and a new synthesis', *Die Naturwissenschaften*, 97 (3), 2010, 241–63, DOI: 10.1007/s00114-009-0637-3.

235 魚類事件視界：Gala Vince, 'Intensive fishing was an ancient practice', *New Scientist*, 24 November 2004.

235 漁民之惡：Richard C. Hoffmann, 'Economic development and aquatic Ecosystems in Medieval Europe', American *Historical Review*, 101, no. 3, 1996, 631–69, DOI: 10.2307/2169418.

235 二氧化碳濃度增加：Acidifying oceans are going to be particularly problematic for shellfish such as oysters, crabs and lobsters.

237 除此之外已別無他法：For a much wider exploration of this idea, read Mark Kurlansky, *Salmon: A Fish, the Earth, and the History of Their Common Fate* (Oneworld Publications, 2020).

239 鮭魚漁夫致鮭魚：In Seamus Hheaney, *Door into the Dark* (Faber & Faber, 1969).

239 只有約三萬條能完成：Author interview with Mark Bilsby, Atlantic Salmon Trust, November 2018.

240 捕撈鮭魚維生：This is the Mount Sandel Neolithic campsite where, based on the bones excavated at the site, fish dominated the diet: salmon (48 per cent), trout (32 per cent), eel (7 per cent), bass and flounder, all from the nearby River Bann. The fish were probably caught using harpoons, nets or baited lines. Fish traps and wicker baskets may also have been used. At the campsite, archaeologists also found evidence of wooden racks, over which the fish would have been dried or smoked to help preserve them. 'Mount Sandel, a Mesolithic Campsite', *Irish Archaeology*, July 2013.

242 由修道院掌控：The exclusivity of salmon fishing continues to this day. To fish on a private beat (a beat is a stretch of river) on the Spey in Scotland with a ghillie (an expert fishing guide) can cost around £400 per rod per day (which is cheap compared with some rivers in Iceland, £1,500 per day). This isn't just down to the salmon's rarity –

private landownership around rivers is the biggest factor.

242 可憐的班恩河！：Augustus Grimble, *Salmon Rivers of Ireland*, Vol. 1, 1903. Quoted in Anthony Netboy, *The Atlantic Salmon: A Vanishing Species?* (Faber & Faber, 1968).

242 將魚類幾乎摧殘殆盡：Anthony Netboy, *The Atlantic Salmon: a Vanishing Species?* (Faber & Faber, 1968).

243 登上報紙頭條：Maria Herlihy, 'Salmon make a welcome return to local stream', *Corkman*, 31 December 2016.

245 光是挪威海域：Mark Kurlansky, 'Factory-farmed salmon: does it make sense to grow fish in indoor tanks?', Guardian, 07 December 2020.

248 育種團隊投入：Paul Greenberg, *Four Fish: The Future of the Last Wild Food* (Penguin, 2011).

248 家鮭：The idea that this farmed fish is a distinct species and should be called *Salmo domesticus* comes from Martin R. Gross, a Canadian evolutionary biologist.

248 暴風雨布蘭登（Storm Brendan）來襲：John Evans, '74,000 salmon escape Mowi Scotland farm after storm', Intrafish News, 20 January 2020.

249 這些我們「養殖」出來的海蝨：Government scientists in Scotland say the evidence showing lice from farms are damaging the wild salmon population is inconclusive, however research from Norway suggests they are having a detrimental effect. See, Thorstad, E.B. & Finstad, B, 2018. 'Impacts of salmon lice emanating from salmon farms on wild Atlantic salmon and sea trout', NINA Report 1449: 1-22. Https://brage.nina.no/nina-xmlui/bitstream/handle/11250/2475746/1449.pdf ?sequence=1&isallowed=y.

250 混入養殖魚類的基因：Kevin Glover et al., 'half a century of genetic interaction between farmed and wild Atlantic salmon: Status of knowledge and unanswered questions', *Fish and Fisheries*, 18, 2017, 890–927, DOI:

10.1111/faf.12214.

255 每年向茅利塔尼亞政府支付六千萬歐元：Neil Munshi, 'the fight for west Africa's fish', *Financial times*, 13 March 2020. See also European parliament, 'Fisheries in Mauritania and the European Union', Research for PECh Committee, https://www.Europarl.europa.eu/Regdata/etudes/StUd/2018/617458/IpoL_StU(2018)617458_En.pdf.

255 歐盟的海鮮：Harry Owen and Griffin Carpenter, 'Fish dependence 2018 Update. The Reliance of the EU on Fish From Elsewhere', New Economics Foundation, 2018.

255 中國遠洋漁船受到政府補貼：D. Belhabib, U.R. Sumaila et al., 'Euros vs. Yuan: Comparing European and Chinese Fishing Access in West Africa', *PLoS ONE*, 10 (3), 2015, e0118351, DOI: 10.1371/journal.pone.0118351.

255 中國是補貼金額最高的國家：For an overview (and history) of the role of China in global fisheries, see Roland Blomeyer, 'the role of China in World Fisheries', European parliament, 2012, https://www.europarl.Europa.eu/meetdocs/2009_2014/documents/pech/dv/chi/china.pdf.

256 外資設立的工廠：'a Waste of Fish: Food security under threat from the fishmeal and fish oil industry in West Africa', Greenpeace international, 19 June 2019.

256 生產的魚粉和魚油：Fish oil is also an ingredient used in the feed of penned salmon, and it's used in the pharmaceutical industry too.

256 海洋生物學家稱這些保護區的邊界為「漏洞」：Author interview with Callum Roberts, Professor of Marine Conservation in the Centre for Ecology and Conservation at the University of Exeter.

256 一九九零年代：Fred Pearce, 'Breaking the Banc', *New Scientist*, 30 June 2001.

256 更大、更穩的船隻：On the intensification of fishing by small-scale boats in West Africa, see Daniel Pauly,

'Size Matters: the Impact of artisanal Fisheries in West Africa', *Sea Around Us*, 19 April 2017, http://www.seaaroundus.org/size-matters-the-impact-of-artisanal-fisheries-in-westafrica/. WWF, 5 May 2004, https://wwf.panda.org/wwf_news/?12984.

256 這兩種魚在市場上都有利可圖：In 2003, an agreement was reached between the park's managers and the Imraguen to end the targetting of shark and ray.

257 持續且重大：Banc d'Arguin National Park, *IUCN World heritage Outlook*, Conservation outlook assessment 2020, https://worldheritageoutlook.iucn.org/explore-sites/wdpaid/20388.

261 渾身刺青的惡棍：Quoted in Naomichi Ishige, *History of Japanese Food* (Routledge, 2011), an excellent account of the nineteenth-century transformation of Japanese food culture

262 劣質魚：Author interview with Trevor Corson, April 2019.

262 團隊的一員岡崎晃：This story is told in Sasha Issenberg, *Globalization and the Making of a Modern Delicacy* (Avery, 2007).

264 學名：Ostrea edulis：For detailed descriptions of the two main species of oyster in this chapter, See FAO, Fisheries Division, '*Ostrea edulis* (Linnaeus, 1758)' and '*Crassostrea gigas* (Thunberg, 1793)', www.fao.org.

264 牡蠣礁棲息地：The global picture isn't much better; 85 per cent of the worldwide oyster reef habitats have been destroyed over the course of the last century. See Bernadette Pogoda, 'Current Status of European Oyster Decline and Restoration in Germany', *Humanities*, January 2019, https://www.mdpi.com/394114.

265 安全的生活環境：The oyster creates a hard substrate over a soft one so other species can grow on it and that again attracts other life forms.

265 像牡蠣一般和諧無私：The reference appears in the short story, 'The Match-Maker' by Saki.

266 帶有字母『R』的月份：The reason is not because oysters caught in months with an R in are unsafe, it's because they mark seasons in which the animals are in their reproductive phase and less meaty.

268 依靠牡蠣維生：Curtis Marean, a paleoanthropologist, puts forward the idea that as the world was in a glacial stage 125,000 to 195,000 years ago, much of Africa was dry to mostly desert; food was difficult to find and humans could not have survived. This is why they moved to the coast (and survived on oysters). Curtis Marean et al., 'Early human use of marine resources and pigment in South Africa during the Middle Pleistocene', *Nature*, 449, 2007, 905–8.

268 牡蠣可以「開殼」（hockley）或「加雞蛋」（curdley）食用：德魯・史密斯《牡蠣：征服世界的美食》（華中科技大學出版社）Drew Smith, *Oyster: A Gastronomic History (with recipes)* (Abrams, 2015).

269 牡蠣商販與船夫：Henry Mayhew, *Mayhew's London* (Spring books, 1851).

272 超越原生種：There is an ongoing debate (for some other species too) about when an invasive species becomes naturalised. The Pacific oyster is an interesting case as it fulfils the same functions as the flat oyster (which seems to be in terminal decline). Some marine biologists believe it's better to have some oysters than none. For conservation purposes, others see the invasive species as a problem.

272 如果太平洋牡蠣造成原生牡蠣族群的滅絕：The 'enemy release hypothesis'explains why introduced species can become so successful in new environments. All plants and animals co-evolve with the pathogens and diseases in their native area, which help keep its populations in check. Introduced species run amok as they are no longer being held in check by their usual foes.

272 歐洲原生牡蠣：Restoration projects for the native oyster are taking place across Europe, including one led by

the Zoological Society of London which has created an ‘oyster sanctuary' on the south coast of England to try to kick-start new populations of the species. Elsewhere, spat (oyster larvae) are being taken from the Limfjorden and placed along European coastlines in the hope they will take hold and survive.

273 神奇的海底世界：Author's interview with Callum Roberts, February 2019 and November 2020.

274 密密麻麻擠滿了魚：Callum Roberts, *The Unnatural History of the Sea* (Gaia, 2007).

275 墨西哥西海岸的普爾莫角國家公園：Models published in October 2020 by Reniel Cabral of the University of California, Santa Barbara, found that designating a modest 5 per cent more of the world's oceans as MPAs (which would triple the area currently protected) the future global catch of the 811 species they looked at would increase by more than 20 per cent. That corresponds to an extra 10 million tonnes of food a year.

276 海洋比陸地更容易恢復生機：Daniel Pauly, *Vanishing Fish, Shifting Baselines and the Future of Global Fisheries* (Greystone Books, 2019).

Part 6. 水果

277 品種是水果歷史的足跡：My thanks to Joan Morgan for permission to use this extract from *The Book of Pears* (Ebury Press, 2015).

278 目前發現最古老對於水果文化的描繪：The most recent analysis of the plants and different fruits depicted on the Warka Vase was made by Naomi Miller, an archaeobotanist who works in Western and Central Asia and is based at the University of Pennsylvania. See Naomi Miller et al., ‘Sign and image: representations of plants on the Warka Vase

of early Mesopotamia', *Origini*, 39, 2016, 53–73, University of Pennsylvania Scholarly Commons, Philadelphia.

278 棗樹、橄欖樹或無花果：The Sumerians had the perfect growing conditions for fruit in Uruk; gardens were shaded by tall date palms where they grew grapes, apples, melons and figs. Pears and pomegranates followed later. The date palm (which did not fruit further south in the cooler climate of Assyria) was essential to this system.

279 國家的起源：See Jules Janick, 'the origins of Fruits, fruit Growing, and Fruit Breeding', *Plant Breeding Review*, 2010, Department of Horticulture and Landscape Architecture, Purdue University.

279 透過嫁接：There are several different ways of cloning fruit trees. Some species produce new roots more easily from cuttings, e.g. Fig, grape, pomegranate and olive, and these were the earliest to be cloned. More difficult were apples, pears and plums, species that do not root easily from cuttings, and so the varieties couldn't be saved and reproduced until the discovery of the type of grafting I have described (the beginning of the first millennium BCE).

280 天然涼爽的環境：The Italian producer Melinda stores 20,000 tonnes of fruit it harvests inside a cave system under the dolomites. This network of abandoned mines is 275 metres below ground in the Val di Non valley in Trentino.

280 延長水果的保鮮期：In 1920, scientists at Cambridge University (Franklin Kidd and Cyril West) launched the first systematic studies of 'gas storage' of fruit in the world. The pair were pioneers of the new science of 'post-harvest physiology'. See 'Ca storage has become staple of the fruit industry', *Fruit Growers News*, July 2011.

280 環境控制：Using the apples stored by Melinda in the dolomites cave system as an example, a controlled atmosphere is created as follows: air is pumped through oxygen filters into each storage cell, creating an environment that is 99 per cent nitrogen and 1 per cent oxygen. This means the apples can still breathe, but very slowly. Within four days inside this atmosphere, the fruits' maturation slows to the point where they can be kept fresh for almost a year.

280 冷鏈:: In 1940, Frederick McKinley Jones patented a refrigeration system for trucks that would allow them to transport perishable foods for longer distances. Through his company thermo King, Jones had a long-lasting, global impact on agriculture. His technology made international trading of fresh food possible, and changed forever the notion of 'seasonal' foods.

280 二十英尺深:: The containers have grown in size so that today the industry standard is forty feet deep. The global fleet is equivalent to 17 million of these larger containers.

281 增長了近九倍:: Philip Coggan, *More, The 10,000-Year Rise of the World Economy* (the Economist Books, 2020).

281 大型金屬箱:: Tim Harford, *Fifty Things That Made the Modern Economy* (Abacus, 2017).

281 私人企業:: The roots of club varieties can be traced back to the first patented apple, the Honeycrisp, developed in 1960 by the University of Minnesota. The university obtained a patent on the cultivar which meant any grower who bought a Honeycrisp tree in the USA paid a $1 royalty fee for each one.

281 在全球超市上架販售:: Despite all the money spent on fruit breeding, some of the winners emerge by chance or were bred by amateurs. The Gala was raised by James Hatton Kidd, a Scotsman whose family emigrated to New Zealand. He took up fruit breeding (Kidd's Orange Red is one of his). He crossed Kidd's orange Red with Golden Delicious which gave the Gala. When he died, his seedlings passed to the research station in New Zealand where Gala was selected. My thanks to Joan Morgan for making that point to me.

283 將這些蘋果傳播到更遠處:: See Barrie E. Juniper, 'The Mysterious Origin of the Sweet Apple: On its way to a grocery counter near you, this delicious fruit traversed continents and mastered coevolution', American *Scientist*,

January–February 2007.

283 跟熊一樣：It is also thought dung beetles were important in spreading wild apple seeds around the forest.

284 人稱「蘋果籽強尼」的約翰·查普曼：Michael Pollan, *The Botany of Desire* (Bloomsbury, 2002).

284 荷蘭人和英國人：More recently the creation of large-scale fruit plantations has taken place in the southern hemisphere in countries such as Peru and Chile.

285 凍得僵硬：Nikolai Vavilov, *Five Continents* (International Plant Genetics Research Institute, 1996)..

285 他天資聰穎：Quoted in Gary Paul Nabhan, *Where Our Food Comes from* (Island Press, 2011).

286 徹底摧毀了我：Interview by Catherine Peix, for the film 'the origins of the apple', included in the book *The Wild Apple Forests of the Tian Shan*, edited by Giuseppe Barbera (International Carlo Scarpa prize for Gardens, 2016).

286 稀釋了野生蘋果的遺傳基因：M.Y. Omasheva et al., 'to what extent do wild apples in Kazakhstan retain their genetic integrity?', *Tree Genetics & Genomes*, 13, 2017, DOI: 10.1007/s11295-017-1134-z.

288 四年多：In 1883, the Royal Horticulture Society held an apple Congress at which fifty fruit experts collected and identified every known apple variety in Britain. The total number of named varieties was 1,545. It was the biggest collection of apple diversity ever assembled. See Joan Morgan, *The New Book of Apples* (Ebury Press, 2010).

288 堅果的溫暖香氣：One of the many glorious descriptions of fruit featured in Edward a. Bunyard's *The Anatomy of Dessert: With a Few Notes on Wine* (Modern Library Food, paperback 2006). Bunyard (1878–1939) was a nurseryman and England's foremost pomologist.

288 黃色的大塑膠球：This appeared in the *Daily News*, New York and is cited in Joan Morgan, *The New Book of Apples* (Ebury Press, 2010).

290 產量高、早採收：The ability of a single apple variety to grow in different countries around the world is an important characteristic in explaining the decline in apple diversity. A good example is the Golden Delicious. First discovered by a farmer in West Virginia, USA, it was grown by the Stark Brothers nursery in Missouri (home of the Red Delicious), and from there the variety was also planted in the Loire Valley in France where it grew well. After the Algerian war and independence in 1962, returning colonists were given free land on the condition they grew Golden Delicious (to help boost the French fruit industry). It worked so well that in the 1970s the variety flooded British supermarkets and contributed to the downfall of hundreds of British orchards unable to compete.

290 對超市來說：It should also be noted there are different types of licensing agreement. Cripps Pink, for example, is a free 'open source' variety that can be grown by anyone without paying a royalty. It's only when you want to market that variety using the 'club name' Pink Lady that you are obliged to purchase a licence.

291 投資規模：M Sharon Baker, 'Marketing Campaign for the Cosmic Crisp Heats Up as Debut of Washington's New Apple Nears', *Seattle Business*, July 2019.

292 兩百億噸：Our World in data, 'Fruit consumption by fruit type, world, 1961 to 2013', https://ourworldindata.org/grapher/fruit-consumptionby-fruit-type?stackMode=relative. Consumption figures for oranges and mandarins are slightly higher but this includes fruit processed into juice, whereas bananas are typically eaten whole.

293 一種巨大的草本植物，而不是樹：The suckers are the basal shoots of the banana, which are clones of the main plant. This form of reproduction is known as vegetative, clonal or asexual.

293 巴拿馬病或鐮刀菌枯萎病：TR4 belongs to the same genus as Fusarium *graminearum* (the fungus attacks cereal crops including wheat). Agriculturally and economically speaking, it is the most significant fungal genus on the

planet.

294 原產於中國，非常有趣且極具價值：This description is given in *Paxton's Magazine of Botany, and Register of Flowering Plants*, Vol. 3 (W.S. Orr & Co., 1837, accessed online).

295 英國傳教士約翰．威廉姆斯：Douglas Marin et al., 'Dissemination of Bananas in Latin America and the Caribbean', *Plant Disease*, 82 (9), DOI: 10.1094/pdIS.1998.82.9.964.

295 比蘋果更受歡迎：Dan Koeppel, *Banana: The Fate of the Fruit that Changed The World* (Plume Books, 2009).

296 提供了大量廉價勞動力：Stephen Schlesinger and Stephen Kinzer, *Bitter fruit, The Story of the American Coup in Guatemala* (Harvard University, 2005).

296 國中之國：Douglas Farah, 'a Snubbed Revolutionary Looks back', *Washington Post*, November 13, 1995.

298 四十多種：Ugandan banana diversity: F.B.M. Kilwinger et al., 'Culturally embedded practices of managing banana diversity and planting material in central Uganda', *Journal of Crop Improvement*, 33 (4), 2019, 456–77, DOI: 10.1080/15427528.2019.1610822.

298 東非高地香蕉：Banana domestication in Africa: ProMusa website: East African highland Banana (EAHB), https://www.promusa.org/East+african+highland+banana+subgroup.

298 相當費工：Author interview with Edie Mukibi, October 2018.

299 更抗病的新雜交種：'new $13.8 million project aims to boost banana production in Uganda and Tanzania', *International Society for Horticultural Science*, October 2014.

299 試驗的主要地區：See Bill Gates, 'A Bunch of Reasons: Building better bananas', Gatesnotes, 31 January 2012,

https://www.Gatesnotes.com/development/building-better-bananas.
300 必須透過這項新技術：Author interview with James dale, December 2020.
304 三億個水果：John Dickie, *Cosa Nostra* (Hodder, 2007).
305 慢慢發現周圍的一切並不如當初所想：Leopoldo Franchetti, *Condizioni politiche e amministrative della Sicilia*, quoted in Alexander Stille, *Excellent Cadavers: The mafia and the Death of the First Italian Republic* (Vintage, 1995).
305 這就是我的黑手黨：Michele Greco, obituary, *Daily Telegraph*, 15 February 2008.
306 多梅尼科．卡塞拉：He described Sicily's citrus diversity in a book, *Varieta Di Arancio Coltevate in Sicilia* (University of Catania, 1935).
308 一位義大利外交官：The diplomat's name was Leopoldo Zunini.
309 更大規模的經營者主導著：An example of this is the purchase of Oranfrizer, Sicily's biggest fresh citrus supplier by one of the world's biggest fresh fruit companies, Unifrutti (based on the Italian mainland), backed by the American investment company, the Carlyle Group. See 'Unifrutti Group acquires Oranfrizer', *Eurofruit*, 2 November 2020, http://www.fruitnet.com/eurofruit/article/183393/unifrutti-group-acquires-oranfrizer.
309 荒廢的柑橘園：Statistics covering 2000–2010 show the number of farm workers went down and the average size of holdings went up. See 'Agricultural census in Italy', Eurostat, 2012, https://ec.europa.eu/eurostat/statistics-explained/pdfscache/20078.pdf.
310 不能讓這棵果樹在我們這一代消失：Ryan Hagen, 'Why is a tent covering riverside's parent navel orange tree?', *The Press-Enterprise*, 26 April 2018.

311 柑橘產業的工作機會減少了：Citrus greening is caused by the huanglongbing bacteria, which is transmitted by the Asian citrus psyllid insect. See http://www.epi.ufl.edu/news/mapping-risk-of-citrus-greeningestablishment.html.
311 如果我們不迅速採取行動：Diane Nelson, '75 percent of Florida's oranges have been lost to disease. Can science save citrus?', University of California, Davis, 29 August 2019, https://www.universityofcalifornia.edu/news/75-percent-floridas-oranges-have-been-lost-disease-can-science-save-citrus.
312 我們漫不經心的破壞行為：Eliza Griswold, 'How "*Silent Spring*" Ignited the Environmental Movement', *New York Times*, 21 September 2012.
313 蓋爾・福科：Author interview with Gayle Volk, October 2018.

Part 7. 乳酪

315 如果你不喜歡細菌：J. Craig Venter interviewed by Karen Kaplan, 'Seeing Earth's future in a petri dish', *LA Times*, 24 November 2007.
316 十億噸：According to the FAO, global milk production reached 852 million tonnes in 2019, mainly as a result of increases in India, Pakistan and Brazil. See FAO, 'Dairy Market Review – Overview of global dairy market developments in 2019', March 2020, http://www.fao.org/3/ca8341en/Ca8341En.pdf.
316 全球牛奶產量：Figures from USDA, dairy World Markets and trade, https://www.fas.usda.gov/data/dairy-world-markets-and-trade.
316 其他動物奶水：By volume most of the world's milk comes from cows, sheep and goats, but in many cultures

other sources are important, e.g. Camels in Ethiopia, llamas in the Andes, moose in Russia, water buffalo in Vietnam, donkeys in Sardinia, horses in Mongolia, reindeer in Sweden and yaks in Tibet. For the endangered foods in this chapter, I focus on the milk of sheep and cows.

316 我們的基因開始發生突變：Like all mammals we drink milk as babies (the word 'mammal' comes from the scientific name *Mammalia*, coined by Carl Linnaeus in 1758, derived from the Latin for mammary glands). Beyond childhood our bodies weren't evolved to digest milk; 10,000 years ago no adult human would have been able to drink any milk at all. The enzyme lactase, which enables children to digest the milk sugar lactose, drops down to very low levels after weaning. The trait that allowed that production of the enzyme to continue (lactase persistence) evolved independently at least four times in human evolution and in different parts of the world. The mutation is thought to have given some humans such a big advantage it spread rapidly through natural selection. What that advantage was, we're not sure. It's possible that during the transition to farming, when crop failures and periods of starvation were common, the inability to drink milk might have decided whether people lived or died.

316 演化上的優勢：Currently around 40 per cent of people globally have the lactase-persistent trait. They exist mainly in European populations – especially north-western Europe – and in parts of the Middle East, sub-Saharan Africa and South Asia (and in parts of the world where these populations migrated).

316 一眨眼的時間：It could be that Asia's growing consumption of milk is possible (i.e. not causing too much discomfort) because of the way in which milk is being consumed. This is mostly in small portions in coffee, cakes and confectionary.

317 當發酵時間越長：Acidification and fermentation also lead to some protein bonding (albeit fragile) and so even

before rennet is added curds can start forming. Both forms of coagulation express whey and flush out some lactose; the ageing of cheese, helped by dehydration, also allows enzymes to 'pre-digest' milk.

317 遇到這種酵素時，會形成凝乳： Mateo Kehler (ed.), *The Oxford Companion to Cheese* (OUP, 2016).

317 奇形怪狀、布滿小孔的陶質碎片： For an insight into the fascinating work of finding prehistoric molecules of milk on clay (and working out what it all means): Melanie Salque et al., 'Earliest evidence for cheese making in the sixth millennium BC in northern Europe', *Nature*, 493, January 2013, 522–5. See also Rosalind E. Gillis et al., 'the evolution of dual meat and milk cattle husbandry in Linearbandkeramik societies', *Proceedings of the Royal Society, Biological Sciences*, 2017, DOI: 10.1098/rspb.2017.0905.

317 一位美國考古學家： The archaeologist was Peter Bogucki. See John Sullivan, 'Clay pot fragments reveal early start to cheese-making, a marker for civilization', Princeton University, 2013, https://www.princeton.edu/news/2013/01/09/clay-pot-fragments-reveal-early-start-cheese-makingmarker- civilization.

317 最早的乳酪製造證據： Gillis et al., *Proceedings of the Royal Society, Biological Sciences*.

318 比較類似瑞可塔乳酪： Ricotta (a very creamy cheese) is produced through the simple bonding that takes place through acidification. Mozzarella is a very different kind of cheese with a much firmer type of coagulation (although it is often seen suspended in milky whey). See Salque et al., *nature*.

318 供奉牛奶和牛隻的神廟： Mark Kurlansky, *Milk! A 10,000-Year Food fracas* (Bloomsbury, 2019).

318 帕馬森乳酪的起源： The food anthropologist and cheese expert Harry West says the roots of Parmigiano Reggiano can be traced back to alpine monasteries, and the monks in the alps were likely to have learned cheese-making from Celtic barbarians; many Roman cheeses are barbarian knock-offs, West says.

320 傳統方法製作的農家乳酪只剩下一種：This is Kirkham's of Lancashire which continues to be made with unpasteurised milk.

320 只有不到二十家跨國公司控制：'How Milk Went Global', Global-Rural Research Project, Aberystwyth University, 2018, https://www.global-rural.org/story_map/how-milk-went-global/.

321 引發更多疾病：Milk produced in unsanitary 'swill barns' within cities was particularly problematic.

322 下降了三分之一：See 'How Milk Went Global', Global-Rural Research Project.

322 乳牛場飼養達九千多頭：Mike Opperman, 'How Consolidation Has Changed the Dairy Industry', *Farm Journal*, August 2019, accessed in *Wisconsin State Farmer*, https://eu.wisfarmer.com/story/news/2019/08/28/how-consolidation-has-changed-dairy-industry/2127385001/.

322 這種牛的基因發生巨大變化：Filippo Miglior et al., 'A 100-Year Review: Identification and genetic selection of economically important traits in dairy cattle', *Journal of Dairy Science*, 100 (12), December 2017, 10251–10271, DOI: 10.3168/jds.2017-12968. This has brought some serious problems for the breed including reduced immunity to disease and reduced fertility (without which milk isn't produced). Breeders have had to take the Holstein back a few steps in its recent history in order to reduce these issues. See L. Ma, t. Sonstegard et al., 'Genome changes due to artificial selection in U.S. Holstein cattle', *BMC Genomics*, 20, 128, 2019, DOI: 10.1186/s12864-019-5459-x.

324 他們住在一種叫「burons」的石砌小屋：Kehler (ed.), *The Oxford Companion to Cheese*, p. 633.

324 過著修道院般與世隔絕、規律的生活：When Harry West spent time living with Salers makers in the Auvergne they told him the traditional approach to cheesemaking, with months spent in near isolaton up in the mountain, had strong associations with celibacy (the same levels of discipline and sacrifice were involved). This is a part

of what makes the continuation of the tradition so difficult today as young men are no longer prepared to give up the prospect of a social and family life.

324 用推車把這些乳酪運回村裡：Author interview with Harry West, September 2020.

324 薩勒牛群也已瀕臨絕種：The Cattle Site, 'Cattle Breeds – Salers: History', http://www.thecattlesite.com/breeds/beef/15/salers/.

325 芳香化合物，稱為萜烯：Michael Tunick, *The Science of Cheese* (OUP USA, 2014). See also *The Oxford Companion to Cheese*.

326 適宜的棲息地：For more on this idea, see Bronwen Percival and Francis Percival, *Reinventing the Wheel: Milk, Microbes and the Fight for Real cheese* (Bloomsbury Sigma, 2019).

326 境中很難存活：Despite the cheese's long history, traditional Salers makers have had to meet regulations designed for cheese-making in modern, near-sterile dairies. According to Harry West, the situation is further complicated by Salers cheeses starting off with slightly higher microbial counts than Pasteurised milk cheeses. These undesirable microbes then die off as the cheeses mature.

328 原產地和配方來源：The person most likely to have perfected the recipe for Stilton was a woman called Frances Pawlett who, in 1740s Leicestershire, was making a cheese fitting its description.

328 以乳酪聞名：Mateo Kehler (ed.), *The Oxford Companion to Cheese* (OUP, 2016).

328 爬滿蟎蟲或蛆蟲：Trevor Hickman, *Stilton Cheese: A History* (Amberley Publishing, 2012).

330 比嬰兒還麻煩：Lisa Anderson, 'Stilton: The Once and Future King of Cheese', Chicago Tribune, 23 January 1986.

320 最後一輪史提爾頓乳酪：There were several factors at play leading up to the decline in farmhouse cheese-making. Many farm workers didn't survive the war, contributing to a labour shortage. The depression of the 1930s also led to reduced demand for more expensive cheeses. In the same decade, the government set up the Milk Marketing Board which gave dairy farmers a guaranteed price for their milk and so reduced the incentive to add value to it by making cheese.

330 牛奶和乳製品法：Peter Atkins, 'the long genealogy of quality in the British drinking-milk sector', *Historia Agraria*, 2017, 35–58.

332 拜訪乳酪製造商的農場：Randolph Hodgson's mission to save British farmhouse cheeses followed that of an earlier campaigning cheesemonger called Patrick Rance. The cheese-making renaissance, which really took off in the late 1990s and into the 2000s, saw the number of farmhouse cheeses rise to around seven hundred.

333 藍酪黴菌：*Penicillium roqueforti* is a type of mould that takes its name from the French sheep's milk cheese matured in a cave where the mould is naturally occurring.

336 其他一切都建立在這件事上：Edith Durham, *High Albania* (Echo Library edition, 2009). According to Pier Paolo Ambrosi, 'blood vengeance' was just one feature of a code which regulated many aspects of life in the highlands of Albania. This code, called the Kanun, handed down orally, included how to welcome and respect a guest, how a theft should be compensated and murder punished. The management of justice, including 'blood vengeance', was governed by the Council of Elders as it was considered too important to be left to the initiative of individuals or families.

339 上百種不同的野花：Marash Rakaj, 'Floristic and chorological news from north Albania', *Botanica Serbica*, 2009, 33 (2), 177–83.

346 保存著來自世界各地的細菌樣本：Chr. Hansen are exploring new applications for bacteria within its collection, including their potential to replace chemicals used in food preservation.

Part 8. 酒類

347 跟所有美食一樣：哈洛德・馬基，《食物與廚藝》（大家出版）Harold McGee, *McGee on Food and Cooking: An encyclopaedia of Kitchen Science* (Hodder & Stoughton, 2004). Reprinted by permission of Harold McGee.

348 醉猴假說：R. Dudley, 'Evolutionary origins of human alcoholism in primate frugivory', *Quarterly Review of Biology*, 75 (1), march 2000, 3–15, DOI: 10.1086/393255.

350 香蕉釀製而成：Paul Nugent, 'Alcohol in Africa', 15 November 2015, Centre of African Studies, Edinburgh, https://www.ascleiden.nl/content/webdossiers/alcohol-africa.

350 影響人的心智意識：Andrew Curry, 'Our 9,000-Year Love Affair With Booze', *National Geographic*, February 2017.

351 每年生產超過八百八十億品脫：'Trouble Brewing', *The Economist,* 11 May 2019.

351 全國銷售額的百分之六十：Philip H. Howard, 'Recent Changes in the U.S. Beer Industry', Concentration and power, State of Concentration in Global Food and agriculture Industries (December 2017), https://philhoward.net/2019/12/30/recent-changes-in-the-u-s-beer-industry/and 'Concentration in the U.S. Wine Industry', https://philhoward.net/category/wine/. See also, *Wine Business Monthly*, February 2019.

351 酒莊「嘉露」：Esther Mobley, 'What the wine world's mega-deal between Gallo and Constellation means for supermarket wine', *San Francisco Chronicle*, 7 January 2021.

351 葡萄品種有一千五百多種：The number is growing; recent interest in increasing the diversity of wine styles and varieties has meant more are being discovered. See Jancis Robinson, *Wine Grapes* (Allen Lane, 2012).

353 釀酒工藝的發源地：As with the 'centres of origin' of other foods and drinks, grape domestication and winemaking might have happened in several places, including Armenia and north-eastern Turkey as well as the South Caucasus.

354 露天土壤博物館：Lisa Granik MW, *The Wines of Georgia* (Infinite Ideas, 2020).

354 你的葡萄園還好嗎：Author interview with John Wurdeman of Pheasant's Tears winery, Georgia, October 2018.

356 連同葡萄莖梗一起裝進陶甕裡：Stems are used only when sufficiently ripened, which is why this technique is most likely to be found in eastern Georgia where the summers are hotter.

359 包裹在母親的懷抱裡：Author interview with Carla Capalbo, September 2020.

360 大到可以容納一個人：J.A. Hammerton (ed.), *Peoples of All Nations: their life today and the story of their past by our foremost writers of travel, anthropology & history* (Educational Book Co. Limited, 1922). See also Alice Feiring, *for the Love of Wine* (Potomac Books, 2016).

360 葡萄品種面臨滅絕：Many were saved by one or two families keeping them going in their little plots, which is why around 470 of the original 515 varieties survived.

360 國有壟斷企業「薩姆特雷斯特」：Granik, *The Wines of Georgia*.

361 真理在於自己種植葡萄：Miquel Hudin, 'Ancient Georgian winemaking loses one of its modern founders', *Harpers*, 13 April 2018.

361 被共產黨強力破壞：In the years following the collapse of the Soviet Union, the quality of Georgia's conventionial wine has gone from strength to strength. Around 50 per cent is exported to Russia. This has resulted in the drink being used as a political weapon, such as in 2006–2013, when Russia placed a ban on Georgian wine imports.

362 超過義大利、西班牙和葡萄牙的總產量：Stephen Buranyi, 'Has wine gone bad?', Guardian, 14 August 2018.

362 現代釀酒學之父：Mike Steinberger, 'the tastemaker: Emile Peynaud invented modern winemaking, but don't blame him for what's wrong with modern wine', *Slate*, 30 July 2004.

363 最受追捧的：Eric Asimov, 'Satan or Savior: Setting the Grape Standard', *New York Times*, 11 October 2006.

365 對自然酒做出明確定義：Among the criteria for natural wines is that 'additions' such as acid, sugar, tannin, water and colouring are forbidden. See Jancis Robinson, 'The Definition of Natural Wine', *Financial Times*, 10 April 2020,.

366 約翰・史坦貝克（John Steinbeck）在戰後縱貫蘇聯之行中，將喬治亞人描繪：John Steinbeck, *A Russian Journal* (Penguin, 1948).

369 無論在味道、外觀上都是酒：See Michael Jackson, *The Beer Hunter*, Channel 4, 1990, for the most eloquent descriptions of Belgian beer diversity.

369 沒有什麼太大的變化：See also Michael Jackson, *Michael Jackson's Beer Companion* (Mitchell Beazley, 1997).

370 加入小麥釀造：It is a significant proportion, around one-third of the mix, which is why lambics are often considered to be a subset of 'wheat beers'.

372 舊書店：Tim Webb and Joe Strange, *CAMRA's Good Beer Guide Belgium* (CAMRA Books, 2018).

373 相對年輕的後起之秀：Louis Pasteur first discovered yeasts in the 1850s when he observed the single-celled fungi consuming sugars and converting them into ethanol and CO2. In Copenhagen in the 1880s, Emil Hansen became the first person to isolate a pure yeast cell. The species was *Saccharomyces carlsbergensis*, named after the Carlsberg brewery laboratory in which it was isolated. This yeast works slowly at low temperatures and produces lager-style beers. Using different, faster-acting strains of yeast, which work at higher temperatures, results in the other main family of beer, ales. For centuries brewers saved their own yeast; strains that worked in one brew were added to the next. But from the 1880s onwards, following Pasteur's and Hansen's breakthroughs, it became possible to buy specific laboratory-produced yeast strains and so achieve consistent results in the brewhouse all year round. With greater consistency the era of mass-market beers arrived.

374 大部分拉格啤酒都是深色的：Author interview with drinks writer Pete Brown, November 2020.

374 全球啤酒銷量的百分之九十五：Garrett Oliver (ed.), *The Oxford Companion to Beer* (OUP, 2011), see entry for pilsner.

381 其中數一數二厲害：Pete Brown and Bill Bradshaw, *World's Best Cider* (Sterling Publishing, 2013).

384 無論國王還是勞動者都會喝梨酒：Ralph Austen, *A Treatise of Fruit Trees* (1676), quoted in Joan Morgan, *The Book of Pears* (Ebury Press, 2015).

384 以工廠規模生產釀造：An exception was Babycham, although the drink was eventually made with varieties

other than perry pears.

Part 9. 提神飲料

391 他們有一種特別出色的飲品……‥ Quoted in William Harrison Ukers, *All About Coffee* (The Tea and Coffee Trade Journal Company, 1922).

392 出現非比尋常的現象‥ Marcel Proust, *In Search of Lost Time* (Vintage, 1996).

392 不僅可用來淨化身體‥ Ben Richmond, 'The Forgotten Drink That Caffeinated North America for Centuries', *Atlas Obscura*, March 2018.

393 世界上最受歡迎的提神藥物‥ Tea also contains a chemical relative of caffeine that's even more potent, theophylline, although it's present in much smaller amounts.

394 高達近五十億美元‥ Bruno Volsi et al., 'the dynamics of coffee production in Brazil', *PLoS ONE*, 14(7), 2019, DOI:10.1371/journal.pone.0219742.

396 這裡的茶樹‥ The other main variety, *Camellia sinensissinensis*, is more sensitive and has smaller leaves.

396 在世界上大多數廣闊的種植園裡‥ The different types of loose-leaf tea (white, green, black, oolong or pu-erh) are determined by the way in which the leaves of the *Camellia sinensis* plant are processed (the amount of oxidation involved is crucial to deciding its flavour). White teas are the young and tender leaves; green tea is made when tea leaves are heated soon after picking, which fixes their colour; if leaves are withered and then bruised a little, causing oxidisation, this results in black tea. Oolong fits somewhere between green and black tea. And then there's pu-erh, arrived at after a

longer, more complex process.

396 珍稀的普洱茶：There is an important distinction between raw pu-erh and a modern version, ‘ripe' pu-erh. Raw cakes are those allowed to ferment naturally, in some cases over a period of decades (the focus of the story in this chapter). Ripe pu-erh goes through a process designed to speed up fermentation and replicate some of the characteristics of the ageing process for a mass-market version of the cakes. In a technique developed in the 1970s, leaves are piled up on concrete floors in warehouses, moistened with water and then left for two to three months in a batch fermentation (during which leaves will be moved around from top to bottom). This method produces much darker cakes. Because of this process it is highly unlikely the best-quality leaves (including the rarest leaves from ancient trees) will be used. Raw pu-erh can even be thought of as sun-dried green tea (i.e. Minimal intervention). It should be added that you can still find great-tasting ripe pu-erh and disappointing (and expensive) raw pu-erh. This is why buying cakes from a source you can trust is essential.

396 四分之一的哺乳動物：Jia Qi Zhang et al., ‘after the rubber boom: good news and bad news for biodiversity in Xishuangbanna, Yunnan, China', *Regional Environmental Change*, 19, 1713–24, May 2019.

396 科學家所提出的「植物顯著性」：A.M. Smilanich, R.M. Fincher, L.A. Dyer, ‘does plant apparency matter? thirty years of data provide limited support but reveal clear patterns of the effects of plant chemistry on herbivores', *New Phytologist*, 210 (3), May 2016, 1044–57, DOI: 10.1111/nph.13875.

400 用骯髒的手指：A. Henry Savage Landor, *An explorer's adventures in Tibet* (Harper & Brothers, 1910).

401 江東淮南：Victor H. Mair and Erling Hoh, *The True history of Tea* (Thames & Hudson, 2009).

402 全球橡膠價格上漲了兩倍：Despite decades of research, synthetic materials can't match the natural product

tapped from trees (it's tougher and more elastic).

404 咖啡葉鏽病：It thrives when there's plenty of moisture and where temperatures hover between 16° C and 28° C. See Stuart McCook, *Coffee Is Not Forever* (Ohio University Press, 2019).

404 哥倫比亞的咖啡收成：Jacques Avelino et al., 'the coffee rust crises in Colombia and Central America (2008–2013)', *Food Security*, 7. 303-321, 2015, DOI:10.1007/s12571-015-0446-9.

404 對咖啡農作的影響：Maryn McKenna, 'Coffee Rust Is Going to Ruin your Morning', *The Atlantic*, 16 September 2020.

405 大批移民穿越拉丁美洲：Oliver Milman, 'the unseen driver behind the migrant caravan: climate change', Guardian, 30 October 2018.

406 把生咖啡豆直接咀嚼著吃：Aaron Davis et al., *Coffee Atlas of Ethiopia* (Kew Publishing, 2018).

406 衣索比亞南部的歐若默人：Jonathan Morris, Coffee: A Global History (Reaktion Books, 2018).

406 西部產區有瓦列加：Aaron Davis et al., *Coffee Atlas of Ethiopia* (Kew Publishing, 2018).

407 咖啡香甜而細緻：Author interview with Aaron Davis, Kew's head of coffee research, January 2019.

408 旅行作家詹姆士・布魯斯：Jeff Koehler, *Where the Wild Coffee Grows* (Bloomsbury USA, 2018).

408 衣索比亞黑曜石（火山玻璃）：Author interview with Dorian Fuller, Professor of Archaeobotany at UCL, September 2018.

408 稱之為「咖瓦」：It's from *qahwa*, some historians argue, that we get the word 'coffee', although others believe it comes from the name of the wild coffee zone, Kaffa.

409 僧侶飲用咖啡：William Ukers, 'All About Coffee', *Trade Journal Company*, 1922.

409 啟蒙運動：For more on this idea see Steven Johnson, *the Invention of Air* (Riverhead Books, 2009).
410 德克魯讓樹苗活了下來：Frederick L. Wellman, *Coffee (World Crop Series)*, (Leonard hill Books Ltd, 1961).
410 稱做波旁：James Hoffman, *The World Atlas of Coffee* (Mitchell Beazley, 2018).
411 其中最著名的：Its proper name is Gesha, from the village. It was changed to Geisha by the Japanese, who were the first to pay high sums for it in auction. Although Geisha has some resistance to rust it has mostly been a success due to its exceptional taste.
412 倫敦皇家植物園（邱園）的科學家：Aaron Davis et al., 'The Impact of Climate Change on Indigenous Arabica Coffee (*Coffea arabica*): predicting future trends and Identifying priorities', *PLoS ONE*, 7(11): doI.org/10.1371/journal.pone.0047981.
415 六成面臨滅絕風險：'Kew scientists reveal that 60% of wild coffee species are threatened with extinction, causing concern for the future of coffee production', 16 January 2019, https://www.kew.org/about-us/pressmedia/kew-scientists-reveal-that-60-of-wild-coffee.

Part 10. 甜食

419 故敵佚能勞之：Quoted from Lionel Giles, *Sun Tzu on the Art of War* (Luzac and Co., 1910).
423 敘利亞一直是該地區主要的糧食出口國：Basma Alloush, 'the importance of the agricultural sector for Syria's stability', Chatham house, August 2018, https://syria.chathamhouse.org/research/the-importance-of-the-agriculturalsector- for-syrias-stability.

423 抗旱和抗病的基因：Mark Schapiro, 'How Seeds from War-Torn Syria Could Help Save American Wheat', *Yale Environment 360*, Yale School of Environment, 14 May 2018, https://e360.yale.edu/features/how-seeds-from-war-torn-syria-could-help-save-american-wheat.

426 開心果樹是讓我們村莊能夠呼吸維生的肺：Quoted in the *Bangkok Post*, 16 July 2020.

427 越過邊境逃到土耳其：Shira Rubin, 'Syrian refugee chefs recreate the taste of home in Turkey', *Mashable*, 15 February 2016, https://mashable.com/2016/02/15/syrian-refugee-chefs-turkey/?europe=true.

427 如火灼傷般：Lauren Bohn, 'Out of Syria', *Culinary Backstreets*, 16 March 2016, https://culinarybackstreets.com/cities-category/istanbul/2016/sallouraan-epic-of-sweets-chap-1-out-of-syria/. See also Lila Hasan, 'Legacy of Salloura Bakery continues in Istanbul via refugees', *Daily Sabah*, 5 August 2015.

432 控制著約旦河西岸的大部分水權：Martin Asser, 'Obstacles to Arab-Israeli Peace: Water', BBC News, 2 September 2010, https://www.bbc.co.uk/news/worldmiddle-east-11101797.

432 約旦河西岸的大部分水權：*Amnesty International*, 'The Occupation of Water', 29 November 2017, https://www.amnesty.org/en/latest/campaigns/2017/11/the-occupation-of-water/.

432 世界銀行：World Bank, 'area C and the Future of the Palestinian Economy', 2014, http://documents1.worldbank.org/curated/en/257131468140639464/pdf/area-C-and-the-future-of-the-palestinian-economy.pdf.

432 漆黑的依扎餅：Daniella Peled, 'A Taste of Nablus', *Roads & kingdoms*, 24 September 2014, https://roadsandkingdoms.com/2014/a-taste-of-nablus/.

436 謀殺率位居世界前列：William Finnegan, 'Venezuela, a Failing State', *New Yorker*, 14 November 2016.

437「黑金」蘊含量豐富：Matthew Smith, 'The End of Venezuela's Oil Era', oilprice.com, 22 October 2020, https://oilprice.com/Energy/Energygeneral/the-End-of-Venezuelas-oil-Era.html.

437 可可能夠再次做到這點：As far back as the 1980s, Venezuelan governments had been advised to diversify the economy and reduce the reliance on the oil industry (at the time 80 per cent of export income). When oil prices started to fluctuate in the late 1980s, Caracas turned to the International monetary Fund for help. The IMF recommended severe cuts in public spending. When these reforms were implemented, high levels of inflation and civil unrest followed. This led Venezuela on a path towards the more radical and socialist governments of Hugo Chavez and Nicolas Maduro.

438 償還積欠已久的稅款債務：Luc Cohen, 'Venezuela cocoa growers fear new pest: the government', Reuters, 27 December 2018.

438 石油出口的情形變得很不穩定：By July 2020, Venezuela was pumping an average of 345,000 barrels of crude daily, the lowest level in nearly a century. See Smith, oilprice.com.

440 甚至連可口可樂在委內瑞拉的工廠：'Sugar shortage cuts Coca-Cola production in Venezuela', BBC News, 24 May 2016.

441 歐洲人喝的巧克力：Sophie D. Coe and Michael D. Coe, *the True History of Chocolate* (Thames & Hudson, 1996).

441 西班牙王室：H. Michael Tarver and Julia C. Frederick, *The History of Venezuela* (Greenwood Press, 2005).

443 果實的風味：Francois Joseph Pons: *A Voyage to the Eastern part of Terra Firma, Or the Spanish Main, in South-America, During the Years 1801, 1802, 1803 and 1804: Containing a Description of the Territory Under the Jurisdiction of the Captain-General of Caraccas, Composed of the Provinces* (Ulan Press, 2012).

444 產生熱量使溫度持續升高：哈洛德・馬基，《食物與廚藝》（大家出版）Harold McGee, *McGee on*

Food and Cooking: An Encyclopedia of Kitchen Science (Hodder & Stoughton, 2004).
447 她為此收集了大約一千種配方：Elena Molokhovets, *Classic Russian Cooking: Elena Molokhovets' A Gift to Young Housewives* (Indiana University Press, 1998).
448 這個品牌叫做「尼可樂」：Natasha Frost,‘Russia's Patriotic Alternative to Coca-Cola Is Made Out of Bread', *Atlas Obscura*, 18 April 2018.
449 等它好了：Grigory Tarasevich,‘White kvass: An old drink with a new taste', *Russia Beyond*, 15 September 2013.

結語

451 我們會是好祖先嗎：Jonas Salk,‘Are We Being Good Ancestors?', *World Affairs*, 1, 16–18, 1992.
455 全球每分鐘：Food and Land Use Coalition,‘Growing Better Report 2019', https://www.foodandlandusecoalition.org/global-report/. Also the author's conversation with one of the contributors to the‘Growing Better Report', the economist Jeremy Oppenheim.
456 至少百分之三十的學校供餐：‘Crop swap: Thousands of edible plants could feed us on a hotter planet', Reuters, September 2020.
456 學校與蘋果供應業者簽訂的合約：Michael Allen,‘Brexit: an opportunity for local food systems?', *Youris*, 2 October 2019, https://www.youris.com/bioeconomy/food/brexit-an-opportunity-for-local-food-systems-.kl

高寶書版集團
gobooks.com.tw

BK 068
消失的餐盤
走訪五大洲的傳統飲食文化巡禮，探查稀有食物從盛產、瀕危到復育的變革之路
Eating to Extinction: The World's Rarest Foods and Why We Need to Save Them

作　　者　丹・薩拉迪諾（Dan Saladino）
譯　　者　馮郁庭
責任編輯　陳柔含
封面設計　林政嘉
內頁排版　賴姵均
企　　劃　鍾惠鈞

發 行 人　朱凱蕾
出　　版　英屬維京群島商高寶國際有限公司台灣分公司
　　　　　Global Group Holdings, Ltd.
地　　址　台北市內湖區洲子街88號3樓
網　　址　gobooks.com.tw
電　　話　(02) 27992788
電　　郵　readers@gobooks.com.tw（讀者服務部）
傳　　真　出版部(02) 27990909　行銷部(02) 27993088
郵政劃撥　19394552
戶　　名　英屬維京群島商高寶國際有限公司台灣分公司
發　　行　英屬維京群島商高寶國際有限公司台灣分公司
初　　版　2023年12月

國家圖書館出版品預行編目(CIP)資料

消失的餐盤：走訪五大洲的傳統飲食文化巡禮,探查稀有食勿從盛產、瀕危到復育的變革之路/丹.薩拉迪諾(Dan Saladino)著；馮郁庭譯. -- 初版. -- 臺北市：英屬維京群島商高寶國際有限公司臺灣分公司, 2023.12
　面；　公分. --（Break；BK068）

譯自：Eating to extinction : the world's rarest foods and why we need to save them

ISBN 978-986-506-857-8（平裝）

1.CST: 飲食風俗　2.CST: 文化史 3.CST: 食物

538.7　　112018021